W. H. Kretzschmar

# Leben in der Toscana

Für Vicky, Herta und Violetta,
ohne deren Hilfe dieses Buch
nicht zustande gekommen wäre.


Oase Verlag
Obermattweg 3
D-79410 Badenweiler
Tel. 07632-7460
Fax 07632-5098

Alle Illustrationen sind vom Autor
Scans: Dreisam Druck, Kirchzarten
Druck: Konkordia, Bühl

ISBN 3-88922-067-3

# Inhalt


## Vorwort 7

## Vom Traum zur Wirklichkeit 8

Das Land ums Haus herum 11
Wem gehört das Land wirklich? 11
Der Vorvertrag 13
Wieviele Besitzer hat das Objekt? 13
Ist die Zufahrt geregelt? 13
Wassereinzugsgebiet 14
Ein Bauer als Nachbar 14
Zone vincolate 14
Der notarielle Vertrag 14
Die laufenden Gebühren 15

## Den Traum bewohnbar machen 16

Die Baugenehmigung 16
Die Wahl der Handwerker 17
Persönliche Anwesenheit 18
Außenfassade 18
Natursteinmauern 19
Dachstuhl und Eindeckung 20
Wo früher Ställe waren 22
Feuchtigkeitsprobleme 23
Schmutzwasser 23
Cotto-Boden 23

## Wohnsitz Toscana 25

Die Sorge um die eigene Gesundheit 25
Notfälle und Krankenversicherung 25
Die Rentenversicherung 26
Zweimal Campiglia ohne Rückfahrkarte 26
Aufenthaltsgenehmigung und Wohnsitz 27
Auto mit deutschem Kennzeichen 29
Führerschein 29
Ein Auto einführen 29
Der italienische TÜV 31
Ein Auto verkaufen 31
Schulsystem 31
Über die Polizei 32

## Umgewöhnen und Eingewöhnen 33

Erfahrung Einsamkeit 33
Die Angst 34
Leben, Malen und Hacken 35

## Das Klima und einige Begleiterscheinungen 38

Zwischen Sommer und Winter 41
Zentralheizung 43
Leben mit der Sommerhitze 45
Draußen kochen 45
Blitz und Donner 46
Woher bläst der Wind? 47

## Im Märzen der Bauer 49

Traktor 49
Pflug 51
Scheibenegge 52
Sämaschine 53
Mähbalken 54
Handmäher 54
Heuwender 55
Heupresse 56
Häcksler 56
Tiefenlüfter 57
Erdbohrer 58
Fräse 58
Spritzgerät 58
Handgeräte und ein Plädoyer 59
Die Ape 59

## Selber machen 61

Ein Loch in der Wasserleitung 61
Fenster, Läden, Salz und Sonne 62
Wenn die Heizungspumpe blockiert 62
Steckdosen-Durcheinander 63

## Haus- und Stalltiere 64

Ausgesetzte Hunde 64
Lobrede auf dreieinhalb Esel 67
Jugendtraum Pferde 68
Frizzis Geburt 69
Ein Pferd ausbilden 70
Zweiter Anlauf mit Sarah 71
Das liebe Federvieh 73
Jäger und Sammler 75
Sterbehilfe 76
Über Bienen und eine verklebte Küche 77
Haftzehen 79
Una rondine non fa primavera 79
Kastrieren 79

## Weniger beliebte Besucher 83

Das Stachelschwein 83
Das Wildschwein 83

Schlangen 83
Mäuse und Ratten 84
Ameisen 85
Skorpione 85
Hornissen 86
Prozessionsraupen 86
Zecken 87
Liebe Freunde oder derber Überfall 87

## Lust und Qual des Weinbergs 90

Die Lage 90
Größe und Ertrag 90
Der Boden 91
Aufmessen und Pflanzlöcher graben 91
Rebstöcke pflanzen 92
Pfosten setzen 92
Drähte ziehen 93
Bodenbearbeitung 93
Schnitt und Erziehung 94
Bindematerial 95
Spritzen und Düngen 95
Spritzmittel - Vorschriften 96
Ausgeizen 97
Vor der Weinlese 97
Weinlese 98
Winzeressen 99
Wein machen 100
Grundausstattung des Weinkellers 103
Trinkgewohnheiten 105

## Olivgrünes Gold 106

Der Olivenbaum und sein Zustand 106
Vom Oliven schneiden 107
Die Schnur des Pythagoras 109
Pflanzen der jungen Olivenbäume 109
Olivenbäume und Chemie 110
Die Olivenernte und alte Regenschirme 111
Das Pressen und ein ewiger Verdacht 113
Enzos Methode 114
Neue Methoden und altes Büro 116
Die Ölqualitäten 117
Wozu eigenes Olivenöl? 117

## Was man gegen Brände tun kann 118

Gräben sauberhalten 121
Gras schneiden 122
Feuer machen 122
Rauchen 122
Feuerpatschen 122
Fluchtwege 122
Wenn es wirklich einmal brennt 123

## Einen Brunnen bohren 124

Wassersuche 124
Genehmigung 125
Wer soll den Brunnen bohren? 126
Brunnenarten 126
Tagebuch eines Brunnenbaus 126
Das Leitungssystem 130
Über den Umgang mit Brunnenwasser 131

## Vom Zusammenleben mit Italienern 134

Reden, Sprechen, Leben 134
Wie die Umwelt ins Bewußtsein rückt 136
Eine kleine, böse Toscana-Typologie 138
Und wie sehen uns die Italiener? 139
Vorurteile 140

## Jagdfieber 141

Jäger - Menschen wie du und ich 141
Sette cervelli und der Fasan 142
Die wichtigsten Jagdbestimmungen 144
Rechte des Nicht-Jägers 145
Wildschweinjagd 145
Wilderer 146
Fondo chiuso 146

## Freud und Leid bei Familienfeiern 148

Hochzeit 148
Todesfälle 150
Kindstaufe 151
Erste Kommunion 152
Weihnachten,Weihnachtsbaum,Panettone 153
Der sechste Januar 154
Osterfest 155
Geburtstage 157

## Was wächst denn da? 158

Laub- und Nadelbäume 158
Obstbäume und Zitrusfrüchte 160
Von Oleander bis Agaven 160
Topfpflanzen 161
Kräuter 161
Gemüsegarten 161

## Die Küche in der Toscana 162

Wilde Bodenschätze 162
Arme Feinschmecker 164
Bistecca alla Fiorentina 164

Weinbergschnecken und Tupperware 165
Blüten zum Essen 165
Artischocken, Artischocken 165
Der eigene Backofen 167
Der morgendliche Barbesuch 169
Vom Restaurant ins Ristorante 170
Wer weniger essen will.... 170
Für einen Espresso geh' ich meilenweit 170
Und der Euro-Kaffee? 171
Wer bezahlt wie? 171
Das wache Auge der Finanza 172
Nach Hause einladen 173

**Wie kommt Kultur aufs Land? 174**

Kunst-trekking 174
Toscanischer Sommer 175
Freßfeste 177
Mein Lieblingsmarkt 177
Die Truhe von Arezzo 178

**Restaurants 182**

**Oasen 183**

**Gute Adressen 184**

Autowerkstatt 184
Fahrrad 184
Olivenöl & Wein 184
Käse 184
Lebensmittel 184
Gemüse etc. 184
Tierarzt 184

**Stichwortverzeichnis 185**

**Glossar 188**

**Karte: Orte der Handlung 192**

# Vorwort

Dies ist ein Buch für drei Gruppen von Lesern. Zur *ersten Gruppe* gehören jene, die sich ernsthaft mit dem Gedanken auseinandersetzen, ein Haus auf dem Land zu kaufen. In der Toscana oder einer anderen schönen Gegend Italiens.

Die *zweite Gruppe* ist gerade dabei, das Traumobjekt zu suchen oder sie hat bereits ein Anwesen gekauft.

Die Leser der *dritten Gruppe* haben nicht wirklich vor, ihren Traum vom Haus im Süden in die Tat umzusetzen. Ihnen genügt das Träumen. Das Gefühl, man könne, wenn man wolle.

Meinen Informationen und Ratschlägen liegen nun fast 20 Jahre Leben in der Toscana zugrunde. Die ausschließlich vor Ort gesammelte Erfahrung soll allen helfen, die unsicher sind, ob sie das Wagnis 'ein Haus in der Toscana' tatsächlich eingehen möchten. Bei aller landschaftlichen Schönheit ist das Landleben ein Paradies mit kleinen Dornen, an denen sich mancher schon zerkratzt hat.

Den Wahltoscanern soll dieses Buch helfen, die Fehler zu vermeiden, die man als Ausländer unweigerlich aus Unwissenheit macht, sei es im Umgang mit Behörden oder beim Kontakt mit den Menschen.

Den Träumern schließlich dürfte es Freude machen, über die Erfahrungen des Landlebens, über die Lebensweise und Gepflogenheiten der Toscaner zu lesen. Der Autor ist weder Rechtsanwalt noch Steuerberater, sondern Künstler. So wird dieses Buch auch kein erschöpfendes Nachschlagewerk zum Thema 'Toscana' sein, sondern eine Sammlung subjektiver Erfahrungen.

## Zum Traum vom Haus in der Toscana

Spätestens seit Willy Fleckhaus in der Zeitschrift 'twen' verlassene und käufliche Bauernhäuser mit Schwarz-Weiß-Fotos abgebildet hat, gilt die Toscana als Traum für ein Leben in der Natur. Was in den sechziger Jahren mit Preisen von 8.000 oder 15.000 Mark so greifbar nahe, für uns damalige Studenten dennoch nicht erreichbar war, ist heute ein Riesengeschäft geworden. Mancher Kaufwunsch von heute wurde vielleicht schon damals zu 'twen'-Zeiten geboren.

Wohin: Küste, Berge oder Hügel? Zunächst einmal sollte man seine persönlichen Vorlieben herausfinden. Ob hügelig oder in der Ebene, ob einsam oder in Ortsnähe, ob am Meer oder im Landesinneren - die Lebensbedingungen ändern sich mit der Landschaft. Neun toscanische Provinzen bieten sich zur Auswahl an: *Livorno, Pisa, Siena, Pistoia, Massa, Lucca, Firenze, Grosseto* und *Arezzo*.

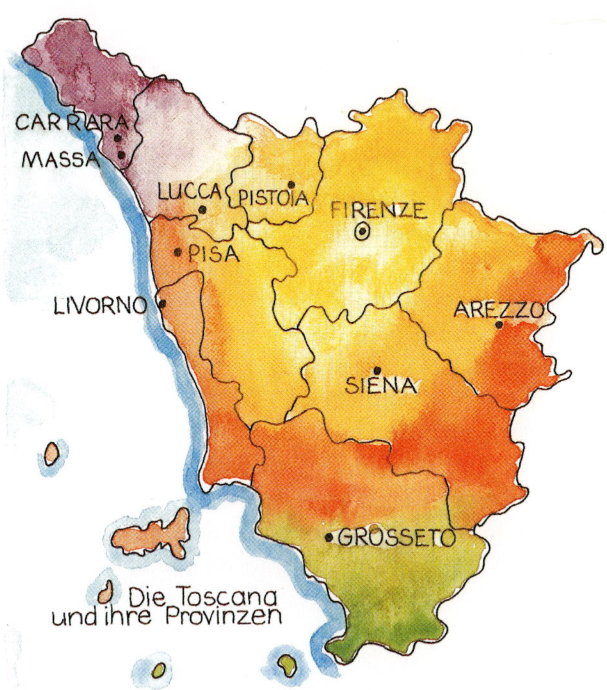

Zunächst ist das Klima in Meeresnähe spürbar milder, was den Winter erträglicher macht. Wenn im Januar in den ersten Hügeln - vom Meer kommend - längst Mimosen und Mandelbäume blühen, ist es 30 bis 40 Kilometer weiter im Landesinneren noch recht rauh und unwirtlich. (Am Monte Amiata, 1738 Meter, zwischen Grosseto und Siena gelegen, surrt dann häufig der Skilift.)

Nicht umsonst wird an der Küste der 21. Februar als *primavera del mare* (Meeresfrühling) bezeichnet. Wer das Meer liebt, und im Sommer gern hin und wieder einen Badeabstecher dorthin machen will, ohne einen Tagesausflug einzuplanen, wird dies bei der Haussuche berücksichtigen. Weiter als 20 bis 30 Kilometer sollte man dann nicht vom Meer entfernt wohnen.

Die nördlichen Provinzen Massa und Lucca verbinden durch das schnelle Ansteigen der Apuanischen Alpen die Vorzüge von Meer und Bergen. Vor sich das Meer, im Rücken die Marmorberge, die im Winter schneebedeckt und im Sommer erfrischend kühl sind.

Für das toscanische Alltagsleben ist die Entfernung zu den nächsten Orten wichtig. 20 Kilometer wegen eines frischen Brotes fahren, ist vielleicht ein wenig weit. Wer täglich löchrige, ausgefahrene Feldwege befahren muß, um die nächste Teerstraße zu erreichen, kann neue Radlager am besten schon vorbestellen.

Häuser auf Hügeln wirken besonders 'echt', sind aber häufig heftigen Stürmen und Gewittern ausgesetzt. Wer richtige Landwirtschaft betreiben will, sucht das passende Land ohnehin in der Ebene, weil die Erde dort wesentlich fruchtbarer und leichter zu bearbeiten ist. Ein zukünftiger Weinbauer wird in Hügellagen auch den *scirocco* fürchten, den warmen, salzigen, afrikanischen Wüstenwind, der die Qualität des Weines nicht gerade verbessert.

Toscana-Pendler, die ihre Zeit mit Verpflichtungen im Heimatland teilen, werden die Anbindung zu den regionalen Flughäfen Pisa und Firenze im Auge behalten.

Es gilt also abzuwägen, wobei es einen wesentlichen Unterschied macht, ob die Toscana zum ständigen, teilweisen oder nur zum Urlaubswohnsitz werden soll. Für den Urlaub sollte das erworbene Land klein und pflegeleicht sein, sonst vergehen die Wochen ausschließlich mit Landarbeit. Bei Daueraufenthalt werden Bequemlichkeiten wie ausreichend Wasser, Strom und gute Einkaufsmöglichkeit vorrangig.

Gleich welche Lebensweise und welchen Landstrich man auch bevorzugt, eines findet man von Ostern bis Weihnachten garantiert: Automobile mit deutschen und schweizer Kennzeichen bis in die entlegensten Dörfer. Tendenz: zunehmend.

# Vom Traum zur Wirklichkeit

Genaugenommen beginnt dieses Buch an einem grauen, kalten Novembertag. Ein eisiger *grecale* vermischt den feinen Regen mit wässrigem Schnee und treibt ihn mitsamt dem Laub gegen die Südwestfenster des Hauses. Ein Wetter, bei dem man „keinen Hund hinausjagt", wie man halt so sagt. Tatsächlich liegen unsere Hunde

zusammengekuschelt in ihren Hütten und machen keinen Mucks.

Gottseidank erleben wir dieses Wetter äußerst selten - zum letzten Mal schneite es im Winter 84/85 - und nur aus statistischen Gründen ist dies erwähnenswert, aber auch weil mich an diesem Tag Barbaras Brief erreichte. Barbara und Niklas sind alte Freunde, obwohl wir uns in den letzten Jahren ein wenig aus den Augen verloren hatten. Es war ein langer Brief, in dem Barbara von einer unerwarteten kleinen Erbschaft berichtete und wie sie und Nik zu dem Entschluß kamen, ein Haus in der Toscana zu kaufen. Und schließlich, ob ich einige Ratschläge geben könnte, worauf beim Kauf eines Anwesens zu achten sei.

Da das Licht im Atelier wegen des bleiernen Himmels ohnehin schlecht war und ich auch sonst nichts Eiliges vorhatte (hatte ich eigentlich schon, aber es mangelte am Willen und ich wollte auch lieber wie ein Hund in meiner Hütte bleiben), setzte ich mich sofort hin, um Barbaras Brief zu beantworten. Vor allen Dingen, um auf ein Problem hinzuweisen, das häufig zu spät erkannt wird. Oft erst dann, wenn das Haus bereits gekauft ist: Das Wasser.

*Liebe Barbara,*

*vielen Dank für den ausführlichen Bericht über Euer Toscana-Projekt, ich freue mich mit Euch über diese Entscheidung. Ein Haus in der Toscana, ein Haus auf dem Land - das klingt immer noch gut, ist immer noch begehrt und es wird tatsächlich immer schwieriger, ein geeignetes Objekt zu einem vernünftigen Preis zu finden.*

*Gerne gebe ich Dir die gewünschten Ratschläge in der Hoffnung, daß Ihr so weniger Lehrgeld bezahlen müßt als wir. Während 17 Jahren Toscana hat sich einige Erfahrung angesammelt. Melde Dich auch zukünftig, wenn weitere Fragen auftauchen, ich werde sie nach bestem Wissen beantworten. Fällt mir umgekehrt etwas Nützliches ein, so werde ich es ungefragt für Dich aufschreiben.*

*Heute also einige Tips für die Kaufentscheidung:*

*Die Annoncen in deutschen Zeitungen zeigen, daß es genug Makler gibt, die sich auf den Verkauf von Häusern in der Toscana spezialisiert haben. Dennoch lohnt es sich, an Ort und Stelle mit einem Makler Kontakt aufzunehmen. Nehmt eine Woche Urlaub und fahrt in die Toscana, Makler gibt es reichlich! Sie müssen einem Verband angehören, haben eine gemeinsame Satzung, Tarife, Provisionen, sind also in diesem Sinne vertrauenswürdig. Büros von Immobilienhändlern sind leicht an ihren Schaufenstern mit den Angeboten zu erkennen sowie der Aufschrift 'agenzia immobiliare'.*

*Als Deutsche werdet Ihr natürlich als wohlhabend eingestuft. Wenn die Preise sehr hoch erscheinen, versucht es einfach mal mit einem 'troppo caro' (zu teuer). Handeln schadet nie, auch wenn es längst nicht mehr so gut funktioniert wie früher.*

*Kürzlich habe ich zum Beispiel in Florenz auf einem Markt ein Modellauto gefunden, das in meiner Sammlung fehlte. Erst als ich zahlen wollte, bemerkte ich, daß es fast 50 % teurer war als meine übrigen Modelle. Ich fragte den Händler nach einem Preisnachlaß, aber er zuckte nur desinteressiert mit den Schultern und meinte grinsend - 'qui siamo a Firenze' (hier sind wir in Florenz). Worauf ich mich ebenfalls desinteressiert abwandte, obwohl es mich natürlich ärgerte wegen des lange gesuchten Modells. Inzwischen habe ich es gefunden, zum Normalpreis.*

*Wasser und Strom*

*Ich gehe jetzt einfach mal davon aus, daß Ihr auf einer der Besichtigungsfahrten ein Traumhaus findet. Erkundigt Euch trotz aller Begeisterung als erstes nach Wasser und Strom! Das Vorhandensein von Wasser sollte die Kaufentscheidung erheblich beeinflussen. Auf Strom kann man mit etwas gutem Willen ganz gut verzichten oder den Mangel durch einen Generator überbrücken. Ohne Wasser ist auf die Dauer kein normales Leben möglich. Wenn der Makler behauptet, die zuständige Gemeinde sei verpflichtet, für jedes Haus auf Antrag eine Wasserleitung zu legen, ist das im Prinzip richtig. Die Frage ist nur, wann? Die zumeist kleinen Gemeinden haben finanziell wenig Spielraum und stellen Deinen Antrag vielleicht immer wieder hintenan. Beim Kauf eines Hauses sollte der Anschluß an das öffentliche Wassernetz deshalb Gegenstand des Vertrages sein.*

*Der Hinweis, man könne ja einen Brunnen bohren lassen, ist im Prinzip auch richtig. Doch zum einen ist dazu ein Genehmigungsverfahren nötig, zum anderen gibt es keine Erfolgsgarantie (siehe auch im Kapitel 'Einen Brunnen bohren').*

*Die einfachste Wasserversorgung bietet eine Zisterne, die bei alten Häusern oft noch vorhanden ist. Sie sammelt das Regenwasser über die Dachrinnen und bei genügender Größe kann das durchaus ausreichen, zumindest während Urlaubsaufenthalten. Ist Strom vorhanden, kann dieses System sogar wie eine 'echte' Wasserversorgung funktionieren. Man pumpt das Zisternenwasser in einen höher gelegenen Behälter und speißt es von dort ins häusliche Leitungssystem. Wenn der Wasservorrat zur Neige geht, bieten viele Gemeinden die Möglichkeit, einen Tankwagen anzufordern, der die Zisterne wieder füllt. Mir wäre diese Möglichkeit auf die Dauer zu 'alternativ', vor allem, wenn ich mir vorstelle, daß ein paar Kilometer weiter im Dorf der Bauer, von dem ich das Haus kaufte, ganz selbstverständlich seinen Wasserhahn aufdreht.*

*Hat einer Eurer zukünftigen Nachbarn bereits einen Anschluß an das Gemeindewasser, so könnt Ihr natürlich versuchen, Euch mit seinem Einverständnis anzuschließen. Ihr müßtet dann nur die Wasserleitung zu Eurem Haus legen und von der Gemeinde einen Zähler anbringen lassen. Mach Dir über diese Form der Nachbarschaftshilfe aber keine Illusionen. Der Leitungsquerschnitt ist oft für mehrere Abnehmer zu knapp und jeder Haus- und Grundbesitzer ist froh, wenn er ausreichend Wasser für sich selbst hat. Außerdem: die Höhe des Verbrauchs eines weiteren Abnehmers kennt man ja nicht. Ich weiß von einem Fall, wo sich zwei Nachbarn eine Wasserleitung teilen. Einer von beiden vermietet seit einigen Jahren an Feriengäste, das heißt sein Wasserverbrauch ist erheblich gestiegen. Da dieses Haus tiefer liegt, bleibt der obere Nachbar zu den abendlichen Duschzeiten häufig auf dem Trockenen. Das Verhältnis ist jetzt recht gespannt. Zu allem Überfluß hatte sich auf der langen Wegstecke der Wasserleitung jahrelang noch ein findiger Bauer mitbedient, der unterwegs die Leitung angezapft hatte. Wahrscheinlich fällt das juristisch unter Mundraub.*

*Ein Stromanschluß ist heute in der Regel kein Problem mehr. Als wir 1980 einen Antrag auf Elektrizität stellten, wurde er abgelehnt, und ich kann mich gut an Vickys zähen Kampf erinnern: Monatelang hat sie nahezu jede Woche den Direktor der zuständigen ENEL-Zentrale in Piombino aufgesucht. Die Beiden haben freundlich geplaudert, und zum Schluß des Gesprächs machte Vicky ihn jedesmal liebevoll darauf aufmerksam, daß er seine Monopolstellung als Stromerzeuger mißbrauche, wenn er sich weigere, uns Strom zu liefern. Irgendwann war er schließlich zu einem Kostenvoranschlag bereit: ca. 30 Millionen Lire (damals!). Nach dreieinhalb Jahren war es Vicky gelungen, einen EG-Zuschuß zu bekommen. Mit eigenem Geld, Eigenleistung und dem Zuschuß hatten wir schließlich nach 4 Jahren Strom im Haus.*

*Heute genügt ein Antrag bei der nächsten ENEL-Niederlassung. Man bekommt zunächst einen Kostenvoranschlag (preventivo), macht dann den Vertrag und bezahlt die Kosten im voraus. Von da an muß man lediglich immer wieder drängen, damit es mit der Planung weitergeht. Drängen heißt in dem Fall: Zu ENEL hingehen und mit dem Sachbearbeiter reden. Freundlich natürlich. Ungeduld beschleunigt nach meiner Erfahrung nichts.*

*Wenn Ihr übrigens keine Strommasten auf Eurem Land sehen wollt, könnt Ihr die Leitung nach Vorschrift von ENEL, aber auf eigene Kosten, von der Grundstücksgrenze an unter der Erde zum Haus legen lassen. ENEL bringt dann nur noch den Zähler im Haus an.*

## *Das Haus und sein Zustand*

*Natürlich werdet Ihr Euer zukünftiges Haus genau untersuchen und wahrscheinlich wird es sich ziemlich verfallen präsentieren. Wichtig bei der Beurteilung ist aber lediglich, daß die tragenden Mauern gesund sind, das heißt vor allem, daß sie keine durchgehenden Risse haben, die die Stabilität des Anwesens gefährden würden. Wenn die Decke ein Loch hat, es zum Dach hereinregnet und verrottete Fensterläden im Wind klappern, ist das durchaus normal. Ihr müßt nur versuchen, Euch vorzustellen, ob Zuschnitt und Grundriß des Gebäudes zu den eigenen Bedürfnissen passen. Die Baubestimmungen hier sind*

*streng und sie werden auch streng gehandhabt. Selbst mit den nötigen finanziellen Mitteln kann man ein Bauernhaus nicht zum Gutshof ausbauen. Toscanische Bauernhäuser haben meist nur in der oberen Etage Wohnräume. Unten liegen Ställe, Weincantina etc., die nicht automatisch dem Wohnraum zugeschlagen werden dürfen. Abgesehen davon sind Wirtschaftsräume auf dem Land einfach unerläßlich, es sei denn, es gibt noch Nebengebäude auf dem Grundstück. Die maximal zulässige Wohnfläche für Bauernhäuser beträgt 120 qm. Nicht dazugerechnet werden Bad, Küche oder Diele. Zumindest bis zur Bauabnahme sollte man sich an die Vorschriften halten. Wenn dann später aus einer Cantina ein Gästezimmer wird...*

*Ich wünsche Euch jetzt erst einmal viel Glück bei der Suche nach einem Haus und hoffe, daß Ihr mehr Vergnügen dabei habt als wir damals: Es war in der Weihnachtszeit, regnete fast jeden Tag, ich war erkältet, unser Spaniel ewig naß. In diesem Zustand fuhren wir mit einem Makler von Haus zu Haus. Er sprach ausschließlich italienisch, wir ausschließlich deutsch. Das heißt, Vicky konnte drei Worte italienisch aus einem Schallplattenkurs („vedo il mare"). Die meisten Hotels waren geschlossen, ich bekam Fieber. Es war urgemütlich, die Laune überschäumend. Vor allem die schlechte.*

*Von Vicky soll ich Dich herzlich grüßen und ausrichten, daß Bruna im dritten Monat ist. Wir hoffen es zumindest, denn ihr Bauch ist auch nicht runder als vorher.*

*Herzliche Grüße an Nik, Dein Hans*

## Das Land ums Haus herum

Kurz nach meinem ersten Brief an Barbara schickte ich einen weiteren hinterher, denn ich hatte das Wichtigste überhaupt nicht erwähnt: Das Land um das Haus herum. Ob viele oder wenige Quadratmeter, es ist präsent, geformt, unverrückbar. Deshalb sollten die eigenen Interessen klar sein. Nur, wer sich in ein Stück Land verliebt, ist für sachliche Argumente eben wenig zugänglich. Wer mit der Landschaft seine Sinne befriedigt, interessiert sich zunächst nicht so sehr für Sonnenschein- und Schattendauer auf seiner Erde, ob der Boden karg oder fruchtbar ist. Ob die Felder steinig sind oder gut zu bearbeiten. Wer jedoch mit seinem Land etwas anfangen will, pflanzen, säen, im weitesten Sinn also Landwirtschaft betreiben will, der sollte sich den Grund und Boden etwas näher anschauen. Die kleine Erzählung über unsere Blauäugigkeit beim Kauf des Anwesens mag hier nützlich sein.

Der erste Anblick unseres zukünftigen Besitzes war einfach schön. (Er ist es noch, nur ein wenig anders.) Riesige schattenspendende Eichen umstanden das Haus, das sich mit seiner charakteristischen Außentreppe leicht exponiert vom etwas abfallenden Gelände abhob. Hinter dem Haus zog sich das Terrain stetig hügelan bis zu einem gewundenen Weg, der die Grundstücksgrenze nach oben bildete. In der Kerbe zwischen zwei sich kreuzenden Hügellinien war sogar ein Stückchen Meer zu sehen und bei ganz klarem Wetter die Insel Monte Christo als nahezu gleichschenkliges Dreieck.

Der Hügel war in Terrassen aufgeteilt, von denen man an manchen Stellen die Naturstein-Stützmauern hinter großen würzig riechenden Büschen ahnen konnte: Im Ganzen bot sich ein prächtiges undurchdringliches Bild mediterraner Schönheit und Gerüche: die 'Macchia'. Ein Gemisch aus Ginster, Mastix, Lorbeer, Myrte, wildem Rosmarin, um nur einige zu nennen. Dazwischen Pinien, Erdbeerbäume und hin und wieder eine Korkeiche und verwilderte, hochgewachsene Olivenbäume. Alles miteinander verwoben durch stachlige Rankengewächse, die einem das Eindringen verwehrten. Ich würde mir ein Buschmesser kaufen müssen... Wir waren begeistert. Hier wollten wir zukünftig leben.

## Wem gehört das Land wirklich?

Rückblickend sehe ich das etwas nüchterner. Die zugewachsenen, duftenden Terrassen waren über Generationen hinweg von Bauern in Handarbeit angelegt worden, um dem Boden das Wenige abzuringen, was er gibt. Unter anderem wurden auch Olivenbäume angepflanzt. Sie brauchen Platz, viel Sonne und Luft zum atmen. Der verwilderte Zustand war für uns romantisch, in Bezug auf die Olivenkultur konnte man ihn nur verwahrlost nennen. Unversehens mußten wir also eine grundlegende Entscheidung treffen. Es überwog bald die Verantwortung für das Land.

Intellektuell fühlte ich mich ohnehin eher als Verwalter denn als Besitzer. Ich kann mir gut vorstellen, daß man einen Reihenhaus-Garten besitzt im Sinne von 'gehört alles mir'. Aber Flächen, die nach Hektar messen? Natürlich bin ich notariell verbriefter Eigentümer, doch wem gehört die Erde wirklich? Wer hat das Recht, mir ein Stückchen unseres Planeten zu verkaufen? Mir gefällt der Gedanke besser, ein Stück Erde auszuleihen und es irgendwann wohlbehalten zurückzugeben. Abstrakte Gedanken? Auf jeden Fall glaube ich, daß mit Grundbesitz auch Verantwortung für das Land übernommen wird. Aber es gab auch ganz pragmatische Gründe, den Olivenbäumen den Vorrang zu geben.

1. Olivenbäume bzw. Oliven dienen der Ernährung. Und eigenes Olivenöl ist ein Wert, der sich nicht mit Geld messen läßt.

2. So schön die Macchia auch ist, von Mai bis Oktober ist sie äußerst feuergefährlich (siehe auch 'Klima').

3. Laut Gesetz ist man als Grundbesitzer verpflichtet, die nutzbaren Flächen zu bewirtschaften. Die romantische Verwahrlosung hätte auch in eine behördliche Aufforderung münden können, das Land zu bewirtschaften. Im negativsten Fall könnte die Gemeinde zwangsweise einen interessierten Bauern zur Kultivierung einsetzen. Zumindest ein solcher Fall ist mir bekannt.

Heute sehen unsere Oliventerrassen keineswegs geputzt aus, aber sie sind gut mit dem Traktor befahrbar, alle Olivenbäume stehen frei, haben Luft und tragen Früchte. Die Macchia wird immer wieder bis an die Böschungen zurückgeschnitten. So bleibt jeweils noch ein breiter Buschrand, der Lebensraum für Vögel, Falter, Bienen etc. bereithält. Zu jeder Jahreszeit blüht dort irgendein Gewächs.

Wer sich sein zukünftiges Land näher besieht, sollte daran denken, daß Hügelland weniger fruchtbar ist als flaches Land. Zudem ist es wesentlich arbeitsintensiver, aber eben auch reizvoller. Gleich welche Einstellung man zu seinem Land hat, Erhalt und Bewirtschaftung werden viel Zeit und viel Geld kosten. Man muß in Maschinen und Geräte investieren, die sich durch Erträge nicht bezahlt machen. Und Lohnarbeit bedeutet zusätzliche Kosten für den Unterhalt des Anwesens.

Sicher läßt sich in der zauberhaften toscanischen Landschaft viel Befriedigung aus der Landarbeit ziehen, aber eben wenig Rendite. Das war ja auch die Ursache für die Landflucht nach dem zweiten Weltkrieg. Die Bauern konnten in der Fabrik mehr verdienen. Nur in Einzelfällen gelingt es heute, Gewinne zu erwirtschaften. Etwa wenn jemand ein Weingut professionell ausbaut, Spitzenweine produziert und richtig vermarktet. Oder wenn wenig ertragreiche Ländereien dazu genutzt werden, um Rassepferde zu züchten. Aber das ist nicht der Normalfall.

**Fazit**: Hektarweise Land um sich haben und nur die unberührte Natur genießen wollen, das geht nicht. Man muß den Boden bearbeiten oder bearbeiten lassen. Die Böden sind meist schwer und steinig. Die robustesten Traktoren und Geräte sind gerade gut genug. Wer also möglichst wenig Arbeit mit dem Land haben will, sollte der Versuchung widerstehen, viele Hektar zu erwerben. Ein bis zwei Hektar sind dann mehr als reichlich, garantieren aber ein gehöriges Plus an Mußestunden.

*Liebe Barbara,*

*vielen Dank für die Ansichtskarte aus Massa Marittima. Ich finde, der Domplatz ist unter den schönen Plätzen Italiens einer der schönsten. Besonders im Winter, wenn die Farben sparsamer verteilt sind. Im August dient der Platz an einigen Abenden als Zuschauerraum und der Zwickel zwischen Dom und Bischofspalast oberhalb der eindrucksvollen Treppe ist dann umfunktioniert als Bühne für Opernaufführungen. Madame Butterfly nimmt sich sehr exotisch aus vor dem natürlichen Hintergrund des Platzes, auch bei La Bohème hatte ich gewisse Schwierigkeiten. Das Drehbuch schreibt Winter vor und die Interpreten traten auch brav in dicken Schals und gesteppten Wämsen auf, während sich die Zuschauer bei abendlichen 30° C mit den Programmen Luft zufächelten. Aber es ging ja um den Musikgenuß und die open-air-Atmosphäre. Sicherlich könnte man mit sparsameren szenischen Mitteln die natürliche Kulisse in die Inszenierung einbeziehen.*

*Ich bin gespannt, ob Ihr auf Eurer Immobilien-Rundfahrt auf Anhieb fündig werdet. Laßt Euch aber nicht sofort vom Makler festnageln, sondern vergleicht die Angebote in Ruhe zu Hause noch einmal. Eine Waschmaschine kauft man ja auch nicht an der Haustüre.*

*Herzlichst, Dein Hans*

Drei Wochen später erreichte mich Barbaras langer Bericht, begleitet von einigen Fotos des zukünftigen Besitzes. Aus der Beschreibung war die spontane Begeisterung zu spüren und es fällt mir jetzt fast ein wenig schwer, die nüchternen Notizen zur Beantwortung von Barbaras Fragen zu machen. Aber selbst, wenn die Sachlichkeit meiner Antworten die Begeisterung ein wenig dämpfen sollte, so muß man doch ein paar rechtliche Dinge beim Kauf beachten, um Enttäuschungen zu vermeiden.

Die politische Praxis in Italien zeigt auch, daß Informationen über Gesetzte und Dekrete unter Vorbehalt zu sehen sind. Abweichungen zwischen meinen Ratschlägen und anderen Auskünften müssen nicht am ungenauen Wissen meinerseits liegen. So wundere ich mich oft, wenn italienische Fachleute in deutschen Zeitungen Ratschläge etwa zum Immobilienerwerb geben. Manche Dinge stimmen mit meinen Erfahrungen überein, andere weichen ab. Ist das der Unterschied zwischen Theorie und Praxis? Hat der Autor gar ungenau recherchiert? Gibt es zweierlei Maß? Zum Leben in Italien gehört auch, sich mit solchen Fragen zu arrangieren.

## Der Vorvertrag

Der erste formelle Akt ist bereits der entscheidende. Es ist das Unterzeichnen des Vorvertrages *(compromesso di vendita)*. Er ist eher unscheinbar und wird oft mit einer Kaufabsichtserklärung verwechselt. Stattdessen ist er für beide Parteien rechtlich verbindlich. Auch vor Gericht. Zur Unterschrift braucht es weder Rechtsanwalt noch Notar. Wichtig ist, alle unklaren Fragen **vor** der Unterzeichnung des *compromesso* zu klären, da er später die Grundlage für den notariellen Kaufvertrag *(compra vendita)* bildet. Dazu gehört auch, wer die Maklergebühr bezahlt. Kauft man das Anwesen von einer Privatperson, also dem derzeitigen Besitzer, so kann man sich den Vorvertrag von einem, dem Verkäufer bekannten Geometer oder Architekten aufsetzen lassen. Ein Immobilienhändler hat sicher schon vorgefertigte Verträge mit standardisierten Inhalten. Beiden sollte man, meine ich, trauen dürfen. Wer nicht ausreichend italienisch spricht, sollte dennoch auf einer deutschen Übersetzung beharren, die dem *compromesso* beigefügt wird. Einige Punkte sind unbedingt zu beachten:

## Wieviele Besitzer hat das Objekt?

Durch Erbteilung kann es passieren, daß ein Zimmer im Haus oder eine Parzelle auf dem umgebenden Land einem entfernten Verwandten des Haupterben gehört. Dieser taucht nun beim notariellen Vertrag plötzlich auf, weigert sich zu verkaufen und treibt schließlich für seine Einwilligung den Verkaufspreis in die Höhe.

## Ist die Zufahrt geregelt?

Oder muß Land durchquert werden, das nicht zum Besitz gehört? In dem Fall sollte man sich vorher das schriftliche Einverständnis des Nachbarn einholen, also ein Durchfahrtsrecht.

Man muß sich dabei immer die Landdimensionen vorstellen. In einem Vorort ist klar, was wem gehört. Ein Tor, ein Zaun, eine Hecke, die Zufahrt etc. Mitten auf dem Land ist das völlig anders. Felder, Wiesen, Gräben, ein verträumtes Weglein kreuzt eine Staubstraße, und der Makler sagt mit weitausholender Geste: das gehört alles dazu. Und das Privatsträßlein, das zum Haus führt, entpuppt sich später als öffentlicher Weg, auf dem die Dorfjugend mit (auspufflosen) Geländemotorrädern vorbeibrettert.

Ist keine geeignete Zufahrt vorhanden, muß bei der Gemeinde eine Genehmigung für dieses eigene Stückchen Straße einholt werden. Vielleicht sollte man vorher prüfen, ob die Genehmigung erteilt wird.

## Wassereinzugsgebiet

Auch da sollte man sich beim zuständigen Gemeindebauamt vergewissern. Liegt das Land innerhalb eines Wassereinzugsgebietes, darf kein Brunnen gebohrt werden. Ich bin mir auch nicht sicher, ob dann überhaupt eine Baugenehmigung zu bekommen ist.

## Ein Bauer als Nachbar

Sind der oder die Anrainer eingetragene Bauern *(coltivatori diretti)*, dann haben sie in jedem Fall ein Vorkaufsrecht. Deshalb muß der Verkäufer den *compromesso* an den oder die Anrainer-Bauern schicken. Nach einer Einspruchsfrist von 30 Tagen ist das Vorkaufsrecht erloschen. Allerdings ist da noch eine Sache, die sich unangenehm auswirken könnte: um Steuern zu sparen, wird der Verkaufspreis im notariellen Vertrag meist wesentlich niedriger angesetzt und der Rest 'schwarz' bezahlt. Erfährt ein Nachbar/Bauer nun den notariellen, also herabgesetzten Preis und erhebt nachträglich Einspruch mit der Begründung, daß er zu dem niedrigeren Preis auch gekauft hätte, kann es zum Prozeß kommen. Im schlechtesten Fall würde ihm das Land zum notariell festgelegten Preis zugesprochen. Der Käufer hätte dann das Nachsehen und die Differenz zum tatsächlich vereinbarten Preis zu tragen. Wie so ein Prozeß auch ausgehen mag, Ärger und Kosten verursacht er in jedem Fall.

## Zone vincolate

Das sind Landstücke, die mit bestimmten Auflagen belastet sind. Hier ist in jedem Fall Vorsicht geboten. So konnten Bauern zum Beispiel nach einer Landreform günstig Grund und Boden erwerben, der bei Wiederverkauf zu einem festgelegten Preis wiederum nur an einen Bauern verkauft werden konnte. So wollte man Spekulationen verhindern. Aus dem gleichen Grund gibt es Auflagen, die verbieten, daß ein Besitz verkauft und parzelliert wird. Oder daß er nicht vor einer bestimmten Frist parzelliert und frei verkauft werden darf. Solche Fristen können leicht bis zu 15 Jahren dauern.

Für einen arglosen Touristen, der ein Haus auf dem Land kaufen will, kann die Praxis wie im folgenden tatsächlichen Beispiel aussehen: Ein mehrere hundert Hektar großer Besitz wird verkauft. Der neue Eigentümer will möglichst schnell Teile des Kaufpreises amortisieren und verkauft trotz einer 10-jährigen Sperrfrist die auf dem Grund befindlichen Gebäude mit etwas Land dazu. Interessenten werden schnell gefunden, und es kommt zum Vorvertrag, bei dem ein Teil der Kaufsumme den Besitzer wechselt. Beide Seiten sind zufrieden, zumal durch ein Gesetz zur *manutenzione straordinaria* sofort mit dem Bau begonnen werden kann. Noch zufriedenere Gesichter also auf Seiten der neuen Beinahe-Besitzer. Rechtlich besteht nur der kleine Schönheitsfehler, daß die Immobilie im Besitz des Verkäufers bleibt, da sie ja noch nicht verkäuflich ist.

Das Bauunternehmen schafft fleißig, und lange Gesichter bei den Kunden gibt es erst, wenn die Arbeiten nicht mehr weitergehen. Die *manutenzione straordinaria* dient nur der Restaurierung, also dem Erhalt der Bausubstanz. Dazu gehören zum Beispiel ein neues Dach, Aufmauern eingestürzter Mauerteile, Verputzen der Wände. Es dürfen aber keine baulichen Veränderungen vorgenommen werden. Wasser und Strom dürfen nicht verlegt werden, es sei denn, beides wäre schon vorhanden gewesen. Es dürfen keine Türen und Fenster eingesetzt werden, kurz das Haus bleibt im Rohbau bis zur Baugenehmigung, die sich vielleicht noch Jahre hinzieht. Die Baufirma kassiert für die geleistete Arbeit, und es bleibt jetzt dem Käufer überlassen, dafür zu sorgen, wie er an Baugenehmigung und Notar kommt. Das Unseriöse an der Sache ist, daß der Käufer im unklaren über die Verkaufs- und Baubeschränkungen gelassen wird. Außerdem glauben Ausländer ohnehin gerne, daß in Italien alle Probleme irgendwie zu umgehen sind. Das mag früher weitgehend zugetroffen haben, aber diese Vorstellung sollte man korrigieren. Heute wird sich kein Maurer oder Bauunternehmer bereit finden, einen Umbau ohne die erforderliche Genehmigung durchzuführen. Zu drastisch sind die Sanktionen.

Freilich sollte sich niemand durch diese kleinen Fallstricke entmutigen lassen. Sie kommen vor, sind aber nicht der Normalfall. Der weitaus größere Teil der Immobiliengeschäfte verläuft ohne böse Überraschungen.

## Der notarielle Vertrag

Der Termin beim Notar ist meist schon im *compromesso* festgelegt und ein seriöser Notar wird sich zunächst versichern, ob der Käufer der Beurkundung in italienischer Sprache folgen kann. Notfalls muß man sich vorher einen Dolmetscher besorgen. Es ist üblich, im Kaufvertrag eine erheblich niedrigere Kaufsumme als die festgelegte anzugeben, da der volle Preis vom Steueramt nicht nachgeprüft werden kann.

Die Maklergebühren betragen 2% des Verkaufspreises und werden üblicherweise von beiden Parteien getragen. Der Notar berechnet sein Honorar nach Gebührensätzen, die einem bestimmten Prozentsatz der Kaufsumme entsprechen. Am liebsten steckt er das Geld in bar in die unterste Schublade seines Schreibtisches. Wir haben uns damals geweigert, Bargeld über den Tisch zu schieben, was der Notar sofort höflich akzeptiert hat. Sein Honorar haben wir einige Tage später von Deutschland aus überwiesen. Nach dem Erwerb der Immobilie fallen einige Steuern an, die insgesamt 11% des im Vorvertrag angegebenen Kaufpreises betragen.

## Die laufenden Gebühren

Jeder Haus- und Grundbesitzer ist steuerpflichtig. Die Zahlungsgrundlage für die Steuererklärung bildet die Höhe des Einheitswertes. Er wird vom Katasteramt festgelegt. Diese Steuer nennt sich IRPEF und ist jeweils bis 31. Mai fällig.

Eine weitere Abgabe ist die Grundbesitzsteuer, genannt ICI. Sie errechnet sich aus der Höhe des Einheitswertes, multipliziert mit einem von der Gemeinde festgelegten Koeffizienten (4 - 6%). Die Steuer ist jährlich zum 30. Juni fällig.

Weitere laufende Kosten sind Müllabfuhr, Abwassergebühr und Straßenunterhalt (anteilig berechnet nach Grundstücksgröße). Der Vollständigkeit halber erwähne ich noch Strom, Wasser, Telefon und Fernsehgebühren.

Ein Rat noch zur Kaufentscheidung. Vielleicht haben Barbara und Nik besonders Glück gehabt, daß sie so schnell ein geeignetes Haus gefunden haben. Vielleicht haben sie aber auch erkannt, daß wer wirklich entschlossen ist, auch zugreifen muß. Ich kenne Leute, die mindestens solange wir hier leben, nach dem geeigneten Objekt suchen, das mittlerweile mit so vielen Vorgaben belastet ist, daß es aussichtslos erscheint, jemals das Richtige zu finden. Alle Toscana-Klischees in einem Objekt zu vereinen, dürfte der berühmten Stecknadel im Heuhaufen gleichkommen. Sollte nur die Zypressenallee zum Glücklichsein fehlen - die läßt sich pflanzen.

*Liebe Barbara,*

*vielen Dank für die Kopie des notariellen Vertrages. Ich habe ihn von einem befreundeten Rechtsanwalt lesen lassen, er meint, es sei alles in Ordnung. Allerdings weist er darauf hin, daß Ihr vor dem Gesetz erst Eigentümer seid, wenn der Besitz im Katasteramt ('ufficio catastale') eingetragen ist. Das solltet Ihr gelegentlich beim Amt prüfen. Da Ihr zur Provinz Pisa gehört, müßtet Ihr also in Pisa vorbeifahren.*

*Heute ist einer der Tage, an dem ich das Landleben nicht so sehr liebe. Es ist der Tag, an dem Tullio in aller Frühe kommt. Tullio kommt, wenn Vicky am Abend vorher bei ihm anruft: „Tullio, was machst du morgen früh?" „Ich komme zu dir, um Enten und Hühner umzubringen". „Morgen sind es 5 Gänse." „Alles klar, a domani." Tullio ist ein kräftiger kauziger Mann in den Sechzigern mit einer Stimme wie 5 Feldwebel und einem Gemüt wie sein dreijähriges Enkelkind. Vicky schläft dann die halbe Nacht nicht, ich dagegen schon, weil ich mich vor diesem Ereignis drücke. Wenn ich Tullios Peugeot-Kombi auf dem Kiesplatz ausrollen höre, schütze ich dringende Besorgungen vor, fahre nach Venturina in die Bar, trinke einen ersten caffè macchiato und kehre erst zurück, wenn ich sicher bin, daß Tullio sein blutiges Handwerk beendet hat und seinerseits bei Vicky in der Küche einen Espresso trinkt. Heute früh habe ich mich allerdings verkalkuliert; als ich um die Hausecke Richtung Auto schoß, stand Tullio schon im blauen Arbeitsmantel mit weitgeöffneten Armen im Gänsegehege. Bevor ich wegschauen konnte, packte er das erste Mal zu. Die gellenden Schreie der Gänse klingen mir immer noch in den Ohren.*

*Wie üblich will ich Vicky das Angebot machen, zukünftig fleischlos zu essen. Sie sitzt unten in der Traktorhalle neben dem dampfenden Wasserkessel und rupft und rupft. Wie üblich werde ich mich bis heute Abend wieder beruhigt haben und wir werden das köstliche Fleisch freilaufender Gänse genießen. Heute ist übrigens St. Martin.*

*Deine Fragen zur Baugenehmigung etc. werde ich so schnell wie möglich beantworten.*

*Für heute herzliche Grüße auch an Nik, Dein Hans*

# Den Traum bewohnbar machen

## Die Baugenehmigung

Grundsätzlich hat sich in den letzten Jahren beim Anwenden von Gesetzen in Italien viel geändert. Wo es vor zehn Jahren bei Bauübertretungen noch bei einem 'blauen Auge' blieb, kann es heute böse Überraschungen geben. Auch der berühmte Briefumschlag mit Geld *(bustarella)* löst keine Probleme mehr. Im Gegenteil, er provoziert möglicherweise noch größere.

Im Zuge der berühmt gewordenen Bestechungsverfahren *mani pulite* (saubere Hände) hat sich vieles verändert. Natürlich sitzen noch immer der Bestechung zugeneigte Beamte in den Behörden, zumal die Bauämter in den einzelnen Gemeinden die Gesetze unterschiedlich streng anwenden. Aber die Tendenz geht zur präzisen Einhaltung der Vorschriften. Deshalb nicht ohne Baugenehmigung beginnen! So abgeschieden kann ein Haus gar nicht gelegen sein, daß nicht kurz nach Baubeginn ein weiß-blauer Panda oder Uno vorfährt,

dem ein *vigile urbano* (Stadtpolizei) entsteigt, um sich die Baugenehmigung zeigen zu lassen.

Äußeres Zeichen dieser Veränderung ist ein großes gelbes oder weißes Kunststoffschild, das als erstes vom Maurer an jedem noch so kleinen Bauvorhaben angebracht wird. Darauf werden von Hand die nötigen Angaben wie Baubeginn, Bauherr, Baufirma, Architekt etc. eingetragen.

Für notorische Bausünder hat der ebenso notorisch unter Geldmangel leidende italienische Staat schon zweimal eine Bauamnestie *(condono edilizio)* verfügt. Mit Hilfe dieses *condono* konnten Bauübertretungen und Schwarzbauten innerhalb einer bestimmten Frist legalisiert werden. Die Geometer-Büros machten in Sonderschichten aus einem illegalen Bau ein legales Projekt und hängten Schilder vor die Türe: „Wir nehmen zur Zeit keine *condono*-Aufträge mehr an." Die Gebühr richtete sich nach der Gebäudegröße und nach einigen Monaten bekam man als Gegenleistung seinen Katastereintrag. Für Staat und Geometer war es ein prächtiges Geschäft und die ehemaligen Bausünder hatten eine weiße Weste. Wer allerdings glaubte, trotz Verfehlung auf einen *condono* verzichten zu können, lebt heute etwas unruhig. Wird er nachträglich entdeckt, ist die Strafe drakonisch.

## Unterlagen für das Baugesuch

Damit sind die Entwürfe, Bauzeichnungen und Berechnungen gemeint, die auf den Instanzenweg gebracht werden müssen. Dafür sucht man zunächst einen Geometer *(geometrá)* oder Architekten *(architetto)* auf. Der Geometrá ist, flapsig ausgedrückt, eine Art Schmalspurarchitekt, in der Provinz häufiger anzutreffen als ein richtiger Architekt. Theoretisch kann der Geometer jede Art von Bauprojekt so durchführen wie ein Architekt. Wie findet man den geeignetsten, zuverlässigsten, besten?

Nicht unbedingt nachahmenswert ist unsere eigene Methode. Wir hatten einen italienischen Freund in Deutschland um Hilfe gebeten. Dieser Freund nahm seinerseits Kontakt mit einem Freund auf, der Filialleiter einer Bank auf Elba war, der wiederum den Zweigstellenleiter unserer Bank in Venturina um Vermittlung bat. Wir bekamen einen Termin beim Chef der Bank, der das delikate Thema einem Mitarbeiter anvertraute, der uns unverzüglich bei einem Freund ablieferte, der Geometrá war. Als Glücksfall erwies sich dieser Kontakt nicht. Heute würde ich einfach Nachbarn fragen, die schon ähnliche Bauvorhaben durchführen ließen. Waren sie zufrieden und das Haus sieht handwerklich ordentlich aus, würde ich es wahrscheinlich mit dem gleichen Geometrá versuchen.

Von Vorteil ist, wenn der Geometrá (oder Architekt) sein Büro in der gleichen Gemeinde hat, in der das Bauvorhaben ausgeführt werden soll. Er kennt dann die Kollegen vom Bauamt *(ufficio tecnico)* und wahrscheinlich auch die Mitglieder des Bauausschusses. Er kann vorsondieren, welche Veränderungen eventuelle Genehmigungsprobleme bringen und welche nicht. Vor allem kann er durch seine persönlichen Beziehungen ein wenig Druck machen auf die Abwicklung des Genehmigungsverfahrens und so verhindern, daß das Baugesuch im Stapel unbearbeiteter Projekte immer wieder nach unten wandert.

Vorher ist jedoch noch eine andere Hürde zu überwinden, die oft unterschätzt wird: die Provinzbehörde *(interprovinciale)*. Wenn es sich um ein Bauvorhaben in der Campagna handelt, also außerhalb der erschlossenen Gemeindegrenzen, muß das Projekt zunächst bei dieser Behörde eingereicht werden. Auch das wird der Geometrá (oder Architekt) automatisch machen, aber es ist gut, dieses Hindernis zu kennen. Die Provinzbehörde prüft, ob der geplante Umbau oder die Renovierung des Anwesens den landwirtschaftlichen Erfordernissen genügt. Das bedeutet zum Beispiel: Ist auf dem Besitz ein Weinberg angelegt, dann muß in den Plänen auch eine *cantina* vorgesehen sein, in der Wein gekeltert und gelagert werden kann. Ist in der Katasterbeschreibung Ackerland ausgewiesen oder Olivenkulturen, dann müssen Räumlichkeiten vorgesehen sein für Arbeitsgeräte, Traktor etc.

Ein guter Geometrá weiß, wie man die landwirtschaftliche Nutzung beim Deklarieren der Parzellen herunterspielen kann, um das Maximum an Wohnfläche aus dem Bauernhaus herauszuholen. Dennoch sollte, wie schon erwähnt, nicht nur an die Wohnfläche gedacht werden. Auf dem Land sind Wirtschaftsräume ebenso wichtig wie Wohnräume. Die Genehmigung durch die Provinzbehörde muß man schon deshalb ernst nehmen, weil die Baueingabe bei der Gemeinde ohne den Provinzstempel gar nicht erst in den Bauausschuß gelangt.

*Liebe Barbara,*

*herzlichen Glückwunsch zur Baugenehmigung! Der nächste Schritt gilt der Auswahl der Handwerker, und ich bin ein wenig unsicher, was ich Dir raten soll. Als wir vor 17 Jahren mit dem Umbau beginnen wollten, hörten wir uns im Ort um und verschiedene Maurer wurden uns genannt, alle 'bravi'. ('Bravo' ist alles, was an einem Menschen lobenswert ist, vom Charakter bis zur beruflichen Fähigkeit.) Einer schien uns besonders geeignet, und wir hatten gleich Vertrauen. Leider hat er sich am Tag darauf das Leben genommen. Wie man sich im Dorf erzählte, hatte er eine schöne und jüngere (zweite) Frau, die einen aufwendigen Lebensstil bevorzugte. Der Arme steckte bis zum Hals in wirtschaftlichen Schwierigkeiten. Daß er sich mit dem Brotmesser eben diesen durchschnitt, empfanden wir als besonders makaber.*

*Beim zweiten Anlauf hatten wir aber richtig Glück. Die Mannschaft bestand aus Vater, zwei Söhnen, einem Kompagnon und zwei Handlangern. An Ausrüstung brachten sie außer einer Zementmischmaschine mit Benzinmotor hauptsächlich einen großen Haufen alter Bretter und Langhölzer mit, sowie ein paar Eimer, Schubkarre, Schaufel, Mörtelkellen, einen alten Besen und eine blaue Plastiktüte.*

*Aus den Brettern wurde schnell ein Gerüst, das sicher und stabil aussah. In der blauen Plastiktüte waren die Baupläne. Wenn Vicky, die in dieser Zeit des Umbaus einmal im Monat nach Italien fuhr, auf der Baustelle erschien, rief Mario, der Vater, nach seinem Jüngsten: „Gigi, i disegni" (Gigi, die Zeichnungen). Dann brachte Gigi die blaue Tüte und Mario besprach die anstehenden Fragen mit Vicky. Er hatte aber jeweils schon mögliche Lösungen für seine Fragen bereit. War ein Punkt geklärt, sagte er abschließend immer „questo é deciso" (das ist entschieden). Danach gab es auch nie mehr Fragen zu dem Punkt.*

*Vor drei Jahren baute Mario unseren neuen Pferdestall. Die Söhne hatten inzwischen für zeitgemäße Ausrüstung und Hilfsgeräte gesorgt, aber auch sie konnten den Vater noch nicht überzeugen, daß der Zeitaufwand, einen aus einem Brett gezogenen Nagel geradezuklopfen, teurer ist, als einen neuen Nagel zu verwenden.*

*Liebe Barbara, beiliegend findest Du die Antworten auf Fragen, die ich im Anschluß an die nostalgische Erinnerung an unsere damaligen Handwerker notiert habe.*

*Herzliche Grüße, Dein Hans*

*P.S.: Heute war strahlendes Vorfrühlingswetter. Daß es am 18. Februar nicht mehr nach Winter riecht, ist schon ein guter Grund, hier zu leben. Daß ich bei einem kleinen Streifzug durch die Macchia auch noch den ersten wilden Spargel fand, bedeutet zusätzliche Lebensqualität. Vicky meint, für eine Vorspeise heute abend reiche die Menge.*

## Die Wahl der Handwerker

Wegen Maurern oder einer Baufirma würde ich mich von dem Geometrá beraten lassen, der das Gesamtprojekt bereits kennt. Natürlich sollte man von ihm eine Ausschreibung machen lassen und auf dieser Basis noch ein oder zwei Alternativ-Angebote einholen. Der Preisvergleich hat aber nur Sinn, wenn die Einzelleistungen miteinander verglichen werden können. Danach läßt sich erst entscheiden, ob der Auftrag gesamt vergeben wird und die Baufirma als Generalunternehmer auftritt, oder ob beispielsweise Elektro- und Installati-

## Persönliche Anwesenheit

Selbst wenn man bei der Auswahl der Handwerker eine glückliche Hand hatte, bleiben im Lauf des Umbaus noch Fragen zu klären, die eine Anwesenheit des Bauherrn erfordern. Anders als bei einem Neubau trifft man beim Umbau oft auf ungeklärte Details, die beim Aufmaß nicht berücksichtigt wurden. Außerdem sind die Bauzeichnungen in Italien nur 1:100 angelegt, Detailzeichnungen gibt es so gut wie gar nicht (ich kenne die provinziellen Gepflogenheiten). Ein weiteres Argument für regelmäßige Besuche auf der Baustelle *(cantiere)* liefern die Geometer oder Architekten selbst. Sie übernehmen zwar die Bauleitung *(direzione di lavoro)*, sind aber eine mitunter äußerst rare Erscheinung auf der Baustelle. Bei unserem Umbau kam der Geometrá nur einmal. Da war das Haus schon fertig. Immerhin fand er aber sehr lobende Worte für die Tüchtigkeit der Maurer und die Schönheit des Hauses.

onsarbeiten getrennt vergeben werden, was oft preiswerter ist.

Es gibt ihn noch, den alleinarbeitenden allzeit fröhlich singenden Maurer, der die Mörtelwanne auf der Schulter über das schwankende Gerüst trägt. Beim Umbau eines Hauses ist er leider kaum konkurrenzfähig. Dafür gibt es vermehrt kleine Baufirmen, die mit fünf, sechs Leuten anrücken, einen Generator mitbringen, wenn kein Strom vorhanden ist, einen kleinen Kran zum zügigen Transport der Baumaterialien, einen Kompressor zum Sandstrahlen oder zum Anschluß eines Preßlufthammers und so fort. Statt vom Maurer zahllose Schubkarren mit Mörtel in die Schalung kippen zu lassen, lohnt es sich durchaus, ein teures Zementmischfahrzeug mit Betonpumpe einzusetzen, um etwa einen Fußboden zu gießen. Oft werden auch schon für Bad und Böden spezialisierte Fliesenleger beauftragt.

Von Vorteil ist es, einen älteren Polier zu haben, weil er fast immer handwerkliches Können mit ästhetischer Sicherheit zu verbinden weiß. Jüngere Maurer haben kaum mehr ein Gefühl für die lebendige Struktur einer Natursteinmauer, weil sie nur gelernt haben, klotzige Hohlblocksteine aufeinander zu mörteln.

## Außenfassade

Der Reiz der alten toscanischen Bauernhäuser liegt in ihrer Schlichtheit. Es genügt, einen Toscana-Bildband durchzublättern und man spürt sofort, warum viele Menschen diesem Zauber erliegen. Die äußere Gliederung, die den Bedürfnissen der Innenaufteilung folgt, ist fast immer ästhetisch perfekt. Die Proportionen von Fenstern und Türen im Verhältnis zur Mauerfläche stimmen und sind nicht zu verbessern. Die Krümmung der Bögen und der Wechsel von runder Öffnung zu rechteckiger ist nie überflüssiger Zierat, alles folgt einem sicheren Gefühl für Gestaltung. Diese einfache Schönheit sollte man erhalten und seine eigenen Gestaltungswünsche unterordnen.

Zu den klassischen 'Zutaten' dieser Bauästhetik gehört die Außentreppe mit dem überdachten Vorplatz ebenso wie die im Verhältnis kleinen Fenster, die gerade soviel Tageslicht wie nötig hereinlassen, aber möglichst wenig Wärme oder Kälte passieren lassen. Ob das so bleiben wird, ist leider fraglich; denn die Gesundheitsbehörde USL schreibt inzwischen vor, daß ein Achtel der Grundfläche eines Raumes Fensterfläche sein muß.

Auch der Dachvorsprung ist neben dem Neigungswinkel ein charakteristisches Merkmal der bäuerlichen Architektur. Er ist sehr klein, eigentlich nur eine optische Kante. Ein Zuviel entstellt die ursprünglichen Proportionen und verursacht einen unpassenden Alpenlook.

## Natursteinmauern

Eine der Landschaft besonders gut angepaßte Fassade ist das Sichtmauerwerk *(facciavista)*. Aber erst, wenn der alte Außenputz abgeschlagen ist, kann man entscheiden, ob die Mauerstruktur auch dafür geeignet ist. Die Natursteine müssen gut gefügt und nicht zu klein sein, die Fugen nicht zu groß. Auch sollte nicht zuviel Fremdmaterial wie Ziegelbruch verarbeitet sein. Beim Sichtmauerwerk wird der alte Putz (meist nur Sand und wenig Kalk) zwischen den Steinen heraus geschlagen, ausgekratzt und anschließend alles neu verfugt. Bevor der Mörtel ganz abgebunden hat, werden die Fugen mit Lappen oder Bürsten ausgerieben. So treten die tiefer liegenden Fugen noch mehr zurück und die Natursteine kommen in ihrer unterschiedlichen Tönung und Form zur Geltung.

Die Natursteinfassade macht wegen des mühseligen Verfugens sehr viel Arbeit und kostet daher auch mehr als eine glatte Fassade. Sie hat aber gegenüber der verputzten Hauswand den Vorteil, daß sich Bodenfeuchtigkeit (man kennt keine Kellerräume) oder Salpeter aus früheren Stallungen nicht hinter dem Putz sammeln und hochziehen kann. So zahlen sich die Mehrkosten unter Umständen sehr bald aus.

Keinesfalls ist die Natursteinfassade die einzige oder gar klassische Fassadengestaltung. Die alten Bauernhäuser waren früher verputzt, und in den letzten Jahren sieht man zunehmend restaurierte Höfe, die wieder handverputzt (mit kleinen Unebenheiten) und angestrichen sind. In der Toscana werden bevorzugt erdige Kalkfarben verwendet, vom schmutzigen Ocker bis ziegelfarbenen Rot. Die Kalkfarbe neigt dazu, im Lauf der Jahre etwas auszuwaschen und verleiht der Fassade so eine lebendige Oberfläche. Ganz im Gegensatz dazu sehen synthetische Farben merkwürdig steril und aufdringlich aus. Neuerdings schreiben die Baubehörden sogar vor, ob das Haus verputzt werden muß. Manchmal bestimmen sie auch die Farbe des Anstrichs.

Viel Fingerspitzengefühl braucht der Maurer, wenn es gilt, das Natursteinmauerwerk des Hauses zu ergänzen. Etwa durch Anbau einer überdachten Terrasse *(por-*

*ticato, portico)* oder Renovierung eines verfallenen Nebengebäudes. Die Mauern der alten Häuser sind aus Feldsteinen gefügt, also aus Steinen, die in ihrer Form und Farbe vorhanden waren. Es ist leicht vorstellbar, daß in verschiedenen Erdformationen verschiedene Steinarten und -farben zu Tage gefördert werden. Verwendet man nun für An- oder Umbauten Steine, die aus einem Steinbruch geliefert wurden, so kann es sein, daß ein Wechsel in der Farbstruktur entsteht und die ergänzte Mauer wie Flickwerk aussieht. Nur ein Maurer, der den Umgang mit Natursteinen beherrscht, wird auf solche Feinheiten achten.

Wer selbst Lust bekommt, sich einmal an einer Natursteinmauer zu versuchen, sollte wissen, daß Feldsteine im Gegensatz zu Ziegelsteinen zum Mauern trokken sein müssen und natürlich auch frei von Erdresten. Bevor man einen Stein aufmauert, lohnt es sich immer, ihn in der Hand zu drehen, um die geeignete Vorderseite und beste Paßgenauigkeit zu finden. Große Steine, also solche, die man alleine nicht oder kaum bewegen kann, zertrümmert man mit der *mazza*, einem langstieligen Vorschlaghammer. Um nicht unnötig Kraft zu verschwenden, prüft man zunächst, wie der Stein gewachsen ist, oder wo Adern verlaufen. Dort bricht er am leichtesten. Günstig, wenn der Stein leicht hohl aufliegt. Wenn nicht - irgendwann birst jeder Stein.

## Dachstuhl und Eindeckung

Die schönste und zugleich klassische Dacheindeckung toscanischer Häuser sind *tegole ed embrici* (siehe Zeichnung). Mit großer Wahrscheinlichkeit wird das alte, noch nicht renovierte Bauernhaus damit gedeckt sein. Der besondere Reiz der alten Ziegel liegt in den kleinen Unregelmäßigkeiten der Handarbeit. Sie geben den Dachflächen ihr lebendiges Aussehen. Bauunternehmer machen inzwischen Jagd auf die rar werdenden alten Ziegel und überreden so manchen Schäfer oder kleinen Bauern, ihnen Dachziegel von verlassenen Hütten oder Unterständen für wenige Lire abzugeben. Besitzt man selbst mehr alte Ziegel als für die Dacheindeckung nötig sind, sollte man sie unbedingt behalten. Als Reserve für beschädigte Ziegel oder als Grundstock für einen späteren Anbau.

Die Sanierung des Daches ist der erste Schritt zur Renovierung und der wichtigste zur Erhaltung der Bausubstanz. Der Dachstuhl alter toscanischer Bauernhäuser besteht aus tragenden Balken *(trave)* und den quer dazu liegenden Dachlatten *(travicello)*. Darauf liegen handgeformte Ziegelsteine *(mezzane)*, die verfugt sind. Dann folgen bereits *tegole ed embrici*. Wegen der geringen Dachneigung (nicht über 30°) können sie lose verlegt werden. Lediglich die unterste Reihe ist im Mörtelbett verlegt. Statt *mezzane* habe ich schon *tavelonati* gesehen, das sind gerillte, doppelwandige Ziegelplatten mit Zwischenstegen, die einen größeren Abstand der *travicelli* zulassen und wesentlich billiger sind. Ich finde sie häßlich und allenfalls für eine Remise akzeptabel. Im Haus soll der Anblick des offenen Dachgebälks auch eine ästhetische Freude sein. Handgestrichene *mezzane* gibt es neu zu kaufen, allerdings recht teuer.

Die abgedeckten *tegole ed embrici* müssen am Boden von Hand gereinigt werden. Jahrzehntelanges Liegen haben jeden Zwischenraum mit Flugerde, Gräsern, Moos und vor allem Spatzennestern ausgefüllt. Beim Abdecken werden die zerbrochenen Ziegel aussortiert. Jeder Riß sammelt Feuchtigkeit und bei späterem Regen würden bald verräterische dunkle Flecken anzeigen, wo Wasser eingedrungen ist. Bei anhaltendem Regen tropft es garantiert irgendwann. Als nächstes wird der Zustand des Dachstuhls geprüft. War das Dach nicht jahrelang in löchrigem Zustand der Witterung ausgesetzt, kann es durchaus sein, daß die tragenden Balken wieder verwendet werden können. Das wäre weniger eine Sparmaßnahme als ein Glücksfall; denn alte, fast immer aus Kastanienholz bestehende Balken sind wesentlich besser abgelagert als jene, die man heute kaufen kann. Das gleiche gilt für die Dachsparren.

Alte Dachziegel brechen leichter als neue, weil sie weniger hoch gebrannt sind. Schwergewichte sollten deshalb nicht auf dem Dach herumsteigen. Da es sich aber nicht vermeiden läßt, gelegentlich aufs Dach zu klettern, sei es um verrutschte Ziegel zurechtzurücken, sei es zur Installation einer Antenne oder irgendwelcher Wartungsarbeiten, gibt es eine Regel zur Vorwärtsbewegung. Mit rutschfesten Schuhen immer nur auf die trapezförmigen *embrici* treten. Und zwar jeweils möglichst weit unten, wo der Ziegel den nächsten überlappt, denn da liegt er am wenigsten hohl. Die runden *tegole* sehen zwar statisch sicher aus, drücken aber bei Belastung auf die Ränder von zwei darunterliegenden *tegole.* Jeden Handwerker (vor allem junge) sollte man vor Dacharbeiten fragen, ob er diese Regel kennt und ihn außerdem bitten, in jedem Fall zu sagen, ob ein Ziegel bei der Arbeit zu Bruch gegangen ist. Verschweigt er sein Mißgeschick, so offenbart es sich spätestens beim nächsten, kräftigen Regen. Ist kein Ersatzziegel mehr vorhanden, so kann man versuchen, die zwei Teile mit einem Silikonkleber zu flicken.

Wer zufällig bei seinen Dachziegeln einen findet, der den Abdruck eines nackten Kinderfußes zeigt, kann sich freuen. So ein Ziegel soll Glück bringen.

Natürlich gibt es in Baustoffhandlungen noch andere Dachziegelarten, zum Beispiel die preiswerteren *portoghese* oder *marsiliese.* Aber warum etwas anderes aussuchen, wenn man die schönste Form schon auf dem Dach liegen hat?

Als wir beim Umbau unseres Hauses das Dach richten ließen, hielten wir uns genau an den beschriebenen Aufbau. Wir hatten keine Erfahrung mit hiesigen Dächern und befürchteten, eine zusätzliche Isolierung könnte zuviel Gewicht für den Dachstuhl bedeuten oder die ganze Eindeckung bei einem Sturm ins Rutschen bringen. Dadurch mußten wir jahrelang mit zwei Nachteilen leben: Im Winter fiel die Kälte förmlich vom Dach in die oberen Räume, die mit ihrer beachtlichen Höhe einfach nicht warm zu bekommen waren. Im Sommer heizte sich das Haus allmählich so stark auf, daß die Spitzentemperaturen nur wenige Grade unter der Außentemperatur lagen. In meinem Atelier brachte ich es mühelos in den Mittagsstunden auf über 30°C. Eines Tages kam Vicky mit einer kleinen Zeichnung. Sie hatte 'ihre' Dachisolierung entwickelt und wir ließen sie bald darauf umsetzen. Das Ergebnis ist ein voller Erfolg. Winter- und Sommerextreme sind kein Problem mehr und nach siebenjährigem Praxistest kann ich die Isolierung besten Gewissens empfehlen.

In der schematischen Zeichnung erkennt man den Aufbau der Isolierung:

A : *embrici*
B : *tegole*
C : Dachpappe 2-lagig
D : Zementschüttung mit Gasbeton
E : Baustahlgewebe
F : Wärmeisolierung
G : Dampfsperre als luftführende Schicht
H : *mezzane* gemauert
I : Dachsparren
K : Balken

## Was hält eine Holzbalkendecke aus?

Wenn die Balken gut dimensioniert sind, gibt es keinen Grund, sich Sorgen wegen zu großer Belastung zu machen. Allenfalls das leichte Schwingen ist für uns Nachkriegskinder gewöhnungsbedürftig, denn wir sind ja meist mit starren Betondecken aufgewachsen.

Neue Balken haben die Eigenschaft, in den ersten Jahren nach ihrem Einbau zu 'arbeiten'. Sie biegen sich unter der einseitigen Last leicht nach unten, bis sie ihre endgültige Position gefunden haben. Diese Millimeter-Bewegung wird mitunter begleitet vom Bersten einiger Holzfasern. Lange Risse treten auf, die aber keine Gefahr für die Statik bedeuten, solange das Holz gesund ist. Während dieser Phase ist gelegentliches Krachen im Haus hören, das vom Arbeiten des Holzes kommt.

Die früheren Bewohner toscanischer Bauernhäuser lebten nur mit dem nötigsten - Bett, Tisch, Stuhl, Schrank, Truhe, ein bißchen Hausrat - Ende. Durch uns neue Bewohner kommt auch bei sparsamer Möblierung der Überfluß hinzu. So gesehen, hat die Belastung der Decke schon eine Bedeutung; je mehr Gewicht darauf lastet, um so mehr biegen sich die Balken. Die Folge ist, daß Fußbodenfliesen, die sich einer leicht durchhängenden Decke nicht anpassen können, brechen oder zumindest locker werden. Bei Räumen mit größerer Deckenspannweite empfiehlt es sich daher, auf die Gewichtsverteilung der Einrichtung zu achten. Bei schweren Gegenständen sollte man versuchen, sie nicht zwischen die Balken zu setzen, sondern in der Nähe oder sogar auf den darunterliegenden Balken zu plazieren, am besten in Wandnähe.

Wir haben wegen dieser Probleme schon reichlich Lehrgeld bezahlt. In unserem Badezimmer in der oberen Etage ließen wir beim Umbau in der Mitte des Raumes einen quadratischen Mauerblock errichten, der zwei gegenüberliegende Waschbecken in einer schweren Marmorplatte trägt. In den folgenden Jahren zerbrach eine Fußbodenfliese nach der anderen. Dann begann eine Zwischenwand, die Waschbecken und Dusche trennt, sich von der tragenden Wand zu lösen. Den Riß füllten wir mit Gips, um zu sehen, ob sich der Boden weiter senkt. Tatsächlich erweiterte sich der Riß. Um Schlimmeres zu verhüten, ließen wir im darunterliegenden Eßzimmer die Holzbalken mit zwei eisernen T-Trägern unterfangen. Schwarz lackiert wirken sie, sofern sie überhaupt wahrgenommen werden, sehr technisch. Das funktionelle Aussehen weist darauf hin, daß hier ganz einfach alte Balken gestützt werden. Unsensiblere Gemüter, denen Funktion vor Originalität geht, lassen sich eine feste Betondecke gießen. Die Holzunterkonstruktion kann ja trotzdem bleiben, auch wenn sie statisch wertlos geworden ist.

Neben alten Holzbalkendecken und neuen gegossenen Betondecken gibt es noch andere Deckenkonstruktionen, darunter Gewölbedecken als Tonnengewölbe oder auch Kreuzgewölbe. Dafür werden Eisenträger verwendet, deren Zwischenräume mit *mezzane*-Ziegeln rundgemauert sind. Die einfachste Form ist die *laterizio*-Decke. Eisenträger werden als Binder im Abstand von Ziegelhohlsteinen *(tavelloni)* auf Geschoßhöhe gelegt, mit *tavelloni* ausgefüllt und verfugt. Darauf kommen im Mörtelbett verlegte Fliesen. Statt der Eisenträger werden heute armierte Betonträger *(seredi)* verwendet.

Entdeckt man eines Morgens auf dem blanken Fußboden leicht ockerfarbenes Mehl, so ist dies ein untrügliches Zeichen, daß mit einem neuen Balken auch ein Holzwurm erworben wurde. Ist es still genug, kann man ihn sogar arbeiten hören. Auf jeden Fall muß baldmöglichst gehandelt werden. Mit einer Einwegspritze wird ein Holzwurmmittel (*tarlo* = Holzwurm, Holzbock) möglichst tief in den Gang gespritzt und die Öffnung mit Holzkitt verschlossen.

In Sachen Holzwurm hatte ich damals ein völlig mißverständliches Telefongespräch. Der freundliche Anrufer: "Ich habe vor einigen Tagen Ihre Frau kennengelernt. Sie sagte mir, Sie hätten einen Holzbock. Falls Sie..." Ich war in Gedanken bei meiner Malerei, daher begriffsstutzig und in Eile: "Tut mir leid, in den nächsten zwei Wochen brauche ich den Holzbock selbst, danach leihe ich ihn gerne aus." Vicky erklärte mir später, daß der hilfsbereite Herr Chemiker sei. Er war spezialisiert auf die Bekämpfung von Holzwürmern und Holzböcken.

## Wo früher Ställe waren

In einem richtigen toscanischen Bauernhaus lagen im Erdgeschoß nicht nur Cantina-Räume, sondern - sofern Vieh gehalten wurde - auch Ställe. Das bedeutet, daß Wände und Böden lange Jahre mit Urin in Kontakt kamen, der sich nicht nur in die Böden gefressen hat, sondern auch die Wände hochgestiegen ist und dort als Salpeter ausblüht.

Es gibt heute wirkungsvolle Mittel zur Salpeterbekämpfung. Wichtig ist nur, daß man schon bei Beginn der Bauarbeiten an entsprechende Maßnahmen denkt. Wenn erst einmal Böden verlegt und die Wände frisch verputzt sind, ist es für eine wirksame Behandlung zu spät. Da in den Natursteinmauern viel Kalkmörtel steckt, saugen diese Mauern auch wesentlich stärker als Ziegelmauern mit Zementmörtel. Natürlich hängt der Erfolg auch von der jeweiligen Salpeterkonzentration ab, aber ich bezweifle, ob sich der Salpeter in Natursteinmauern je ganz beseitigen läßt.

## Feuchtigkeitsprobleme

Durch die fehlenden Kellerräume sind toscanische Bauernhäuser anfälliger für Bodenfeuchtigkeit. Diese Tatsache sollte man bei der Planung des Umbaus berücksichtigen. Wir haben uns gegen Feuchtigkeit folgendermaßen geschützt: Statt im Erdgeschoß einfach Stampfbeton auf den alten Ziegelfußboden aufzubringen, haben wir ihn wie eine Geschoßdecke behandelt. Zunächst wurden also Zementträger aufgelegt und mit *tavelloni* verbunden. Darauf erst kam eine Betonschicht mit Baustahlgewebe und darauf die im Mörtelbett verlegten Fliesen. Unter dem Fußboden entstand also ein Hohlraum.

Um drei Seiten des Hauses läuft ein gefliester Fußweg, der an die Außenmauern anschließt und vom Haus Richtung Gelände leicht abfällt. Da unser Haus auf einem Hügel steht, liegt das Geländeniveau auf der vierten Seite etwa 1.80 Meter höher. Hier ließen wir ausschachten, setzten eine Stützmauer und bekamen so Abstand zwischen Erdreich und Hausmauer (siehe Zeichnung). Regenwasser kann in dem Schacht durch ein leichtes Gefälle ablaufen. Um ganz sicher zu gehen, ließen wir in der angrenzenden Küche in einem Abstand von 10 Zentimetern von der Außenmauer eine einschichtige Ziegelwand hochziehen. In den vier Ecken ist jeweils ein Lochziegel eingesetzt. Der dahinterliegende Hohlraum wird so belüftet. Mit Zusätzen an den Mörtel beim Verfugen kann man noch eine weitere Feuchtigkeitssperre errichten.

## Schmutzwasser

Zur Baueingabe gehört heute auch eine Zeichnung für die Schmutzwasserentsorgung, weil Bauernhäuser in der Campagna nicht an die Kanalisation angeschlossen sind. Das vorgeschriebene System ist bei uns eine Zweikammer-Sickergrube. Die Bauteile gibt es vorgefertigt. Fallrohre und Abwasserrohre werden zu der Sickergrube geführt und dort in die Vorkammer geleitet, in der sich Feststoffe absetzen. Das überlaufende Wasser wird in einer zweiten Kammer geklärt und fließt durch ein Überlaufrohr mit leichtem Gefälle ab. Die Länge des Rohres oder dessen Abzweigungen richten sich nach der Zahl der Hausbewohner. Pro Person sind 3 Meter Rohrlänge vorgeschrieben. Für einen 2-Personen-Haushalt benötigt man also ein Überlaufrohr von 6 Meter Länge. Es muß in 80 Zentimeter Tiefe verlegt und alle 10 Zentimeter eingesägt sein, damit das Wasser versikkern kann. Das Rohr wird mit einer Plastikfolie abgedeckt und im Kiesbett verlegt. Bevor die Sickergrube geschlossen werden kann, ist ein Besuch des *vigile sanitario* fällig. Als Mitarbeiter der Gesundheitsbehörde prüft er - gegen Gebühr, versteht sich - die ordnungsgemäße Anlage der Grube.

Für den Fall, daß der Geometrá nicht darauf geachtet hat: Fallrohre müssen über das Dach entlüftet werden. Sonst stinkt's.

## Cotto-Boden

Die Möglichkeiten, einen Fußboden zu fliesen, sind so vielfältig an Material, Farben und Formen, daß eine Beschreibung den hier gesetzten Rahmen überschreiten würde. Ich greife stellvertretend nur einen heraus: den *Cotto*-Boden. Er ist für mich die klassische Form von Fußboden für ein toscanisches Bauernhaus. Sehr einfach und daher schön. *Cotto* (Ziegel) gibt es in vielen Abmessungen und verschiedener Bearbeitung der Oberfläche. Der einfachste hat das Format eines Ziegelsteins und wird im Verband verlegt. Da jeder Ziegelbrand leicht veränderte Farbnuancen liefert, mischt der Fliesenleger Ziegel aus verschiedenen Partien miteinander und gibt dem Boden durch die winzigen Farbverschiebungen ein lebendiges Aussehen.

Cotto-Böden mit glatter Oberfläche sind leicht zu pflegen, wenn man einige simple Ratschläge beachtet. Nachdem die Handwerker abgezogen sind, wird der neue Boden mit Wasser, in dem etwas Schmierseife gelöst ist, gereinigt. Sobald der Boden trocken ist, nimmt man einen Lappen, tränkt ihn sparsam mit ungekochtem Leinöl (gibt's in der Drogerie oder Putzmittelabteilung in 5 Liter-Kanistern zu kaufen) und reibt den Boden damit ein. Die porösen Ziegel absorbieren das Öl relativ schnell, mit der Zeit schließen sich die Poren und die Oberfläche ist geschützt.

Am Anfang sollte man dies öfter wiederholen, dann wird die Oberfläche des Bodens glatt und pflegeleicht. Zum Reinigen genügen ein Eimer Wasser und ein Schrubber mit Putzlappen. Es reicht, wenn man alle paar Monate den Putzlappen gegen ein ölgetränktes Tuch austauscht und damit über die sauberen Fliesen wischt, um ein Austrocknen des Bodens zu verhindern. Nicht über den ungereinigten Boden mit Öl wischen, das gibt Kratzer, die die Oberfläche angreifen. Bei einfachen Leuten haben wir früher eine für uns kuriose Form der Bodenpflege gesehen. Um den Cotto glänzend zu halten, lagen im Haus paarweise Lappen bereit, ähnlich großer Topflappen. Wollte nun ein Familienmitglied von der Küche ins Badezimmer gehen, stieg es auf die bereitstehenden Lappen und bewegte sich rutschend Richtung Bad (außer dem Vater natürlich). So wurde der Fußboden, Visitenkarte der geplagten Hausfrau, ständig und buchstäblich auf Schritt und Tritt poliert. Als Pflegevorschlag ist diese Methode wohl nicht mehr zeitgemäß.

Die Architekten haben sich längst auf die rustikalen Träume ihrer städtischen Kunden eingestellt und empfehlen gerne gesandete handgemachte Tonplatten, die auch wirklich sehr schön und 'typisch' aussehen. Aber zum einen ist das Material teuer, zum anderen sind die Pflegemöglichkeiten gleich Null. Die Fliesen werden ewig sanden, jeder Wischlappen ist im Nu aufgerieben und die Fussel bleiben höhnisch an den kleinen Unebenheiten hängen. Flekken lassen sich nicht beseitigen, eine tropfende Kerze wird zum Drama.

Keramikfliesen sind natürlich am einfachsten zu pflegen. Wer weiß oder bunt, oder beides gemischt als bäuerlich empfindet, wird bestimmt die passenden Fliesen finden. Aber es bleibt ein Problem: Fliesen, die im Sommer angenehm kühl sind, werden im Winter ungemütlich kalt. Abraten würde ich nur vom schönsten aller Bodenmaterialien, dem Marmor. Er paßt nun wirklich nicht als Fußboden in ein toscanisches Bauernhaus. Außer vielleicht im Badezimmer.

# Wohnsitz Toscana

## Die Sorge um die eigene Gesundheit

Je älter ein Mensch wird, umso größer ist sein Bedürfnis nach Sicherheit und ärztlicher Versorgung. Häufig wird die Entfernung zum nächsten Krankenhaus in die Entscheidung beim Kauf eines Hauses mit einbezogen. Als Jüngerer mag man über solche Vorsichtsmaßnahmen lächeln, ganz von der Hand zu weisen ist der Gedanke nicht. Ein Leben auf dem Land bringt größere, zumindest zusätzliche Risiken mit sich. Ein Sturz vom Olivenbaum, eine nachlässig abgestellte Motorsäge, da kann schnelle ärztliche Hilfe lebenswichtig werden. Auf jeden Fall sollte man Risiko-Arbeiten (dazu rechne ich zum Beispiel Bäume fällen) nie alleine machen, allenfalls wenn eine weitere Person in Rufweite ist.

Meine Antwort auf Barbaras letzten Brief geht auf ein weiteres Problem ein: die Vorurteile gegenüber ausländischen Ärzten.

*Liebe Barbara,*

*ich hoffe, Nik geht es besser, und die Venenentzündung im Bein ist wieder abgeklungen. Vielleicht war das viele Stehen auf der Leiter beim Kalken der Wände der Auslöser. Ich verstehe gut, daß Ihr spontan nach Deutschland zurückgefahren seid, um dort einen Spezialisten aufzusuchen. Das muß wie ein Reflex sein. So wie man als Kind zuerst zur Mutter rannte, wenn man sich weh getan hatte, so zieht es den Erwachsenen sofort nach Hause, wenn er in einem fremden Land krank wird. Man fühlt sich einfach sicherer und perfekter versorgt.*

*Während unserer ersten italienischen Jahre bin ich oft 800 Kilometer nach Deutschland gefahren, nur zum Zahnarzt. Zweimal hatte ich schlechte Erfahrungen mit hiesigen Zahnärzten gemacht, was meine Vorurteile nur bestätigte. Erst als Vicky mich darauf hinwies, daß ich früher in Deutschland den Arzt auch einige Male gewechselt hätte, hörte ich mich hier nochmals um. Das Ergebnis war ein überaus tüchtiger Zahnarzt, der seit Jahren mein volles Vertrauen genießt und den ich in Deutschland nicht besser finden könnte. Damit Ihr beim nächsten Arztbedarf ein wenig gelassener sein könnt, füge ich meinem Brief noch eine Beschreibung des italienischen Gesundheitssystems bei, Änderungen von Staats wegen vorbehalten.*

*Alles Gute vorallem für Nik, Dein Hans*

## Notfälle und Krankenversicherung

Zunächst einmal ist es gut zu wissen, daß über das örtliche Telefonnetz unter einer einheitlichen Nummer ein Notarzt zu erreichen ist, der rund um die Uhr einsatzbereit ist (bei uns in Campiglia gilt Tel: 222 230). Der Arzt kommt ins Haus und veranlaßt die nächsten Schritte (Überweisung an einen Spezialisten, Einweisung in ein Krankenhaus etc.).

Mit einer deutschen Krankenkasse plus Auslandskrankenschein ist man zwar automatisch in Italien versichert, allerdings nur für den Urlaub. Wer seinen Hauptwohnsitz nach Italien verlegt, muß hier eine Krankenversicherung abschließen, das heißt er muß seinen Beitrag an die USL bezahlen. USL *(unità sanitaria locale)* ist die italienische Gesundheitsbehörde. Jede Gemeinde Italiens gehört zu einer bestimmten USL-Zone, die in jedem Ort durch entsprechende Büros repräsentiert ist. Wir sind als eingetragene Bauern *coltivatori diretti* automatisch durch die italienische Krankenkasse abgesichert. Private Krankenkassen wie in Deutschland gibt es nur als Zusatzversicherungen für Krankenhausaufenthalte.

Mit dem Recht auf Wohnsitz (siehe auch unter dem Stichwort *'residenza'*) erhält man Zugang zum italienischen Gesundheitssystem. Dazu sind folgende Schritte notwendig: Man besorgt sich bei der Gemeinde, Abteilung Einwohnermeldeamt *(anagrafe)*, eine Kopie seiner Wohnsitzberechtigung (kostet Gebührenmarken) und geht damit zum zuständigen USL-Büro. Dort stellt man einen Antrag für den Gesundheitspaß (*documento per l'assistenza sanitaria*, kurz auch: *libretto sanitario*). Darin ist neben den persönlichen Daten auch der Name des gewählten Hausarztes verzeichnet.

Am besten hört man sich vorher bei Freunden um, welcher Arzt zu empfehlen ist. Das ist natürlich noch keine Garantie für Qualität, aber man kann den Arzt ja auch wieder wechseln. Bei der USL liegt ein Verzeichnis der zur Auswahl stehenden Ärzte aus. Es kann aber sein, daß der eine oder andere Arzt schon 'besetzt' ist, da jeder USL-Arzt nur eine bestimmte Anzahl von Patienten betreuen kann.

Der USL-Arzt hat nur wenige praktische Möglichkeiten, ist mit den deutschen Allgemeinmedizinern also überhaupt nicht zu vergleichen. Das Sprechzimmer besteht aus Schreibtisch, zwei Stühlen, einer weiß bezogenen Pritsche, einem Stethoskop, einem Blutdruckmeßgerät und einem Medikamentenschränkchen mit Mustern. Wichtig ist dieser Arzt für zwei Dinge: das Verschreiben von Medikamenten, die nur auf Rezept erhältlich sind und das Überweisen an einen Facharzt oder an ein Krankenhaus. Für die Überweisung an einen Spezialisten stellt der Hausarzt eine sogenannte *richiesta* aus, die bei der USL vorzulegen ist. Dort wird einem der Name des Facharztes und der Termin mitgeteilt.

Wer lieber privat zu einem Facharzt eigener Wahl gehen möchte, muß die Kosten selbst tragen. Das können leicht 150.000 bis 200.000 Lire pro Untersuchung sein. Und zwar cash, direkt dem Arzt in die Hand, ohne Quittung. Braucht man eine Quittung, weil der Betrag von der Steuer abgesetzt werden soll, erhöht sich die Summe.

Ein Vorteil des USL-Arztes ist, daß er Hausbesuche macht. Im Wartezimmer des Arztes geht es häufig noch recht altmodisch zu. Eine Sprechstundenhilfe gibt es nicht. So fragt man bei seiner Ankunft: „Wer ist der letzte?" *(Chi é l'ultimo ?)* Dann melden sich meist zwei Leute. Einer wartet nur darauf, sich ein Rezept ausstellen zu lassen *(ricetta)*, der andere kommt zur Untersuchung *(visita)*. Rezept-Patienten kommen schneller vorwärts, weil nach einer Untersuchung jeweils ein Rezept-Patient vorgelassen wird. Da immer ein paar Oberschlaue dabei sind, die sich unter dem Rezept-Vorwand vordrängen wollen, ist im Wartezimmer für Unterhaltung gesorgt.

Der Besuch beim USL-Arzt kostet noch nichts. Der Arzt erhält für jeden bei ihm eingeschriebenen Patienten von der USL eine Gebühr, egal ob er als Arzt bemüht wird oder nicht. Das hat den angenehmen Nebeneffekt, daß man nicht fünfmal nachbestellt wird, um dem Arzt zusätzlich Honorar zu verschaffen. Allerdings wird schon länger darüber diskutiert, Patienten mit einem Pauschalbetrag zur Kasse zu bitten.

Die Bezahlung der weiterer Untersuchungen wird mit dem Ticket-System geregelt. Das Ticket wird bei der USL erworben. Seine Kosten richten sich nach der Art der Behandlung. In Krankenhäusern unterhält die USL ein extra Büro. Für die Bezahlung der Ticketgebühr gibt es dort häufig bereits Automaten. Während früher die USL-Betreuung eine äußerst preiswerte Form der Behandlung garantierte, ist das heute nicht mehr so. Die Gebühren der Tickets nähern sich den Kosten, die man für eine freie Behandlung ausgeben muß.

## Die Rentenversicherung

Die Rentenversicherung richtet sich nach dem entsprechenden Berufszweig, dem man angehört. In unserem Fall Landwirtwirtschaft bzw. *coltivatore diretto*. Fachliche Voraussetzungen dafür braucht man nicht vorzuweisen. Es genügt der Besitz des Landes und der sichtbare Nachweis, daß der Boden bewirtschaftet wird. Gegebenenfalls prüfen Carabinieri durch Ortsbesichtigung nach, ob die Angaben stimmen. Den Antrag, als *coltivatore diretto* eingetragen zu werden, stellt man am besten mit Hilfe der ortsansässigen Bauerngewerkschaft. Bei uns ist das die *Coldir*. Sobald man als Bauer registriert ist, bekommt man automatisch die entsprechenden Zahlungsanweisungen für Renten-, Unfall-, und Krankenversicherung zugeschickt. Die Beiträge sind im Juli, September, November und Januar fällig.

## Zweimal Campiglia ohne Rückfahrkarte

„Wir holen Sie hier auch gerne wieder ab", sagte der Fahrer des Möbelwagens, nachdem unsere Habseligkeiten entladen und im Haus verteilt waren. An seinem nackten Oberkörper perlten die Schweißtropfen vom Schleppen. Es war heiß am 2. Oktober 1980.

Offensichtlich muß der Mann den Umzug aus der großen bürgerlichen Stadtwohnung in das kleinteilige komfortfreie toscanische Landhaus als sozialen Abstieg empfunden haben. Jedenfalls drückte seine Miene Mitgefühl aus. Später schauten wir dem großen flammend roten Möbeltransporter hinterher, bis er auf dem löchrigen Fahrweg allmählich zum Fleck wurde und verschwand. Dann war es still, wir waren angekommen, mit aller Unwissenheit und ganz unbekümmert.

Noch am Morgen hatten wir den versiegelten Möbelwagen zur Zollstation am Hafen von Piombino gelotst, um Formalitäten abzuwickeln. Zum Öffnen des Siegels erschien ein Zolldirektor zweiter Klasse, er beaufsichtigte den amtlichen Vorgang. Bevor die großen Flügeltüren am Heck geöffnet wurden, überlegte ich kurz, ob sich wohl der eine oder andere Gegenstand auf der langen Fahrt selbständig gemacht hatte. Der Gedanke war überflüssig. Vollgestopft bis unters Dach stand alles auf seinem ursprünglichen Platz. Ich hatte vorher noch nie bewußt in einen gefüllten Möbelwagen geblickt. Jetzt fand ich den Anblick, vielleicht wegen der indiskreten Blicke des Zollbeamten, sehr intim. Der Querschnitt unseres Hausrats wirkte eher wie Gerümpel. Die hochkant gestellten Teile des schönen (italienischen) Bettes sahen aus, als hätten wir vergessen, sie wegzuwerfen. Daneben, durch filzgraue Dekken getrennt, Regalbretter, davor Mülleimer, Staubsauger, Leiter, selbst das dahinterstehende Biedermeiersofa sah aus wie Sperrmüll.

Der Zolldirektor zweiter Klasse rügte, er könne nicht zwischen der Ladung umherlaufen, um den weiteren

Inhalt zu prüfen. Um die Situation etwas spannender zu gestalten, fügte er hinzu, daß wir wahrscheinlich alles abladen müßten. Er wollte diese Entscheidung aber dem Direktor erster Klasse überlassen. Dann verschwand er mit sämtlichen Papieren in seinem Büro und ließ uns schmoren. Allerdings hatten wir uns dem Chef der Zollstation durch italienische Freunde, die über Beziehungen verfügten, 'empfehlen' lassen. Als Nr. 2 zurückkam, war er in Begleitung von Nr. 1. Wieder waren die indiskreten Blicke auf unseren nackten Hausrat gerichtet, dann setzte Nr. 2 zum Rapport an: „Die Herrschaften haben vier Probleme. Erstens kann man die Ladung im jetzigen Zustand nicht komplett überprüfen. Zweitens führen sie ein Fernsehgerät ein, das verzollt werden muß, drittens eine Topfpflanze, was verboten ist und viertens einen Hund, für den kein amtstierärztliches Zeugnis vorliegt."

Ich verfluchte den Fernseher, ein winziges, batteriegespeistes Schwarz/Weiß-Gerät, das nur mit umziehen durfte, weil mir das Design so gut gefiel. Alle Pflanzen hatten wir verschenkt bis auf ein kugelförmig geschnittenes Lorbeerbäumchen, das wir hier einpflanzen wollten (heute ist es ein viele Meter hoher Baum), und unser alter Spaniel, der nichts ahnend in der morgendlichen Sonne zwischen Vicky und mir döste, war nicht dem Möbelwagen entstiegen, sondern unserem PKW und das mit ordnungsgemäßem Impfpaß.

Der Zolldirektor 1. Klasse entschied mit knappen Worten: „Von der Ladung habe ich mich soeben überzeugt, Pflanze und Hund hätten bereits an der Grenze zurückgehalten werden müssen. Bei Gefahr von Krankheitsübertragungen wäre es jetzt bereits zu spät. Was das Fernsehgerät betrifft, sollen die Signori zur Post fahren, die Fernsehgebühr einzahlen und anschließend die Quittung vorlegen. Dann können Sie die Papiere fertig machen." Die Empfehlung hatte also gewirkt. Heute wäre ein Umzug problemlos.

## Aufenthaltsgenehmigung und Wohnsitz

Früher mußten sich auch Freunde, die für ein paar Tage bei uns zu Besuch waren, bei dem örtlichen Carabinieri-Kommando anmelden und bei der Abreise auch wieder abmelden. Theoretisch. Praktisch hat das kaum jemand gemacht. Wer aber ein Haus oder eine Wohnung in Italien besitzt, benötigt eine Aufenthaltsgenehmigung *(permesso di soggiorno)*. Um dieses wichtige Dokument zu erhalten, muß man im nächsten Poli-

zeikommissariat zur Ausländerabteilung gehen, ausgestattet mit drei Paßbildern und Reisepaß oder Personalausweis. Die erste Genehmigung wird für drei Monate erteilt. Danach liegt es im Ermessen des Beamten. Er kann die Genehmigung auch für ein ganzes Jahr verlängern. Oder auch für 5 Jahre.

Wir haben seit vielen Jahren einen Ausweis aus blauem Karton, der als Aufenthaltserlaubnis für einen Angehörigen eines EG-Landes deklariert ist. Er gilt jeweils fünf Jahre und kann dann problemlos verlängert werden. Dieser Ausweis garantiert gleichzeitig auch das Recht auf 'Zugang zu Beschäftigung im Lohn- oder Gehaltsverhältnis unter gleichen Bedingungen wie die italienischen Arbeitnehmer'.

Ausländer, die mehr als 6 Monate im Jahr in Italien leben, sind verpflichtet, ihren Hauptwohnsitz *(residenza)* hier anzumelden. Zur Beantragung der Residenza geht man zum örtlichen Einwohnermeldeamt *(anagrafe)*. Dort legt man seine Aufenthaltsgenehmigung vor, dazu die deutsche Abmeldebescheinigung und den Nachweis einer italienischen Krankenversicherung. Die Residenza ist notwendig, um ein Auto in Italien zu kaufen oder zu verkaufen. Außerdem sind die Stromtarife für den Hauptwohnsitz niedriger. Innerhalb von zwei Wochen nach Antragstellung wird ein *vigile urbano* einen Besuch abstatten und prüfen, ob man auch wirklich unter der angegebenen Adresse erreichbar ist.

*Liebe Barbara,*

*Behördenkram ist mir immer lästig und langweilig, vor allem in Italien, wo die Bürokratie besonders kultiviert wird. Ich versuche, mich kurz zu fassen:*

- **Gebührenmarken**. Fast immer zur Abwicklung von Verwaltungsakten erforderlich. Die übliche Gebühr für eine Marke *(marca da bollo)* beträgt (1997) 20.000 Lire. Vorsorglich solltest Du immer zwei dieser Marken bei einem Behördengang bei Dir haben. Da man nie so genau weiß, ob eine weitere Marke fällig wird, erspart diese Vorsichtsmaßnahme das Wiederkommen. Gebührenmarken gibt es beim Tabakhändler *(tabaccaio)*. Übrigens muß selbst der Zahnarzt seine Abrechnungen - trotz Computer - mit einer Gebührenmarke legitimieren. Meiner bezahlt sie wenigstens selbst.

- **Carta bollata**. Würde ich mit Amtsbriefpapier übersetzen. Es ist liniert wie ehemals das Aufsatzpapier in der Schule, etwa DIN-A3 groß und mit Gebührenmarken beklebt oder bedruckt. Gut, wenn man es beim Tabaccaio mitnimmt, auch wenn es nicht für alle Amtshandlungen Vorschrift ist.

- **Unterschriftsbeglaubigungen.** Für die meisten amtlichen Vorgänge brauchst Du eine Beglaubigung Deiner eigenen Unterschrift *(firma autenticata)*. In den Gemeinden wird ein Büro unterhalten, das diese Formalität in vereinfachter Form gegen eine geringe Gebühr durchführt.

- **Eidesstattliche Erklärungen.** Abgekürzt *'atto notorio'* genannt, gehören ebenfalls zum normalen Behördenalltag. Zu den üblichen eidesstattlichen Erklärungen gehört auch die Antimafia-Erklärung: "Ich, Barbara erkläre, daß ich nichts mit der Mafia zu tun habe." (Wozu das gut ist, weiß kein Mensch.) Auch diese Formsache kann man in dem vorher genannten Büro erledigen.

- **Personalausweis.** Dein deutscher Personalausweis ist uneingeschränkt gültig, auch wenn Du in Italien ansässig bist. Im Umgang mit Behörden vereinfacht ein italienischer Ausweis ein wenig die Abwicklung. Du kannst dieses Dokument *(carta d'identitá)* beim Einwohnermeldeamt *(anagrafe)* beantragen. Als Unterlagen werden benötigt: 3 Paßbilder, ein *certificato di residenza* (druckt das Anagrafe aus) sowie ein entsprechender Antrag, den Du ausfüllen mußt.

- **Reisepaß verlängern lassen.** Das geht so einfach (immer *residenza* voraussetzend), daß sogar ich es kann. Man geht zum nächsten deutschen Konsulat (in meinem Fall nach Livorno) und hinterläßt seinen Paß sowie ein *certificato di residenza in carta semplice* (ausnahmsweise ohne Gebührenmarke). Das Konsulat schickt die Unterlagen zum zuständigen Generalkonsulat (in meinem Fall Genua). Sobald der verlängerte Paß wieder beim Konsulat eingetroffen ist, wird man benachrichtigt und kann ihn abholen. Ähnlich einfach geht das Ausstellen eines neuen Reisepasses.

- **Ein Konto eröffnen.** Ohne Residenza kann nur ein Auslandskonto *(conto estero)* eröffnet werden, über welches aber nur Auslandsüberweisungen durchgeführt werden können. Das Konto hat keinen Überziehungskredit, und man kann kein italienisches Geld bzw. keinen Verrechnungsscheck einzahlen. Erst mit der Residenza kann ein normales Bankkonto *(conto corrente)* beantragt werden. Für den Antrag benötigt man einen Ausweis sowie ein *certificato di residenza.*

- **Die Steuernummer.** Unbedingt erforderlich für jede ordnungsgemäß ausgestellte Rechnung oder Quittung, die mehr als ein Kassenzettel ist. Egal ob Autoreparatur, Krankenversicherung oder Steuererklärung, überall muß die Steuernummer *(codice fiscale)* aufgeführt sein. Man beantragt sie beim Bezirkssteueramt *(ufficio imposte dirette)* und erhält einen Kreditkarten ähnlichen grün-weißen Plastikausweis mit seiner persönlichen Nummer.

- **Mehrwertsteuernummer.** Man braucht sie nur, wenn man eine selbständige Tätigkeit ausübt. Die Registrierung im Mehrwertsteueramt *(ufficio IVA)* der Provinzhauptstadt sowie die Mehrwertsteuer-Nummer *(partita IVA)* kosten jährlich 100.000 Lire. Das Mehrwertsteuersystem funktioniert mehr oder weniger genauso wie in Deutschland.

## Auto mit deutschem Kennzeichen

Wer sich länger als sechs Monate im Jahr in Italien aufhält, muß sein Auto auch hier zulassen. Freilich ist der Nachweis nicht ganz einfach, aber wer im Besitz einer Residenza ist, kann sich schlecht rausreden. Gerät man an übereifrige Carabinieri, so können sie das Fahrzeug mit deutscher Zulassung sogar beschlagnahmen. Uns wurde das nach zwei Jahren Aufenthalt immerhin angedroht.

## Führerschein

Ein eigenes Auto mit italienischer Zulassung darf nur mit einem italienischen Führerschein gefahren werden. Einen Antrag dafür stellt man beim italienischen Automobilclub ACI (ähnlich dem ADAC). Benötigte Unterlagen: *certificato di residenza, certificato di buona condotta* (polizeiliches Führungszeugnis), beides gibt es bei der Präfektur *(prefettura);* ein ärztliches Attest über Seh- und Hörfähigkeit (die Tests werden an bestimmten Tagen beim ACI gemacht) sowie ein Attest vom Hausarzt über den allgemeinen Gesundheitszustand.

Und natürlich den eigentlichen Führerscheinantrag, den der ACI bereithält, inklusive diverser Gebühren. Der Führerschein selbst muß jährlich mit einer immer teurer werdenden Gebührenmarke beklebt werden. (Vor 12 Jahren kostete die Marke noch 15.000 Lire, heute bereits 70.000.) Man bekommt sie im Februar beim Tabaccaio. Der Fahrausweis ist nicht unbegrenzt gültig. Bis zum 60. Lebensjahr muß er alle zehn Jahre erneuert werden. Danach alle fünf Jahre.

Bei Erhalt des italienischen Führerscheins muß der deutsche abgeben werden. Es sei denn, man würde in Italien nochmals eine Fahrprüfung ablegen. Da ich doch recht deutsch bin und mein Vertrauen in die italienischen Behörden nicht grenzenlos ist, habe ich mir wenigstens eine Kopie von meinem guten alten Führerschein anfertigen lassen sowie bei der ausstellenden Behörde in Deutschland eine Führerscheinabschrift.

## Ein Auto einführen

Aufwachen, jetzt wird's kompliziert! Wer es einfacher haben möchte, verkauft sein Auto in Deutschland und kauft sich hier einen in Italien bereits zugelassenen Wagen (trotz EU und allem schönen Gerede). Ansonsten gilt: ein Auto, das aus Deutschland eingeführt wird, sollte wenigstens sechs Monate alt sein, sonst muß zusätzlich zur umständlichen Anmeldeprozedur die Differenz zum italienischen Mehrwertsteuersatz (19%) nachgezahlt werden.

Man kann das Auto in Deutschland mit einer Zollnummer versehen, nach Italien reisen und es hier anmelden. Dieser Weg ist relativ teuer. Ich würde raten, das Auto ganz normal nach Italien zu fahren, in der Garage die Nummernschilder abzumontieren und sie mit KFZ-Schein und KFZ-Brief zur Abmeldung nach Deutschland zu schicken. Vom TÜV besorgt man sich noch die *'dati tecnici integrativi'* (kennt man dort), die zur Neuanmeldung in Italien erforderlich sind.

Für die Zulassung in Italien nötig:

- Abmeldebescheinigung im Original und eine Fotokopie

- KFZ-Schein als beglaubigte Fotokopie (erhält man bei der Abmeldung) zuzüglich einer Fotokopie

- KFZ-Brief im Original (ihm fehlt inzwischen rechts oben ein Eckchen) und eine Fotokopie

- 2 Originale der *'dati tecnici integrativi'* und eine Fotokopie

- Beglaubigte Übersetzung der nicht in italienischer Sprache gelieferten Dokumente (KFZ-Brief, KFZ-Schein, Abmeldebescheinigung). Die Beglaubigung erhält man beim Amtsgericht (Pretura). Für diesen Vorgang ist jeweils Original und Übersetzung notwendig. Unter die Übersetzung wird eine Beglaubigungsformel geschrieben, die der Kanzler des Amtsgerichts vorgibt. Das Verfahren kostet (1997) 33.000 Lire pro Dokument.

- *Certificato di residenza in carta bollata* (gibt's beim Anagrafe)

- ausgefülltes Formblatt für die Zulassung eines Kraftfahrzeuges. Den Vordruck gibt es bei der KFZ-Zulassungsstelle *(Motorizzazione civile).*

- Diverse Zahlungsanweisungen, mit denen man bei der Post Gebühren für Zulassung, Nummernschilder und den italienischen 'TÜV' einzahlt. Die Zahlkarten bekommt man ebenfalls bei der *Motorizzazione civile.*

Mit diesen Unterlagen geht es zum Schalter der Zulassungsstelle, wo einem dann erklärt wird, was fehlt. Dort muß auch das Fahrzeug vorgeführt und auf dem Prüfstand getestet werden. Egal, ob neues oder gebrauchtes Auto. Für die Fahrt dorthin gibt es geliehene Nummernschilder aus Pappe.

Nach erfolgter Zulassung (Vickys Rekord: 2 Wochen) erhält man die Nummernschilder und ein *'foglio rosa'* (rosa Blatt), als Vorläufer des späteren KFZ-Scheins *'libretto di circolazione'*. Erhält man endlich auch das Libretto, muß das Fahrzeug innerhalb 30 Tagen beim PRA (*'pubblico registro automobili'*) eintragen werden, danach kostet es Strafe. Vom PRA kommt dann als letztes ein Dokument, das unserem KFZ-Brief entspricht *('foglio complementare').*

*Liebe Barbara,*

*Du kannst Dir sicher vorstellen, daß diese Angaben nicht von mir stammen. Stimmt. Ich habe sie mir von Vicky geben lassen, die für die Richtigkeit gerade steht. Schließlich hat sie die Prozedur schon viermal hinter sich gebracht. Ich soll Dir sagen, Du mögest Dich mit Geduld wappnen (oder eben gleich in Italien ein Auto kaufen).*

*Wenn ich Vicky bei Behördengängen begleite, fällt mir auf, daß die Angestellten zuerst einmal behaupten, die vorgelegten Dokumente seinen unvollständig. Man muß sich seiner Sache schon sehr sicher sein, um wirkungsvoll zu widersprechen. Die meisten Leute gehen auch brav wieder nach Hause, besorgen ein weiteres Papier, das dann möglicherweise gar nicht gebraucht wird. Ich jedenfalls würde beim Zulassen eines Autos sicherlich irgendwann durchdrehen und ginge deshalb zu einer der zahlreichen Agenturen ('agenzia pratiche automobilistiche'). Die haben sich auf solche und ähnliche Prozeduren spezialisiert, allerdings dauert die Zulassung länger und kostet mehr Geld. In Auslandsfragen sind sie oft sehr unerfahren und die Unterlagen muß man dennoch selbst beschaffen.*

*Etwas habe ich noch vergessen: weder ACI noch Motorizzazione civile oder PRA fragen Dich nach einer Versicherung. Gleichwohl herrscht natürlich Versicherungspflicht. Du mußt Dich selbst darum kümmern. Die Quittung muß zusammen mit dem Steuerbeleg an der Windschutzscheibe befestigt sein. Die jährliche KFZ-Steuer muß beim ACI gegen Vorlage des KFZ-Scheins bezahlt werden. Die Höhe der Steuer errechnet sich nach den 'cavalli fiscali' (Steuer-PS) des eigenen Fahrzeuges. Hierfür gibt es Tabellen. Ein Autoradio kostet noch einmal extra Gebühren.*

*Das wäre im Augenblick alles. Eigentlich müßtest Du mit diesen Informationen erst mal ein Stückchen weiter kommen.*

*Bis dahin viele Grüße, Dein Hans*

## Der italienische TÜV

Gemessen an unseren deutschen Gewohnheiten, war die bisherige Praxis denkbar umständlich. Man mußte das Fahrzeug bei der *motorizzazione civile* vorführen. Diese Behörde gibt es nur in Provinzhauptstädten. In meinem Fall mußte ich gut 70 Kilometer nach Livorno fahren. Seit kurzem wird dieses System modernisiert, das heißt dezentralisiert. Am praktischen Beispiel sieht das so aus: In vielen Orten der Provinz entstehen private 'TÜV'-Stationen. So hat sich in Venturina der Reifenhändler Gambassini im Gewerbegebiet eine moderne Halle gebaut. Ein Teil ist abgetrennt und mit den bekannten Meßinstrumenten für die technische Kontrolle ausgestattet *(collaudo)*. Zu bestimmten Terminen kommt ein Ingenieur der Motorizzazione Civile und führt die Prüfungen durch. Ein Neufahrzeug muß erstmalig nach vier Jahren vorgeführt werden. Danach findet der *collaudo* alle zwei Jahre statt. Die Prüfanlage ist seit Juli '97 in Betrieb.

## Ein Auto verkaufen

Der Verkauf eines Fahrzeugs mit deutscher Zulassung sollte unbedingt in Deutschland abwickelt werden. Allein schon, weil die Wiederzulassung in Italien sehr aufwendig ist. Davon abgesehen sind die Gebrauchtwagenpreise hier erheblich niedriger als in Deutschland. Übrigens auch die Neuwagenpreise deutscher Automarken.

Ein Auto mit italienischer Zulassung von privat an privat zu verkaufen, geht auch nicht per Handschlag, sondern nur über einen notariellen Verkaufsakt. Geht der Käufer zu einer der beschriebenen Agenturen, erhält er von dort die Aufforderung, bei einem örtlichen Notar den vorbereiteten Kaufvertrag zu unterschreiben. Gibt es einen Ehepartner des Verkäufers, so muß auch dieser unterschreiben. Der Verkauf kann auch über den Automobilclub ACI abgewickelt werden. Dort steht an bestimmten Tagen ein Notar zur Verfügung.

Wer selbst ein gebrauchtes Auto kauft und meint, für die Campagna genüge eine alte Rostlaube, sollte berücksichtigen, daß alleine die Zulassung gut 700.000 Lire kostet (1997). Und die Zulassungsgebühren gehen immer zu Lasten des Käufers.

## Schulsystem

An Änderungen wird gerade gearbeitet, bis heute (1997) präsentiert sich das Schulsystem so: Kindergärten sind unter städtischer Verwaltung *(asilo nido)*. Es gibt aber auch private Kindergärten *(scuola materna)*, die von Nonnen geleitet werden.

Mit sechs Jahren (nach neuem Gesetz bereits mit fünf) beginnt die Grundschule *(scuola elementare)*. Sie ist Pflicht und dauert 5 Jahre. Danach folgt die Mittelschule *(scuola media)*. Sie ist ebenfalls Pflicht und dauert 3 Jahre. Damit ist die allgemeine Schulpflicht beendet. Weiterführende Schulen sind Gymnasien mit verschiedenen Schwerpunkten: das *liceo classico* (Latein, Griechisch), das *liceo scientifico* (Naturwissenschaften und Mathematik) sowie das *liceo linguistico* (Schwerpunkt neue Sprachen). Letzteres wird häufig als Privatschule betrieben. Alle Gymnasien dauern 5 Jahre und enden mit der Reifeprüfung.

Daneben gibt es Fachoberschulen für die verschiedensten Berufszweige, zum Beispiel für die Ausbildung als Geometer, als Kindergärtnerin oder Grundschullehrer(in), solche für kaufmännische Berufe wie Steuerberater oder Buchhalter und für technische Berufe wie Elektronik, Maschinenbau oder auch für das Hotelfach und Tourismusgewerbe. Die Ausbildung an diesen Schulen dauert 5 Jahre und endet mit einer Abschlußprüfung *(diploma)*. Mit dem Diplom erwirbt jeder Schüler das Recht, eine Universität zu besuchen und ein Studienfach seiner Wahl zu belegen. Einen Numerus Clausus gibt es bis jetzt noch nicht. Der Hochschulabschluß endet mit der Diplomprüfung und berechtigt automatisch zur Führung des Doktortitels.

## Über die Polizei

Im allgemeinen ist die italienische Polizei nicht unnett. Viele Polizisten stammen aus Süditalien (was gelegentlich die Verständigung erschwert). Es ist vermutlich bekannt, daß über die Polizei hier die gleichen dummen Witze gemacht werden wie in Deutschland über die Ostfriesen. Der größte Nachteil der italienischen Polizisten ist, daß es so viele gibt. Einer Statistik nach müßte es in Italien mehr als doppelt so viele Polizisten geben wie in Deutschland. Ich kann diese Zahl nicht belegen, aber auf Grund der optischen Präsenz glaube ich das sofort.

Sobald man das deutsche Autokennzeichen gegen ein italienisches eingetauscht hat, ist es mit der Schonzeit vorbei, und die ewigen Straßenkontrollen, die eher nach Beschäftigungstherapie aussehen, können einem wirklich auf die Nerven gehen. Jedesmal werden nicht nur die Wagenpapiere verlangt, sondern zum Polizeiauto gebracht und dort bei geöffneter Heckklappe auf der Hutablage abgeschrieben. Ein Segen, wenn es regnet (was es ja leider selten tut), weil die Carabinieri wasserscheu sind und sich dann nicht blicken lassen. Wie bekannt, stellen die Carabinieri aber längst nicht die einzige Polizeigewalt, sondern teilen sie mit der Polizia Stradale und der Finanzpolizei (*finanza*), ebenfalls bewaffnet und mit allen Polizeibefugnissen ausgestattet. An der Spitze jedes Polizeicorps stehen Generäle, die eifersüchtig über ihre soziale und politische Stellung wachen und eine (teilweise) Zusammenlegung der Polizeigewalt stets verhindert haben. Die Polizeihoheit geht vom Innenministerium in Rom aus.

Italienische Polizisten strahlen all das aus, was man ihren deutschen Kollegen andichtet. Sie stehen gerne stramm, lieben Uniformen über alles und sind übereifrige Autoritäten. Vom 'Bürger in Uniform' sind sie Lichtjahre entfernt. Das Fernsehen wird nie müde, in den Nachrichtensendungen zu zeigen, wie schneidig die Polizei losbraust. Es sind Varianten der ewig gleichen Szene: Man sieht eine Serie von 8 - 10 schnellen Alfa-Romeo-Limousinen, die mit quietschenden Reifen aus den Torbogen ihrer Kommandozentrale schießen und in die Straße einbiegen. Scheinwerfer, Blaulicht, Sirenen, rotweiße Kellen, nach Möglichkeit am Abend gefilmt und als Krönung leichter Regen, so daß sich die Bilder im nassen Asphalt spiegeln. Auf dem Land gewinnt die Polizei gelegentlich auch menschliche Dimensionen, besonders wenn es sich um Uniformierte handelt, die man persönlich kennt.

Eine Art Gemeindepolizei bilden die *vigili urbani*. Nicht minder eindrucksvoll ausgestattet, wenn auch mit kleineren Autos, befassen sie sich mit Ordnungsaufgaben, regeln den Verkehr, kassieren die Standgebühren der Markthändler und schreiben Strafzettel für Falschparker.

Da ich in meiner Freiheit bisher nie eingeengt wurde, will ich es bei dieser Betrachtung belassen bzw. noch zwei positive Seiten der Polizei anfügen. Seit einigen Jahren werden gelegentlich Radarkontrollen durchgeführt. Dies geschieht aber längst nicht so raffiniert wie in Deutschland, sondern eher menschlich. Am Straßenrand steht ein Polizeiauto und davor, kaum zu übersehen, das Stativ mit dem Radargerät. Wer in diese Falle tappt, hat entweder geschlafen oder ist tatsächlich zu schnell gefahren. Außerdem habe ich noch nie gesehen, daß Alkoholkontrollen durchgeführt werden (außer nach Unfällen oder Samstagnacht vor Diskotheken). Das heißt natürlich nicht, daß ich es richtig finde, angetrunken am Steuer zu sitzen.

## Umgewöhnen und Eingewöhnen

Als wir uns 1976 durch die Unterschrift beim Notar als Eigentümer von neun Hektar verwildertem Land, eines verwahrlosten, löchrigen Hauses und eines baufälligen Schweinestalles ausweisen konnten, wollten wir dieses Hausbesitzergefühl umgehend auskosten. Die Zeit war knapp, denn auf der Rückfahrt zum Flughafen Milano-Linate mußte noch ein Kundengespräch in Bergamo stattfinden. Ganze zehn Minuten dauerte der Blitzbesuch auf dem eigenen Land und das reichte auch. Es war Anfang Juli und die Mittagssonne stach unbarmherzig. Bis dahin hatten wir das Land nur im Winter und Frühjahr gesehen - üppig grün. Eine riesige Lunge, die uns mit frischem Sauerstoff verwöhnte. Jetzt aber knickte das verblühte Gras, vermischt mit wildem Hafer, knisternd und vergilbt unter uns. In den umstehenden Eichen sägten Legionen von Zikaden in einer Lautstärke, die einem jede Lust auf Unterhaltung nahm, und ein paar Meter weiter machte sich eine Schlange träge auf den Rückzug. Wir schauten zum Haus. Der abbröckelnde Putz an der Nordseite bot einen stumpfen, dunkel vermoosten Anblick. So wie man in Pompeji an Hand von kleinen Putzresten ahnen kann, wie die Häuser einmal angemalt waren, gab es auch bei unserem Haus an der Südseite einige Stellen, die erkennen ließen, daß die Fassade einst rötlich gestrichen war, inzwischen ausgeblichen bis auf einen rosa Hauch.

Undurchdringliches Brombeergestrüpp rankte bis in die heutige Küche. So standen wir endlose zehn Minuten nebeneinander. Schweigend. Jeder mit seinen eigenen Gedanken und Gefühlen beschäftigt. Ich jedenfalls dachte ungefähr: „Mein Gott und das soll nun der Traum vom Haus in der Toscana sein?“ Im Frühjahr hatte alles romantischer ausgesehen. Es wurde Zeit aufzubrechen, und was hatten wir hier auch noch verloren? Mit Straßen- und Stöckelschuhen, leichtem Anzug und Seidenkleid waren wir zwei komische Figuren in der Macchia. Wahrscheinlich haben die Zikaden nicht gesägt, sondern höhnisch gelacht, und die Schlange verkroch sich, weil sie den Geruch von Esteé Lauder nicht mochte.

Im aufgeheizten Mietwagen ertappte ich mich mit der angenehmen Vorstellung, am gleichen Abend in unsere kultivierte Stadtwohnung in Deutschland zurückkehren zu können. Erst viel später gestanden wir uns gegenseitig die Gedanken, die jeder bei dem Besuch hatte. Vicky hatte ungefähr das Gleiche empfunden. Als der Plan, in der Toscana einen Neuanfang zu wagen, nach Jahren Gestalt annahm, versprachen wir uns feierlich Offenheit im Umgang mit allen Problemen, die das Leben in der Toscana mit sich bringen würde. Jeder reagiert anders auf neue Erfahrungen. Was zunächst aus der Ferne verlockend aussieht, kann sich in der Praxis als totaler Flop erweisen. Ein Scheitern unseres Vorhabens wurde also einkalkuliert und keiner sollte dafür verantwortlich gemacht werden.

Wir haben Paare kennengelernt, denen jeder noch so banale Grund recht war, wieder für kurze Zeit nach Deutschland zurückzukehren. Das Traurige war, daß sie krampfhaft an ihrer brüchigen Toscana-Illusion festhielten und sich die Quälerei nicht eingestanden haben. Äußerlich stimmte ihr Entwurf eines glücklichen Lebens. Aber eben nur äußerlich.

### Erfahrung Einsamkeit

Erster Prüfstein für die Eignung zum Landleben ist die ungewohnte Einsamkeit. Für jemanden, der lange Jahre in einer Großstadt gelebt hat, wirkt die plötzliche Konfrontation mit der Einsamkeit wie ein Schlag mit dem Holzhammer. In den Ohren war fortwährendes Rauschen, als lebte man in einer permanenten rush-hour. Untertags stellte die Einsamkeit kein Problem dar, im Gegenteil, nach dem Abklingen des Ohrenrauschens genossen wir die relative Stille. Wir lernten neu zu hören, lauschten fasziniert den Nachtigallen oder dem eintönigen Ruf der kleinen Mittelmeereule, der an das Freizeichen beim Telefon erinnert. Wir beobachteten gespannt zwei mächtige Maremma-Stiere, die auf der Weide des benachbarten Gutes mit gesenkten Köpfen aufeinander losgingen, gottlob getrennt durch einen Zaun und ließen uns gegen Abend vom Konzert der Grillen verzaubern.

Die eigentliche Einsamkeit stellte sich mit der Dunkelheit ein. Die Nacht schweigt nicht, sie ist höchst lebendig. Das Bellen kämpfender Füchse, das Rütteln des Windes an den Fensterläden, unerklärliches Pochen an der Haustüre, der penetrante Ruf des Käuzchens auf dem Dach, der mich prompt an die Kindermär erinnerte, Käuze würden einen nahen Tod ankündigen und dazu „komm mit, komm mit" rufen. Trat man in die Nacht hinaus, knisterte und knackte es rings umher und manchmal fiel unvermittelt der nahe Schuß eines Wilderers, gefolgt von seinem Widerhall. Diese nächtliche Kulisse war zwar kein Nährboden für Angstgefühle, aber so richtig sicher fühlte ich mich auch nicht. Und mehr als einmal dachte ich an den großen Unbekannten, der uns übel wollte, schließlich stand so etwas auch immer wieder in der Zeitung...

## Die Angst

Es kam der Tag, an dem Vicky plötzlich verreisen mußte. Zum ersten Mal war ich allein im Haus und wußte bis dahin nicht, wie groß Ohren werden können. Ich saß abends beim Schein der Petroleum-Lampen und einiger Kerzen und las. Ich war unkonzentriert und stellte mir ironisch vor, wie ich auf dem Präsentierteller saß für jemanden, der draußen in der Nacht herumlungerte. Was für eine Zielscheibe! Ich malte mir aus, wie nicht weit vom Haus ein eiskalter Spinner ruhig sein Köfferchen öffnet und nach Schakal-Manier die Teile eines Präzisionsgewehres zusammenschraubt. Kurz, ich steigerte mich wirklich in eine Angst hinein und konnte es gerade noch vermeiden, vor dem Schlafengehen unters Bett zu sehen. Im Morgengrauen, als die Spatzen wie üblich auf dem Dach herumscharrten als würden sie jeden Ziegel einzeln abheben, war ich froh, daß die Nacht vorbei war.

Untertags war alles vergessen, aber mit der Nacht kam die Angst zurück. Das durfte kein Dauerzustand werden und so riß ich mich zusammen und versuchte, mein Problem zu analysieren. Feinde, die mir nach dem Leben trachten wollten, waren mir nicht bekannt. Für Terroranschläge war meine Person nicht spektakulär genug. Genauso wenig für Entführungen. Einen gewöhnlichen Einbrecher würde meine Anwesenheit eher abschrekken. Bliebe also noch der geistig verwirrte Fanatiker, der Amokläufer, den es ja zum Glück nicht an jeder Straßenecke gibt. Aber vor ihm kann sich niemand schützen, auch nicht in der Stadt. Und seinetwegen sollte ich nun jeden Abend hysterische

Anfälle bekommen? Die Chance, daß ausgerechnet ich den verrückten Killer anziehen sollte, erschien mir auf einmal ziemlich lächerlich. Von da an war ich geheilt. Heute muß ich beim Gedanken an meine damalige Hasenfüßigkeit lachen, weil ich überzeugt bin, in der ländlichen Einsamkeit wesentlich sicherer zu leben als früher in der Stadt.

Viele Landbewohner, auch Einheimische, besitzen eine Waffe. Auch ich habe eine. Eine Gaspistole, die mir Vickys Bruder überließ, nachdem er einmal auf unserem Land gezeltet hatte. Zur Selbstverteidigung halte ich sie für ungeeignet, wenn nicht gefährlich. Die Gaspistole ist in der Dunkelheit nicht von einer echten Pistole zu unterscheiden und das Gefuchtel mit der Gaspistole könnte einen bewaffneten Gegner eher zum Schießen provozieren. Außerdem wäre erst einmal zu prüfen, woher der Wind kommt, sonst trifft einen die Gasladung womöglich selber. Ich habe das Tränengas längst gegen einfache Platzpatronen eingetauscht und benutze die Pistole ausschließlich, um unsere Hunde zu verteidigen. Wenn an Herbstabenden die Wildschweine zu nahe ans Haus kommen, jagen die Hunde bellend los. Wenn sie nicht locker lassen, gebe ich einen Schuß ab. Der stört weniger die Wildschweine, die ihre Eicheln nur ungern im Stich lassen als vielmehr die Hunde. Nach meinem Schuß kommen alle vier in weniger als einer Minute nach Hause.

## Leben, Malen und Hacken

Während der Toscana-Pendler auch nach vielen Jahren immer noch eine Art Tourist bleibt, der nur zeitweise in eine andere Umgebung eintaucht, hat der Ansässige eine andere Perspektive. Er muß sich zunächst einen neuen Lebensrhythmus suchen. Ich klammere dabei einmal jene Menschen aus, die sich fortan nur noch von Lust und Laune treiben lassen wollen, das Leben einfach so dahinplätschern lassen oder das Leben im Süden als Krönung ihres früheren Berufslebens genießen.

Für uns ist lange Untätigkeit eine unerträgliche Vorstellung, und so wird es auch bleiben. Dennoch war der Anfang schwierig. Wo es früher feste Arbeitszeiten, Termine, Mitarbeiter, Verantwortlichkeiten, kurz ein geregeltes Leben im Sinne des Wortes gab, galt hier keine der alten Regeln. Das neue Leben in der Toscana unterlag, wenn überhaupt, eigenen Regeln, und man blieb nur noch sich selbst verantwortlich. Ich trieb zunächst hilflos wie ein Papierschiffchen auf offenem Meer. 36 Jahre alt und nichts mehr müssen, es sei denn aus eigenem Antrieb. Das ist völlig anders als ein Urlaub, wo man sich vom Streß des Berufslebens erholt.

Ich wußte seit langem, daß ich mich in der Toscana nur noch meiner Malerei widmen und mit der Natur leben wollte. Und doch war ich plötzlich geistig blokkiert. Die neue Umgebung setzte ein riesiges Potential an Gestaltungswillen frei, ich wollte alles formen, gestalten, kreativ umsetzen, was mir in die Hände kam, wußte es aber nicht in Bahnen zu lenken. Die Gegenständlichkeit mancher Pflanzen und Insekten stimulierte mich ebenso wie Treibgut bei Strandspaziergängen oder rostige Fundstücke aus unserer Erde. Die Fülle meiner Ideen drohte mich zu erdrücken.

Vicky hatte den richtigen Rat. Sie bedrängte mich, zunächst nicht zu malen, sondern erst einmal leben zu lernen. Das fiel mir schwer, aber es befreite mich immerhin von dem Druck, etwas schaffen zu müssen. Ansonsten hätte ich viele Gewohnheiten der früheren Arbeitweise übernommen und damit meine künstlerische Freiheit sofort reglementiert und wieder verloren. In meinen früheren Bildern kann man das Verarbeiten der Vergangenheit nachlesen. Mit neuer 'Sachlichkeit' oder in 'post-surrealistischer' Manier (je nach Betrachtungsweise der Kritiker) malte ich 'Endzeitstimmungen'. Ich setzte mich mit Umweltproblemen auseinander, suchte nach einer Legitimation für meine Malerei.

Der Kontakt mit Besuchern meiner ersten Ausstellungen öffnete mir die Augen. Der Beifall für die Bildinhalte kam von der falschen Seite. Meine Arbeiten rüttelten niemanden auf, sondern waren lediglich eine Bestätigung für intellektuelle Maulhelden: da gibt es jemanden, der in Bildern ausdrückt, was man selber denkt. Mit dieser Erkenntnis fühlte sich der Betrachter vom eigenen Handeln freigestellt. Als Konsequenz ließ ich sinnliche Lust am Malen dominieren, gehorchte eher dem Bauch als dem Kopf. In meiner Malerei ist kein Vervielfältigen möglich und kein Platz für Modeerscheinungen. Jedes neue Bild entsteht als Weiterentwicklung des vorherigen, immer auf der Suche nach dem endgültigen und vollkommenen Bild, das wahrscheinlich nie entstehen wird, weil der eigene Anspruch wie eine Meßlatte immer wieder ein Stückchen höher gesetzt wird. Eine Begrenzung nach oben gibt es nicht. Bei konsequenter Verfolgung dieses Ideals wird man vielleicht irgendwann verrückt. Zumindest gemessen an den Maßstäben, die wir Menschen angesetzt haben, um normal von übersinnlich zu trennen.

Zurück zu Vickys Rat: Zunächst malte ich also nicht (oder fast nicht) und konzentrierte meine Sinne auf die neue Umgebung. In den folgenden Monaten lernte ich eine ganze Menge für mein neues Leben und versuchte, daraus den Alltag zu formen. Ich lernte, mit einer Spitzhacke umzugehen, dabei lernte ich auch, daß es falsch ist, seine Kraft in wilden Schlägen zu vergeuden und dann nach einer Viertelstunde erschöpft zusammenzusacken. Sieht man zum ersten Mal bewußt einem Landarbeiter beim Hacken zu, so wirkt er langsam. „He, Sie“ möchte man rufen „machen Sie mal ein bißchen schneller!“ Heute weiß ich, daß dahinter die Technik der Kräfteeinteilung steckt. Durch die regelmäßigen Schläge im Rhythmus einer Maschine schafft es der Mann auch nach Stunden, die harte Arbeit in der gleichen Geschwindigkeit fortzusetzen.

Ich lernte, mit Sense und Sichel umzugehen, ohne mich in den Fuß zu schneiden. Oder Wein aus einem Glasballon in Flaschen umzufüllen und mit Kronkorken zu verschließen. Bald konnte ich das erste Loch in der anfälligen Wasserleitung selbst reparieren und Holz für den Ofen hacken. Ich hatte zum ersten Mal in meinem Leben eine Motorsäge in der Hand und assistierte anderntags, einen todkranken Hund einzuschläfern. Ich lernte, wie man richtigen Mörtel macht und eine lotgerechte Ziegelwand hochmauert oder wie eine viereinhalb Meter hohe Wand eingerissen wird. Ich pflanzte Bäume, trainierte die Festigkeit meiner Schläge mit dem Buschmesser und zog mit meinem Hund durch die Macchia.

Mit diesen und unzähligen anderen Erfahrungen begann mein Landleben, und erst als ich die ersten Wurzeln geschlagen hatte, begann ich zu malen. War ich wieder einmal blockiert, dann ging ich hinaus und übte mit der Natur. Es half immer. Es hilft noch immer.

Wer sein Leben stark verändert, braucht alle fünf Sinne, um es neu zu begreifen. Dazu gehört Zeit und eine gewisse Nachsicht mit sich selbst. Man muß dem Körper und Geist die Gelegenheit geben, sich zu orientieren. Die Macchia riecht anders als der frühere Garten. Füchse bellen anders als Nachbars 'Lumpi'. Der weite Blick bis zum Meer ist anders als bis in den gegenüberliegenden Hausgarten. Wilder Spargel schmeckt anders als der aus dem Gemüsebeet, und eine frische Feige fühlt sich anders an als eine Pflaume. Natürlich kann man dies alles als gegeben hinnehmen, aber dann darf man sich nicht wundern, wenn die Sinne durcheinander geraten.

*Liebe Barbara,*

*fast hätte ich Lust, poetisch zu werden. Ich schreibe diesen Brief auf der Wiese vor unserem Porticato, weil ich keine Lust habe, diesen April-Sonntagnachmittag im Haus zu verbringen. Erinnerst Du Dich noch an das alte Café Hemmesath auf der Kö? Eines Tages wurden die Räume renoviert, das Inventar wurde verkauft. Vicky ergatterte eines der Kaffeehaustischchen mit schwarzer Marmorplatte und Jugendstilunterbau aus bronziertem Eisen. An diesem Tischchen sitze ich, über mir ein bienensummendes Dach aus den weißen Blüten des Sauerkirschbaumes. Sie werfen unscharfe Schatten auf das Briefpapier. Zu meinen nackten Füßen ein Meer von rosageränderten Gänseblümchen im ungleichen Grün der wilden Wiese. Und als ob sie wüßte, daß Weiß eine Sonntagsfarbe für mich ist, liegt Isis auf der Mauer und streckt mir ihren einigermaßen gewaschenen, weißen Katzenbauch entgegen, eingerahmt von fliederfarben blühenden Rosmarinzweigen. In der Sonne, neben Isis, döst ein weißer Wuschelfleck, Bellinda, die wuchtige Maremma-Hündin. So entspannt hingebreitet, ähnelt sie in ihrem Zottelpelz eher einem Bettvorleger als einem Hund. Der einzige Kontrapunkt neben den Grüntönen ist Hektorli, ein schwarzfelliger Vierbeiner und dicker Freund von Bellinda. Er liegt in dem schmalen Schattenstreifen an der Mauer und fällt deshalb kaum auf - wäre nicht sein rotes Halsband. Säße Vicky nicht oben am Computer, wäre garantiert ihr Lieblingsspruch fällig: „so stellt man sich das Leben in der Toscana vor“.*

*Doch zu Deinem letzten Brief, der ja zu der eben gezeichneten Kulisse paßt. Es ist noch nicht einmal ein Jahr her, daß Ihr eingezogen seid. Weil der Ausbau Eure ganze Aufmerksamkeit beansprucht hat, fällt Euch nun auf, was draußen noch alles zu tun bleibt. Laßt Euch Zeit!! Sonst werden Haus und Land zum Streß. Brachliegendes Land kann man nicht wie einen Vorgarten behandeln. Wir haben kürzlich eine Mailänder Familie kennengelernt, die ein paar Kilometer von uns entfernt die gleiche Phase der Ungeduld erlebt wie Ihr. Das Haus ist wunderschön umgebaut und alles ist perfekt, einschließlich elektrischem Tor, Gegensprechanlage und Videoüberwachung. Diese Zutaten sind wohl mitgebrachte städtische Vorstellungen. In der Campagna, vor einem umgebauten Bauernhaus, wirkt eine 'high-tech'-Einfahrt ein bißchen wie der Nebenstellenapparat fürs Autotelefon.*

*Die Videoanlage zeigt zwar, wenn sich ein Fremder dem Tor nähert, aber nicht, daß auf der Südseite des Hauses keine schattenspendenden Bäume stehen und das Unkraut zur Terrassentüre hereinwachsen möchte. Nun bangen die Leute schon vor dem schattenlosen Sommer, schütten kübelweise Unkrautvernichter rund ums Haus, um die Natur 'in den Griff' zu bekommen und pflanzen Bäume, so groß sie nur zu bekommen sind. Das mit dem Unkrautvernichter kann ich nicht verstehen, ganz abgesehen von seiner Schädlichkeit, das verwelkte Ergebnis sieht doch sehr häßlich aus. Außerdem wächst Unkraut nach, es vergeht nun mal nicht.*

*Große Bäume zu pflanzen, kann ich gut verstehen, ob das auch auf Dauer gut ist, bezweifle ich. Große Bäume haben ewig Schwierigkeiten, richtig mit dem Erdreich zu verwurzeln. Sie müssen lange Jahre dreifach abgestützt werden, und selbst danach sind sie wesentlich anfälliger gegen Wind als klein gepflanzte Bäume. Besonders bei flachwurzelnden Pinien kann es passieren, daß sie noch viele Jahre nach dem Verpflanzen von einem Sturm mitsamt Wurzelballen aus der Erde gerissen werden. Abgesehen von dem Erlebnis, einen jungen Baum wachsen zu sehen, dauert es bei vielen Pflanzen gar nicht so lange, bis sie groß sind. Zypressen, die wir vor 12 Jahren als 1,50 Meter hohe, dünne Bäumchen gepflanzt haben, überragen das Haus heute um viele Meter. Eine Zeder hat im gleichen Zeitraum die Telefonleitung längst überwunden und würde mit den unteren Ästen die Dimensionen eines Reihenhausgartens sprengen. Erst das tägliche Leben zeigt, wo und wie die nächste Umgebung am besten verändert werden sollte. Wo eine neue Pflanze gesetzt oder gar ein alter Baum gefällt werden soll, wo Schatten fehlt oder wo ein Baum nur Licht wegnimmt.*

*Auf jeden Fall würde ich Euch raten, zunächst nur heimische, anspruchslose Bäume zu pflanzen. Mit Exoten experimentieren könnt Ihr später immer noch. Obstbäume würde ich nicht in unmittelbarer Hausnähe pflanzen, weil die Früchte unweigerlich Scharen von Hornissen anziehen.*

*Da ich kein Unkrautvernichtungsmittel benütze, werde ich mich jetzt noch mit Handarbeit diesen unerwünschten, aber äußerst phantasievollen Pflänzchen widmen und dabei die Abendsonne genießen. Zum Sitzen ist es mittlerweile zu kühl geworden. Das Unkrautjäten ist zwar keine geistige Tat, aber man kann eine Menge dabei denken. Mein Freund und Nachbar Fernand Rausser hat den mißachteten Unkräutern übrigens einen wunderschönen Bildband mit dem Titel 'Meine Helden sind das Unkraut' gewidmet und ihnen mit seiner Ästhetik ihre Würde zurückgegeben.*

*Ich denke, ihm zuliebe werde ich mein Unkraut für heute doch nicht anrühren.*

*Dir und Nik liebe Grüße,*
*Dein Hans*

# Das Klima und einige Begleiterscheinungen

Unser Winter ist eigentlich eine Übergangsjahreszeit, mehr ein Warten auf das Frühjahr. Irgendwie wird der Winter in der Toscana ignoriert, als sei er keine eigene Jahreszeit. Auch wenn es widersprüchlich scheint, Jammern über Kälte und schlechtes Wetter bleibt dennoch ein beliebtes Thema, dem sich regelmäßig auch Zeitungen und Fernsehen annehmen. Weil der Winter aber nicht als harter, dauerhafter Störenfried ernstgenommen wird, sind auch die Abwehrmaßnahmen halbherzig: Unterdimensionierte Heizkörper, kaum Wärmeisolierung, auch bei Neubauten ist Isolierverglasung keine Selbstverständlichkeit.

Ein Bild aus den ersten Jahren unseres Toscana-Lebens hat sich mir als typisch für den hiesigen Winter eingeprägt. Wir machten einen Ausflug nach Massa Marittima, überquerten rasch und verfroren die touristenleere, zu jeder Jahreszeit schöne Piazza del Duomo. Dann gingen wir zu der Bar am oberen Ausgang des Platzes mit ihrem hohen, düsteren Portico, wo es im Sommer so angenehm kühl ist. Die Piazza war in milchiges, kühles Dezemberlicht getaucht, das aus einem verschleierten Himmel leuchtete. Unter dem Portico standen verlassen einige runde Kaffeehaustischchen. Dazwischen, einzeln und verloren, die Stühle: rostige Metallgestelle mit ausgebleichten roten, gelben oder bläulichen Plastikschnüren bespannt. Auf einigen saßen Rentner, lasen L'Unitá, plauderten mit dem Nebenmann oder spielten Karten. Keiner konsumierte etwas. Im dämmrigen Licht des Porticos hoben sich ihre dünnen, kurzen Wollmäntel kaum ab. Allesamt waren sie grau, der eine heller, der andere dunkler. Dazwischen ein leicht abgetragenes Fischgrätmuster. Fröstelnd beobachtete ich die Szene vom Inneraum der Bar aus, bestellte mir einen zweiten Magenbitter und war überzeugt, daß eine Blasenentzündung die Folge wäre, setzte ich mich auch nur zehn Minuten dazu.

Wir sind jedesmal amüsiert, wenn uns italienische Freunde - scherzhaft ausgedrückt - das Recht auf Frieren absprechen. „Ihr seid doch Kälte gewohnt", heißt es dann, so als müßten wir besonders abgehärtet sein. Tatsache ist, daß wir kaum jemals im Leben so gefroren haben wie im toscanischen Winter. Zunächst, weil wir ihn unterschätzt hatten, aber auch wegen der ungenügenden Bauausstattung. Isolierverglasung haben wir bis heute nicht. Rein technisch könnte man die schön proportionierten Fenster auch mit Doppelverglasung

versehen. Die Querverstrebungen, die jeden Fensterflügel in drei kleine Flächen unterteilen, ließen sich 'türken' und als schmale Leisten aufkleben. Bisher wollten wir uns mit einem solchen ästhetischen 'Verrat' nicht anfreunden. Mittlerweile gibt es auch schon richtig unterteiltes Isolierglas. Aber der Winter ist ja nur eine Übergangszeit...

Bis November kommt man ohnehin gut ohne Heizung aus. Bei schlechtem Wetter reicht ein Kaminfeuer am Abend, und bei sonnigem, ruhigen Wetter lassen sich noch im Dezember die Mittags- und frühen Nachmittagsstunden wunderbar auf einer Liege im Freien genießen.

Am 24. Dezember pflegen wir nach Möglichkeit ein kleines Ritual und fahren schon am zeitigen Vormittag nach Siena. Meist haben wir Glück mit dem Wetter, und die Piazza del Campo ist sonnenüberflutet. Am erhöhten Rand, vor dem Halbrund der Palazzi und der dazugehörigen Bars und Trattorien, stehen Tische und Stühle, die gegen Mittag hauptsächlich von Sienesen bevölkert werden. Man nimmt einen Apéritif oder einen caffè. Die feinen Papiertragetaschen der Parfümerie- und Modeläden gefüllt mit Weihnachtseinkäufen sind auf einem freien Stuhl abgestellt. Lebhafte Gespräche, die Gesichter, teilweise verborgen durch große dunkle Brillen, sind der Sonne zugewandt.

Wir mischen uns dazwischen und beobachten die jungen Leute, wie sie in Grüppchen auf der muschelförmigen Piazza sitzen. Verständlich, daß man da nicht an Winter denken mag. Wir sitzen lange und könnten noch länger sitzen, wäre da nicht die wichtigste Station des Rituals: das Mittagessen in der *Osteria le Logge* (siehe Anhang).

Richtig winterlich wird es meist erst im Januar und Februar mit Temperaturen bis in Gefrierpunktnähe, nachts auch darunter. Hartnäckigen Frost haben wir nur einmal in 17 Jahren erlebt: 1985, als die Kälte große Schäden in den toscanischen Olivenhainen anrichtete. Zehn Tage lang lag tiefer Schnee. Wir mußten Schneeketten montieren, um in den nächsten Ort zu gelangen. Einige Male habe ich Vickys Wagen mit dem Traktor die Auffahrt hochgeschleppt, sie war durch Mittagssonne und Nachtfrost zu einer kaum passierbaren Eisbahn geworden. Insgesamt war das aber eher ein Erlebnis für das Fotoalbum als eine Katastrophe.

In Meernähe erwacht die Natur bereits Ende Februar. Am 21. Februar ist in den Küstenregionen vorgezogener (inoffizieller) Frühlingsanfang, *primavera del mare*. Aber es kann auch jederzeit wieder bösartig kalt werden. (Ein Sprichwort sagt: *febbraio, febbraietto, corto maledetto*. Dem Sinn nach bedeutet das: der Februar ist zwar kurz, aber verdammt kalt). Vicky hat schon vor vielen Jahren ihren Geburtstag einen Monat später auf Ende März verlegt, weil sie behauptet, ihr echter Geburtstag sei grundsätzlich der Tag mit dem miesesten Wetter des Jahres gewesen.

Mit dem Rebschnitt wartet die erste Frühjahrsarbeit, der wilde Spargel schiebt sich aus dem steinigen Boden, und die Lust, Holz zu machen, schwindet rapide. Trotzdem braucht man im Haus die Heizung, und noch jedes Jahr wird es Ende April, bis wir sie endgültig ausgehen lassen und abendliche Kühle nur durch einen warmen Pullover ausgleichen.

Im April explodiert die Natur dann regelrecht. Soweit das Auge reicht frisches Grün in allen Nuancen, nicht nur wegen des unterschiedlichen Lichtes zu verschiedenen Tageszeiten. Jede Pflanze, jeder Baum, jeder Grashalm, jedes Kraut trägt sein eigenes Grün.

Ein Freund hat uns einmal, als wir noch in der Großstadt wohnten, ein lustiges Geschenk konstruiert, einen Grünsucher. Wenn man mit dem Gerät durch die Straßen ging und sich einer städtischen Anlage näherte, begann sein Zeiger auszuschlagen. Hier würde der Zeiger im Frühjahr um sich selbst rotieren.

Ende April ist der erste Schnitt der Wiesen fällig und Anfang Mai probieren wir ungeduldig, ob man die Abende wieder unter dem Porticato verbringen kann. Klimatisch gesehen, geht in diesen Wochen alles Schlag auf Schlag. Die Schwalben bauen noch hektisch an ihren Nestern. Bessern alte aus, bauen neue, während die Katzen fassungslos den rasenden Tiefflügen folgen. Die Artischocken produzieren mehr, als wir trotz aller Begeisterung essen können. So profitieren auch die Esel davon, sie bekommen gelegentlich einen Korb zum 'Nachtisch'. Rosen, Flieder, Oleander, Lavendel, Ginster, Bougainvillen, alles will zuerst blühen.

Und dann, jedenfalls in den letzten Jahren war es so, geht man eines Abends ins Bett, lauscht noch ein wenig den Nachtigallen und steht am nächsten Morgen mit der Gewißheit auf: es ist Sommer. Man spürt es sofort, die Sonne hat fast ohne Übergang eine ganz andere Kraft. In den Mittagsstunden werden die schattigen Plätze gesucht, die Pause vor der Nachmittagsarbeit fällt großzügiger aus. Die Topfpflanzen müssen regelmäßig gegossen werden und abends beginnt die Zeit der Glühwürmchen.

Unser Haus liegt leicht erhöht und die umliegenden Felder und Wiesen fallen in sanftem Schwung zu einem Graben ab, um dann erneut anzusteigen. Zur Paarungszeit der Glühwürmchen Ende Mai /Anfang Juni stehen wir abends häufig am Mäuerchen, das unser Haus an zwei Seiten umgibt und beobachten fasziniert das

tausendfache Geblinke unter uns. „Startbahn West“ sagt Vicky dann und ich glaube, das ist noch untertrieben. Für mich sind das klimatisch die schönsten Wochen im Jahr. Meine Arbeitsfreude ist ungebrochen, die Tage sind endlos lang und oft schon richtig heiß, während die Nächte noch angenehme Kühle bringen.

Das Getreide reift jetzt schnell, bleicht zum staubigen Ockergelb. Mit ihm verlieren auch die meisten Grüntöne ihre Kraft und werden zu bloßen Farbtupfen auf den austrocknenden Böden. Die Blätterkolonien der Weinberge, das silberne Grün der Olivenbäume bestimmen jetzt das Landschaftsbild.

Im Juli wird es richtig heiß, die Strandgängerzeit beginnt, 'richtiger' Sommer. Das Thermometer fällt erst bei Sonnenuntergang unter 30°C und die Arbeitslust schwindet. Es ist eine herrliche Zeit des Leidens. Ich leide unter der lähmenden Hitze und genieße sie zugleich. Schon vor Sonnenaufgang stehe ich jetzt auf, um die kühleren Morgenstunden zu nutzen. Meine Bekleidung (zu Hause) ist auf ein Minimum reduziert: ein Paar leichte Bermudas. Sobald von draußen keine Kühle mehr ins Haus dringt, schließen wir Fenster und Läden, außer im Atelier, wo es gegen Mittag nur wenig unter 30°C hat. Zwei, dreimal in der Woche fahren wir in den sengenden Nachmittagsstunden ans Meer. Selbst die Fahrt auf dem Motorroller bringt keine Abkühlung, die Luft wird zu einer dicken, dumpfen Brühe. Nur das Meer erfrischt.

Gegen Abend, wenn das Haus bereits im Hügelschatten liegt, kehrt Leben in meinen Kopf zurück, und ich werde mitunter äußerst aktiv, arbeite bis in die Dunkelheit auf dem Traktor oder im Weinberg. Und irgendwann sitzen wir dann entspannt zusammen beim Essen unter dem Sternenhimmel, umlagert von unseren Hunden. Manchmal sitzen wir an unserem Sommereßplatz und warten auf einen kleinen Lufthauch. Ich sehe auf die Uhr, denn alles hat seine Zeit. Die Zikaden verstummen schlagartig gegen 21.00 Uhr. Um 22.00 Uhr ist die Chance am größten, daß ein Lüftchen aufkommt. Ins Schlafzimmer zieht es vorerst keinen von uns. Erst lange nach Mitternacht, noch einmal kalt abgeduscht, legen wir uns mit einem leichten Leintuch aufs Bett, atmen die stickige Luft, bis wir schließlich in einen bleiernen Schlaf fallen, der keine physische Erfrischung bringt.

Natürlich haben wir auch versucht, im Hochsommer draußen zu schlafen. Wenn eine Hundzunge ab und zu feucht über das Gesicht schlappt, ist das ja noch ganz lustig. Gegen Morgen wird es aber meist unangenehm klamm oder richtig feucht vom Tau, außerdem wird man gnadenlos von Insekten zerstochen.

Das Sommerleiden hat zwei positive Seiten: Es ist zeitlich begrenzt (kaum ist es vorbei, trauert man ihm schon nach), und es gibt ein nicht näher definierbares Gefühl von Freiheit. Es sind auch die Wochen der Geselligkeit, in denen man sich mit Freunden trifft, am Meer zum Essen geht und den ganzen Trubel des Tourismus aufsaugt, gut vorbereitet durch das eher stille Leben auf dem Land. Im August strebt alles seinem Höhepunkt zu, dem *Ferragosto*-Tag am 15. August. Kleine Küstenbadeorte wirken dann wie Großstädte und wenn die letzte Badewanne vermietet ist, wird einem klar: Italien hat Ferien.

In den Tagen nach Ferragosto endet der Spuk. Die ausländischen Urlauber sind bald wieder in der Mehrzahl, das Azorenhoch ist ausgelaugt, der erste Regen fällt. Die große Hitze ist gebrochen, das Leiden vorbei.

Der zweite Teil des Sommers hat begonnen. Nun ist die Garantie auf steten Sonnenschein vorbei, aber es bleibt warm und zunächst findet man es ganz exotisch, an manchem Abend einen leichten Pullover überzustreifen. Im Restaurant kann ich endlich das leichte Leinenjackett anbehalten, das ich eigens für den Sommer gekauft hatte. Nachts ergänzen wir das Leintuch durch eine leichte griechische Baumwolldecke und schlafen wieder gut. Und doch empfinde ich jedesmal etwas Wehmut. Es ist wie ein Abschied von der Leichtigkeit des Seins (um den schönen Begriff von Kundera auszuleihen).

Manche Sommergewohnheiten werden noch beibehalten, so das Duschen mit dem Gartenschlauch auf der Wiese. Meistens ist es dann bereits dunkel, und spätestens, wenn ein leichter Wind die nasse Haut berührt,

gibt es Gänsehaut. Letzten Herbst habe ich das Ritual heroisch bis 1. Oktober durchgehalten. Die Hunde standen in respektvollem Abstand mit eingezogenem Schwanz und angelegten Ohren. Ich vermute, daß ihnen bei meinem Anblick auch Gänsehaut kam.

Abends sitzen wir jetzt wieder unter dem geschützten Porticato, eine Gewohnheit, die wir bis zum 'Frierpunkt' beibehalten. Noch erscheint uns das Haus zu eng, Leben ist nur draußen. Das wissen auch die Grillen, deren Konzert noch lange nicht zu Ende ist. Sinkt die abendliche Temperatur irgendwann, Anfang Oktober auf etwa 16° C, verziehen wir uns ins Haus, zunächst natürlich bei weitgeöffneten Türen. Meine Wehmut ist verflogen. Ich bin sommersatt, zufrieden und bereit, den kühleren Monaten entgegenzusehen.

Vielleicht sollte ich noch hinzufügen, daß diese Beschreibung der Jahreszeiten kein Wetterbericht ist. Auch in der Toscana gibt es milde und strenge Winter, extrem trockene und etwas verregnete Sommer. Es gibt Herbststürme, die einen das Fürchten lehren und Wolkenbrüche. Auch Hagelwetter, die in fünf Minuten den Weinberg entlauben und die Trauben vernichten. Mancher Scirocco bringt eine Luftfeuchtigkeit, die beinahe die Lungen verstopft und einen labilen Kreislauf durcheinanderbringt. Von diesen Extremen abgesehen, entspricht meine Schilderung aber durchaus einem durchschnittlichen Jahresverlauf.

## Zwischen Sommer und Winter

*Liebe Barbara,*

*heute wollte ich eigentlich nur die von Dir gewünschten Unterlagen über Solarenergie und die Tabellen über die durchschnittlichen Sonnenstunden von Oktober bis April abschicken. Jetzt habe ich aber Lust, noch ein wenig mit Dir zu plaudern, nur so, ohne unseren üblichen Frage- und Antwort-Rhythmus. Der Sonntag heute ist grau nach einer Serie von traumhaft klaren und warmen Novembertagen. Eine leichte Tramontana wirbelt die Blätter des großen*

*Feigenbaums durch die Luft und wird für den ersten kahlen Laubbaum sorgen. Ich reche die Blätter alle paar Tage zum Stamm hin. Weniger aus Ordnungssinn, eher weil der Laubberg ein begehrter Liegeplatz der Hunde ist.*

*Wegen des trüben Wetters war auch meine Radsportbegeisterung heute morgen etwas gebremst. Deshalb ging es nicht auf meine Lieblingstour in die Berge, sondern - etwas fauler - hinaus in die Ebene und ans Meer. Zunächst in die Bilderbuchbucht von Baratti. Vor ein paar Wochen standen die Wohnmobile dort noch eng wie Reihenhäuser, ihre Nummernschilder sahen wie komplizierte Hausnummern aus. Heute waren nur vier Camper dort. Neben jeder Mülltonne saßen ein paar Katzen, für sie beginnt jetzt die magere Jahreszeit. Die drei Restaurants sind geschlossen, nicht einmal das Schild 'Non toccare il cane nero' (Nicht den schwarzen Hund anfassen) habe ich gesehen.*

*Am Ende der Bucht mit dem kleinen Jachthafen drei Geländewagen mit Firenzer Kennzeichen und Bootsanhänger. Die vielen tänzelnden Bojen machen die Stimmung schon ziemlich winterlich. Ich sehe auf meine nackten Beine und finde einen wärmenden Espresso angebracht. Knapp hundert Meter weiter ist das 'Ristorante Canessa' (siehe Anhang). An der Bar stehen ein paar Leute in den beliebten, aber dennoch grauenhaft bunten Trainingsanzügen. Sie unterhalten sich mit römischen Akzent. Sicher gehören sie zu den vier Campern. Im Canessa gibt es übrigens den köstlichsten Eisbecher, den ich kenne. Vor 18 Jahren habe ich ihn zum ersten Mal gegessen, später aber wegen der Kalorien verzichtet. Vor einiger Zeit, als ich abends mit Vicky zum Fischessen war, fragte ich, ob es den 'coppa della casa' noch gebe. Man servierte mir den Eisbecher genau wie damals, aus crema-Eis, das mit Rumtopffrüchten garniert ist.*

*Ich verkneife mir weitere Gedanken an den Eisbecher und fahre weiter, entlang dem WWF-Park Rimigliano nach San Vincenzo. Am Hafen das übliche Grüppchen endlos diskutierender Männer vor zwei blauweißen Fischkuttern. Ein alter Fischer auf einem rostigen Metallstuhl mit roter Resopalsitzfläche flickt vorübergebeugt an einem endlosen Netz. Das Meer ist fast ruhig und spiegelt den Grauton des Himmels. Das Treiben auf einigen Yachten bestätigt meine Impression vom nahen Winter. Es wird aufgeräumt und geputzt, Planen werden verzurrt für die Zeit der Ruhemonate. Nach einem letzten Espresso mache ich mich auf den Heimweg.*

*Bevor ich anfing, diesen 'Sonntagsbrief' zu schreiben, habe ich unseren Kamin angeheizt. Ich mag das lebendige, aber kontrollierbare Feuer sehr. Außerdem hat es etwas Archaisches. Dennoch benutzen wir den Kamin relativ selten. Einmal aus wirtschaftlichen Gründen: Mit der gleichen Holzmenge, die gerade einen Raum und den Schornstein heizt, kann ich über die Zentralheizung das ganze Haus beheizen. Der andere Grund ist, daß unser Kamin in der ersten Etage steht, dort wo er schon immer war, in der früheren Küche, dem ursprünglich größten Raum im Haus. Unsere*

*Küche, das Eßzimmer und der Wohnraum liegen jetzt aber im Erdgeschoß, deshalb sind wir selten im Kaminzimmer.*

*Beliebt ist der Raum an Tagen wie heute, wenn plötzlich schlechtes Wetter ist, die Zentralheizung aber als 'zu winterlich' abgelehnt wird. Man kann sich auch gut an niedrigere Temperaturen im Haus gewöhnen. Wir finden es jedenfalls inzwischen in deutschen Wohnungen und Häusern meistens überheizt. In unserem Kamin verheize ich gerne Holzstücke, die zu groß für die Heizung oder schlecht zu spalten sind. Heute nachmittag lege ich auch einige alte Kastanienpfosten auf, die im Weinberg abgebrochen waren, aber immer noch gut 3 Meter lang sind. Kaminholz säge ich grundsätzlich nicht, weil das Kleinholz für die Zentralheizung bereits genügend Arbeit macht. So hängen die Pfosten eine ganze Weile zur Hälfte über, bis ich sie nachschieben kann.*

*Unser offener Kamin ist eigentlich eher mit dem Wort 'Feuerstelle' richtig zu beschreiben. Tatsächlich nennt man den Kamin in der Toscana auch nicht 'caminetto', sondern 'focarile'. Als ich kürzlich vor römischen Freunden dieses Wort gebrauchte, glaubten sie an eine von mir erfundene Lautmalerei. Unser Focarile diente den früheren Bewohnern als Kochstelle, er ist 55 Zentimeter hoch aufgemauert, fast zwei Meter breit und 80 Zentimeter tief, sowie nach vorne und rechts offen. Knapp einen Meter über der Feuer-*

*stelle sitzt ein dicker Balken aus Kastanienholz, der die Abzughaube trägt, die direkt ins Dach ausläuft.*

*So klar und einfach der Kamin gebaut ist, so schlecht zog er anfangs. Wir saßen hustend und mit geröteten Augen vor dem qualmenden Kamin und froren vor uns hin. Eines Tages bemerkten Freunde beiläufig, daß bei der Großmutter auf dem Land der Kamin auch immer qualmte, wenn das Vorhängchen gewaschen wurde. Vorhängchen? Ich hielt das zunächst für einen tütteligen Tick der guten Nonna, zudem noch für einen recht gefährlichen. Aus Wellpappe und einer Handvoll Reißzwecken baute ich dann aber doch das Vorhängchen nach und - oh Wunder: Der Kamin zog perfekt, sogar grünes Holz qualmte nur innerhalb der Abzugshaube. Mit der Schere schnitt ich Streifen der Wellpappe ab und ermittelte so die endgültige Höhe. Wir ließen uns danach eine dreißig Zentimeter hohe Messingschürze anfertigen, die ich an der Innenseite des Kastanienbalkens anschraubte. Dank der unbekannter Großmutter war das Problem gelöst.*

*Gerade haben wir beschlossen, heute abend oben zu essen, um das prasselnde Feuer zu genießen. Die Wandfliesen im angrenzenden Badezimmer fühlen sich schon an wie ein einziger, großer Kachelofen.*

*Liebe Grüße an Nik, Dein Hans*

*P.S.: In Baustoffhandlungen gibt es gute Fertigkamine in verschiedensten Abmessungen. Die äußere Verkleidung kann man sich nach dem Einbau ganz individuell mauern lassen. Großer Vorteil: Die vorgefertigten Kamine ziehen meist sehr gut.*

Es gibt auch Kaminheizungen. Das äußere Bild ist wie bei irgendeinem offenen, normalen Kamin, aber in der Abzugshaube sind Heizrippen installiert, die an das Rohrleitungssystem einer Zentralheizung angeschlossen sind. Man hat sozusagen zwei Fliegen mit einer Klappe: Das gemütliche offene Kaminfeuer und warme Heizkörper. Das System hat aber zwei Nachteile: Ein Teil der erzeugten Wärmeenergie verpufft durch die offene Feuerstelle, man braucht also mehr Holz als bei einer geschlossenen Heizanlage. Außerdem darf ein größeres Kaminfeuer nicht ganz ohne Aufsicht bleiben. Wer ausgeht, sollte wenigstens die Großmutter im Haus lassen. Sofern vorhanden.

## Zentralheizung

Der erste Durchhaltewinter brachte uns die Erkenntnis: Ohne Heizung kein Bleiben in diesem Haus! Wir wären abgereist, hätten wir auch nur eine winzige beheizte Dachkammer in Deutschland zur Verfügung gehabt. Natürlich waren wir verwöhnt und außerdem war 1980 ein strenger Winter. Abends, nachdem wir aufgeräumt hatten, standen wir noch ewig redend in der Küche herum, jeder mit zwei Pullovern übereinander und tranken Glas um Glas Ramazotti, um uns innerlich zu wärmen (seit wir eine Heizung besitzen, haben wir das klebrige Getränk nicht mehr angerührt).

Weshalb wir standen, weiß ich auch nicht mehr, vielleicht hatten wir Angst, im Sitzen einzuschlafen und zu erfrieren. Auf jeden Fall hatten wir es nie eilig, ins Bett zu kommen, denn das bedeutete aus alter Gewohnheit Kleider ablegen. Und wie soll ein ausgekühlter Körper ein klammes Bett erwärmen?

Wir kauften einen Gasofen und schoben ihn bis zum Schlafengehen neben das Bett. Während der Nacht schalteten wir ab. Gas und offene Zündflamme bergen doch ein Restrisiko. Wir kauften noch einen Gasofen und noch einen dritten. Ich lernte die schweren Gasflaschen schleppen und träumte von einer Zentralheizung. Nur hatten wir ja in den ersten vier Jahren keinen elektrischen Strom. Vicky erzählte etwas von Naturkreislauf und Sonnenenergie. Über ein meteorologisches Institut kamen wir an Computerausdrucke mit Werten über die durchschnittliche Sonnenscheindauer pro Tag und Monat in unserer Gegend. Leider waren die Werte für die entscheidende Wintermonate selbst in der sonnigen Toscana nicht ermutigend. Noch weniger ermutigend waren die Kostenvoranschläge für eine Solarheizung: mehr als das Vierfache einer konventionellen Anlage. Damals hatte man auch noch keine Erfahrung mit der Haltbarkeit der Sonnenpaneele, so daß wir eine Amortisation der Investition nicht realistisch berücksichtigen konnten.

Den Ausschlag gab aber die geringe Energieausbeute im Januar und Februar. Zwei Menschen, die nach einem durchfrorenen Winter eine Heizung planen lassen, haben wahrscheinlich kaum Sinn für alternative Energie. Wir wollten es schlicht und einfach warm haben. Ölheizung kam nicht in Frage, sie war zu teuer. Das Heizöl kostet in Italien soviel wie Diesel an der Tankstelle. Gas kostet auch etwa 1.000 Lire pro Liter. So kamen wir auf die Holzheizung, denn Holz ist bei uns vorhanden. Wir kauften einen konventionellen Kessel von Buderus, mit dem Unterschied, daß da, wo sonst der Ölbrenner angebracht wird, eine Zugklappe ist, hinter der ein Aschenkasten steht. Nun kam Vicky mit ihrem Naturkreislauf: erwärmtes Wasser steigt nach oben. Das bedeutet, daß die Heizkörper in der ersten Etage ohne elektrische Pumpe warm werden. Damit nun die unteren Räume auch Wärme abbekommen, entschied Vicky, die ganze Heizungsanlage, also den Ofen mit dem Rohrleitungssystem und dem Kaminanschluß, in der Küche vorzusehen. So konnten wir immerhin die normale Ofenwärme nutzen. Das Leitungssystem begann mit einem dicken Eisenrohr und verjüngte sich mit zunehmender Entfernung vom Kessel, um das warme Wasser zusätzlich zu beschleunigen.

Bei der Vielzahl von Rohren, die zu den einzelnen Heizkörpern liefen (und zurück), wäre das Einputzen in die Wände zu aufwendig geworden. Wer einmal Schlitze in Natursteinmauern geschlagen hat, weiß warum. Mit ein wenig Tüfteln ging es auch so. Außer in der Küche verläuft nur eine einzige offene Rohrleitung über der Fußleiste im Eßzimmer. Alle anderen Zuleitungen steigen von der Cantina und meinem unteren Studio aus in die oberen Räume. Die Heizkörper haben wir sehr großflächig dimensioniert, damit sie auch bei niedriger Kesseltemperatur noch möglichst viel Wärme abgeben. Weil sich sowohl Heizkörper und Rohre nicht verstecken lassen, beschlossen wir, diese neuen Elemente auch farblich zu unterstreichen. In Sonderanfertigung wurden alle Heizkörper zinnoberrot lackiert geliefert und von der Ofenverkleidung bis zum letzten Rohr ist ebenfalls alles glänzend rot.

Bis es soweit war, sah auch ich allmählich rot. Das notwendige Fundament für die Heizanlage mitsamt anschließender Ziegelmauer zur optischen Abgrenzung des Kessels empfand ich noch als vergnügliche Arbeit. Aber ich habe auch die Wanddurchbrüche geschlagen. Und das war eine Schinderei. Letztlich wurde jedes Loch fast so groß, daß mein Kopf durchging. Die Mauern sind 40 Zentimeter dick und Natursteine sind sperrig. Als wir die Heizung schließlich in Betrieb nahmen, waren die Mühen schnell vergessen. Bis heute funktioniert sie ausgezeichnet. Zur Wartung der Anlage werden gelegentlich die Zwischenräume der Kesselrippen im Ofen mit einer langen, kräftigen Bürste von Schlacke befreit, und einmal im Jahr steigt Vicky mit Kaminkehrerausrüstung (haben Freunde in Deutschland besorgt) aufs Dach und rasselt im Schornstein. Einen Schornsteinfeger haben wir hier noch nie gesehen.

In den ersten Jahren ohne Strom hatten wir einen kleinen 3 KW-Dieselgenerator, der in den frühen Abendstunden unüberhörbar unser Netz speiste. In diesen Stunden wurde gekocht, die Waschmaschine betrieben, geduscht, Licht gemacht etc. Unter anderem lief dann die Umwälzpumpe der Heizung, so erwärmten sich auch die unteren Räume. Sobald wir uns zum Essen an den Tisch setzten, 'schalteten' wir um auf lärmfreien Kerzenbetrieb, was in den weiß gekalkten Räumen für genügend Licht sorgte. Andere Leute zahlen für so ein 'candle light dinner' eine Menge Geld. Für uns verloren die Kerzen aber bald jede Romantik.

Vor einigen Jahren haben wir unser Heizungssystem perfektioniert, weil der reine Holzbetrieb bei Temperaturen um den Gefrierpunkt doch nicht ausreicht. Wir haben zusätzlich einen Gasbrenner installiert, der an das Zentralheizungsnetz angeschlossen ist. Bei Gasbetrieb muß ich lediglich die Vor- und Rücklaufventile an der Holzheizung schließen und entsprechend am Gasbrenner öffnen. Wegen der Kosten setzen wir die Gasheizung außer bei niedrigen Temperaturen nur für stundenweises Heizen in den Übergangszeiten ein (oder wenn ich zu faul war, Holz zu sägen). Das Gastanklager muß nach genauen Vorschriften gebaut und eingezäunt werden, neuerdings gibt es aber auch Gastanks, die in der Erde versenkt werden können. Was genau zu tun ist, weiß der Gasgroßhändler. Wir hatten Glück und sind seit einiger Zeit an das Metangasnetz angeschlossen, weil die Hauptleitung von Venturina nach Suvereto zufällig an unserem Grundstück vorbei läuft.

## Leben mit der Sommerhitze

*Liebe Barbara,*

*schön, daß Ihr die ersten Sommerferien in Eurem Toscanahaus verbringen könnt. Was Euer Leiden in dem heißen Haus angeht, kann ich Dir nur sagen, mehr oder weniger müßt Ihr Euch damit abfinden. Zum Trost sei gesagt, daß die Zeit, in der man im Haus friert, länger dauert als die Leidenszeit durch die Sommerhitze. Die rustikale Atmosphäre, die ein sichtbarer Dachstuhl vermittelt, hat auch ihren Preis. Im Winter fällt die Kälte herab und im Sommer schützt er nicht vor Hitze. Ein befreundeter Bauer fragte bei seinem ersten Besuch in unserem Haus: „Warum habt Ihr Euch denn keine Decke unter den Dachstuhl ziehen lassen, das hättet Ihr Euch doch leisten können?" Im Prinzip hatte er natürlich recht, aber es wäre nicht so schön.*

*Während meiner Arbeit im Atelier benutze ich einen Ventilator, allein das surrende Geräusch hat schon kühlende Wirkung. Um den psychologischen Effekt noch zu verstärken, habe ich an den Drahtkäfig ein rosa Samtbändchen geknüpft, das vom Ventilator-Luftstrom flatternd waagrecht gehalten wird.*

*Für größere Hitze besitze ich einen fahrbaren Air-cooler, für dessen Betrieb ich ein Loch in einen Fensterladen gesägt habe, in das ein bewegliches Absaugrohr des Klimagerätes gesteckt wird. Auch im Schlafzimmer ist ein Loch in die Fensterscheibe geschnitten, in das ein verschließbarer Ansatzstutzen eingepaßt ist. Abends rolle ich das Gerät hinüber ins Schlafzimmer und kühle den Raum, bis wir ins Bett gehen. Der vorgekühlte Raum erleichtert das Einschlafen, die Temperatur steigt aber ganz schnell wieder auf ihre ursprünglichen Werte. Effektiver sind fest in die Außenmauern installierte Geräte, die wesentlich teurer sind als das beschriebene, dafür aber auch mit Fernbedienung geliefert werden.*

*Auf zwei einfache Sommer-Hilfsmittel solltet Ihr nicht verzichten, auch wenn sie nicht zur Verschönerung des Hauses beitragen: Das eine sind Fliegengitter ('zanzaniera'), zumindest vor dem Schlafzimmerfenster solltet Ihr eines installieren lassen, sonst wacht Ihr garantiert von Insekten geschunden auf. Mit feinen, mattschwarz gespritzte Leichtmetallrahmen sehen die Gitter gar nicht so schlecht aus.*

*Es gibt Leute, die unter feinen Netzen schlafen, die an der Decke aufgehängt sind und nachts wie ein Baldachin heruntergelassen werden. Ich bekomme schon beim Gedanken daran Klaustrophobie. Unausdenkbar, wenn ich nachts mal raus müßte und ich würde mich schlaftrunken in dem Netz verfangen wie ein zappelnder Fisch. Aber vielleicht sind die Netze ja gar nicht so schlimm, am Ende fördern sie noch intime Gefühle.*

*Das zweite ist ein Fliegenvorhang vor der wichtigsten Türe nach draußen. Ihr müßt ja nicht gleich eines dieser Plüschquasten-Modelle kaufen. Die wirken so staubig, daß man beim Durchgehen automatisch die Luft anhält. Wir hatten einmal einen hübschen Fliegenvorhang aus Schnüren, auf die fünf Millimeter lange Glashülsen gefädelt waren. Je nach Tageszeit brach sich das Licht darin und brachte ihn zum Glitzern. Aber die Enden der Glashülsen waren nicht abgeschliffen; sie schnitten ganz allmählich die Schnüre durch - leise reibend im Wind.*

*Auswahl an Vorhängen gibt es reichlich und sie halten wirklich viele Fliegen ab, außerdem spielen die Katzen gerne damit. Das einzige Problem bei diesen Vorhängen entsteht, wenn man mit einem beladenen Servierbrett durchmuß. Nach langem Üben habe ich diese Situation akrobatisch in den Griff bekommen: Ich nähere mich dem Fliegenvorhang mit einer eleganten Pirouette. Im Augenblick der Berührung mit dem Vorhang teilt meine Rückseite den Vorhang, die Schnüre gleiten an den breiten Schultern entlang und schließen sich hinter dem Servierbrett gerade dann, wenn ich mit einer weiteren Drehung schon wieder in Vorwärtsrichtung bin. Am besten läßt Du Nik schon mal mit einem leeren Servierbrett üben. Weigert er sich, die alberne Pirouette zu drehen, so habt Ihr immerhin drei Alternativen: 1. Plastikgeschirr; 2. Im Haus essen; 3. Auf Vorhang verzichten.*

*Liebe Barbara, paßt auf die Vipern auf! Nie in offenen Schlappen oder Sandalen vom Haus weggehen!*

*Viele Grüße Euch beiden und bis bald, Dein Hans*

## Draußen kochen

Inzwischen haben wir noch eine Sommererfindung gemacht. Wer gerne kocht, wird in seiner Begeisterung arg gebremst, wenn die Küche so aufgeheizt ist, als wäre die Weihnachtsbäckerei in vollem Gange.

Wer täglich, bevor er an seine eigene Verpflegung denkt, drei große Töpfe auf dem Herd zum Kochen bringt (Gerste für Pferde und Esel, Fleisch und Nudeln oder Reis für die Hunde), sinnt irgendwann nach einem Ausweg, um diese zusätzliche Wärme im Sommer aus der

Küche zu verbannen. Die einzige Lösung ist ein Herd im Freien. Das klingt zunächst ganz schauerlich nach Behelfsunterkunft. Man kann das Ganze aber recht ästhetisch gestalten. An die Natursteinwand des Weinkellers bauten wir zwei Ziegelsteinmauern als Sockel. Das rechte Mauerstück bildet ein L und verdeckt so die große Gasflasche. Darauf setzten wir eine 3 Zentimeter starke, rötliche Granitplatte. Da die Stelle gegen Nordwind nicht gut geschützt ist, ließen wir die Platte im goldenen Schnitt durch eine 40 Zentimeter hohe Wand aus gleichem Granit unterteilen. Auf der Kochseite sitzt eine elegante erdfarbene Kochmulde mit 4 Gaskochstellen. Die Bedienungsknöpfe liegen oben. Der Herd in der Küche ist seitdem im Hochsommer nahezu verwaist, von einfachen Gerichten mit kurzen Garzeiten einmal abgesehen. Ist die Saison zu Ende, wird die Kochmulde herausgenommen und in einem Schrank in der Cantina verstaut. Die Herdöffnung wird mit einer genau passenden Granitplatte verschlossen. Vicky meint, das bringe eine Menge Lebensqualität.

## Blitz und Donner

Viele Städter haben den Respekt vor Naturgewalten verloren oder gar nicht erst kennengelernt. Ein heftiges Gewitter zum Beispiel läßt einen im einsamen Landhaus schon innehalten. Ich weiß nicht, ob durch die Meernähe oder weshalb sonst, jedenfalls verlaufen Gewitter bei uns recht untypisch. Wenn der länger werdende Abstand zwischen Blitz und Donner eigentlich das Abziehen des Gewitters signalisiert, passiert es häufig, daß plötzlich in unmittelbarer Nähe mit explosionsartigem Krachen der Blitz einschlägt. Das heißt, es sind meist mehrere Gewitter am Werk. Oft werden Gewitter von Turbulenzen über dem Meer wieder zurückgeworfen, und das Schauspiel beginnt von vorne. Das bisher längste Gewitter dauerte auf diese Weise einmal 11 Stunden lang. Die elektrische Aufladung der Atmosphäre ist manchmal so stark, daß Funken aus der Steckdose zischen. Vicky erzählt bei diesem Thema gerne, wie sie bei einem Gewitter an der Küchentüre stand und dem Unwetter zusah. Plötzlich verspürte sie nach einem Blitz einen stechenden Schmerz im rechten Arm, der noch tagelang anhielt. Neben der Türe beginnt ein Heizkörper, der offensichtlich einen winzigen Teil der aufgeladenen Atmosphäre weitergeleitet und abgegeben hat.

Nachdem mehrere Elektrogeräte Gewittern zum Opfer gefallen waren, haben wir zunächst einen *salva vita* (Wärmeschutzsicherung) einbauen lassen. Diese Sicherung ist so sensibel, daß siebereits reagiert, wenn ein Gewitter noch weit weg ist. Trotzdem ist sie zu träge, um den Weitertransport der Überspannung aufzuhalten. Genauso verhält es sich, wenn man die Hauptsicherung am Stromzähler ausschaltet. Durch die hohe Energie kann eine Brücke zum abgeschaltetem Netz entstehen, eine Entladung in den Hausstromkreis ist also möglich. Inzwischen haben wir eine Lösung gefunden, die empfehlenswert ist: Noch bevor die Stromleitung die Hauptsicherung passiert, haben wir eine Steckdose anbringen lassen. So kann unser Leitungsnetz bei Bedarf durch Herausziehen des Steckers von dem öffentlichen Stromnetz abgetrennt werden. Wer ein exponiert liegendes Haus bewohnt, sollte unbedingt an einen Blitzableiter denken.

Interessant ist die Reaktion unserer Hunde auf Gewitter. Die jungen Hunde reagieren überhaupt nicht, sie verziehen sich nur vor dem Regen auf geschützte Plätze. Die Älteren haben mit zunehmender Erfahrung auch mehr Angst vor Gewitter. Moritz, der Chefhund, muß bei nächtlichem Gewitter sofort ins Haus gelassen werden, er fürchtet sich entsetzlich, und selbst im Haus verzieht er sich in die hinterste Ecke. Diese Beobachtung trifft auf alle unsere bisherigen Hunde zu. Was die Katzen bei Gewitter treiben, wenn sie gerade außer Haus sind, weiß ich nicht. Im Haus reagieren sie jedenfalls stoisch.

## Woher bläst der Wind?

Eigentlich mag ich den Wind, obwohl er bei uns oft aus der falschen Richtung kommt. Das Sympathische ist, daß all unsere Windrichtungen Namen haben, so redet man über sie wie von alten Bekannten. Der Nordostwind zum Beispiel heißt *Bora.* Er weht nicht oft bis zur tyrrhenischen Küste, aber wenn, dann kräftig und eisig. Der Golf von Triest ist dann aufgewühlt und in Venedig drückt es das Lagunenwasser auf den Markusplatz.

Ein weiterer Ostwind ist ebenfalls im Winter empfindlich zu spüren: der *Grecale.* Er deckt mehr den mittleren und südlichen Teil Italiens ab. Die Toscana erwischt er aber immerhin noch so gut, daß im November die Oliven von den Bäumen geschüttelt werden.

*La Tramontana* dagegen ist unser normaler Nordwind, der kalt, trocken und oft heftig aus den Alpen herunterweht. Im Sommer kann er wegen seiner Trockenheit recht angenehm sein. Leider erhöht sich dann auch die Feuergefahr.

Den *Scirocco* (Windrichtung Südost) liebe und hasse ich zugleich. Er treibt uns aus Afrika warme Luftmassen zu, die über dem Mittelmeer Feuchtigkeit aufnehmen. Wenn im Dezember Scirocco bläst, fühlt man sich wie im Frühjahr, es ist dann mild und angenehm. Im Sommer wird der Scirocco zu einer klebrigen Brühe, die einem die Poren verschließt, man schwitzt im Sitzen. Wer föhnanfällig ist, wird bei Scirocco leiden. Vor allem an Tagen mit einer Luftfeuchtigkeit wie im Treibhaus.

Aus Südwest weht der *Libeccio*, ein anderer typischer Mittelmeerwind aus der libyschen Wüste, der sehr heftig einfallen kann. Bringt er Regen, dann peitscht dieser fast waagrecht gegen alle nach Süden gerichteten Fenster.

Zwischen Libeccio und Tramontana bläst der *Maestrale* aus Nordwesten. Er kommt trocken aus dem südlichen Frankreich und weht entlang der gesamten tyrrhenischen Küste.

Für Wind aus allen Himmelsrichtungen und zu allen Jahreszeiten ist also gesorgt, und ein alleinstehendes Haus, selbst wenn es in einer Senke steht, läßt sich nicht vor Wind schützen. Wer heftigen Wind als unangenehm empfindet, sollte bei der Entscheidung für ein Haus in der Toscana nicht unbedingt der Postkartenidylle eines Anwesens auf der Hügelkuppe erliegen. Da heult der Sturm dann richtig, rüttelt an den Fensterläden und biegt die Zypressen bis in Bodennähe. Besonders im Sommer weht in den Mittags- und Nachmittagsstunden häufig ein kräftiger Wind.

Wer wie ich einen Sonnenschirm am Strand für nützlich hält, wird dann alle Hände voll zu tun haben, den Schirm zu bändigen. Ich schiebe in solchen Fällen den großen und den Zeigezeh um die Schirmstange. Nicht zum Halten, sondern gewissermaßen als Sensor, um rechtzeitig vor Abheben des Schirmes eingreifen zu können. Empfehlenswert ist das aber nicht, weil die Zehen mit der Zeit ausleiern und gelegentlich fliegt der Schirm trotzdem davon.

Dann ist schon mal ein entrüstetes "Jetzt aber… nein, sowas!" von jenen Strandnachbarn zu hören, die von dem Ausreißer getroffen wurde. Meist wird der Schirm aber voller Verständnis aufgehalten. Manchmal trifft man eben mit sicherem Gespür genau die windigen Tage am Meer. Oder die falschen Strandnachbarn.

Eine besondere Charakteristik des mediterranen Wetters ist die *Foschia*, eine Art Hochnebel. Rein optisch vermittelt die Foschia einen Eindruck von schlechtem Wetter. Der Himmel ist grau und wenn man Pech hat, hängt sie den ganzen Tag wie eine Glocke über dem Land. Besonders in Küstennähe. Es genügt aber schon ein leises Lüftchen, und der Himmel wird wieder blank. Mit meinem Hinweis auf den Unterschied zwischen

Foschia und schlechtem Wetter habe ich mir schon reichlich Spott eingehandelt. Für sonnenhungrigen Besuch aus dem Norden ist es tatsächlich ziemlich egal, ob der ausbleibende Sonnenschein (es können sogar zwei, drei Tage sein) nur durch Foschia oder durch richtig schlechtes Wetter verursacht wird.

# Im Märzen der Bauer

Spätestens, wenn um Ostern der allgemeine touristische Auftrieb beginnt, merkt der frischgebackene Haus- und Grundbesitzer, daß es mit etwas Unkraut jäten um den Terrassenvorplatz nicht getan ist. Zwischen den Fahrspuren der langen Zufahrt steht das Gras bereits kniehoch und schleift zur Begrüßung mahnend an der Ölwanne des vollbeladenen 6-Zylinders entlang. Will man als Toscana-Pendler nicht seinen ganzen Urlaub für Landarbeiten aufwenden, geht es nicht ohne Hilfskraft. Sie zu finden, ist nicht schwierig. Im nächsten Dorf gibt es mehr als einen Frühpensionär oder Schichtarbeiter, der ab 10 - 12 Tausend Lire pro Stunde gerne auf dem Land arbeitet. Am besten läßt man sich jemanden empfehlen, dann ist jeder jedem verpflichtet; denn keiner will *brutta figura* machen. Bekommt der Arbeiter außer dem Tor- auch noch einen Hausschlüssel, dann ist hundertprozentige Loyalität sicher. Er wird Haus und Land hüten wie sein eigenes.

Freunde von uns haben eine andere Lösung vorgezogen. Sie haben ihr Land seit vielen Jahren einem Bauern überlassen. Die Vereinbarung lautet: „Du kannst das Land bebauen und bearbeiten wie du willst, ich will von den Erträgen nichts und ich bezahle dir nichts." Sie sind bisher gut gefahren mit dieser Lösung. Auf die Dauer wird dies natürlich nur funktionieren, wenn der Ertrag auch etwas Gewinn bringt, das Land muß also einigermaßen fruchtbar und mit Maschinen zu bearbeiten sein. Mit der Zeit kann dies allerdings zu einem juristischen Problem führen. Nach - ich glaube 15 Jahren - ununterbrochener Arbeit auf dem fremden Land hat der Bauer ein Nutzungsrecht und kann nicht mehr ohne weiteres weggeschickt werden. Bei armen, kargen oder extrem steilen Böden kann man es auch wie andere Freunde machen, die nach dem Motto leben: „unser Land braucht uns nicht". Im Klartext heißt das, wir haben keine Ahnung von Landwirtschaft und wollen uns auch die Hände nicht schmutzig machen.

Eine andere Form der Arbeitsteilung, die *mezzadria*, ist seit vielen Jahren verboten. In diesem Fall kam der Landbesitzer für Ackergeräte, Saatgut, Düngemittel auf. Der Landarbeiter stellte seine Arbeitskraft zur Verfügung und der Ertrag wurde halbiert. Praktiziert wird die Mezzadria trotzdem noch, wo kein Kläger ist kein Richter. Nun will ich niemanden animieren, die meiste Zeit in Latzhose und Gummistiefeln auf seinem Land zu schuften. Aber es gibt auch Toscana-Siedler, die genau das möchten. Für sie sei ein wenig erzählt, was für die Landarbeit benötigt wird.

## Traktor

Um Kräfte und Zeit zu sparen, sollte möglichst viel Arbeit mit Maschinen erledigt werden. Ein Traktor *(trattore)* ist die Basis für jede Landarbeit. Die Größe des Fahrzeugs ist von der Bodenbeschaffenheit und dem Gelände abhängig. Wer pflügen will, braucht einen Traktor mit wenigsten 60 - 70 PS. Am besten mit Vierradantrieb. Im Herbst sind die Böden nach dem langen Sommer so hart, daß der Pflug mit einem schwächeren Traktor gar nicht erst in die Erde dringt oder nach jedem Meter hängen bleibt. Beim 'Flottmachen' bricht

dann gerne das Sperrdifferential und eine solche Reparatur kostet richtig Geld und Zeit. Auf hügeligem Gelände ist ein kettengetriebener Traktor geeigneter. Er liegt sicherer auf dem Boden, und die starke Bodenhaftung setzt die Pferdestärken besser um. Die Leistung eines 60 PS-Kettentraktors *(trattore cingolato)* ist mit der eines 80 - 90 PS starken herkömmlichen Traktors vergleichbar.

Allerdings ist genau zu überlegen, wo dieses robuste Fahrzeug untergebracht werden soll. Auf ordentlichen Wegen und in Hausnähe richtet es leicht Schaden an. Bei weichem Boden sieht ein Gartengelände bald wie ein Truppenübungplatz aus. Bei normalen Traktoren läßt sich meistens die Spur verbreitern, indem einfach die Räder abmontiert und gewendet werden bzw. die Innenseite nach außen gekehrt wird. Das bringt mehr Sicherheit im Gelände, auf steilen Hängen bleibt der Normaltraktor aber immer ein Risiko, vor allem unter Belastung. Ein vollbeladener Anhänger etwa kann den

Traktor bei entsprechendem Gefälle so stark schieben, daß er (auch bei gezogener Anhängerbremse) irgendwann quer zur Fahrtrichtung steht. Da hilft nur abladen und fluchen. Der umgekehrte Fall ist genauso ärgerlich. Man fährt vollbeladen steil bergauf und plötzlich beginnen die Räder zu rutschen. Der Schlepper beginnt, vorne zu zappeln und je mehr sich die Räder in den Boden mahlen, rutscht der Traktor mitsamt dem Anhänger (und seinem Fahrer) langsam zurück. Im Zweifelsfall nähert er sich noch einem Abgrund. Ruhe bewahren und vor allem: obenauf bleiben. Abspringen geht im letzten Moment immer noch. Zunächst den kleinsten Rückwärtsgang einlegen und versuchen, den Traktor behutsam in weniger steiles Gelände zu manövrieren. Dann den ersten Vorwärtsgang einlegen, die Handbremse sichern und den Motor ausmachen. Sofort die Räder zusätzlich durch große Steine blockieren. Denn unter starker Belastung sind Getriebe und Handbremse keine Garantie für sicheren Stand. Jetzt kann der Anhänger durch teilweises Abladen entlastet werden. Wer viel auf steilem Gelände oder mit schweren Geräten arbeitet, sollte nicht auf Gewichte *(zavorre)* verzichten. Sie werden vorn am Traktor angebracht, und jedes Gewicht wiegt 20 - 30 kg. Mit einer Reihe dieser Elemente wird die Bodenhaftung des Traktors und damit die eigene Sicherheit wesentlich verbessert.

Apropos Bodenhaftung - in den Anfangsjahren fuhr ich eines Tages einen Vorderreifen am Traktor platt. Es passierte natürlich im entlegensten Teil des Geländes. Ich fügte mich - wieder einmal fluchend - ins Unabänderliche, marschierte nach Hause und besorgte einen hydraulischen Wagenheber sowie den Kasten mit den Steckschlüsseln. Das Abmontieren des Reifens war einfach und nicht zu vergleichen mit der Mühe, ihn nach Hause zu schaffen. Es ging über Stock und Stein und bei den vielen Unebenheiten entglitt mir der schwere Reifen immer wieder und kippte um. In diesen Momenten fand ich die Erfindung des Rades bei weitem nicht so genial, wie behauptet wird. Auch das Gefälle erleichterte die Arbeit nicht im geringsten. Im Gegenteil, ich mußte die Finger fest in das Reifenprofil krallen, damit sich das Rad nicht selbständig machte. Später, beim Reifenhändler angekommen, fragte mich der Mechaniker, ob ich denn das Wasser schon aus dem Schlauch abgelassen hätte?

Ich hatte einmal mehr Lehrgeld bezahlt: Wegen der besseren Bodenhaftung können Traktorreifen mit Wasser gefüllt werden, um sie schwerer zu machen. Die Füllhöhe wird begrenzt durch das Ventilloch. (Beim Wasser einfüllen wird der Reifen so gedreht, daß das Ventil den größten Abstand vom Boden hat.) Der verbleibende Raum wird mit Luft aufgepumpt. Der platte Reifen drehte sich natürlich besonders schwer, weil der teilweise mit Wasser gefüllte Schlauch eine Unwucht erzeugte. Den Rücktransport machte ich ohne Wasser, und es ging prompt wesentlich leichter als beim ersten Mal. Natürlich hatte ich bei dem platten Reifen eine kleine nasse Stelle gesehen, sie aber nicht weiter beachtet. Nasse Flecken durch zusammengepreßtes Gras oder ähnliches findet man im Gelände auf Reifen häufig. Das Loch war außerdem so fein, daß ohne Belastung praktisch kein Wasser austrat.

Vielleicht noch einige technische Erklärungen für Schreibtischmenschen, die sich noch nie bewußt einen Traktor angesehen haben. Seine Fähigkeiten sieht man weniger an dem, was unter der Motorhaube steckt, sondern daran, was sein Hinterteil präsentiert. Das Herzstück ist eine Hebehydraulik, die heute in jeden modernen Traktor eingebaut ist. Sie wird vom Fahrersitz aus bedient und hebt und senkt zwei trapezförmig auseinanderlaufende Arme. Diese Arme haben am Ende zwei Kugellöcher, durch die die Halterungen des jeweiligen Arbeitsgerätes geführt und arretiert werden. Darüber ist auf Mitte ein dritter Haltepunkt angebracht. Er wird durch eine justierbare Gewindestange mit entsprechendem Anschluß am Gerät verbunden. Das richtige Einstellen von Höhe und Neigung der Geräte ist entscheidend für ein gutes Arbeitsergebnis. Zweites wichtiges Zubehör ist die vom normalen Getriebe unabhängige Antriebswelle mit zwei Geschwindigkeiten. Sie ist für alle Geräte notwendig, deren Leistung von der Bewegung abhängig ist. Also zum Beispiel ein Heuwender, ein Mähbalken, die Pumpe eines Spritzgerätes, ein Düngemittelstreuer etc. Außerdem sind am Traktorheck die Anschlußbuchsen für die Schläuche hydraulisch betriebener Geräte befestigt.

Vielseitiges Transportgerät neben dem normalen Anhänger ist eine Hucke, die ebenfalls an die Hebehydraulik angehängt wird. Ich habe noch nie eine zum Kauf angeboten gesehen, aber jeder Bauer hat sie. Man läßt sich so eine Allzweckkiste nach eigenen Angaben, entsprechend der Größe und Stärke des eigenen Traktors beim Schlosser bauen und wird bald feststellen, wie unentbehrlich dieses einfache Gerät ist. Ob zum Abtransport von Steinen aus einem Feld oder Aufladen der Kisten bei der Weinernte, bei der Olivenernte, zum Transport von Saatgut - eine Hucke ist einfach für alles zu gebrauchen. Sogar einen eingefangenen Bienenschwarm habe ich schon damit transportiert, aber ganz langsam.

## Pflug

Pflüge *(aratro)* sind heute sehr raffiniert konstruierte Geräte, an denen so ziemlich alles bewegt und festgestellt werden kann. Mechanisch oder hydraulisch. Das macht die Benutzung für einen Anfänger nicht leichter. Ein falsch eingestellter Pflug schleift nur über den harten Boden oder reißt ungleichmäßig Brocken aus der Erde. Falsche Neigung der Pflugschar verhindert, daß die Scholle gut umgeworfen wird. Welch ein Frust, wenn die gerade aufgeworfene Erde kurz darauf wie ein nasser Sack wieder in die Furche zurückfällt. Zeitverschwendung, wenn die Furchen zu schmal gezogen sind, schlechte Bodenbearbeitung, wenn die Furchen zu breit angelegt sind. Für Fehler ist beim Pflügen reichlich Gelegenheit.

Ich verwende zum Pflügen einen schweren Kettentraktor. Bei ihm ist die Arbeitsweise anders als beim normalen Traktor. Trotz vorhandener Hebehydraulik muß man einen Pflug benutzen, der auf Räder montiert ist und gezogen wird. Während der bereifte Traktor mit den rechten Rädern jeweils in der vorhergehenden Furche fährt, bleibt das *cingolo* mit beiden Antriebsketten auf dem ungepflügten Teil des Ackers. Statt dessen läuft das rechte Eisenrad des Pflugkarrens in der Furche. Das Manövrieren mit dem mehrere Meter langen Pflug erfordert etwas Übung, vor allem, wenn wenig Platz am Feldrand zum Wenden bleibt.

Gepflügt wird abwechselnd in einem Jahr von der Feldmitte zum Rand, im darauffolgenden vom Rand zur Mitte. Das Erdreich wird auf diese Weise hin- und zurückbewegt und die fruchtbare obere Bodenschicht bleibt erhalten. Ich pflüge wesentlich lieber von der Mitte zum Rand. Es ist einfacher als die umgekehrte Richtung, denn je weiter man zur Mitte kommt, umso schmaler wird der ungepflügte Streifen. Das letzte Stück bleibt immer ein Kampf zwischen dem Einsacken des Kettentraktors in gepflügter Erde und der Pflugschar, die den Reststreifen ungepflügter Erde nicht sauber umwerfen will. Ein paarmal habe ich auf den letzten Metern statt der Erde den Pflug umgeworfen. Dies erzählte ich einem befreundeten Bauern, der in seinem Leben viele Tausend Stunden gepflügt hat. Aber statt milde lächelnd auf mich herunterzuschauen, meinte er nur: „Wenn du wüßtest, wie oft ich schon einen Pflug umgeworfen habe". Dennoch, besser ist es natürlich, der Pflug bleibt in der Spur. Um einen umgeworfenen Pflug wieder aufzurichten, sind einige Helfer nötig. Oder ein zweiter Traktor.

Wenn es sich um eine bekannte Marke handelt, kann man einen Pflug ohne weiteres gebraucht kaufen. Auch

wenn das Gerät auf den ersten Blick wie ein Haufen Alteisen aussieht. Ein neuer Anstrich bewirkt Wunder und die Pflugschar selbst glänzt nach den ersten Furchen wie polierter Edelstahl. Ein Problem bleibt jedoch beim Kauf. Ob neu oder gebraucht, mechanisch oder hydraulisch steuerbar, entscheidend ist die Wahl der richtigen Größe. Sie muß unbedingt der Zugkraft des Traktors entsprechen. Ist der Pflug im Verhältnis der Motorstärke zu klein dimensioniert, so bleiben Beschädigungen nicht aus, da der Traktor den Pflug über Hindernisse einfach hinwegzieht. Ist er zu groß, dann wird der Traktor immer wieder hängenbleiben, zappeln und durchdrehen. Meine Faustregel für die richtige Pfluggröße ist: Hakt sich der Pflug bei der Arbeit unter einem Felsbrocken fest, dann muß er so kräftig sein, daß er den Traktor zum Stehen bringt, ohne dabei zu verbiegen oder gar abzubrechen. - Am besten nimmt man zum Kauf des Pfluges einen Bekannten mit, der praktische Erfahrung beim Pflügen hat.

Wie bei allen Maschinen werden auch Pflüge immer aufwendiger. Gefallen würde mir ein hydraulisch gesteuerter Wendepflug. Mit ihm hätte ich das leidige Problem der Feldmitte gelöst. Da er durch paarweise Anordnung der Pflugscharen sowohl nach rechts als auch nach links pflügen kann, beginnt man immer am Feldrand und setzt Furche an Furche bis zum gegenüberliegenden Feldrand. Wenn er dann auch noch auf jeder Seite zwei Pflugscharen hätte... Für Ackergeräte kann man ein kleines Vermögen ausgeben. In akuter Versuchung fällt mir aber meist ein, daß ich für meine paar Hektar ganz gut ausgerüstet bin.

## Scheibenegge

Eigentlich heißt dieses Gerät *erpice a dischi* oder *frangizolle*, umgangssprachlich einfach *disco*. Das Wort erinnert an die vielen aneinandergesetzten Scheiben. Unsere schweren Böden haben sich beim Pflügen zu großen Erdbrocken aufgeworfen. Eine herkömmliche Egge würde hier nichts ausrichten. Das *disco* hingegen schneidet die Scholle klein und durch mehrmaliges Befahren des Feldes immer kleiner, bis die Erde schön krümelig wird und die Oberfläche ausgeglichen ist. In der Regel besteht die Scheibenegge aus zwei hintereinandergesetzten Querachsen, die je nach Breite 12, 18 oder 24 Scheiben mit etwa 50 Zentimeter Durchmesser tragen. Zum Arbeiten werden die beiden Achsen scherenförmig auseinandergefahren. Zunächst durchschneiden die Scheiben an der Vorderachse die Schollen längs, dann laufen die hinteren Scheiben diagonal und zerkleinern die Erdbrocken nochmal.

Je mehr Gewicht ein *disco* auf den Boden bringt, umso besser schneiden sich die Scheiben durch die Erde. Auch bei diesem Gerät ist es wichtig, auf das Verhältnis Zugkraft zu Gewicht zu achten. Ist das *disco* zu leicht, braucht man ewig, um zu einem befriedigendenden Ergebnis zu kommen. Ist es zu schwer, geht der Traktor vorne hoch und ist nicht mehr manövrierfähig. Um dennoch ein möglichst schweres Gerät benutzen zu können, empfehlen sich die bereits erwähnten Gewichte vorne am Traktor. Eine Scheibenegge würde ich nicht kaufen, ohne sie vorher erprobt zu haben.

## Sämaschine

Die Sämaschine *(seminatrice)* ist ein mechanisch aufwendiges Gerät und wird - je nach Ackerfläche - nur wenige Tage im Jahr gebraucht. Wir haben unsere deshalb vor vielen Jahren gebraucht gekauft, und sie tut's immer noch. Sie wird an einer langen Deichsel gezogen und läuft auf zwei hohen Rädern, zwischen denen die Maschine sitzt. Zuoberst erstreckt sich über die ganze Breite eine Wanne, die in der Mitte unterteilt ist. Vorne wird das Saatgut eingefüllt, hinten der Dünger. Die Räder treiben zwei Spindeln an, die durch die Wanne laufen und Samen bzw. Dünger gleichmäßig zu den Ausgängen befördern. Die Ausgänge sind mit flexiblen Schläuchen verbunden, die wie lange Rüssel bis kurz über die Erde reichen. Neben jedem der dreizehn Schlauchenden läuft eine Scheibe, ähnlich wie beim *disco* nur kleiner. Sie bedeckt die herausrinnenden Samenkörner mit Erde. Entscheidend für die richtige Aussaat ist die Feineinstellung der Sämaschine. Jede Samenöffnung ist auf die richtige Samengröße und -menge justierbar. Es gehört ein guter Blick dazu, das Saatgut richtig einzuteilen. Die Samenzuteilung pro laufenden Meter ist Vickys Aufgabe, weil sie mehr Gefühl hat. Ihr Arbeitsplatz ist eine schmale Plattform an der Rückseite der Sämaschine, die von zwei langen Feststellhebeln begrenzt ist. Mit ihnen wird die gesamte Anlage in Bewegung gesetzt oder gestoppt. So fährt Vicky auf der ganzen Strecke mit wie der Heizer auf einer Dampflokomotive. Am Ende des Feldes schließt sie die Samenzufuhr und öffnet kurz darauf wieder, wenn ich gewendet habe. Da die Hebel sehr schwer zu lösen bzw. festzustellen sind, dreht sich Vicky jedesmal bei der Arbeit um, weil sie so ihre Kräfte besser einsetzen kann. Wenn sie dann in Schräglage an den Hebeln zerrt, sieht das aus meiner gemütlichen Fahrerposition aus, als würde sie mindestens 5 störrische Esel gleichzeitig in Bewegung setzen wollen. Während der Fahrt höre ich sie meist hämmern, weil irgendeine Saatluke klemmt oder mit einem langen Schraubenzieher stochern, weil ein Ausgang verstopft ist.

Die heutigen Sämaschinen funktionieren nach dem gleichen Prinzip, sehen genauso aus, nur daß sie keine Räder brauchen, weil sie an der Hebehydraulik befestigt werden. Der Antrieb der Maschine erfolgt durch die Kardanwelle direkt vom Traktor und der Fahrer steuert den Sävorgang von seinem Sitz aus. Das spart Zeit bei den Wendemanövern und vor allem eine Arbeitskraft.

Noch einfacher geht das Säen mit einem Kreiselstreuer. In der bäuerlichen Umgangssprache *frullino* (Quirl) genannt. Eigentlich ist er zum Ausstreuen von Dünger konstruiert, aber solange die Saatkörner nicht zu fein sind, kann man damit auch gut säen. Das *frullino* besteht aus einem großen Trichter, in den das Saatgut gefüllt wird. Im Boden sind zwei Schieber, die von außen regulierbar sind. Beim Öffnen der Schieber rinnt der Samen auf eine rotierende Scheibe, die ihn nach links und rechts wegschleudert. So wird pro Fahrspur mühelos 8 - 12 Meter Breite abgedeckt. Ich mache mir beim Säen mit dem Frullino mit Stöcken ein paar Markierungen, damit ich die nächste Spur richtig ansetze. Vom Traktor aus ist schwer zu sehen, bis wohin der Samen geflogen ist.

Bei dieser Sämethode muß das Feld anschließend nochmals bearbeitet werden, um den Samen mit Erde zu bedecken. Das kann mit einer normalen Egge geschehen, allerdings halte ich sie für unsere schweren Böden für wenig effektiv. Ich benutze nochmals den Disco, achte aber darauf, daß er nicht zu tief einsinkt. Ist die Erde feucht und wird nicht genügend fein ge-

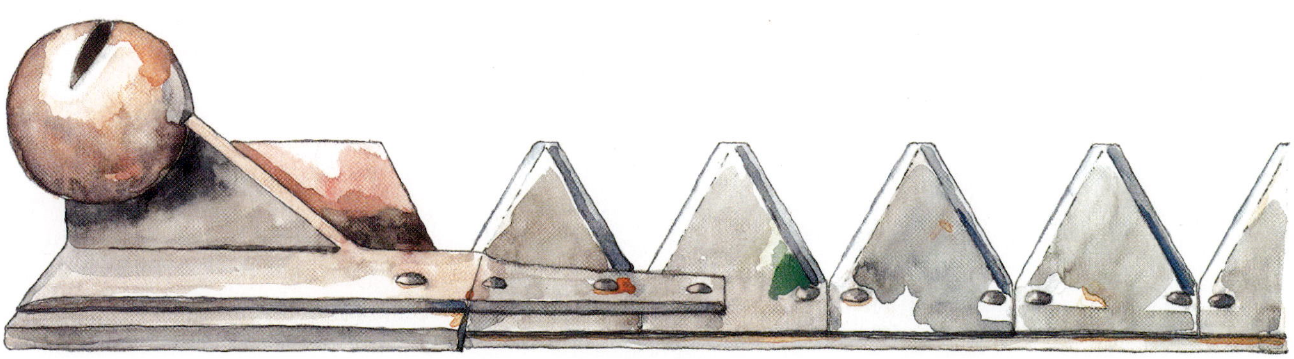

mahlen, dann fahre ich zuletzt mit einer schweren Eisenwalze über den Acker. Auch nach dem Einsäen mit der 'richtigen' Sämaschine. Manche Bauern schleifen statt einer Walze ein oder zwei Eisenbahnschwellen hinter der Sämaschine her.

## Mähbalken

Mit kindlichem Staunen stelle ich immer wieder fest, wie vielfältig die Möglichkeiten sind, eine einfache Drehbewegung in unterschiedliche Antriebsarten umzusetzen. Beim Mähbalken *(barra falciante)* erzeugt die Drehbewegung das rasende Hin- und Hergleiten der Schneide. Die Klinge besteht aus vielen nebeneinandergenieteten Dreiecken (siehe Zeichnung), in deren Zwischenräumen geschnitten wird. Ist das Gerät richtig eingestellt, die Klinge geschärft und alles läuft glatt, dann ist das Mäen einer Wiese eine heitere Arbeit. Vor allem für die Schwalben. Aus dem gemähten Gras fliegen Insekten auf und versprechen üppige Nahrung, sie verleiten die Schwalben zu den wildesten Sturzflügen und Kapriolen. Manchesmal zieht man instinktiv den Kopf ein, um einem Zusammenstoß zu entgehen, doch diese Kunstflieger sind absolut sicher und weichen rechtzeitig aus.

Aber das Mähen kann auch sein Tücken haben. Normalerweise fällt das geschnittene Gras nach hinten um. Eine seitliche Führung am Mähbalken sorgt dafür, daß es gleichmäßig in Reihe gelegt wird. Auf abschüssigem Gelände kann es jedoch vorkommen, daß das geschnittene Gras teilweise ins Ungemähte fällt. Bei der nächsten Runde gibt es dann garantiert Schwierigkeiten, das niedergedrückte Gras sauber zu schneiden. Kleine Erdbrocken oder Steinchen klemmen sich zwischen die Schneide und bringen die Antriebsriemen quietschend zum Stillstand. Gelegentlich bricht dabei ein Stück Klinge aus. Der saftige erste Schnitt im Frühjahr kann meterhoch und dicht sein. Im Schutz der kräftigen Grassorten wachsen auch dünne, lange Gräser, die alleine keinen Halt fänden. Sie verstopfen gerne den Mähbalken, legen sich wie Schlaufen vor die Grasfangeisen und kein Halm gelangt mehr in die Schneide. Ebenfalls bei hohem Gras passiert es leicht, daß ein hochragender, schon geschnittener Halm, von der Gelenkwelle erfaßt wird. Hat man diesen Moment verpaßt, so wird die Welle in Sekundenschnelle von einem großen und immer größer werdenden Grasknäuel umflochten.

Ein ganz anderer Umstand hält mich bei dieser Arbeit unter ständiger Anspannung. Die rasende Klinge ist eine tödliche Waffe. Angefangen vom Hund, der brav hinter dem Mähbalken hertrottet und dann unvermittelt mit einem Satz über die Klinge hechtet, weil sich davor eine große Smaragdeidechse in Sicherheit bringen will. Oder das lauernde Kätzchen, das im hohen Gras verborgen, regungslos vor einem Mausloch sitzt. Es rennt zwar rechtzeitig vor dem ankommenden Traktor weg, bemerkt aber die flach am Boden entlanggleitende Klinge nicht. Noch gefährlicher ist das Verhalten brütender Fasanenhennen. Sie bleiben wie angeleimt auf ihren Eiern sitzen. Gegen die mächtigen Mähdrescher haben sie keine Chance. Man stößt auf Kröten und Schildkröten, die fliehen wollen, aber zu langsam sind. Manchmal treffe ich beim Mähen eines unserer Hühner, das aus dem Gehege geflogen ist, um mit seinen Küken einen Ausflug zu unternehmen. Die Kleinen rennen beim Auftauchen des Mähers hysterisch kreuz und quer durchs hohe Gras, aber beinahe unsichtbar. Doch der Traktor muß immer weiter, nur hohe Drehzahlen garantieren einen einwandfreien Schnitt. Mein linkes Bein ist am Abend völlig verkrampft, da ich es ständig auf der Kupplung halte, um sofort anhalten zu können. Während der Fahrt suche ich konzentriert den Boden nach verdächtigen Bewegungen ab.

Der zweite Schnitt ist müheloser. Das Gras ist weniger hoch und meistens bis auf den Boden einsehbar. Beim Kauf eines Mähbalkens ist die Schnittbreite wichtig. Das ist nicht so sehr von der Motorstärke abhängig als vielmehr von der Geländebeschaffenheit. Je breiter der Mähbalken ist, umso leichter gerät er auf unebenen Wiesen ins Wippen. Diese Bewegung erinnert mich ein wenig an das Wippen der Tragflächen eines Flugzeuges auf dem Weg zur Startposition. Bei jedem Abheben der Schneide bleibt ungeschnittenes oder schlecht geschnittenes Gras zurück. Andererseits arbeitet das Gerät umso schneller, je breiter es ist.

## Handmäher

Für kleine Wiesenstücke, Randstreifen, oder zum Mähen zwischen Bäumen eignet sich ein kräftiger Handmäher *(falciatrice)*. Wir haben verschiedene Geräte ausprobiert und sind erst mit dem jetzigen Mäher richtig zufrieden. Er wird von einem Benzinmotor angetrieben, hat drei Vorwärtsgänge und einen Rückwärtsgang. An der höhenverstellbaren Lenkstange sind Kupplung, Gaszug und ein Nothaltschalter angebracht. Der Aufbau der gesamten Maschine liegt auf Mitte zum Mähbalken, der eine Schnittbreite von ca. 1 Meter hat.

Bei der Anschaffung eines Motorhandmähers ist auf folgendes zu achten: Für die Campagna sollte das Gerät so robust wie möglich sein und auf jeden Fall an der Kraftübertragung zur Schneidklinge eine Sollbruchstelle haben. Der Mäher sollte unbedingt mit einem Rückwärtsgang ausgerüstet sein. Bei unserem ersten Mäher habe ich aus Spargründen darauf verzichtet, nach dem Motto 'ich will ja vorwärts mähen und nicht rückwärts fahren'. Ich bereute diesen Entschluß bald. Einen Mäher, der sich im verfilzten Gras festgefahren hat, rückwärts zu ziehen, braucht viel Kraft. Erst ohne Rückwärtsgang merkt man, wie oft man rückwärts fahren muß.

Abraten würde ich von einem Mäher mit nur einem Antriebsrad und rechts ausliegendem Mähbalken. Die Verkaufsargumente klingen zunächst überzeugend. Mit Hilfe einer simplen halbkreisförmigen Lochscheibe kann der gesamte Antriebsbereich durch Versetzen eines Haltebolzens nach links oder rechts geschwenkt werden. So kann die Schneide in mehreren Stufen nach oben oder unten geneigt werden. Nun eignet sich der Mäher, um in Gräben hineinzuschneiden oder an Böschungen hinauf. In der Praxis sieht das etwas anders aus. Der einseitige Mäher ist schwer in der Spur zu halten. Am Graben muß man stark gegensteuern, an Böschungen wird es schnell zu steil und das Gerät droht zu kippen. Je stärker die Neigung der Schneide ist, umsomehr Schwierigkeiten hat die Pleuelstange, die Kraft zu übertragen. Irgendwann bricht sie dann ab.

## Heuwender

Wer Heu macht, braucht eine Maschine, die wendet und zusammenrecht. Weil beim Heumachen verschiedene Arbeiten anfallen, haben die Geräte auch unterschiedliche Namen. *Ranghinatore*, wenn die Maschine speziell zum Zusammentragen des Heus konstruiert ist. *Voltafieno*, wenn sie als Heuwender konzipiert ist. *Spandivoltafieno*, wenn sie nicht nur wenden, sondern auch ausbreiten kann. Das Gerät sollte auf jeden Fall vor dem Kauf ausprobiert werden. Eines können alle Geräte, nämlich das Heu in langen Reihen zusammenrechen.

Heuwender aller Bauarten heißen einfach *ranghino*. Den Umgang damit findet man am besten selbst heraus. Er ist einfach. Ein Tip nur, weil das oft vergessen wird: Ist das gesamte Heu in Reihen zusammengetragen, muß jede Reihe nochmals nach links oder rechts versetzt werden, damit auch das Heu, auf dem die Reihe liegt, gewendet wird. Sehr behutsam wird wertvolles

Futtergras wie Luzerne *(erba medica)* gerecht, weil es in getrocknetem Zustand leicht die nahrhaften Blätter verliert. Am besten am frühen Morgen wenden, wenn der Tau die Blätter noch geschmeidig hält.

## Heupresse

Die Lagerung des Heus geschieht am besten in Form rechteckig gepreßter Ballen. Sie wiegen um die 25 Kilo und sind gut stapelbar. Es gibt auch doppelt so große Ballen und Heurollen. Für uns sind sie zu schwer zu bewegen, man benötigt zumindest eine hydraulische Heugabel am Traktor, um sie zu transportieren und zu stapeln. Ich bin mir nicht ganz sicher, ob die Anschaffung einer eigenen Presse *(pressa)* ein guter Vorschlag ist. Diese Maschinen sind sehr teuer, und man muß einige technische Fähigkeiten besitzen, um sie einsatzbereit zu halten. Bisher haben wir den Kauf gescheut und lassen einen benachbarten Bauern zum Pressen kommen. Dabei ist auch mein Respekt vor dieser Maschine entstanden. Es geschieht kaum einmal, daß die Arbeit ohne Störung abläuft. Wenn der Bauer dann fluchend kopfüber in der Maschine hängt, um sie wieder flott zu machen, bin ich jedesmal dankbar, daß es nicht meine ist. Funktioniert sie einwandfrei, geht das Pressen rasch und präzis. Das Heu wird von einem breiten Kamm aufgenommen und in den Innenraum der Maschine befördert. Dort wird es zusammengestaucht, bis die zuvor eingestellte Länge des Heuballens erreicht ist. Kompliziertester Teil der Arbeit ist das Zusammenbinden des Ballens. Von zwei Spulen laufen Drähte um den Heuballen herum, die zum Abschluß automatisch verdrillt und abgezwickt werden. Geschoben von der nachfolgenden Presse verläßt der Ballen über eine Rampe die Maschine und fällt zu Boden. Beim ersten Ballen prüft man, ob die Drähte straff genug gespannt sind und läßt gegebenenfalls fester binden. Ist alles Heu gepreßt, kann man einen Augenblick entspannt durchatmen. Wieder einmal hat das Wetter mitgespielt. Das Heu ist gerettet. Davon abgesehen, ist es auch ein hübscher Anblick, wenn die geometrischen Ballen mit ihren ausgelaugten Grüntönen in gleichmäßigem Abstand die kurzgeschorene Wiese betupfen.

Eine Arbeit muß unbedingt noch getan werden: Zum Nachtrocknen und zum Schutz vor möglichem Regen werden die Heupressen aufrecht in Gruppen zusammengestellt. Leicht schräg, dann stützen sie sich gegenseitig. Wichtig ist, daß das Ende mit den verdrillten Drähten nach unten kommt. So kann Regenwasser an den Ballen ablaufen.

Der zeitige erste Schnitt Anfang Mai ist immer ein Wettlauf mit dem Wetter, und in manchem Jahr hilft nach mehreren Regenfällen und dreimaligem Wenden und Wiederausbreiten nur noch das Streichholz. Das Heu hat längst seinen würzigen Duft verloren und spätestens, wenn es beim Anfassen dunkel staubt, ist klar, daß es schimmlig geworden ist. Dann wird Anhänger für Anhänger vollgeladen und zum Verbrennen an einen sicheren Platz gebracht. Bei dieser Arbeit lernt man Gleichmut. Sich grämen um das verlorene Heu ändert nichts und schadet nur dem Teint. Ärgerlich ist es trotzdem.

Um den Zeitpunkt für die Mäharbeiten und das Wenden möglichst regensicher zu planen, verfolge ich regelmäßig die überregionalen Wetterberichte. Ist auf Grund der Wettersituation nicht mit der nötigen Trockenperiode von 10 - 12 Tagen zu rechnen, ist es besser, es regnet zu Beginn, wenn das gemähte Gras noch unberührt und dicht auf dem Boden liegt. Richtig gefährdet wird es nach dem ersten Wenden, wenn der Regen ungehindert in das luftige Heu eindringen kann.

Die schnelle Reaktionsmöglichkeit bei einer überraschenden Wetteränderung ist ein wichtiges Argument für eine eigene Presse. Die Lohnarbeit muß im voraus organisiert werden, der Bauer muß Zeit haben. Bis jetzt ist das immer gut gegangen. Aber vor wenigen Wochen ist unser Nachbar (der mit der Presse) von der Ladefläche seines kleinen Pick-up gestürzt und hat sich außer einigen Knochen auch noch einen Wirbel gebrochen. Bisher haben wir noch niemanden gefunden, der uns genauso zuverlässig wie er das nächste Heu pressen wird.

## Häcksler

Die ordentliche italienische Bezeichnung ist *trituratore*. Gewöhnlich spricht man einfach vom *mangiatutto* (Allesfresser). Das trifft die Fähigkeiten dieses Gerätes recht genau. Es wird wiederum an die Hebehydraulik des Traktors angehängt, die bei der Arbeit soweit abgesenkt wird, daß die seitlichen Kufen des Gerätes am Boden leicht aufschleifen. Zwischen den Kufen sitzt ein Kasten, der den Rotor umschließt. Am Rotor hängen die kräftigen Hackmesser. Mit einer starken Übersetzung wird der Häcksler vom Traktor auf hohe Drehzahlen beschleunigt und schlägt nun bis knapp über dem Boden alles kurz und klein, was ihm vor die Messer kommt. Auch dicke Hölzer mit mehreren Zentimeter

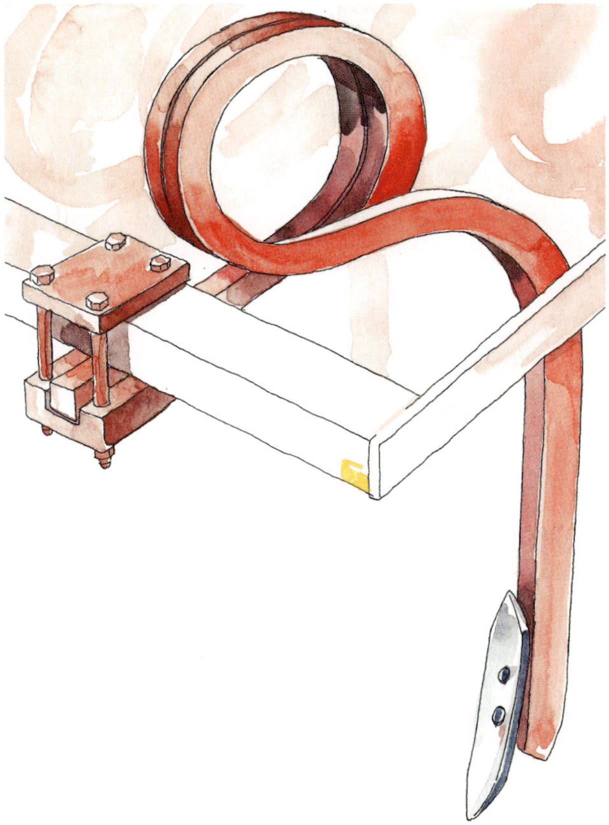

Durchmesser werden abgeschlagen, notfalls muß man zwei- oder dreimal über dichtes Buschwerk fahren, um es zu winzigen Spreißeln zu verarbeiten. Das Gerät ist ausgezeichnet, um die vorrückende Macchia zu bändigen. Vorsicht, wenn der Traktor nicht mit einer zweiten Kupplung ausgestattet ist. Nach dem Auskuppeln ist die Schubkraft des Rotors noch so stark, daß der Traktor ein Stück weitergeschoben wird. Arbeitet man an einem Graben oder oberhalb einer Böschung, kann das unangenehm werden. Hier empfiehlt sich eine Gelenkwelle mit Fliehkraftkupplung, die nach dem Auskuppeln des Traktors sofort leer dreht.

## Hydraulischer Ausleger-Schlegelmäher

Diesen wurmlangen Begriff habe ich direkt aus der Bedienungsanleitung des Gerätes entnommen, weil mir keine vernünftige Bezeichnung einfiel. Auch im Italienischen klingt es nicht einfacher. Im Gegenteil: *braccio articolato porta trincia e toserba.* Wir nennen das Gerät kurz *braccio.* Es handelt sich um eines jener Geräte, die man gelegentlich am Rand von Autobahnen im Einsatz sieht. Sie mähen mit langem Spinnenarm die Böschungen und Randstreifen. Das Rotorprinzip ist das gleiche wie beim Häcksler. Doch ist das Gerät vielseitiger einsetzbar, auch dort, wo kein Traktor hinkommt. Durch die hydraulische Steuerung ist der Rotorkasten beweglich und nahezu jeder Bodenformation anzupassen. Durch die Länge des Auslegers kann man auch sehr gut senkrecht arbeiten, zum Beispiel wenn Büsche oder Bäume zu stark in einen Weg hineinwachsen. Ausgezeichnet geeignet ist der Braccio auch zum Sauberhalten von Gräben. Die Geräte sind aber teuer, zudem benötigt man einen kräftigen Traktor, der durch seine Standfestigkeit die Hebelwirkung des fast 5 Meter langen Auslegers ausgleicht.

Nicht besonders ist die Standfestigkeit des Gerätes, wenn es vom Traktor abgehängt herumsteht. Durch einen Fehler beim Abhängen ist mir der Braccio einmal auf den Fuß gekippt. Außer dem Schrecken wegen des vielen Blutes hatte ich eine Wunde, die erst nach Monaten verheilt war. Die lange Narbe gehört jetzt zu meinen 'unveränderlichen Kennzeichen'. Nach diesem Erlebnis habe ich in der Decke der Gerätehalle eine Verankerung angebracht, an der ich den Braccio angekettet lasse, bis er am Traktor an allen drei Haltepunkten befestigt ist. Das Gute an Fehlern ist, daß man sie oft nur einmal macht.

## Tiefenlüfter

Neben dem Pflug und dem *disco* ist der Tiefenlüfter *(estirpatore)* das wichtigste Gerät zur Bodenbearbeitung. Mit ihm werden alle bearbeiteten Böden locker gehalten, gleichzeitig ziehen die langen Harken Unkraut aus der Erde. In unserem Weinberg ist er unentbehrlich, aber auch auf Oliventerrassen, bei den Obstbäumen und im Gemüsegarten. Der Tiefenlüfter wird an der Hebehydraulik befestigt, über die ich die Arbeitstiefe reguliere. Ähnlich wie beim Pflug ist es wichtig, das Kräfteverhältnis zu beachten. Ein zu leicht gebauter Tiefenlüfter wird schnell beschädigt, ein zu schweres Gerät krallt sich im Boden fest und überlastet den Motor.

Von der Konstruktion her ist der Tiefenlüfter ein simples Gerät. Je nach Arbeitsbreite sind in zwei Reihen hintereinander 5 bis 7 kräftige Harken angeordnet. Am Ende sind sie mit Stahlschaufeln verschraubt, die den Boden in gleichmäßigen Abständen aufreißen. Die Form der Schaufeln, von lang und schmal bis dreieckig und breit, wählt man nach Beschaffenheit des Bodens aus. Da auf den Harken die gesamte Zugkraft des Traktors lastet, sind sie bei einigen Modellen durch armdicke Spiralfedern abgesichert. Das heißt, wenn der Tiefenlüfter festsitzt, wird der Traktor nicht abrupt abgebremst, sondern es dehnen sich zunächst die Federn. Dieses System eignet sich gut für kleinere Traktoren und nicht zu schwere Böden. Allerdings muß man aufpassen, wenn das Gerät zum Weiterfahren hydraulisch angehoben wird. Dann kann es passieren, daß die gespannten Harken nach vorne schnalzen, weil die Federn plötzlich entlastet werden. Man zieht am besten ganz schnell den Kopf ein und wartet ergeben, was an Erdbrocken und Steinchen auf einen herniederprasselt. Auf keinen Fall nach hinten schauen! Stabiler und weniger 'schnalzfreudig' sind Harken, die als ganzes Teil zu einer Feder gebogen sind. (Siehe Abb.) Richtig dimensioniert halten sie fast jede Belastung aus.

## Erdbohrer

Unverzichtbar ist ein Erdbohrer *(trivella)* nicht, aber beim Pflanzen und Pfosten setzen ist er doch äußerst nützlich. Ist die Erde nicht zu hart und steinig, benötigt man kaum mehr als eine Minute, um ein 80 Zentimeter tiefes und 30 - 40 Zentimeter weites Loch zu bohren. Der Antrieb erfolgt wieder über den Traktor. Da man vorher nie weiß, wie der Boden beschaffen ist, sollte man grundsätzlich langsam bohren und den Bohrer immer wieder hochziehen, damit die lockere Erde nach draußen gelangt und nicht auf der Bohrspindel lastet. Ist die Erde steinig, kann es vorkommen, daß sich der Bohrer unter einem großen Stein verhakt und blockiert wird. Oder er mahlt sich im lehmigen Boden zu schnell nach unten und frißt sich fest. Das sollte man vermeiden, denn ein blockierter Bohrer kann das Bohrgestänge verbiegen. Auch wenn es vom Blockieren zum Auskuppeln nur ein Augenblick ist, wirkt die Drehkraft der Antriebswelle solange weiter, kann aber nicht mehr in Bewegung umgesetzt werden. Die Energie lädt sich also auf die schwächeren Teile des Gerätes ab. Ein Erdbohrer sollte daher so stabil wie möglich gebaut sein. Eine besonders 'erfreuliche' Arbeit ist es, den festgefressenen Bohrer mit Spitzhacke und Schaufel auszugraben.

Vorsicht bei folgendem Trick: Zum besseren Eindringen der Bohrspitze kann man den Bohrkopf mit seinem eigenen Gewicht belasten. Bei solchen 'Extras' sollte man aber einige Erfahrung haben, nicht alleine arbeiten und immer daran denken, daß die lange Gelenkwelle offen liegt und von vielen PS angetrieben wird. Was sie erfaßt, gibt sie nicht mehr her. Claudio, unser Landarbeiter, hat das einmal am eigenen Leib erfahren müssen, als er alleine an dem rotierenden Bohrer hantierte. Die Gelenkwelle erfaßte ein Stückchen seines Pullovers und trennte ihn in Sekundenschnelle auf. Geistesgegenwärtig warf er sich nach hinten und klammerte sich mit aller Kraft an einen Pfosten, um nicht selbst in die Welle gezogen zu werden. Dem Pullover folgte sein Hemd, dem Hemd sein Unterhemd. Dann kam er frei, und außer dem Schrecken und einigen Schürfwunden am Oberkörper war er unversehrt. Vikky und ich bekamen weiche Knie, als er kurz darauf etwas bleich zum Haus kam. Die möglichen Konsequenzen mag ich nicht zu Ende denken.

## Fräse

Eine Fräse *(fresa)* eignet sich nur für Böden ohne Steine. Für uns ist sie daher unnütz. Das Gerät sieht ähnlich aus wie der vorher beschriebene Allesfresser. Nur daß statt der Messer festsitzende Schaufeln am Rotor angebracht sind. Damit wird die Erde feingekrümelt und zum Pflanzen vorbereitet. Gerät ein Stein dazwischen, rappelt es fürchterlich, weil die Schaufeln auf ihn eindreschen. Das Gerät gibt die Stöße an die Antriebswelle weiter, die dabei beschädigt werden kann.

Wir brauchen feinkrümelige Erde nur für den Gemüsegarten. Dafür wurde eine gebrauchte Motorfräse *(motocoltivatore)* angeschafft, die perfekte Dienste auf dem inzwischen steinfreien Stückchen Land leistet. Sie arbeitet mit einem 14 PS starken Dieselmotor und die Bedienung ist ähnlich wie beim Motormäher, nur daß statt der Schneide vorne, hinten der Kasten mit der Fräse sitzt. Einen *motocoltivatore* gibt es auch mit anderen Geräten, zum Beispiel mit einem kleinen Pflug.

## Spritzgerät

Auch bei ökologischer Arbeitweise geht es auf die Dauer nicht ohne ein Spritzgerät *(irrigatore)*. Wegen der faßartigen Spritzmittelbehälter wird es meist nur *botte* genannt. Das Arbeitsprinzip ist einfach: Über eine Gelenkwelle wird die Pumpe angetrieben. Sie fördert die Flüssigkeit in die Schläuche und von da in die rückwärtig angebrachten Seitenarme. Sie sind mit je 5 Spritzdüsen ausgestattet. Der Spritzdruck ist regulierbar und auf einem Manometer abzulesen. Linker und rechter Spritzarm sind auch getrennt zu verwenden. Die Spritzdüsen mit Kugelgelenken sind in jeder Richtung justierbar, außerdem die Feinheit des Spritznebels. Zum

Spritzen von Bäumen kann man beide Spritzarme schließen und statt dessen über einen dritten Anschluß eine Handspritze betreiben, die an einem beliebig langen Hochdruckschlauch befestigt ist. Die richtige Einstellung des Spritzgerätes lernt man schnell durch Erfahrung. Wichtigster Nebennutzen der *botte* ist ihr Einsatz als Löschtank bei Feuer.

## Handgeräte und ein Plädoyer

Natürlich gibt es noch viele weitere landwirtschaftliche Geräte oder Varianten. Um ein hügeliges und steiniges Stück Land in der Toscana zu bearbeiten, sind die beschriebenen Maschinen aber ein ausreichender Grundstock. Nicht eigens aufgeführt sind alle Handgeräte vom Motorfreischneider über Hacken und Sicheln, Buschmesser, Schaufeln, Heurechen bis zur Schubkarre. Brauchen kann man in der Campagna ohnehin alles.

So kommt es auch, daß es in manchen Ecken der 'Abteilung Bauernhof' aussieht wie bei 'Hempels unterm Sofa'. Dies ist keine Entschuldigung, sondern ein Plädoyer für altes Geraffel, das auf bayerisch mit 'grattlerig' beschrieben würde. Welche Schätze da gehortet sind, weiß nur der zu würdigen, der sie angehäuft hat. Was kann man nicht mit Hilfe der Räder eines alten Klappfahrrads für einen praktischen Karren bauen. Der demontierte Antennenmast wird zum Haltegerät beim Ziehen von Maschenzaun. Aus Teilen eines alten Tiefenlüfters habe ich für den Traktor eine bewegliche Anhängerkupplung geschweißt. Leere Blechkanister sind nützlich für den nächsten Ölwechsel am Traktor. Den alten Wäscheschirm habe ich als Olivenfangkorb umfunktioniert. Das System ist aber noch nicht ganz ausgereift. Ein längeres Stück eines flexiblen 30 Zentimeter Durchmesser-Drainagerohres dient mittlerweile als Laufstall für kleine Gänse. Wenn ich wirklich zweimal im Jahr einen Ordnungsanfall bekomme und unnütz scheinende Dinge wegwerfe, kommt Vicky meist kurze Zeit später mit der Frage: „Du, wir hatten doch mal...?“

Wäre nur genügend Platz für alles Geraffel. Denn früher oder später läßt sich alles weiterverwenden. Wer sein Toscanahaus nur als Ferienhaus bewohnt, sollte Nachsicht üben mit denen, die nicht näher definierbaren Sperrmüll ansammeln. Es ist nichts anderes als recyclebares Material. Ob aus dem Federrahmen eines ausrangierten Bettes unbedingt eine Tür für das Geflügelgehege werden muß, ist eine andere Frage.

## Die Ape

Von einem Fahrzeug muß ich noch erzählen. Jeder Italien-Urlauber kennt es, kaum einer wird es besitzen: die *Ape* (Biene). Sie kommt aus der gleichen Fabrikation wie die berühmte *Vespa* (Wespe) und fährt mit den gleichen Motoren. Ich besitze eines dieser traditionsreichen Dreiräder und würde es nie mehr hergeben. Man muß einmal *Ape* gefahren sein! Nicht etwa, um die Niederungen des Fahrzeugbaus auszuloten oder sozialen Abstieg zu proben. Nein, Apefahren ist Fahrerlebnis pur. Das kleine Gehäuse vermittelt Sandkastengefühle. Damals war der Bierfilz, auf einen Stock gespießt, das Lenkrad, Steinchen in dem Sand-Armaturenbrett dienten als Kontrolleuchten, der 'entliehene' Kellerschlüssel wur-

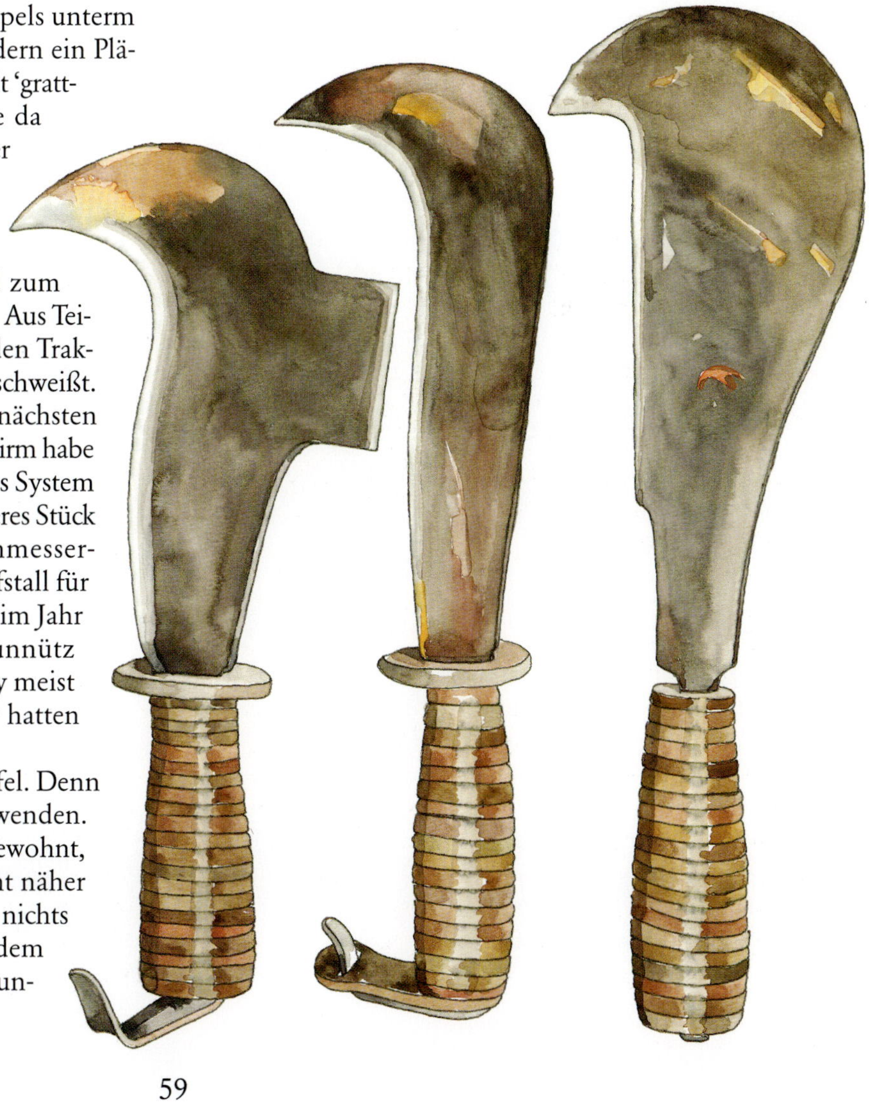

de zum Zündschlüssel und der abgebrochene Stiel der Kohlenschaufel war Schalthebel.

Ähnliche Gefühle entstehen beim Fahren mit der Ape. Ich fahre das kleinste Modell, 50 ccm, ohne elektrischen Anlasser. Das macht das Fahrzeug nahezu wartungsfrei. Links unter dem Sitz ist der Benzinhahn zu öffnen, rechts unten ist der Gas-Joke zum Anlassen zu ziehen. Vor einem ruht ein Metallrohr oben zum Griff gebogen. Es ist der Anlasser. Man zieht es ruckartig zu sich und in der Regel springt der Motor nach zwei, drei Versuchen an. Brrrm... Die Lenkstange ist wie bei einem Motorroller ausgestattet, Kupplung und vier Gänge links, Gasgriff und Vorderradbremse rechts. Davor Licht, Blinker, ein kleiner Hupknopf und ein winziger Knopf zum Abschalten des Motors. Fußbremse und Handbremse hat meine Ape ebenfalls, sogar einen Rückwärtsgang. Um rückwärts zu fahren, wird der erste Gang eingelegt, dann fummelt man ein wenig unter dem Sitz und findet einen Hebel, der hochgezogen werden muß. Bandscheibengeschädigte finden in der Ape die ideale Sitzposition: absolut senkrecht wie auf einem festen Stuhl ohne Armlehnen. Auf der Straße ein Gefühl wie in einer anderen Welt, gemütlich schnurrt das Dreirad vor sich hin, überholt von ungeduldigen Autofahrern (zu denen ich sonst auch gehöre). Man hat viel mehr Zeit in der Landschaft herumzuschauen, bei schönem Wetter mit ausgestellten Klappfenstern, bei Regenwetter mit einem handbetriebenen Scheibenwischer. Apefahren ist lustig.

Die ursprüngliche Marketing-Positionierung für die Ape war wahrscheinlich die Marktlücke zwischen Esel und Fiat 500. Auf unserem Land verwende ich die Ape als motorbetriebene Schubkarre, transportiere frisches Gras zu den Pferden, lade Werkzeug auf, wenn ich zu irgendwelchen Reparaturen an Wasserleitung oder Zäunen ausrücken muß und zwischendurch hole ich damit große Tischlerplatten oder schwere Eisenplatten für meine Bilder. Zu zweit fahren ist wegen der Enge sehr kontaktfreudig. Da die Fahrerposition breitbeinig genau in der Mitte der Sitzbank liegt, muß die Beifahrerin schon aus Platzgründen sehr anschmiegsam sein. Und weil Apefahren lustig ist, ertappe ich mich auch immer wieder bei einem langgezogenen „Brrrm“, auch wenn es im Motorlärm untergeht.

## Selber machen

Es gibt geborene Basteltypen, die alles und jedes reparieren. Ihr größtes Glück ist, wenn etwas kaputt geht. Notfalls würden sie die Benzinleitung an ihrem Auto selbst demolieren, nur um einen Grund zu haben, das Wochenende unter dem Fahrzeug zu verbringen. Ich mag solche Arbeiten nicht. Für mich hat ein Traktor zu funktionieren, andernfalls stiehlt er mir nur wertvolle Zeit. Außerdem repariere ich ungern Dinge, von denen ich wenig verstehe. Nicht umsonst beschreibt man solche Hobby-Arbeiten auch mit herumbasteln. Andererseits ist man in der Campagna stark auf praktische Fähigkeiten angewiesen, um den Alltag mit seinen vielen kleinen Hindernissen zu bewältigen. Was

ist zu tun, wenn man am Wochenende einen Sumpf entdeckt? Und zwar genau dort, wo die Gemeindewasserleitung zum Haus verläuft. Oder wenn die Dachrinne verstopft ist, das Heißwassergerät die Winterdusche nicht heizt, die Pumpe der Heizung blockiert, das Fallrohr verstopft ist, die Weinpumpe nicht fördert, nachdem das Faß bereits geöffnet ist oder ein lecker Wasserhahn neu eingedichtet werden muß? Wie löst man die Nieten von abgebrochenen Schneiden am Mähbalken oder ersetzt einen Hydraulikschlauch? Wie baut man die Schalung für ein Betonfundament oder bereitet die richtige Mörtelmischung zum Bau einer Mauer?

Das ist nur ein winziger Auszug von Dingen, mit denen einen das Land täglich konfrontiert. Welche Arbeiten von Handwerkern zu erledigen sind, muß jeder selbst wissen, es ist letztlich auch eine Frage des Geldbeutels. Wichtig scheint mir lediglich, daß man sich in dringenden Fällen selbst helfen kann, unabhängig von fremder Hilfe. Eine Überlebensanleitung für die Toscana müßte noch geschrieben werden. Einige Reparaturen beschreibe ich dennoch ausführlicher:

### Ein Loch in der Wasserleitung

Das übliche System, um Gemeindewasser zum Verbraucher zu bringen, ist eine Leitung aus dickwandigem schwarzen PVC. Je nach Bodenverhältnissen ist das Material starken Beanspruchungen unterworfen und hin und wieder kommt es zu einem Leck. Erstaunlich, wieviel Wasser durch einen kleinen Riß innerhalb weniger Stunden austritt, zumal die Öffnung allmählich größer wird. Zur Reparatur benötigt man: Gummistiefel, Spitzhakke, Schaufel, eine kurze kleine Hacke, eine leere Blechbüchse, eine Faschette, um das Loch zu schließen und einen passenden Schraubenschlüssel für die Faschette.

Nun gilt es, die Leckstelle zu finden. Sie ist nicht immer dort, wo das Wasser aus der Erde drückt, Stei-

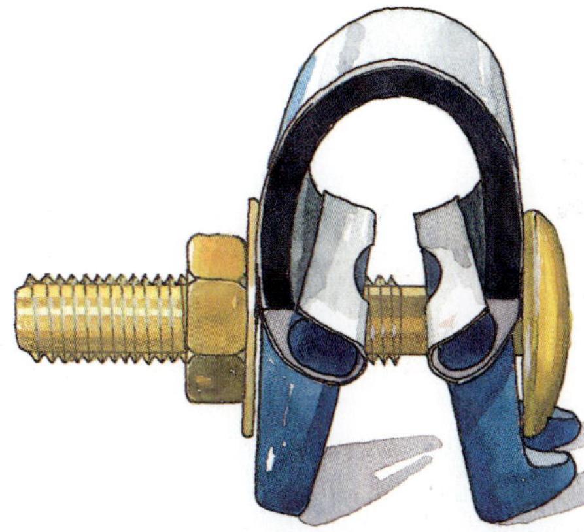

ne und härtere Erdschichten können das auslaufende Wasser umleiten. Einfacher ist es, wenn der Wasserschaden auf einem Steigungsstück entstanden ist. Dann beginnt man, am oberen Rand der nassen Stelle aufzuhacken. Mit der Schaufel wird die Erde abgetragen. Sobald die Nässe nach unten zunimmt, heißt es aufpassen, denn leicht wird bei den nächsten Schlägen die Wasserleitung beschädigt. Deshalb verwende ich nun die kleine Hacke. Das Erdloch hat sich inzwischen mit Wasser gefüllt, um vernünftig arbeiten zu können, muß man einen Ablaufgraben ziehen und notfalls das tiefer stehende Wasser mit der Blechbüchse ausschöpfen. Liegt das Leck nach oben, so zeigt eine sprühende Fontäne an, wann die Wasserleitung erreicht ist. Im Sommer ist die Erfrischung ganz lustig. Zur Reparatur muß die Leitung etwa 20 Zentimeter vor und hinter dem Loch ganz freiliegen, also auch unten.

Ist das Wasser ausgeschöpft und das schwarze PVC sichtbar, reinigt man die Leitung sorgfältig von Hand mit dem austretenden Wasser, legt die Faschette herum und achtet darauf, daß sie möglichst genau auf der

Mitte der lecken Stelle aufliegt. Deshalb sollte (wenn das Loch nicht zu groß ist) das Wasser auch nicht abgestellt werden, sonst ist das Loch eventuell nicht mehr zu finden. Dann wird die Faschette langsam mit dem Schraubenschlüssel angezogen, bis kein Wasser mehr austritt. Keinesfalls mehr anziehen als nötig, da mit der Faschette das PVC-Rohr zusammengedrückt wird. Je stärker der Leitungsquerschnitt verringert wird, umso größer ist die Gefahr eines Lecks in nächster Nähe.

Die Abbildung zeigt verschiedene Formen von Faschetten. Ist das Loch in der Leitung bereits größer, empfiehlt sich die linke Version. Die Faschette muß so auf das Loch gesetzt werden, daß der weiße Stopfen (er muß zuvor mit Teflonband eingedichtet werden) über dem Loch zu liegen kommt. Eine Gummidichtung umschließt dann die lecke Stelle.

## Fenster, Läden, Salz und Sonne

Schön sahen sie aus, unsere Fenster und Läden in Lärchenholz, mit erstklassigem englischen Bootslack gestrichen. Auf der Nordseite des Hauses zeigten sie sich auch wenig beeindruckt von Wetterunbillen. Umsomehr auf der Südseite. Der Scirocco mit seiner salzhaltigen, feuchten Luft und die gnadenlose Sonne zeigten Wirkung. Der Lack warf Bläschen, die platzten und Regenwasser eindringen ließen. Das Holz verfärbte sich, der helle warme und natürliche Farbton wurde grau und fleckig.

Abschleifen, neu streichen stand bald auf meinem Programm. Es half nichts, der gesamte Decklack mußte runter. Mit der Ziehklinge wird das bei der Menge von Fenstern zum Kraftakt und ich hatte am nächsten Morgen Mühe, an der Staffelei den Pinsel zu heben. Außerdem rutscht man mit der Klinge speziell auf Fensterrahmen leicht ab und zieht dann häßliche Furchen in die Holzmaserung. Chemische Beizmittel wollte ich nicht verwenden, Vicky hat sich damit einmal die Augen verätzt. So kaufte ich eine Thermopistole, mit der ich den Lack zunächst aufweichte und dann mit einem parallel geführten Stemmeisen abzog. Das Ergebnis war gut. Die glatten Stücke konnte ich danach mit dem Bandschleifer bearbeiten. Nur Falze und Ecken mußten noch in Handarbeit erledigt werden. Unser Schreiner riet mir, mehrere Lagen imprägnierender Vorstreichfarbe aufzutragen. Die Fenster und Läden wurden tatsächlich wie neu, nur der frühere Glanz fehlte. Dafür würde ich das Holz zukünftig einfach nur überstreichen müssen. Das funktionierte leider nicht. Die Fenster und Läden verwitterten noch schneller als zuvor. Ich mußte also wieder schleifen.

Inzwischen habe ich das richtige System gefunden. In einen Trennschleifer spanne ich gefächerte Schleifpapierscheiben ein, mit denen man sehr rasch und beweglich arbeiten kann. Für die Falze und Zwischenstege der Fenster verwende ich ein Druckluftwerkzeug (als Antrieb braucht man einen Kompressor) mit kleinen Schleifpapierkränzen, die lamellenförmig angeordnet sind. Mit ihnen kommt man bis auf die Ecken überall hin. Der Anstrich setzt sich wie folgt zusammen: drei Schichten Grundierung (Ingham Clark London, *vernice a penetrazione*), danach zwei Anstriche mit einem Lack, der ebenfalls ins Holz eindringt, aber an der Oberfläche mit einem hauchdünnen Film abschließt und matten Glanz verleiht (ebenfalls Ingham Clark London, *flatting impregnante*). Was Dauerhaftigkeit betrifft, habe ich mit diesem System den besten Erfolg.

## Wenn die Heizungspumpe blockiert

Beim Betrieb der Zentralheizung an den ersten kalten Novemberabenden kann es vorkommen, daß die Heizkörper in der ersten Etage rasch heiß werden, während die im Erdgeschoß kalt bleiben. Das ist ein Zeichen, daß die Pumpe nicht läuft. Wenn sie nur blockiert ist, kann man sich selbst helfen. Mit Hilfe eines stumpfen Gegenstandes (zum Beispiel Holzscheit oder Plastikhammer) leicht aber häufig an das Gehäuse der Pumpe klopfen. Hilft das nichts, stellt man eine kleine Wanne unter und öffnet die Pumpe (die Heizung muß ausgeschaltet sein). Die Pumpen, die ich kenne, sehen alle ähnlich aus. Sie haben eine leicht konische Form und vorne eine große Schraube. Diese Schraube wird gelöst. (Dichtung nicht verlieren!) Keine Angst, es läuft kaum Wasser heraus. In die Öffnung führt man vorsichtig einen Schraubenzieher ein, bis er den Schlitz im Kopf einer weiteren Schraube packt. Nun dreht man den Schraubenzieher und damit die Pumpe langsam im Uhrzeigersinn weiter. Schmutzpartikel, die das Anlaufen der Pumpe verhindert haben, werden mit 10 - 15 Umdrehungen weitertransportiert. Bisher arbeitete die Pumpe nach diesem Eingriff immer problemlos. Nach dem Schließen der Pumpe den Wasserstand kontrollieren.

## Steckdosen-Durcheinander

Heute morgen habe ich Grund, mich über eine italienische Spezialität zu ärgern - die unterschiedlichen Steckdosensysteme. Wir besitzen ein kleines Ultraschallgerät, um überanstrengte Gliedmaßen, verspannte Schultern etc. wieder auf Vordermann zu bringen. Die Selbstdiagnose (Ärzte weghören!) rät mir für einen seit Tagen schmerzenden Arm zum Einsatz des Gerätes. Ich stelle es also neben mich auf den Schreibtisch, schiebe die Plakette mit ihrem langen, dünnen Kabel sorgfältig unters Hemd an die Stelle oberhalb des Ellenbogens, wo ich das Schmerzzentrum lokalisiert habe. Nun noch den Stecker in die Dose - paßt nicht. Ich habe wieder einmal nicht daran gedacht: Der Stecker hat drei Stifte, die Dose nur zwei große, alternativ zweimal zwei kleine Löcher. Da ich in einem Land lebe, in dem man sich mit aller Unbill zu arrangieren versteht (so gut, daß darüber die Behebung des Übels vergessen wird), gibt es auch eine Lösung. Sie steht in Form einer alten Kaffeedose in der Garage und enthält zahlreiche Zwischenstecker. Von 2 großen Löchern auf 3 Stifte. Von 3 Löchern auf 2 Stifte. Von 2 kleinen Stiften auf 3 große Löcher. Von 3 kleinen Löchern auf 3 große Stifte usw. Um die Plakette nicht wieder umständlich aus dem Ärmel zu zupfen, ziehe ich einfach den Kabelstecker vom Gerät ab und laufe wie ein Patient mit Tropfflasche am Arm, das Kabel vor mir herhaltend, zur Garage hinunter. Statt die Büchse mit ins Haus zu nehmen, suche ich nur einen Zwischenstecker aus, da ich mir vorher eingeprägt habe: 3 Stifte auf 2 Löcher. Prompt werde ich Opfer mangelnder Beobachtung. Richtig wäre gewesen: 3 kleine Stifte eng auf 2 große Löcher. Also das ganze nochmal. Jetzt funktioniert das Gerät und ich warte, daß der Schmerz nachläßt.

Da es bis heute in Italien kein genormtes Steckdosensystem gibt, sollte man möglichst schon beim Einzug mit allen handelsüblichen Zwischensteckern ausgerüstet sein. Denn nichts schafft mehr Frust, als ein Gerät anzuschließen und alles scheitert an der lächerlichen Unterschiedlichkeit der Steckdose. Man stelle sich nur einen kühlen Herbstabend vor, ein potenter Elektro-Radiator soll das Frösteln beseitigen und man blickt von 3 Steckerstiften auf 2 Dosenlöcher.

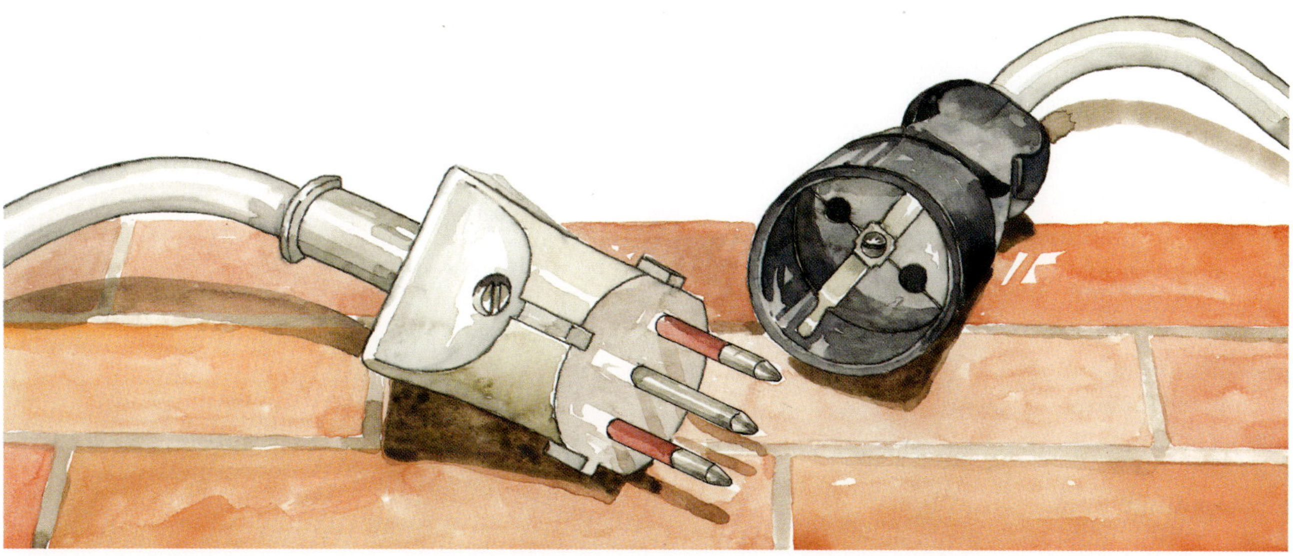

# Haus- und Stalltiere

## Ausgesetzte Hunde

Bevor ich auf Barbaras Fragen zur Haltung von Haus- und Stalltieren eingehe, will ich ein Problem ansprechen, das mir besonders am Herzen liegt: die ausgesetzten und zugelaufenen Hunde und Katzen. Wie überall auf der zivilisierten Welt gibt es auch in Italien Menschen, die ohne Empfindung handeln und wehrlose Tiere aussetzen. Bevorzugtes Gebiet für dieses Delikt ist die freie Natur. Hauptsache weit weg von zu Hause, damit das arme Tier bestimmt nicht mehr zurückfindet.

Landhäuser und ihre Umgebung sind ein beliebtes Ziel für die letzte Fahrt des Tieres, weil der Tierquäler oft zu Recht hofft, das ausgesetzte Tier würde sich bald ausgehungert dem nächsten Haus nähern, dort zu fressen bekommen und ein neues Zuhause finden. So kann er 'reinen Gewissens' die Rückfahrt antreten. Ein besonders gewissenhafter Katzenfreund hat einmal nächtens einen Wurf von 8 Kätzchen mitsamt der Mutter an unserem Eingangstor abgesetzt. Einen Pappkarton als Behausung für die Kleinen hat er mitgeliefert. Das Thema ist auch deshalb so wichtig, weil jeder Campagna-Bewohner früher oder später mit diesem Problem konfrontiert wird.

Eines Morgens wacht man also auf und vor der Haustüre sitzt ein verwahrlostes Schlappohr. Was tun? Das Verhalten sollte davon abhängen, ob man: a) Erfahrung mit Hunden hat; b) bereit ist, einen weiteren Hund aufzunehmen, aber nicht sicher ist, ob es womöglich Prügeleien gibt; c) keine Erfahrung mit Hunden hat, aber grundsätzlich bereit wäre, einem Hund ein Zuhause zu geben; d) auf keinen Fall einen Hund haben möchte.

Bleiben wir beim erwähntem Schlappohr. Den Punkt 'Davonjagen' spare ich mir. Wenn jemand es fertigbringt, einen Hund mit Stock oder Steinen zu verjagen, wird er wissen, was zu tun ist. Ich finde es nicht gut, aber man kann niemanden zwingen, ein Tier aufzunehmen.

Während das Schlappohr gierig das Fressen verschlingt, kann man es ein wenig beobachten. Trägt das Tier ein Halsband oder trug es bis vor kurzem eines (Druckstellen im Nackenfell), ist es äußerlich verletzt, ängstlich oder zuversichtlich?

Wir haben 'Reisehunde' erlebt, die sich bei uns einige Tage sattgefressen haben und dann weitergezogen sind. Das sind Tiere, die sich nicht mehr binden. Berührungsängste sind überflüssig, zugelaufene Hunde beißen nicht. Sind sie scheu, ängstlich und gehen jedem Kontakt aus dem Weg. Bleibt das Schlappohr da und läßt sich anfassen, so kann man nachsehen, ob es tätowiert ist. Offiziell müssen alle Hunde auf der linken Innenseite des Hinterbeins mit einer Nummer versehen sein, die bei der Gesundheitsbehörde (USL) zusammen mit der Adresse des Besitzers registriert ist. Alternativ kann die Tätowierung auch im Ohr sein. Außerdem ist man verpflichtet, einen zugelaufenen Hund bei den Carabinieri zu melden. Es gibt ja auch wirklich verlorengegangene Hunde (speziell unter Jagdhunden), deren Besitzer sich an die Carabinieri wenden und nachfragen, ob ein Hund gemeldet wurde.

Gibt es im Haus schon einen Hund, so sollte man darauf achten, daß es sich nicht um zwei erwachsene Hunde gleichen Geschlechts handelt. Das könnte böse Rangkämpfe geben. Rüde und Hündin ist völlig problemlos. Ebenso, wenn einer der beiden

Hunde wesentlich jünger ist. Er wird sich immer begeistert dem erfahreneren anschließen.

Ist die Entscheidung inzwischen zugunsten des Schlappohrs ausgefallen, eine Tätowierung nicht gefunden worden und das Tier bei den Carabinieri gemeldet, dann braucht man Geduld, weil der Hund erst nach Ablauf von sechs Monaten offiziell den Besitzer wechselt. Meldet sich der alte Besitzer in dieser Zeit, so muß er theoretisch für jeden bis dahin vergangenen Tag einen festgelegten Pflegesatz bezahlen.

In unseren ersten zugelaufenen Hund hatte ich mich rettungslos verliebt und bin jedesmal zusammengezuckt, wenn ein fremdes Auto am Tor hupte. Als kurz vor Ablauf der Sechs-Monatsfrist ein Carabiniere mit einem Mann in Zivilkleidung bei uns auftauchte, war ich überzeugt, daß jetzt doch noch der rechtmäßige Besitzer seinen Anspruch geltend machen wollte. Ich geriet regelrecht in Panik, entschlossen, meinen Hund nicht mehr herzugeben, zu verhandeln, zu bitten, zu kämpfen, den Hund schnell noch zu verstecken, zu verleugnen. Zu spät. Er rannte schon fröhlich zur Begrüßung daher, legte die langen Vorderpfoten auf die makellose Carabiniere-Uniform. Nachdem sich der Polizist etwas verstimmt den Staub von der Uniform geklopft hatte, setzte er geschraubt zu einer Frage an, die vereinfacht lautete, ob ich ein deutsches Ehepaar namens Schmidt kenne... Den Ablauf der Sechs-Monatsfrist haben wir jedenfalls tüchtig gefeiert. -

Was aber tun, wenn das Schlappohr nicht im Haus bleiben kann? (Es gibt Menschen, die allergisch gegen Hundehaare sind.) Man sollte sich die Mühe machen, einen Platz für den Hund zu finden: Abends in der Dorfbar unter den Männern herumhören, wer einen Hund brauchen kann. Man kann einen Zettel vervielfältigen und in der Tierhandlung, an der Kasse im Supermarkt etc. aushängen. Ist der Hund noch klein, sind die Aussichten, ein Zuhause zu finden, umso größer. Vicky hatte Erfolg, als sie einen Junghund *(cucciolo)* in einen Korb setzte und ihn abends in der Bar herumzeigte. Da wird so manches Herz weich.

Wer nicht selbst mit dem Problem fertig wird, kann den Hund auch ins Tierheim bringen. Es gibt private Tierheime, die manchmal auch vom Tierschutzverein (ENPA) unterstützt werden. Aber bitte das Tier nicht einfach nachts an die Zwingertüre binden! Mit einer kleinen Spende oder einem Sack Hundefutter läßt sich außerdem das Gewissen ein wenig erleichtern; denn die Pfleger in den Tierheimen arbeiten ja unentgeltlich.

Die traurigste Lösung ist, die *vigili urbani* zu benachrichtigen. Sie sind verpflichtet, den Hund abholen zu lassen. Er wird in einen Sammelzwinger (bei uns ein Verschlag im Schlachthof) gebracht und nach einer kurzen Frist von etwa zwei Wochen erschossen, wenn er bis dahin nicht abgeholt wurde. Ende eines Schlappohrs.

Aber unser Beispiel soll ja ein glückliches Ende haben. Ein Hund, der sich aus freien Stücken einem Menschen anschließt, wird auf ewig ein echter Freund sein.

Sobald der neue Mitbewohner zutraulich genug ist, um sich ins Auto setzen zu lassen, sollte man ihn zum Tierarzt bringen, ihn untersuchen und impfen lassen. Der Tierarzt wird auch zu einer Blutuntersuchung raten. Anhand der Analyse kann er unter anderem feststellen, ob der Hund an 'Leismaniose' erkrankt ist. Diese Krankheit ist in der Toscana und besonders in der Maremma leider recht häufig. Sie wird durch eine Fliege übertragen und kann nicht ausgeheilt werden. Allerdings ist die Leismaniose bei frühzeitiger Erkennung gut zu kontrollieren. Symptome sind zum Beispiel: übermäßiger Haarausfall, besonders an den Ohren, Energielosigkeit bzw. übermäßiges Schlafbedürfnis. Es besteht keine Ansteckungsgefahr für Menschen und Tiere. Die Behandlung wird als Spritzenkur durchgeführt. Intramuskuläre Spritzen werden in der Regel selbst gesetzt.

*Liebe Barbara,*

*das ist typisch: Leuten, die keinen Hund wollen, läuft mit Sicherheit einer zu. Und Ihr wollt gerne einen dieser lieben toscanischen Mischlinge und es passiert nichts. Fahrt doch einfach mal beim nächsten Tierheim vorbei. Bereitet Euch aber auf ein recht emotionelles Erlebnis vor. Wenn Dich hundert Augenpaare anschauen, aus denen der einzige Wunsch strahlt: „Nimm mich mit!" muß man wenigstens zweimal schlucken, um den Kloß im Hals loszuwerden. Es gibt nur wenige Hunde, die sich nicht (mehr) an dem allgemeinen Sich-zur-Schaustellen beteiligen. Meist sind es die älteren, abgestumpft durch Enttäuschungen, wenn sie wieder und wieder unbeachtet blieben.*

*Da hilft nur sachliches Informieren: He - du da mit dem Zottelpelz! Ist es ein Rüde? Neigt er zu Aggressivität? Alter? - zu alt. Weiter zum nächsten. Auch wenn man sich wie auf einem Sklavenmarkt vorkommt - alle kann man nicht mitnehmen, und so sollte der Auserwählte auch bestimmten Wünschen entsprechen. Im Zweifel sollte ein Hund bevorzugt werden, der noch nicht solange im Zwinger lebt, er hat weniger Schwierigkeiten, sich draußen zurechtzufinden.*

*Wir hatten lange Jahre eine liebe Hündin aus einem Tierheim. In den ersten Wochen, immer wenn wir sie mit den anderen Hunden zu Spaziergängen mitnahmen, lief sie jeweils drei Meter vorwärts und dann wieder ein Stück zurück. Genau das Zwingermaß.*

*Häufig haben sich unter langjährigen Zwingerkollegen echte Partnerschaften gebildet. Der zurückgebliebene Hund verliert leicht seinen einzigen Halt, also keinen oder beide mitnehmen...*

*Ein Hund aus dem Tierheim sollte möglichst jünger sein, wenn es zu Hause schon Hunde gibt, da die soziale Stellung natürlich verteidigt wird. Junge Hunde sind immer bereit, sich älteren zu unterwerfen. So gibt es kaum Eingewöhnungsschwierigkeiten und schon gar keine Rangkämpfe.*

*Ich habe einmal den Fehler begangen und einen erwachsenen Hund aus dem Tierheim geholt, der in seinem Gehege noch einen Hund unter sich hatte. Ein lammfrommes Tier, das sich nach wenigen spannungsgeladenen Stunden erbitterte Rangkämpfe mit unserem 'Chefhund' lieferte. Auch er war ein ansonsten völlig aggressionsloser Hund, nun aber nicht bereit, einen Millimeter zu weichen. Es floß Blut und die Situation wurde immer bedrohlicher. Nach einem anstrengenden Wochenende brachte ich den neuen Hund schweren Herzens zurück ins Tierheim. Er hat diese Enttäuschung wohl nie verwunden. Vicky fuhr noch eine Zeitlang hin und ging regelmäßig mit ihm spazieren. Eines Tages weigerte er sich, aus dem Zwinger zu gehen - für immer. Er starb drei Jahr später an Krebs.*

*Eine überaus heitere Erfahrung dagegen ist das Zusammenleben von Hund und Katze. Wie so viele Vorurteile, kann auch dieses vielfach widerlegt werden. Sie tolerieren sich nicht nur gegenseitig, sondern suchen auch den Kontakt zu der jeweils anderen Rasse. Im Winter sind warme Hundebäuche ein beliebter Schlafplatz für wärmesüchtige Katzen. Kleine Katzen werden ohnehin vorsichtig am Nackenfell durch die Gegend getragen. Und so manchmal verschwindet ein frecher Katzenkopf in der großen Hundeschnauze. Ich gestehe allerdings, daß mir bei diesem Anblick nie ganz wohl ist. Auch wenn das laute Schnurren signalisiert, daß sich die Katze wohlfühlt. Im Vorbeigehen riecht man sich gegenseitig am Hintern oder wetzt Hundenase an Katzenschnauze. Ich meine, daß Katzen eigentlich den Hunden überlegen sind. Sie sind viel geschickter, wenn es darum geht, einen Vorteil wahrzunehmen. Hunde sind tapsiger.*

*Wird wirklich einmal eine Katze auf den nächsten Baum gejagt, so passiert das garantiert in der Dämmerung oder nachts, wenn die Katze auf Suche nach Beute lautlos durchs hohe Gras pirscht und der Hund erschrickt oder die Bewegung mißdeutet. Aber*

*kein Hund legt es darauf an, den ausgefahrenen Katzenkrallen zu nahe zu kommen.*

*Mit einer wesentlichen Einschränkung. Fremde Katzen werden erst einmal gnadenlos gejagt. Da passiert es dann auch, daß so ein blöder Köter die halbe Nacht unter einem Baum sitzt und wütend hinaufkläfft, weil oben eine Katze hockt, die sich in Sicherheit gebracht hat.*

*Liebe Grüße, Dein Hans*

## Lobrede auf dreieinhalb Esel

*Liebe Barbara,*

*ein wenig muß ich jetzt noch von unseren Eseln erzählen. Allein schon, weil ich gerne für Esel Reklame mache, in der Hoffnung ein wenig mitzuhelfen, daß sie nicht ganz aussterben.*

*Dabei bin ich heute nicht gut auf unsere drei zu sprechen - sie sind wieder einmal ausgerissen. Während ich an der Staffelei arbeitete, sah ich sie hinten auf einem großen zartgrünen Feld weiden. Sie fraßen die Spitzen des 10 - 15 Zentimeter hohen Hafers, den wir vor zwei Monaten ausgesät hatten. Wenigsten blieben sie friedlich stehen, als ich mit Halfter und Leine kam. Wobei Bruna offenbar nur vorwärts gehen kann, wenn die Leine straff ist. Ob sie wirklich schwanger ist, wissen wir immer noch nicht. Nach 6 Monaten kann man sich zwar einbilden, der Bauch sei dicker geworden, aber eindeutig ist es nicht zu sehen. Esel tragen 13 Monate und werden fast so alt wie Menschen. Einmal hatten wir schon das Glück, daß ein Esel bei uns auf die Welt kam. Es war ein unvergeßliches Erlebnis, bei dem mich vor allem die Einfachheit des Ereignisses beeindruckt hat. Theresa, die Mutter, behielt eine stoische Ruhe und erledigte alle nötigen 'Handgriffe' selbst. Als sie ihr Kind auch noch gründlich mit der Zunge abgetrocknet hatte, durften wir noch ein wenig mit weichen Tüchern nachtrocknen. Das war aber eigentlich nur ein Vorwand, um das Neugeborene anzufassen. Aber unter strenger Aufsicht der Mutter, die inzwischen die zweijährige Bruna zum Stall hinausgetreten hatte.*

*Ich holte eine Flasche Sekt aus dem Kühlschrank, bis ich zurückkam, hatte Vicky frisches Stroh nachgelegt und die unteren Flügel des Stalltores geschlossen. Wir prosteten uns zu und warteten auf vier Dinge: daß I-aah, so sein künftiger Name, in Anlehnung an das berühmte Pooh-Bär-Buch, auf seinen vier Beinen stehen konnte, daß er es schaffte, bei seiner Mutter zu trinken, daß das erste Bächlein floß und hinten etwas Kompakteres ins Stroh fiel. In dieser Reihenfolge passierte es innerhalb einer guten Stunde und damit war erst einmal alles getan.*

*Ich möchte unsere Esel um nichts auf der Welt mehr hergeben, und selbst der herzzerreißend traurig tönende Schrei ist mir lieb geworden. (Im Deutschen gibt es kein passendes Wort dafür, im Italienischen heißt das Pendant zu wiehern 'ragliare'). Ganz anders als Pferde sind Esel kaum sichtbar schreckhaft. Wenn ein Esel Angst hat oder aufgeregt ist, sieht man das nur an der leicht zitternden Oberlippe. Ansonsten steht er ganz still. Ist er müde, läßt er stattdessen die große Unterlippe herunterhängen.*

*In Italien gibt es (noch) verschiedene Eselrassen und verschieden große Esel. Wir haben die kleineren sardischen Esel. Auf dem großen toscanischen Amiata-Esel kann man auch als Erwachsener reiten oder ihn daran gewöhnen, eine Kalesche zu ziehen. Die sardischen Esel eignen sich auch gut für Kinder, und unter Aufsicht würde ich sie jederzeit reiten lassen. Unser Kater Maunz reitet mit Vorliebe auf der Bruna. Wenn die Esel abends von der Weide geholt werden, springt er auf Brunas breiten Rücken und läßt sich zum Stall tragen.*

*Für Esel braucht man einen Stall. Sie mögen es gemütlich und stehen im Gegensatz zu Pferden äußerst ungern im*

*Regen herum. Zum Stall gehört reichlich Stroh, eine Wassertränke und gutes, nicht zu grobes Heu. Und viel Zaun. Esel sind begeisterte Ausbrecher (siehe oben). Es mag rührend sein, wenn ein Esel ganz unvermittelt seinen Kopf zur offenen Küchentüre hereinstreckt, auf dem Weg dorthin hat er aber sicher einige Zweige von den Obstbäumen abgerissen, die Spitzen junger Zypressen und blühende Topfpflanzen sowieso. Ist es gerade April/Mai, dann war er auch bei den Artischocken. Es ist zwar richtig, daß Esel (auch) Disteln fressen, aber mir scheint das eher ein Übermittlungsfehler zu sein. Artischockenpflanzen gehören zur Familie der Disteln, aber unsere Esel vergreifen sich nur an den Früchten. Dichte Weidezäune sind jedenfalls absolut notwendig. Ansonsten entspricht zwar der abgemagerte, asketische Esel der klassischen Vorstellung, die wir von dem treuen Arbeitstier haben. Aber man muß ja nicht demonstrieren, daß ein Esel auch vom Existenzminimum leben kann.*

*Die richtigen Eselhalfter mit Stirngurt gibt es auch bei uns nicht mehr, und selbst in Süditalien war es schwierig. Wir fanden dort aber immerhin einen Arzt, der nebenbei als Sattler arbeitete und uns solche Eselhalfter anfertigte. Wenn Esel nicht arbeiten müssen, genügen auch die normalen Stallhalfter für Pferde. Man nimmt die Halftergröße 'pony small', die meistens paßt. Nach Eselhalftern fragen wir in den eleganten Pferdeausstattungsläden nicht mehr, weil wir die mitleidigen Blicke diskriminierend fanden.*

*Ich hoffe, liebe Barbara, Dir ein wenig Lust auf Esel gemacht zu haben. Zwei Ratschläge noch: Esel wollen Gesellschaft, einer allein steht recht traurig herum. Und eventuell müßtet Ihr gelegentlich Euer Testament ändern. Da Ihr über vierzig seid, kann es leicht sein, daß Euch die Esel überleben.*

*Herzliche Grüße aus der Toscana, Dein Hans*

Nachtrag: Bruna war tatsächlich schwanger und pünktlich nach 13 Monaten gebar sie den kleinen Augustin. Er kam am frühen Abend des 21. Juni zur Welt. Leider habe ich die Geburt verpaßt, weil ich Bilder zu einer Ausstellung brachte. Vicky hatte den Tierarzt kommen lassen, da zunächst nur ein Bein herausragte, aber bis zu seinem Eintreffen hatte sich Augustin schon selbst 'herausgearbeitet'. Jetzt haben wir also vier Esel und der Kleine hält alle auf Trab, uns auch.

## Jugendtraum Pferde

Wir hatten ursprünglich von Pferden so wenig Ahnung wie von Eseln. Aber ein Pferd gehörte zu Vickys Jugendträumen und so begannen wir, den Traum zu realisieren. Vicky ging es dabei weniger um das Reiten als um den hautnahen Kontakt zum Tier selbst. Bei einem Pferdehändler fanden wir Susi, ein hübsches Fohlen, das - wie wir später feststellten - eigentlich noch zwei Monate seine Mutter gebraucht hätte. Der Pferdehändler witterte aber die Chance, einen Esser weniger zu haben, also hat er das Fohlen ein bißchen älter gemacht. Wir begannen, einen geräumigen Stall aus Holz zu bauen. Er war in der Mitte mit einer Trennwand versehen, in der eine Futterklappe war. Für Susi war der eine Teil reserviert, für Stroh und Heu der andere. Weidezäune mußten gezogen werden und Vicky führte Susi glücklich am neuen, noch viel zu großen Halfter über die Wiesen.

Zeitweise hatten wir ein Gastpferd, eine trächtige Schimmelstute, von der Susi allerdings nur Tritte bekam. Sie versuchte, die Stute als Ersatzmutter zu benutzen und an ihr zu trinken. Eines Tages verkaufte der Besitzer ohne Vorankündigung sein trächtiges Pferd, weil er Geld brauchte und Susi stand wieder alleine da. Ihr erster Winter war zugleich der härteste in all unseren Toscana-Jahren. Morgens mußte man das Eis in der Pferdetränke aufhacken, es gibt sogar Fotos mit Susi im Schnee. Auf dem Gut gegenüber unserem Land gab es eine Herde frei lebender Maremma-Pferde. Wenigstens einmal am Tag zogen etwa 50 Pferde gemächlich grasend an unserem Blickfeld vorbei. Manchmal, besonders am frühen Morgen, rasten sie im vollen Galopp am Waldrand entlang, Staub aufwirbelnd.

Eines der Stutenfohlen fiel mir wegen seines geschmeidigen Wuchses und seines edel geformten Kopfes besonders auf. Oft beobachtete ich das Fohlen mit dem Fernglas und bald war ich ernsthaft verliebt. In der Nähe der Gutsverwaltung hatte die Herde einen Futterplatz und so bot sich bald eine Gelegenheit, dem Direttore meine Auserwählte zu zeigen. Nach dem üblichen hin und her wurden wir handelseinig, und einige Tage darauf wurde Sarah - den Namen hatte ich sozusagen schon mitgebracht - mit dem Lasso eingefangen. Man zwängte ihr zum ersten Mal ein Halfter über und brachte sie zu uns. Es dauerte lange Zeit, bis sich Sarah freiwillig ein Halfter überstreifen ließ. Sie verband diesen Vorgang offenbar mit dem gewaltsamen Einfangen und Trennen von der Herde und behielt durch diese Erfahrung ein regelrechtes Trauma.

Susi hatte jetzt jedenfalls Gesellschaft, und die beiden sind unzertrennlich geworden. Man sagt, daß einem Pferd die Gesellschaft einer Ziege oder eines Hundes ausreiche, um sich nicht einsam zu fühlen. Das mag für Pferde zutreffen, die vorwiegend in Boxen gehalten werden. Auf der Weide steht ein einsames Pferd recht armselig herum. Selbst heute, wo unsere Pferde jeden Zentimeter ihres Geländes kennen, rufen sie sich sofort, wenn sie sich versehentlich beim Weiden voneinander getrennt haben.

Kurz nach dem Kauf von Sarah kam das verschuldete Gut übrigens unter den Hammer, und die Pferde endeten beim Metzger.

Vicky widmete Susi und Sarah, die allmählich anhänglich wie Hunde wurden, viel Zeit. Sie lernte, sich Respekt zu verschaffen und entschieden energisch zu sein, wenn etwa Susi in spontaner Zuneigung versuchte, ihr die Hufe auf die Schulter zu legen. Das Fohlen, mit den gleichen kindlichen Reaktionen ausgestattet wie ein Hund, weiß ja nicht, was ein Mensch so aushält. Gekochte Gerste, Hafer, Leinsamen und Kleie wurden in den Futterplan eingeführt, Vicky übte mit ihnen still zu stehen oder die einzelnen Hufe anzuheben und kontrollieren zu lassen, an der Leine geführt zu werden oder angebunden zu sein, ohne Terror zu machen. Auch Striegeln und Kämmen ging bald in aller Ruhe und Selbstverständlichkeit vor sich. Ich hatte bei der Anschaffung der Pferde eigentlich mehr die tägliche Gesellschaft dieser herrlichen Urtiere im Sinn, die unbekümmert auf unseren Oliventerrassen weiden sollten. Vicky dagegen ergriff richtig Besitz von den Pferden und wollte sie domestizieren. So geriet ich mit meinen Vorstellungen bald ein wenig ins Abseits, Vickys tägliches Programm wurde zum Maßstab für die Pferdehaltung.

Als Sarah und Susi erwachsen wurden, suchten wir einen edlen Hengst mit langem Stammbaum, um sie decken zu lassen. Wahrscheinlich hatten wir von diesem Akt recht romantische Vorstellungen und waren etwas erschrocken, als wir miterlebten, wie zunächst Susi an einen hölzernen Bock geführt wurde. Die Hinterbeine wurden gefesselt, damit sie nicht ausschlagen konnte. Vor der Brust war der Bock mit Leder gepolstert, um die Stöße des Hengstes besser abzufangen, hinten wurde das Gestell mit einem festen Querbalken verschlossen. Der Hengst gebärdete sich im nahen Vorhof seiner Box wie ein Verrückter, längst hatte er den Geruch der heißen Stute aufgenommen und machte immer wieder Anstalten, über den zwei Meter hohen Zaun zu springen. Als ihn Mario, der Betreuer, schließlich holte und an Susi heranführte, hatte es der Hengst sehr eilig. Ohne Übergang sprang er auf die Stute, während Mario breitbeinig daneben stand und mit geübtem Griff den gewichtigen Pferdepenis packte und einführte. Wenige Stöße des Hengstes nur und fertig war die 'natürliche' Besamung.

Ich hatte jedenfalls eher das Gefühl, einer Vergewaltigung beizuwohnen. Genauso muß Sarah empfunden haben. Nach dem ersten Decken ließ sie sich außer von Vicky von niemandem mehr anfassen. Bei leisester Berührung schrak sie zusammen und drehte sich in Abwehrstellung, bereit auszuschlagen. Da Stuten zwei bis drei mal innerhalb der Hitzeperiode gedeckt werden, um sicher zu gehen, daß die Befruchtung stattgefunden hat, schwanden unsere Hoffnungen, daß Sarah schwanger geworden war. So war es auch. Die gleichmütige Susi fohlte dagegen pünktlich nach 11 Monaten. Vicky hatte sich schon eine Woche vor der Geburt in der Futterkammer ein Feldbett aufgeschlagen, um den großen Augenblick nicht zu verpassen.

## Frizzis Geburt

Ich erinnere mich noch genau an den Tag der Geburt. Es war Ostermontagabend, wir hatten unser traditionelles Festessen hinter uns, und alles war wieder in Ordnung gebracht. Wir saßen etwas ermüdet vor dem Fernseher und sahen einen Film mit Luciano de Crescenzo. Vicky meinte tagsüber schon, daß die Geburt unmittelbar bevorstehen könnte. Deshalb ging alle 15 Minuten einer von uns zum Stall, um nach Susi zu schauen. Im Film erwarb De Crescenzo auf einem neapolitanischen Trödelmarkt gerade ein hölzernes Schaukelpferd, als wieder 15 Minuten verstrichen waren und ich an der Reihe war, Susi aufzusuchen.

Als ich ankam, bot sich ein Maria- und Joseph-Bild: Susi lag in einiger Entfernung vom Stall auf dem Boden, Sarah stand ganz ruhig neben ihr. Susi blickte erhobenen Hauptes auf den eben erscheinenden nassen Kopf des Fohlens. Ich rannte sofort Richtung Haus, schrie nach Vicky und raste wieder zurück zum Stall. Kurz darauf lag das komplette Fohlenbündel neben der Mutter und wurde gewissenhaft abgeschleckt. Sarah hatte sich während der ganzen Zeit nicht einen Zentimeter von der Stelle bewegt. Es war faszinierend mitanzusehen, wie das Fohlen sofort versuchte, sich aufzurichten. Immer wieder sackte es in sich zusammen, weil die Gelenke dieser ungewohnten Haltung noch nicht standhielten. Vicky faßte es schließlich mit beiden Armen unter dem Bauch und schleppte es behutsam in den Stall auf das frische Stroh, wo es seine Stehversuche fortsetzte. Susi schien der Platzwechsel nur recht zu sein, und sie folgte ermüdet in den Stall, die leere milchige Fruchtblase hinter sich schleifend wie eine Schleppe. Vicky griff sich die bereitliegenden Tücher und rieb den Kleinen behutsam trocken. Es war ein Hengst.

Wenig mehr als eine Viertelstunde nach der Geburt stand er aufrecht, wackelig zwar und breitbeinig, aber er stand. So wie bei den Eselgeburten warteten wir auf den Nachweis, daß die wichtigsten Körperfunktionen in Betrieb gehen. Bald suchte er zwischen den Hinterbeinen seiner Mutter nach Milch, nach einer Stunde floß das erste dünne Bächlein, und bald darauf fiel auch Hasenbembelartiges ins Stroh. Unsere Anspannung wich und machte der Begeisterung Platz. Frizzi war geboren und Champagner fällig.

Moritz, der Chefhund, kam hinzu und witterte sofort den Neuankömmling, Wir hatten längst die unteren Hälften der Stalltüren geschlossen, und Moritz versuchte verbissen, sich auf den Hinterbeinen lang zu machen, um in den Stall zu sehen. Damit er sich beruhigte, wuchtete ich den 35 kg Hund hoch und zeigte ihm Frizzi. (Am nächsten Morgen stellte ich einen Stuhl in den Eselstall, so konnte der Hund durch ein Gitter in den Pferdestall sehen. Moritz setzte sich in den folgenden Tagen immer wieder auf den Stuhl, um das Fohlen zu beobachten. Solange bis er Gelegenheit bekam, Frizzi persönlich zu beriechen.)

Mindestens fünfmal hat mir Vicky schon gesagt, ich solle schreiben, daß Frizzi das schönste Pferd der Welt sei, was hiermit geschehen ist. Frizzi ist tatsächlich sehr schön, milchkaffeebraun wie seine Mutter, genau auf der Mitte der Stirn sitzt ein weißen Fleck. Er ist kein riesiges Pferd, aber in allen Teilen seiner Körperstruktur vollkommen proportioniert. Frizzis Kinderjahre waren sorglos und übermütig, auch wenn Vicky schon frühzeitig anfing, mit ihm die gleichen Dinge zu üben wie zuvor mit den beiden anderen Pferden. Nach dem frühmorgendlichen Unterricht stob er glücklich mit Sarah und Susi zum Gatter hinaus und warf dabei die Hinterbeine in die Luft. Für den Rest des Tages bestand seine Hauptbeschäftigung neben Rennen darin, sich die beste Grasmischung zu suchen. Mit dem Ur-Instinkt der Pferde traf er seine sichere Wahl und vermied schädliche oder giftige Pflanzen. Pferde, die in Boxen gehalten werden und sich nur auf Koppeln und Reitbahnen bewegen, verlieren diese Fähigkeiten.

## Ein Pferd ausbilden

Im Sommer ändern unsere Pferde übrigens von sich aus ihren Tagesrhythmus. Tagsüber stehen sie gerne im Stall, weil sie besser vor Hitze und Bremsen geschützt sind. Abends nach der Fütterung traben sie hinaus auf die Weiden und kehren erst am frühen Morgen müde zurück.

Vicky hatte Frizzi schon längst für Höheres auserkoren. Als er gut drei Jahre alt war, hörten wir uns nach einem geeigneten Fachmann um, der Frizzi zureiten sollte. Es gibt rauhe und sanfte Methoden, ein Pferd zu zähmen, und Frizzi sollten möglichst wenige Haare gekrümmt werden. Vicky 'examinierte' alle möglichen Zureiter und

erforschte ihre Arbeitsweise. Zu Mauro Ranieri hatte sie spontan Vertrauen. Mauro ist ein ruhiger, sympathischer Mann um die 40, mit einem offenen Gesicht und leiser Stimme. Auf keinen Fall der Typ, der einem Pferd 'den Willen bricht', wie man es manchmal im Zusammenhang mit Zähmung hört. Mauro treibt dem Pferd eher die Flausen aus und sorgt für eine gute Erziehung.

Nachdem Frizzi gelernt hatte, den neuen Pferdeanhänger zu besteigen, wurde er zu Mauro in die Schule gebracht. Doch auch bei sanftesten Erziehungsmethoden geht das Lernen für ein junges Pferd nicht ohne Schrammen ab. Vicky, die ohnehin jeden Tag kam, um Frizzi zusätzlich mit Rennpferdfutter zu versorgen, cremte ihm so manche wunde Stelle an Kopf und Schnauze, die vom heftigen Widerstand gegen einige Übungen zeugte. Andrerseits hatte Frizzi aber viel Zutrauen zu Mauro, was uns von den Lehrmethoden überzeugte.

Und dann kam, was konsequenterweise kommen mußte: Vicky kam nach Hause und erwähnte beiläufig „ich habe mich in der Reitschule angemeldet". Zwei Monate später standen zwei Anfänger vor dem Tor: Frizzi war aus der Schule entlassen worden, und Vicky hatte ihn nach Hause geritten. Beide waren ein wenig aufgeregt, aber zumindest Vicky war überglücklich. Seitdem verging kaum ein Tag, an dem sie nicht ausritt und nach jedem gut überstandenen Sturz wurde sie sicherer. Damit auch Frizzi sicherer wird, hat Vicky mit ihm zusammen den Reitunterricht wieder aufgenommen, und beide lernen weiter bis zur Perfektion. Am Rande der Reitbahn sitzen als Linienrichter immer zwei von unseren Hunden. An Frizzis Verhalten zu den beiden anderen Pferden hat sich durch das Reiten nichts geändert. Er albert schlaksig mit Mutter und 'Tante' herum wie früher, und wenn nicht ausgeritten wird, besteht seine Hauptbeschäftigung nach wie vor darin, mit Susi und Sarah über die Terrassen zu ziehen und möglichst feine Gräser zu fressen. Gelegentlich bekommt Frizzi natürlich Besuch vom Hufschmied.

## Zweiter Anlauf mit Sarah

Da wir es immer wieder bedauerten, von Sarah kein Fohlen zu haben, bemühten wir uns seit einiger Zeit um einen Hengst, dem Sarah ohne Zwang auf offener Weide begegnen konnte. Vielleicht würde sie sich unter solchen Voraussetzungen nochmal decken lassen.

Wir fanden den Hengst in einem kleinen Gestüt, das einem alten Oberst gehört. Sarah bekam als Pensionsgast ein eigenes Stück Weide zugeteilt unter mächtigen alten Olivenbäumen. Dort, wo der Zaun die Grenze zur nächsten Weide bildete, stand eine große Rolle Heu, das sie sich mit den Nachbarpferden teilte. Am nächsten Tag ging es Sarah nicht besonders gut. Sie wirkte apathisch und hatte die Nüstern stark gebläht, ein Zeichen für Atemnot. Nun ist Sarah ziemlich verfressen und der ungehinderte Zugang zu der Rolle Heu tat ihr sichtlich nicht gut. Zwei Stunden führten wir Sarah am Halfter über die Weide, bis sie sich etwas erleichtert hatte. Das Heu ließen wir wegschaffen, und vom nächsten Tag an teilte Vicky ihr wieder die gewohnte Ration zu.

Das Decken verlief, wie erhofft, ganz problemlos. Welch ein Unterschied zum ersten Mal! Es dauerte eine ganze Weile, bis der Hengst sich Sarah nähern durfte. Aber diesmal war keine Aggression im Verhalten zu spüren. Der Hengst warb um die Stute, umrundete sie in enger werdenden Abständen, bis er sie sanft mit der Schnauze in die Flanken stupste.

Zur Geduldsprobe wurde dagegen Sarahs Abreise. Wir kamen am Nachmittag. Ich stellte den Trailer im weiten Innenhof des Gutes ab, während Vicky vorausging, um Sarah von der Weide zu holen. Sie war nicht verschreckt oder schlecht gelaunt, sie hatte nur absolut keine Lust, in den Hänger zu steigen. Die Vorderbeine auf der Laderampe waren Sarahs einziges Zugeständnis, ansonsten stand sie störrisch wie ein Esel und rührte sich nicht vom Fleck. Vicky besitzt in solchen Fällen, die mich nervös machen, eine unglaubliche Geduld und sie wurde nicht müde, Sarah immer wieder mit leise schnalzender Zunge und ruhigen Worten an den Anhänger heranzuführen. Vergeblich. Keiner der üblichen Tricks half.

Mittlerweile bemühte sich auch Lorella, die Reitlehrerin des Gestüts, zu helfen - nichts. Stallburschen kamen, und wir versuchten, freundlich auf Sarah einredend, zu schieben, während Vicky vorne an der Leine zerrte. Wieder ein Mißerfolg, nur Sarahs Hals wurde immer länger. Die Futterschüssel, die Vicky als 'Einstiegshilfe' dabei hatte, war nur interessant, wenn sie von außen erreichbar war. Lorellas Zuckerstückchen brachten genausowenig wie die Karotten, die uns von der weißhaarigen Schwester des Obristen aus dem dritten Stock des Palazzo zugeworfen wurden. Ein sicheres Lockmittel hatten wir vergessen: den Äpfel. Apfelschnitze sind für Sarah neben Feigen das Höchste. In einem Nebenhaus traf ich eine Frau, die mir zwei Äpfel geben konnte. „Sieh' mal Sarah, sind die nicht köstlich?" Schon, aber deshalb muß man nicht gleich in einen Pferdeanhänger steigen.

Drei Stunden ging es so. Dann kam die Reitlehrerin nochmal mit einem neuen Vorschlag. Ich rangierte den Trailer rückwärts in den kleinen Hof vor den Stallungen, Lorella öffnete ein zweiflügeliges Tor, und ich setzte den Trailer mit der Rückseite vor die Öffnung. Dann lehnten wir die Torhälften an den Anhänger, ich ließ die Rampe herunter. Vicky führte Sarah durch einen zweiten Eingang in den dämmrigen Stall und gleich weiter zur Rampe und in den Anhänger hinein. Klappe zu, fertig. Kein Zögern, kein Zaudern, eine Sache von Minuten. Lorella meinte, es hätte geklappt, weil Sarah keinen Lichtwechsel von draußen nach drinnen überwinden mußte. Im Anhänger war es genauso dämmrig wie im Stall. Warum sie dieses Geheimnis drei Stunden für sich behalten hat, ist mir aber nicht klar. Ebenfalls unklar bleibt, ob Sarah schwanger ist. Seit dem Dekken sind erst einige Wochen vergangen. Im positiven Fall werde ich mit Vicky verhandeln, ob sie mir das Fohlen überläßt.

Mein Bericht über das Leben mit Pferden zeigt, daß Tiere Zeit kosten und viele Tiere viel Zeit. Wer sie nicht aufbringen kann, sollte seine Tierliebe besser im Zoo ausleben. Immer wieder hören wir Fragen wie: „Wo haben Sie denn die Esel gekauft; mein Enkel wünscht sich auch einen." Fragt man ein Jahr später zufällig nach, was denn der Esel mache, heißt es „den haben wir verkauft, der Bimbo wollte lieber ein Moped".

Vor drei Tagen fanden wir einen ganz lieben zutraulichen Husky. Er war mit einem rohen Strick an das verschlossene Tor von Nachbarn gebunden, die ihr Haus nur in den Ferien aufsuchen. Ich würde gerne einmal ganz sachlich mit jemandem reden, der eine solche Schweinerei macht. Um seine Gründe zu erfahren.

*Liebe Barbara,*

*wieviel Futter Pferde und Esel benötigen, hängt davon ab, wieviel Weidefläche zur Verfügung steht, das heißt wieviel die Tiere selbst zu ihrer Ernährung beitragen. Die 'Saure-Gurken-Zeit' ist der lange Sommer, wenn die Sonne die Natur so austrocknet, daß sie das Laub von den Bäumen fressen, leider auch von Olivenbäumen. Besonders die Esel. Im Jahresdurchschnitt rechnen wir je nach Qualität des Heus zirka ° Ballen pro Tag. Das entspricht etwa 12 - 15 kg und reicht für 3 Pferde und 4 Esel. Alle sieben sind aber ganztägig auf der Weide und eher zu dick als zu dünn.*

*Während die Pferde auch mit Hafer-Heu zufrieden sind, sollte das Heu für die Esel mit Luzerne ('erba medica') gemischt sein. Esel sind aber nicht empfindlicher als Pferde, im Gegenteil, sie sind nur vernaschter und wählerischer. Zur Anreicherung füttern wir morgens und abends, je nach Tiergröße, ein bis zwei Handvoll gekochte Gerste, vermischt mit Hafer, Leinsamen und Kleie. Frizzi bekommt etwas mehr, weil er beim Reiten mehr Kalorien verbraucht als die anderen. Außerdem steht immer ein Sack hochwertiges Trockenfutter bereit für Extras. Ein toscanisches Sprichwort sagt: „l'occhio del padrone fa ingrassare il cavallo". (Was etwa bedeutet: „Unter der Fürsorge des Besitzers gedeihen die Pferde gut".)*

*Das Heu produzieren wir selbst, in guten Jahren so reichlich, daß wir davon verkaufen. Das bringt zwar nicht viel Geld ein, aber jede durch das Land verdiente Lira ist ein Erfolgserlebnis. In den Anfangsjahren verkauften wir einmal den gesamten zweiten Schnitt aus reiner Luzerne. Mit dem Käufer, einem alten Mezzadria-Bauern kamen wir überein, daß er sich das Gras selbst schneidet und preßt. Den Preis legten wir pro Heuballen fest. Die Maße sind mehr oder weniger standardisiert. Schon wegen des Gewichtes. Eines Morgens rückte unser Bauer mit einer alten Presse an und preßte, preßte, preßte. Der erste Heuballen hätte schon längst zu Boden fallen müssen, aber er wurde länger, länger, länger. Wir konnten beim Anblick der Monsterdinger nur noch lachen. Während sonst ein Mann gut einen Ballen stemmen kann, schleppten tags darauf zwei kräftige Burschen jeweils einen zum Anhänger. Seitdem weiß ich, was bauernschlau bedeutet.*

*Das Stroh (ca. 150 Ballen) beschaffen wir uns nach dem Dreschen von umliegenden Feldern. Wir benötigen relativ wenig Stroh, weil die Tiere ja nur zum Schlafen im Stall stehen. Für das Stroh bezahlen wir lediglich das Pressen, weil die Bauern froh sind, wenn es nicht auf dem Feld herumliegt. Allerdings muß man sich inzwischen seinen Anteil frühzeitig sichern, weil durch die zunehmende Pferdehaltung auch die Nachfrage gestiegen ist.*

*Das Aufladen und Aufstapeln der Strohballen im Stall ist meist die letzte größere Arbeit im Sommer, die termingebunden ist. Danach beginnt unsere Badesaison. Der Strohtransport ist wegen der Hitze immer eine äußerst schweißtreibende Arbeit, außerdem beißt und juckt es bald am ganzen Körper. Beim Aufladen fliegen reichlich Strohkleinteile herab, die auch bei zugeknöpftem Hemdkragen den Weg zur feuchten Haut finden. Vicky steht dann auf dem stetig höher werdenden Anhänger und nimmt die Ballen in Empfang, die wir zuvor in Gruppen zusammengezogen haben. Bevor ich den Traktor zur nächsten Gruppe fahre, verständige ich mich mit Vicky durch Blickkontakt. Wenn der Anhänger anruckt, muß sie sicher stehen oder noch besser sitzen. Vergangenes Jahr habe ich eine Geste mißdeutet (Sprechen ist wegen des laufenden Motors schwer verständlich), Vicky stand hoch oben auf der vorletzten Lage Stroh, ich fuhr an und weg war sie. Erst im letzten Moment hatte ich gesehen, wie sie mit einem Strohballen in den Händen hinten überkippte. Aber da war es zu spät. Einen Moment saß ich wie festgeleimt auf dem Traktor und fing an, bis drei zu zählen. Entweder stand sie dann neben mir oder etwas Fürchterliches war passiert. „Eins... zwei... drei" „Du blöder Hund! Kannst du nicht aufpassen?" Vicky stand neben mir. Ich glaube nicht, daß ich eine masochistische Neigung habe, aber die Beschimpfungen habe ich wie Zärtlichkeiten empfunden.*

*Alles übrige kaufen wir dazu. Früher haben wir einmal selbst Gerste und Hafer angebaut, aber der Aufwand lohnte sich nicht. Als Faustregel könnte man sagen: baue das an, was das meiste Geld bringt, nicht das, was du am meisten benötigst. Mit dem Geld kannst du dann das kaufen, was du brauchst.*

*Zwei Dinge sind noch wichtig für Stalltiere: Wasser und Zäune. Pferde und Esel brauchen viel Wasser. Die gemeinsame Tränke faßt die Menge einer Badewanne. An heißen Tagen ist sie abends fast leer. Wenn man das Wasser eimerweise herbeischleppen muß, wird es mühsam. Wir haben jetzt noch zwei automatische Tränken installiert. Das Ventil der Wasserleitung öffnet sich, wenn die Tiere ihre Schnauze in das kleine Wasserbecken drücken.*

*Am Beginn unserer Pferdelaufbahn, hörten wir in aller Unwissenheit auf den Bauernrat, die Weide mit Stacheldraht einzuzäunen. Sticht sich das Pferd daran, wird es nicht mehr gegen den Zaun drücken. Spätestens seit Sarah - noch als Fohlen - überzeugt war, mit eleganten Sprung über den dreilagigen Stacheldrahtzaun zu setzen, wissen wir, daß eine solche Einzäunung ungeeignet, ja äußerst gefährlich ist. Sarah schaffte die Höhe nicht ganz, verfing sich im Zaun und stürzte, in den Draht verwickelt, in einen Graben, Beine nach oben. Zufällig sah ich das Unglück vom Atelier aus und konnte sie rechtzeitig mit der Drahtschere befreien. Außer dem Schreck erlitt sie wie durch ein Wunder nur ein paar kleine Risse und Kratzer. Heute gibt es auf unserem ganzen Land kein Stückchen Stacheldraht mehr, wir haben alles nach und nach durch stabile Holzzäune ersetzt. Die Eselweiden sind zusätzlich durch grobmaschigen Drahtzaun verstärkt. Wie ich schon erzählte, sind Esel großartige, phantasiereiche Ausbrecher.*

*Das wär's zum Thema. Überlegt Euch nochmal gut, ob die Freude an den Tieren die viele Arbeit aufwiegt.*

*Liebe Grüße, Dein Hans*

## Das liebe Federvieh

Braucht man Hühner, wenn man auf dem Land lebt? Nein, man braucht keine Hühner, wenn man auf dem Land lebt, vielleicht braucht man aber doch welche. Als wir 1980 zu zweit plus einem Hund unser Landleben begannen, lag uns nichts ferner als ein Huhn. Frische Eier bekamen wir beim Bauern um die Ecke, ein Suppenhuhn auch. Aber Freunde fragten natürlich mit schöner Regelmäßigkeit „und Hühner wollt Ihr Euch keine zulegen?" Ich weiß nicht mehr, ob die ständige Fragerei Vicky zermürbt hat oder ob es Tullios Verdienst war. Nach einigen Jahren kamen wir jedenfalls zu Hühnern.

Tullio machte Vicky damals den Hof, er unterstrich sein Werben, indem er gelegentlich frischen Fisch aus seinem Restaurant vorbeibrachte oder ein Kaninchen, einen Korb Eier, Gemüse oder Schweinefleisch aus der eigenen Schlachtung. Vielleicht waren die Geschenke auch nur der Vorwand für seine Besuche... Wie dem auch sei, eines Tages wollte Tullio Vicky fünf Hühner und einen Hahn schenken. Ich hoffe nicht, daß Vicky sich bestechen ließ, aber immerhin nahm sie das Geschenk an.

Ein Gehege mußte gebaut werden und bald krähte bei uns der Hahn auf dem Mist. Vicky präsentierte die ersten Eier mit der Erkenntnis, „wenn man auf dem Land lebt, muß man auch Hühner halten". Als unser alter Freund und Bauer Renato nach seiner sonntäglichen Feldinspektion vorbeikam und die Hühner sah, war er so ergriffen, daß er sogleich noch ein *Mugginese*-Huhn inklusive Gockel beisteuerte. *Mugginese* sind ausgesprochen nette Hühner, nur halb so groß wie normale Hühner. Die Hähne sind dunkel und haben wun-

derschön bunte Federn. Irgendjemand hat einmal behauptet, in Deutschland hieße diese Hühnersorte 'Italiener'. Ob's stimmt, weiß ich nicht. Sie können fliegen, schlafen auf Bäumen und sind nicht so aggressiv wie normale Hühner. Die Eier sind auch nur halb so groß wie normale Eier, dafür aber besonders gut. Auf Vorspeisenplatten dekoriert, werden sie immer besonders gelobt. Ein Mugginese-Huhn brütet auch brav alles aus, was man ihm an Eiern unterlegt (natürlich kein großes Gänseei).

Heute ist unser Gehege eine weitläufige Anlage mit mehreren Abteilungen (siehe Abb.). Es schließt an den ehemaligen Schweinestall an, den wir mit den gleichen Materialien renovieren ließen wie das Haus. Einer der drei Räume ist der Hühnerstall. Mit einer Türe von draußen, einer rückwärtigen Klappe und Leiter zum Gehege. Abends herrscht dort immer Gedränge, bis alle auf ihren diversen Stangen aufgereiht sitzen, wie die Hühner eben. Der größere Teil des Geheges wird überdacht von einer riesigen Eiche. Bald kam noch die Abteilung Enten hinzu sowie die Gänse. Der Gänserich ist ein altes Ekel, terrorisierte die Hühner und zwickte Küken tot. Also wurde das Gehege erweitert, und die Gänse werden separat gehalten. Durch einen eigenen Eingang können sie die meiste Zeit frei laufen. Das vereinfacht ihre Ernährung, verhindert aber nicht die Gänserich-Aggressionen: Von ihm bleiben sogar die Hunde weg.

Als Wasserstellen haben wir in jedem Gehege Betonringe in die Erde gesetzt, wie man sie vorgefertigt für den Bau von römischen Brunnen verwendet. Mit großen Felsbrocken umgeben, sind sie auch für uns ein freundlicher Anblick. Außen herum verteilen sich einige spitzgieblige Bruthäuser aus Holz und die Futtertröge, in die die feisten Hühner beim morgendlichen Füttern gleich hineinspringen.

Das netteste Federvieh sind die Enten. Sie sehen ausgesprochen lieb aus und verhalten sich auch so. Unsere Enten brüten sehr fleißig und sind fürsorgliche Mütter. Seit wir Brunnenwasser haben, gibt es natürlich auch einen richtigen Ententeich. Der ist bei uns ebenfalls sehr beliebt, denn der Anblick kleiner Enten, die mit winziger Bugwelle kreuz und quer durch den Teich flitzen und nach Mücken schnappen, rührt an die Gefühle. Lärm machen die Enten nicht, weil sie zu einer stummen Rasse gehören. Nur die Kleinen können piepsen, wenn sie sich verloren glauben.

Ein Landleben ohne Kikeriki kann ich mir nicht mehr denken. Daß es tatsächlich Menschen geben soll, die wegen dem Hahn in Nachbars Garten vor Gericht ziehen, halte ich immer noch für eine Zeitungsente. Da wir Platz haben, halten wir mehrere Hähne, die sich meist aus dem Weg gehen und zusehen, daß sie dem Obergockel seine Begattungsrechte nicht streitig machen. Die bunten Mugginese-Gockel spielen in der Hackordnung keine große Rolle. Spannend wird es nur, wenn so ein Zwerg ein großes Huhn vernaschen will, das kreischend vor ihm herflattert. Dann bemüht sich der Obergockel höchst persönlich um Ordnung. Seiner Strafe entzieht sich der Kleine aber, indem er im letzten Moment hochfliegt und das Gehege erst einmal verläßt. Die kleinen Hähne rächen sich gelegentlich dadurch, daß sie nachts um zwei plötzlich in irgendwelchen Bäumen sitzen und aus vollem Halse krähen.

Der Obergockel hat Kanzlerdimensionen und seit einiger Zeit pflegt er ein Verhältnis. Ausgerechnet mit einem kleinen, zierlichen Mugginese-Huhn. In einer Ecke des Geheges wächst ein wilder Feigenbaum und wenn am frühen Abend die anderen Hühner die Leiter zum Stall hinaufdrängeln, springt er trotz seiner Fülle von Ast zu Ast, bis er auf einem waagrechten Stück ankommt, auf dem das kleine Huhn schon wartet. Der Ast schwankt eine Weile gefährlich und der Hahn sieht aus, als würde er jeden Moment sein Gleichgewicht verlieren. Als ich die Szene zum ersten Mal sah, dachte ich, „jetzt schubst der Trampel das Huhn vom Baum". Tatsächlich rutscht er aber nur vorsichtig immer weiter rüber, bis das Huhn halb unter ihm verschwindet. So aneinander gekuschelt schlafen sie die ganze Nacht. Es muß wahre Liebe sein, denn der Obergockel übernachtete sonst nie im Freien. Ich habe die Angebetete Hannelore getauft.

Die Zahl unseres Geflügels wechselt naturgemäß. Gelegentlich wird sie von Tullio dezimiert, zur Bereicherung unserer Küche. Manchmal nimmt das Federvieh auch stark zu. Besonders wenn drei Enten gleichzeitig brüten und nach genau 32 Tagen 42 flauschige dottergelbe Entchen herumtapsen, die immer wieder Anschluß an die richtige Gruppe suchen und finden.

## Jäger und Sammler

Elstern rauben Küken. Sie fallen im Sturzflug ins Gehege, greifen sich eins aus der Gruppe und bevor die Mutter reagieren könnte, sind sie auf und davon. Zunächst konnten wir uns die rätselhafte Dezimierung nicht erklären, jeden Tag fehlte ein Küken. Nach 6 Tagen waren von 12 nur noch 6 übrig. An einem Tag war Vicky zufällig Zeuge des Anschlags. Ich kaufte eine Rolle weißrot-gestreiftes Plastikband, wie man es für Absperrungen benutzt und spannte es kreuz und quer im 50

Zentimeter Abstand über das Entengehege. Es blieb bei 6 Küken und jeder Tag mehr war ihr Vorteil, denn sie wuchsen rasch und bald waren sie zu groß für die Elstern.

Da Füchse die Nähe von größeren Hunden meiden, bleiben sie unserem Geflügel meistens fern. Vicky hat dennoch einmal in der Dämmerung einen Fuchs überrascht. Der hatte - was sonst - eine Gans gestohlen. Sie konnte ihm die Beute abjagen. Die Gans überlebte, lief aber fortan mit einem schiefen Hals herum. Nach einiger Zeit drehte Tullio ihr den Hals ganz um. Beim Essen war von der Fraktur nichts zu schmecken.

Auch ein neuer Hund vergreift sich gern an kleinem Federvieh. Zuletzt geschehen bei Bellinda, der jungen, weißen Maremmahündin. Unsere Gänse brüten ihre Eier nicht bis zu Ende aus. Also kommen sie in den Brutkasten. Dort werden sie vorschriftsmäßig gedreht, mit Wasser besprüht und nach 32 - 34 Tagen ist am ersten Ei ein winziges Loch zu sehen, das bald größer wird, bis ein winziger Schnabel an einem ratzigen Köpfchen unsicher, aber neugierig herauslugt. Innerhalb von eineinhalb Tagen haben es die meisten ans Licht der Welt geschafft. Die nächste Station ist die Infrarotlampe, unter der sie sich piepsend auf Salatblättern tummeln und gemahlene Maiskörner fressen.

Später werden die Jungtiere tagsüber auf die Wiese gesetzt in eine Art Laufstall. Und das fand Bellinda lustig. Mit den Kleinen konnte man spielen, sie packen und wegtragen und ein bißchen schütteln, hochwerfen und wieder auffangen. Manchmal spielten die Gänschen mit und rannten davon und Bellinda durfte eines fangen. Wenn es sich nicht mehr bewegte, war Bellinda enttäuscht und trollte sich. Da sie schnell begriff, daß wir diesen Zeitvertreib nicht so gut fanden, spielte sie nur, wenn wir nicht in der Nähe waren. Vicky wandte eine auch bei anderen Hunden bewährte Methode an: Sie nahm ein totes Gänschen und band es Bellinda um den Hals. Nach einem Tag war sie vom Spieltrieb geheilt und zerlegte wieder Schuhe und ähnliche leblose Dinge. Was das tote Tier am Hals des Hundes auslöst, ist mir nicht klar. Ins Menschliche übersetzt würde ich sagen, der Hund wirkt gedemütigt, voller Scham bis zum Ekel vor dem Kadaver. Die anderen Hunde meiden seine Nähe. Heute jedenfalls kann jede Art von Kleinvieh hautnah an Bellindas Schnauze vorbeirennen, sie zuckt nicht einmal mit der Wimper.

Wenn im Hühnerstall regelmäßig leergefressene Eierschalen herumliegen, könnte eine Schlange der Räuber sein. So kann man sie loswerden: einen 50 Liter Glasballon mit etwas Milch im Hühnerstall aufstellen. Die Schlange kriecht hinein, kommt nicht mehr heraus und man kann sie in Ruhe genügend weit wegtragen.

Einen anderen Räuber haben wir kürzlich entdeckt. Vicky erzählte mir von fehlenden Eiern, und ein paar Tage darauf fand sie im Hühnerstall, vollgefressen schlafend, einen Igel. Sie nahm ihn mit und setzte ihn irgendwo auf unserem Land aus. Doch der Igel wollte sich die bequeme Ernährungsmöglichkeit nicht entgehen lassen, am nächsten Tag lag er wieder im Stall. Diesmal durfte er im Auto mitreisen zu einem entfernten Nachbargrundstück. (Die Leute haben keine Hühner.) Er brauchte einen Tag, um zurückzukehren und Vicky fand ihn leicht übermüdet im Stall. Zufällig kam Tullio vorbei, er hat ihn mitgenommen und bei seinem Restaurant Richtung San Vincenzo ausgesetzt. Seither kommt er nicht mehr.

Gefüttert wird das Geflügel morgens. Am Abend vorher wird in einem Eimer altes Brot zum Einweichen in Wasser gelegt. Dazu kommen einige Becher Mais in Körnern, Kleie sowie eine geschrotete Mischung aus Weizen, Gerste, Sago und Hirse. Küken bekommen dreimal am Tag zu fressen. Zusätzlich schneiden wir nach Möglichkeit eine Schubkarre voll frisches Gras.

Zuletzt nochmal die Frage: braucht man Hühner und anderes Geflügel oder nicht? Für die Weihnachtsbäckerei muß Vicky manchmal Eier dazu kaufen. In dieser Zeit legen die Hühner schlecht. Gackern und fressen tun sie trotzdem.

Mein widersprüchliches Verhalten zwischen Töten von Tieren und späterem genüßlichen Verzehr ist sicher schon deutlich geworden, und ich möchte auf das Thema 'schlachten' nicht näher eingehen, getreu dem Vorsatz, nur über eigene Erfahrungen zu berichten. Was hätte es für einen Sinn, über Beil, Messer, Brechstange, Würgegriff oder Bolzenschußgerät zu spekulieren, wenn ich noch nicht mal hinsehen kann beim Töten. Ich bin mit einem Malerkollegen befreundet, der eine Schafherde besitzt. Er kann auch eines seiner eigenen Schafe töten und schlachten. Ich kenne ihn als lieben, ruhigen und freundlichen Mann. Hätte ich kleine Kinder, würde ich sie trotzdem nicht mit ihm alleine lassen. (Er möge mir verzeihen, ich wollte nur sagen, daß ich die Fähigkeit zu töten nicht gut nachvollziehen kann.)

## Sterbehilfe

Ganz ungeschoren komme ich allerdings auch nicht davon und zwar, wenn es darum geht, ein leidendes Tier zu töten. Meine Erfahrungen beziehen sich nur auf Hunde und Katzen. Man stellt sich bei einem alten Hundekumpel immer vor, er müßte einfach an Altersschwäche sterben. Leider trifft das, wie mir auch Tierärzte bestätigten, in den wenigsten Fällen zu. Während sich das Tier mit einer unheilbaren Krankheit quält, verzögert ein starkes Herz oft den Tod. In solchen Fällen fühle ich die Verpflichtung, das Tier zu erlösen. Die plötzliche Macht, über Leben und Tod zu entscheiden, empfinde ich allerdings als ungeheure Belastung - eine einsame Entscheidung.

Ich beobachte das Tier lange, um zu sehen, ob es noch Lebensfreude zeigt oder nur apathisch vor sich hindämmert. Lebensfreude ist, wenn der Hund oder die Katze sich hinausschleppt, um ein Plätzchen in der Sonne zu suchen. Wenn er oder sie leidet, frage ich Vicky um ihre Meinung. Ist sie der gleichen Ansicht, lassen wir den Tierarzt kommen. Bei unserem ersten Hund haben wir zu lange gezögert. Um seine Schmerzen zu verringern, gaben wir ihm schließlich am späten Abend eine Spritze mit einem starken Schlafmittel in der Hoffnung, daß sein Herz nicht mitmacht. (Das Mittel stammte von einer befreundeten Ärztin, die gerade zu Besuch war.) Dann nahm ich den alten Hund in die Arme und wartete darauf, daß die Krämpfe nachlassen. Er schlief schließlich ein, auch wir dösten zwischendurch. Im Morgengrauen spürte meine Hand, die auf seinem Herz lag, einen winzigen Ruck. Er war tot.

Beim nächsten Hund, es war Enel, mein bisher treuester Gefährte, war meine Entscheidung schon gefallen, als ich den Tierarzt anrief und ihn bat, das Tier anzusehen. Der Veterinär kam nicht unvorbereitet, weil er Enel schon längere Zeit behandelt hatte. Um die Verantwortung ein wenig zu teilen, fragte ich nach seiner Meinung. Die Antwort klang ein wenig pathetisch, war aber aufrichtig gemeint: „Ihr wart immer die besten Freunde, deshalb solltest du ihm jetzt den letzten Freundschaftsdienst nicht verweigern.“ Ich nickte, nahm mich zusammen und gab dem treuen Hund ein Naschplätzchen, während Pietro die erste Spritze aufzog. Enel blickte mich mit seinen großen Augen an und achtete nicht auf den Tierarzt, der ihm von hinten die Betäubungsspritze setzte. Übergangslos sackte er in meinen Armen zusammen. Ich legte ihn auf die Seite, er atmete ruhig und entspannt, aber ohne Bewußtsein. Dann gab ihm Pietro die zweite Spritze und am langsamer werdenden Herzschlag konnte ich spüren, wie Enel sein Leben allmählich aushauchte. Nach 5 Minuten kam auch der leiseste Pulsschlag zum Stehen. Der sanfte Tod versöhnte mich ein wenig mit der Dramatik des Augenblicks.

Auch wenn es eigentlich verboten ist, begraben wir unsere Tiere auf unserem Land. Ich suche ein nettes Fleckchen und mit Spitzhacke und Schaufel versuche ich, meiner aus den Fugen geratenen Gefühle Herr zu werden. Auf das Grab pflanzen wir noch einen Oleander oder Hibiskus. Danach geht das Leben weiter.

Interessant ist die Reaktion der anderen Hunde. Einem kranken Tier nähern sie sich nur auf einige Meter und nehmen Witterung auf. Von dem toten Hund entfernen sie sich mit gesenktem Kopf und eingezogenem Schwanz und lassen sich für den Rest des Tages nicht mehr blicken. Nur Moritz näherte sich einmal dem Rand der Erdgrube, in die ich seine Freundin Lila gelegt hatte. Er machte sich ganz lang, als würde er vor einem Abgrund stehen und spähte hinunter. Dann zog er sich rasch zurück, lief ein paar Meter weg und übergab sich.

Ich erwähne diese schmerzlichen Ereignisse nicht, um Gefühle zu wecken, sie gehören vielmehr zum Leben. Wer Tiere um sich haben mag, muß auch mit ihrem Tod zurechtkommen. Außerdem wollte ich mit Enels Tod auf die humane Art des Einschläferns hinweisen. Nicht jeder weiß es, und leider nicht jeder Tierarzt praktiziert diese Methode. „Wir haben ihm eine Spritze geben lassen“, allein diese medizinische Form des Tötens klingt schon recht menschlich. Aber wer wie ich einmal einen Hund festgehalten hat, der eine Spritze ins Herz bekam, weiß für immer, daß das nachfolgende Aufbäumen des Körpers mit dem finalen Ruck für das Tier ein weiterer, wenn auch letzter Leidensschritt ist.

## Über Bienen und eine verklebte Küche

Mit den Bienen war es ähnlich wie mit den Hühnern. Wir hatten nicht vor, uns welche zuzulegen. Eines Tages erschien ein freundlicher, älterer Herr und stellte sich als Freund von Freunden vor. Er sei Imker, wäre ein wenig auf unserem Land herumspaziert und hätte zwei Bienenschwärme gefunden. Ob er einen haben könne und ob wir den anderen wollten? Nein, das machte gar nichts, wenn wir keine Ahnung hätten, er würde uns alles Nötige beibringen. Danilo, so hieß der Imker, fuhr nach Hause, besorgte zwei Bienenkästen, und als erste Lektion konnten wir zusehen, wie er die Schwärme einfing. Zum Schwärmen kommt es, wenn im Bienenvolk eine weitere Königin heranwächst. Sie sammelt Gefolge um sich und trennt sich dann von dem übrigen Volk. Zunächst beziehen die Bienen einen Ast oder Strauch und hängen als praller Sack um ihre Königin. Untertags sind Kundschafterinnen unterwegs, um Quartier zu suchen, einen hohlen Baum oder ähnliches.

Um möglichst wenige Bienen zu verlieren, fängt man einen Bienenschwarm deshalb bei Einbruch der Dämmerung ein. In unserem Fall hingen die Schwärme in zwei nebeneinanderstehenden Ginsterbüschen. Danilo stellte den ersten Kasten davor, nahm eine Baumschere und schnitt ganz ruhig - er trug nicht einmal ein Netz vor dem Gesicht - den kräftigen Zweig ab, an dem der Schwarm klammerte. Vorsichtig schwenkte er ihn über den geöffneten Kasten und streifte die Bienen mit einem kleinen Handbesen ab. Natürlich flogen einige Bienen auf, aber sobald sie merkten, daß ihre Königin in der neuen Behausung war, beruhigten sie sich und kletterten dazu. Ebenso verfuhr er mit dem zweiten Schwarm. Deckel drauf, und wir waren Besitzer eines Bienenvolkes.

Vicky nähte uns weiße Kittel mit Gummibündchen und angeschnittenen Kapuzen mit einem Netz davor als Gesichtsschutz. Die kräftigen Gummihandschuhe steckten wir in die Ärmel und die Hosenbeine in dikke Wollsocken. So verkleidet und mit Rauchmaschinchen, Besen und anderem Zubehör ausgerüstet, befolgten wir die künftigen Ratschläge unseres Lehrmeisters. Und irgendwann konnten wir die ersten Honigwaben einsammeln.

Danilo lieh uns seine Honigschleuder, wir stellten sie in der Küche auf. Dann schnitten wir mit einem Messer die Wachsschicht von den Waben, die den Honig verschließt. Ich spannte den ersten Honigrahmen ein und begann zu kurbeln. Durch die Fliehkraft schleudert der Honig gegen die Wand des Edelstahlgehäuses und sammelte sich dickflüssig auf dem Boden. Wir arbeiteten sorgfältig, achteten darauf, daß kein Tropfen Honig daneben ging und faßten mit unseren klebrigen Fingern nichts 'Unklebriges' an.

Als alle Rahmen geschleudert waren, klebte in der Küche trotzdem so ziemlich alles, was kleben kann, uns eingeschlossen. Aber 12 Kilo Honig waren ein schöner Erfolg. Viel Arbeit hatten wir nicht damit gehabt, es waren die Bienen, die für uns tätig waren. Dank des Klimas braucht man Bienen in der Toscana auch nicht zusätzlich zu füttern, sie ernähren sich ganzjährig selbst. Der Honig ist also wunderbar naturrein, ein typischer miele *mille fiori* (Tausendblütenhonig), wie ihn die Macchiablüten bieten. Drei weitere Bienenschwärme fingen wir im folgenden Jahr selbst ein, die Produktion stieg, und wir begannen zu verkaufen. Dann wurden die Bienen plötzlich von der 'Varroa' befallen, die aus dem fernen Osten eingeschleppt wurde. Dort sind die Bienen resistent gegen diese Milben, die nur die Brut befallen und das Volk schließlich an Überalterung aussterben lassen.

Wir versuchten langwierige Behandlungen mit Medikamenten und dem Abbrennen von Medizinstreifen im Bienenstock, konnten den Niedergang aber nicht aufhalten. Wir wurden mutlos, und das war dann das vorläufige Ende dieser schönen Erfahrung. Honig ha-

ben wir aber trotzdem noch. Wir vertreiben ihn gemeinsam mit einem benachbarten Freund, dessen Bienen auch bei unseren Blüten Nektar sammeln. Immerhin.

## Haftzehen

Die Rede ist von einem freundlichen Hausbewohner, dem Gecko. Er gehört zu den Echsen, hat besagte Haftzehen, saust damit die Wände hinauf und an der Decke entlang, und viele Menschen haben vor ihm Angst. Ich kann versichern, daß Geckos absolut harmlos sind. Wenn man sich an ihre großen Glubschaugen und den leicht transparent wirkenden, überwiegend rosafarbenen Körper gewöhnt hat, sind sie sehr sympathisch. Die zehn bis zwölf Zentimeter langen Gekkos verhalten sich unauffällig, sind sehr scheu und in Sommernächten sitzen sie im Rahmen des Schlafzimmerfensters und lauern auf einfliegende Insekten. Tagsüber schlafen sie meist hinter meinen Bildern. Wer Gekkos im Haus hat, sollte beim Schließen der Fenster immer darauf achten, ob sich nicht einer zwischen Fenster und Rahmen versteckt hat. Er würde unweigerlich zerquetscht.

## Una rondine non fa primavera

Im Deutschen heißt es zwar 'Sommer' statt 'Frühling', aber es ist das gleiche Sprichwort: 'Eine Schwalbe macht noch keinen Frühling'. Damit ist auch gesagt, daß die Schwalben früher zu uns kommen. Schließlich liegt die Toscana auch näher an Afrika als Gelsenkirchen. Es gibt aufregende Beobachtungen über die Ausdauer dieser kleinen Langstreckenflieger, über ihre enorme Reiseflughöhe, die Fähigkeit, im Flug zu schlafen, auch, daß es immer weniger gibt.

Schwalben sind sehr pünktlich, zumindest unsere, sie kehren jedes Jahr um den 26./27. März zurück. Mit dabei sind die jungen vom Vorjahr und so wird der Clan von Jahr zu Jahr größer. Bis alle Quartier bezogen haben, herrscht ein heilloses Durcheinander. Die alten Nester im Stall unter der Decke, in der Traktorhalle, über der Haustüre und unter dem Porticato-Dach werden inspiziert und ausgebessert. Neue Nester werden gebaut, ich denke von den jungen Schwalben. Sie wirken ungeduldig, bauen manchmal schlampig und schief, verlieren schließlich die Lust und fangen an anderer Stelle wieder neu an. Abgestürzt ist bisher erst eines der gemauerten Nester, die mit Stroh und Federn ausgepolstert sind. Da konnten die Jungen aber schon fliegen. Ob das Nest überlastet war oder ob mit der Spucke etwas nicht stimmte - wer weiß?

Sobald die Nester in Ordnung sind, wird gebrütet und gut 24 Tage später ragen bis zu sechs breite Mäuler über den Nestrand und warten, daß ihnen Vater und Mutter abwechselnd die Mäuler stopfen. Nach etwa 3 Wochen, im Nest ist es bedrohlich eng geworden, kommt der große Augenblick des ersten Fluges. Ich bin jedesmal beinahe so aufgeregt wie die kleinen Schwalben. Schon wegen der Katzen, die geduldig warten, daß ihnen ein Schwälbchen vor die Pfoten fällt (ist gottlob noch nie).

Unter dem Porticato laufen die ersten Flugversuche: nur wenige Meter vom Nest am Dachbalken hinüber zum Rand des Türladens und zurück. Immer wieder machen es die Eltern vor, bis das erste Junge den Flug wagt. Von diesem Tag an nimmt das Flugaufkommen ums Haus herum gewaltig zu. Schwalben ernähren sich ausschließlich im Flug von Insekten, und die gewagten Sturzflüge und Schleifen sind eine einzige Kunstflugveranstaltung.

Weil wir nur im Weinberg Insektizide sprühen, finden die Schwalben ums Haus reichlich Nahrung. Bereits im August veranstalten sie ihre Sammelübungen und sitzen abends eng aufgereiht und aufgeregt zwitschernd auf der Telefonleitung zum Haus. Allmählich werden die Sitzplätze knapp. Das Sammeln stimmt mich regelmäßig ein wenig traurig, einmal weil die Hausfreunde in wenigen Wochen die strapaziöse Rückreise antreten werden, zum anderen signalisieren sie frühzeitig, daß der Sommer bald zu Ende geht und die Zeit wieder einmal viel zu rasch verflogen ist. Daß Schwalben eine Menge Dreck unter ihren Nestern produzieren, versteht sich von selbst, aber wir kämen nie auf die Idee, eines der Nester zu beseitigen. Nicht einmal das über der Haustüre. Man sagt ja, Schwalben brächten Glück. Ich glaube, das Glück liegt einfach darin, daß sie kommen.

## Kastrieren

Das Kastrieren bei Haus- und Stalltieren ist ein heikles Thema und riecht auch ein wenig nach Moralin. Als männliches Wesen habe ich außerdem meine Probleme, mich damit auseinanderzusetzen. Doch es gibt ein paar vernünftige Gründe dafür, die paradoxerweise mit dem glücklichen Zusammenleben der Tiere untereinander zu tun haben. Beginnen wir mit den kleinsten, den Katzen. Einer Katze, die einmal Junge aufgezogen hat, beschert man durch Sterilisierung ein zufriedenes Leben. Sie entkommt dem Streß, zweimal jährlich einen Wurf Katzen aufzuziehen und zu verteidigen. Zu viele Katzen gehen auf Grund ihrer starken Vermehrung einer elenden Zukunft entgegen. Im Grund haben sie gar keine Zukunft, wenn man sie im Winter unter den leeren Müllcontainern vor verschlossenen Ferienhäusern sitzen sieht. Eine Freundin scheute mit ihren zugelaufenen Katzen unter irgendwelchen Ausflüchten den Gang zum Tierarzt und brachte es innerhalb eines Jahres auf 13 Katzen. Zumindest die weiblichen sind jetzt sterilisiert.

Seit wir nacheinander drei kleine Kater aufgenommen haben, sind auch diese kastriert. Zum einen markieren Kater auch im Haus ihr Revier, zum anderen sind sie untereinander aggressiv. Unsere drei sind äußerst vitale Burschen, balgen miteinander, aber nie mit ausgefahrenen Krallen, gehen auf die Jagd, jeder hat sein eigenes Revier und lebt sein Leben, außer auf sexueller Ebene. Zusammen mit den Kätzinnen sind sie eine fröhliche Bande. Wir hatten auch nicht kastrierte Kater. Sie sind alle nicht alt geworden. Ihr Triebleben brachte sie zum Streunen und dadurch zu Kämpfen mit fremden Katzen, und irgendwann kehrten sie nicht mehr zurück. Vielleicht ist es egoistisch, aber ich war jedesmal sehr traurig, wenn ein Kater verschollen blieb.

Hat man mehrere Hunde, so regeln sie ihre Rangfolge selbst, und danach herrscht meistens Frieden, von kleinen Scharmützeln abgesehen. Stößt eine Hündin dazu, geht weiter alles bestens, weil sie automatisch von den Rüden akzeptiert und geachtet wird. Bis zu dem Tag, an dem die Hündin heiß wird. Dann erwachen Trieb, Spannung und Konkurrenz und das brävste Schlappohr wird zum reißenden Wolf, und die Kämpfe untereinander gehen aufs Ganze, um nicht zu sagen, auf Leben und Tod.

Bellinda haben wir kastrieren lassen, Lila ebenso. Rosa, unsere erste Hündin, eine gutmütige Schäferhundmischung, ließen wir sterilisieren, das heißt sie konnte keine Jungen mehr bekommen, wurde aber nach wie vor zweimal im Jahr läufig. Wir wollten ihr sozusagen ihr Vergnügen lassen und haben das bereut. Rosa war ein träger Bär und es dauerte jedesmal ewig, bis sie richtig heiß war und ebenso ewig, bis die Hitze vorbei war. Wir bauten einen großen Zwinger und steckten Rosa für diese Wochen hinein. Dann standen die Rüden davor und prügelten sich. Also holten wir Rosa wieder heraus und sperrten einen Rüden ein. Der Gerechtigkeit wegen wechselten die Rüden täglich mit dem Einsitzen ab. Im Zwinger gibt es einen Wartekorridor, damit der Wechsel gefahrlos über die Bühne ging. Aber sogar durch den Maschenzaun hindurch bekämpften sie sich. Ansonsten funktionierte die Methode gut.

Dann lief uns Lila zu, eine große schwarze Hündin mit ungestümer Kraft. Sie war noch nicht kastriert und wurde heiß. Wir brachten sie für diese Zeit in ein Tierheim, und Vicky holte sie ein paar Tage zu früh ab, was ihr einen Krankenhausaufenthalt einbrachte. Als ich nach Hause kam, fand ich das Haus offen, Blutflecken auf der Haustreppe, auf der Terrasse, ein blutgetränktes Handtuch auf dem Fußboden im Kaminzimmer, ein anderer blutiger Stoffetzen in der Küche, ich war wie gelähmt. Von Vicky keine Spur, ihr Auto stand in der Garage. Als ich schließlich Rosa mit großen Fleischwunden blutend und verstört in eine Ecke gekauert fand, dämmerte es mir. Wo war Lila? Ich schleppte Rosa vorsichtig ins Haus und schloß ab. Dann klingelte das Telefon, eine Nachbarin meldete sich: „Ich habe keine gute Nachricht für Sie..."

So war es passiert: Vicky war mit Lila zurückgekehrt, ließ sie am Tor aus dem Auto springen, Rosa kam zur Begrüßung angeschwänzelt. Die beiden Hündinnen sahen sich und stürzten ohne Vorwarnung aufeinander los. Als Vicky sie trennen wollte, geriet sie dazwischen. Egal, wer von beiden sie so übel zugerichtet hat, die Bisse galten nicht ihr. Nachdem ich wußte, daß Vicky im Krankenhaus erst einmal versorgt war, schaffte ich Rosa zum Tierarzt, der ihre Wunden vernähte. (Später zeigte sich, daß Rosa besser genäht war als Vicky, die auch noch eine Infektion bekam.) Nach Stunden tauchte auch Lila auf, die ich sofort in unseren Zwinger brachte. Ihre Verletzungen waren unerheblich. Die Wunden an Vickys Arm konnten ambulant versorgt werden, aber wegen einer weiteren Verletzung neben der Halsschlagader mußte sie zur Beobachtung im Krankenhaus bleiben.

Von diesem Tag an hielten wir die Hündinnen für immer getrennt. Im Dreitagesrhythmus wechselten sie sich im Zwinger ab (der bei uns eigentlich Karzer genannt wird). Der Zwinger ist geräumig, hat eine überdachte Terrasse mit Hundeliege als Schutz vor Regen und Hitze und eine komfortable Hütte. Es fehlte an nichts außer an Freiheit. Die Hunde gewöhnten sich schnell an die zeitweise Freiheit und jeweils am dritten Morgen genügte ein Ruf, und Rosa oder Lila gingen ohne Ausflüchte mit zum Zwinger, wo der jeweils andere Hund schon ungeduldig Ausschau hielt. Beim Wechsel würdigten sich Rosa und Lila keines Blickes. Besonders Lila genoß die drei Tage in Freiheit in vollen Zügen und tobte wild mit den anderen. Mußte sie dann wieder in den Karzer einrücken, schlief sie die ersten beiden Tage fast ununterbrochen. Erst im Laufe des dritten Tages begann sie sich wieder für die Außenwelt zu interessieren. Dieser Zustand wurde nach einigen Jahren jäh beendet, als Lila einem Giftanschlag zum Opfer fiel und qualvoll starb. Aber an diese Erinnerung möchte ich nicht weiter rühren.

Rüden haben wir bis jetzt noch nicht kastrieren lassen, da wir keine Veranlassung sahen. Unsere jetzigen Hunde sind ausgesprochen häuslich. Lediglich Enel hat früher seine Frauen im Umkreis von einigen Kilometern zusammengesucht und kehrte manches Mal mit Verletzungen zurück. Als er schon älter war, unterlag er offensichtlich einmal einem Konkurrenten, der ihn unter anderem so kräftig ins Ohr gebissen hatte, daß er das Gehör verlor. Danach ist er nie wieder streunen gegangen.

Für die Kastration zugunsten der Sterilisierung bei der Hündin spricht noch eine andere Tatsache. Die Natur kennt bei der Hündin keine Wechseljahre, das heißt sie wird heiß solange sie lebt. Die Folgen erlebten wir bei unserer alten Rosa. Wenige Wochen vor ihrem Tod wurde sie läufig. Dabei war sie aber schon so schwach, daß sie kaum stehen konnte. So lag sie eines Abends auf der Wiese, Moritz war im Zwinger und Valentino schien sich nicht für sie zu interessieren. Sobald wir schlafen gegangen waren, muß er sich aber doch interessiert haben. Am nächsten Morgen bot sich ein elendes Bild. Rosa hatte am Rücken große kahle Flecken und der Schwanz war ohne Fell, das büschelweise um sie herum verstreut war. Ich kann mir die Situation nur so erklären, daß Rosa nicht aufstehen konnte und Valentino, in seiner Entschlossenheit sie zu besteigen, versucht hatte, sie hochzuzerren. Und das immer wieder. Die Natur ist brutal. Bei Rosas Anblick hatte ich mir dann doch gewünscht, Valentino wäre kastriert.

Eselmänner sind in ihrem Triebverhalten eher ruhig, dafür aber umso hartnäckiger und phantasiereicher, wenn es darum geht, an die Eselin heranzukommen. Für Theresa liehen wir uns einen Eselmann aus, als wir Nachwuchs von ihr wollten. Damals gab es schon Bruna als zweite Eselin. Nun war Tobia, so hieß der Eselmann, zugleich Brunas Vater. Außerdem war sie mit 2 Jahren noch viel zu jung zum Decken. Deshalb hielten wir die beiden Eselinnen auf getrennten Weiden und Tobia erhielt nur zu Theresa Zutritt. Theresa ließ sich einige Tage begeistert auf ihr Liebesabenteuer ein. Allerdings wollte sie abends immer zurück zum Stall gebracht werden, wo sie wieder mit Bruna zusammentraf. Tobia hatte längst gewittert, daß es da noch ein zweites weibliches Wesen gab, und abends hatte er Zeit. Er nutzte sie, um langsam aber beständig mit den Vorderhufen am Zaun zu graben. Zweimal konnte er sich so bis zum Stall durchschlagen, dessen Türen wir vorsichtshalber im unteren Teil geschlossen hielten. Beide Male ließ er sich aber widerstandslos abführen.

Als Theresas I-aah ein Jahr alt war, bekam er Lust auf Mutter und 'Stiefschwester', und wir mußten uns ent-

scheiden. Um seine Deckfähigkeit zu erhalten, hätten wir ihn fortan getrennt von den anderen beiden Eseln halten müssen. Anderer Stall, andere Weide und fortan kein fröhliches Zusammenleben mehr. Zumindest zeitweise nicht. Von der Mehrarbeit für uns ganz abgesehen. Es kommt noch ein anderes Problem hinzu. Ist eine Eselin geschwängert, muß man den Hengst trotzdem separat halten, weil er für den schwangeren Zustand wenig Rücksicht zeigt und sie bei nächster Gelegenheit wieder besteigt. Das kann Gebärmutterentzündungen zur Folge haben. Ein Freund, der ebenfalls Esel besitzt und das etwas lockerer sah als wir, ließ seinen Hengst mit den Eselinnen während der ganzen Zeit der Trächtigkeit zusammen auf der Weide. Es gab mehrere Todgeburten.

Bei Pferden gibt es die gleichen Probleme. Nur ist ein Hengst ungleich wilder, wenn es darum geht, an Stuten zu kommen. Man muß also massive Vorkehrungen treffen, um einen Hengst getrennt zu halten. Als Reitpferd ist ein Hengst unberechenbarer als ein Wallach. Unsere Pferde und Esel haben bisher nur männliche Fohlen zur Welt gebracht, was ohnehin eine Gemeinheit der Natur ist. Auch Bruna hat mit ihrem kleinen Augustin zur rein männlichen Nachkommenschaft beigetragen.

Die Kastration selbst ist ein relativ einfacher Eingriff. Frizzi wurde auf der grünen Wiese operiert, was die Sache nicht verharmlosen soll. Aber der Tierarzt meinte, das sei besser. Wenn das Pferd durch die Narkose zu Boden geht, könnte es sich auf dem härteren Stallboden leicht verletzen. Vicky assistierte, ich nicht, wegen der eingangs angedeuteten Probleme. Bei I-aah war das Hinlegen einfacher, weil er wesentlich leichter ist als Frizzi. Allerdings hatte unser Tierarzt noch nie einen Esel kastriert, er war ein wenig nervös wegen der Anästhesie. Es gibt nämlich keine Richtlinien für die Stärke des Narkosemittels. Alles hat aber ausgezeichnet geklappt. Beide Tiere mußten einige Tage im Stall gehalten werden wegen möglicher Infektionen und dem ungestörten Heilen der Nähte. Eine Veränderung im Verhalten haben wir nicht feststellen können.

Warum wir keine Kühe, Schafe, Ziegen etc. halten? Irgendwo muß eine Grenze sein, sonst verzettelt man sich. Meine Malerei ist eine tagesfüllende Herausforderung, das Land bewirtschaften eine weitere. Außerdem lehrte uns die Erfahrung, daß sich das Leben nicht geradlinig entwickelt, sondern in Schüben oder Stufen. Was gestern noch undenkbar erschien, ist morgen plötzlich machbar. Die besten Entscheidungen fallen, wenn sie reif sind.

# Weniger beliebte Besucher

## Das Stachelschwein

Unter den ungebetenen Gästen ist das Stachelschwein *(istrice)* am originellsten. Man muß es unbedingt einmal gesehen haben. Das Mittelmeer-Stachelschwein wird gut 60 Zentimeter lang und gräbt nachts beachtliche Löcher an Böschungen, um sich mit zarten saftigen Wurzeln zu ernähren. Das verräterische Klappern der bis zu 25 Zentimeter langen Stacheln regt unsere Hunde fürchterlich auf. Wenn sich ein Stachelschwein im Umkreis von hundert Metern vom Haus aufhält, ist es mit der Nachtruhe vorbei.

Noch unangenehmer als das wütende Gebelle ist aber der Umstand, daß die Hunde ihren Zorn so nahe wie möglich am Stachelschwein auslassen. Das ist gefährlich, weil das Schwein tatsächlich seine Stacheln 'abschießt'. Wie nahe ein Hund stehen muß, um getroffen zu werden, weiß ich nicht. Das Stachelschwein besitzt zwei Muskelgewebsschichten übereinander, in denen die Stachel sitzen. Durch Spannen und Entspannen der Muskeln kann es Stacheln abwerfen. Der Mechanismus muß auch partiell funktionieren, sonst wäre das Stachelschwein am Morgen nach seiner Verteidigung ja nur noch ein einfaches Schwein.

Einige unserer Hunde wurden schon durch Stacheln verletzt. Die sind wirklich unglaublich spitz und dringen auch vier bis fünf Zentimeter tief ins Fleisch. Wer einen Hund von Stacheln befreien möchte, sollte vorsichtig sein und neben Desinfektionsmittel auch eine Kompresse bereithalten. Mir ist es passiert, daß ich Rosa einen Stachel aus dem Bein zog, der eine Vene getroffen hatte. Als das Loch frei wurde, schoß Blut hervor...

Am ärgsten hat es Valentino erwischt, unseren unverbesserlichen Jagdhund. Ich kam eines Morgens verschlafen aus dem Badezimmer, als ich im schwachen Morgenlicht Valentino auf meinem alten Biedermeierbett sah. „He Valentino, was machst du denn hier?" Während ich mich anzog, fiel mir ein, daß Valentino immer dann auf dem Bett lag, wenn er Hilfe suchte. Nichts Gutes ahnend, ging ich zum ihm und sah sofort, warum er gekommen war. Vor dem linken Auge wippte ein Stachelschweinstachel von etwa 15 Zentimeter Länge. Soweit ich sah, war der Stachel durch das untere Lid ins Auge eingedrungen. Wegen der Erfahrung mit Rosa holte ich Vicky zu Hilfe. Einer hielt Valentinos Kopf fest und hielt die Kompresse bereit, der andere zog den Stachel raus. Wir hatten Glück, es blutete nur wenig und bald gar nicht mehr. Später bin ich mit dem Hund zum Tierarzt gefahren, der wenig Hoffnung hatte, daß das Augenlicht erhalten bleibt. Er nähte die Augenlider vorsichtig aufeinander, um das Auge zu schonen. Nach einer Woche wußten wir, daß Valentino noch einen Rest an Sehvermögen behalten hat. Aber ich habe den Eindruck, daß es sehr wenig ist.

## Das Wildschwein

Über Wildschweine *(cinghiale)* berichte ich noch an anderen Stellen (siehe die Kapitel 'Weinberg' und 'Jagd'). Auch Wildschweine sind für vorwitzige Haushunde gefährlich. Vor allem, wenn die Bache eine Schar Frischlinge vor sich hertreibt. Vor uns Menschen laufen sie im allgemeinen davon. Man müßte schon zufällig in ein ganzes Rudel geraten, um in Gefahr zu kommen.

## Schlangen

Schlangen sind wie Gurken. Entweder man liebt sie oder man haßt sie. Wie viele Menschen, komme auch ich mit der Nähe von Schlangen nicht zurecht. Als gefährliche Schlangen sind bei uns vor allem die Vipern *(vipera)* bekannt. Manche in der Gegend nennen in ihrer Abneigung gegen Schlangen alles schlangenähnliche 'Vipera' und bringen es kurzerhand um. Die Einheimischen wissen die tollsten Schauergeschichten zu erzählen. Wer zur Abendunterhaltung in der Bar beitragen möchte, erzählt, daß ihm eine Viper den Weg versperrte und er die Bestie kalt gemacht hat. Die Bewunderung der Umstehenden ist ihm sicher. Fragt man den Helden, ob er ganz sicher sei, eine giftige Viper erschlagen zu haben, wird er triumphierend sagen, er hätte die senkrecht stehenden Pupillen gesehen. Tatsächlich ist dies ein gutes Erkennungszeichen. Aber, bitteschön, wer nimmt sich angesichts einer möglichen Vipera noch die Zeit, die Lage der Pupillen zu untersuchen?

Tatsächlich gibt es Vipern und mit ihnen ist nicht zu spaßen. Eine optische Beschreibung der Viper halte ich für wenig nützlich. In einem Schlangenbuch (*Rettili d'Italia*, Verlag Giunti-Martello) sind allein unter dem Stichwort *vipera comune* 24 verschiedene Formen der Kopfzeichnung, 14 Beispiele für die Zeichnung des Rükkens und elf verschiedene Kopfformen sowie Farben, die von Sand- und lichten Ockertönen über Natur-Siena bis Paynes-Grau reichen. Aber im Zweifel bleiben ja noch die senkrechten Pupillen...

Der wirksamste Schutz vor Schlangen ist festes Schuhwerk. Wer in der Campagna lebt, sollte grundsätzlich robuste Schuhe tragen, sobald er das Haus verläßt. So rigoros halten wir es zwar nicht, aber richtig wäre es schon. Immerhin würde ich nie in Sandalen die hundert Meter zum Brunnen laufen oder Holzvorräte inspizieren. Eine Freundin machte letzteres, und als sie nach einem spontanen Schmerzschrei zu Boden blickte, sah sie vor sich eine Schlange, die gerade in eine ihrer Zehen gebissen hatte. Nun war unsere Freundin gar nicht hysterisch, rauchte erst einmal eine Zigarette und wartete auf Veränderungen in ihrem Körper. Die kamen in Form einer pelzigen Zunge und sie entschied „ab ins Krankenhaus". Etwa 40 Minuten nach dem Vorfall wurde sie von ihrem Mann auf Händen in die Klinik von Piombino getragen, im Koma. Vernünftigerweise überschätzten sich die Ärzte nicht und blieben während der ersten Tage in ständigem Kontakt mit einem toxikologischen Institut in Mailand. Es ist alles gut gegangen, aber der Zustand unserer Freundin war einige Tage lebensbedrohend.

Wesentlichen Anteil am bedrohlichen Verlauf hatte das Schocksyndrom, das bei Menschen unterschiedlich stark auftritt. Ohne Schock verlaufen Vipernbisse wesentlich harmloser. Wichtig nach einem Biß ist es, sich so wenig und so ruhig wie möglich zu bewegen, damit sich das Gift nicht so schnell ausbreitet und sich so schnell wie möglich in die nächste Klinik fahren lassen. Bis vor einigen Jahren hatten wir immer ein Schlangenserum plus Einwegspritze im Kühlschrank. Das Serum kam auf größeren Spaziergängen mit und wurde gottlob nie gebraucht. Heute raten Ärzte vom Spritzen eines Gegengiftes ab. Angeblich könnte sich der Allgemeinzustand verschlechtern. Im offiziellen Ratgeber 1997 für toscanische Jäger wird das Anti-Vipern-Serum aber immer noch empfohlen. Vipern wollen eigentlich in Frieden leben und greifen erst an, wenn sie unbemerkt überrascht werden und keine Zeit mehr finden, ein Versteck zu suchen.

Wenn ich in der Macchia herumlaufe, habe ich fast immer einen Stock dabei und achte auf einen festen Schritt, dessen leise Erschütterungen eine Schlange vorwarnen sollen. Ich habe dazu meist noch ein Lied gepfiffen. Seit mir ein Fachmann sagte, daß Vipern taub sind, lasse ich das Pfeifen, ich kann es ohnehin nicht.

Früher hatten wir einige Schlangen in unmittelbarer Hausnähe. Es waren harmlose Nattern. Eine trieb sich sogar auf dem Dach herum, was gar nicht so schlecht war, weil sie die vielen Spatzennester ausräumte. Dennoch fand ich es lästig, mittags auf die Terrasse zu treten und dort räkelte sich eine eineinhalbmeter lange Zornnatter. Statt zu verschwinden, richtete sie sich auf und machte ihrem Namen alle Ehre. Selbst mit einem kräftigen Wasserstrahl aus dem Gartenschlauch ließ sie sich nur höchst unwillig vertreiben. Die ständige Anwesenheit unserer Hunde hat ihr die Hausnähe aber mit der Zeit verleidet.

Ich erzählte bereits von unserer etwas schwerfälligen Hündin Rosa. In der Macchia bewegte sie sich wie ein Trampeltier, aber sie hatte eine merkwürdige Fähigkeit: Bemerkte sie eine Schlange, näherte sie sich ihr unverzüglich und bevor wir noch eingreifen konnten, hatte sie die Schlange blitzschnell hinter dem Kopf gepackt, einmal geschüttelt und tot war sie. Die Schlange hatte nicht einmal mehr Zeit gehabt, sich in Kampfstellung zu bringen. Keiner unserer anderen Hunde hatte je solche Anwandlungen.

## Mäuse und Ratten

Wer auf dem Land lebt, springt angesichts einer Maus *(topo)* nicht gleich auf den nächsten Stuhl. Das Unangenehme an den Nagern ist nur, daß sie in Windeseile Schaden anrichten können und sich ebenso schnell vermehren. Gut genährte Katzen interessieren sich nur noch mäßig für Mäuse, und wer Pech hat, kann eine Katze stundenlang mit der Maus in einem Raum einschließen, ohne daß die Katze aktiv wird. Erfolgreicher arbeitet manchmal ein Hund. Allerdings kann er ganze Bücherregale zum Einsturz bringen, wenn es um die Maus geht.

Wir haben Mäuse zeitweilig mit Käfigfallen gefangen. Haselnüsse waren als Köder oft besser als Käse oder Speck. Wir haben die gefangenen Mäuse dann weit entfernt vom Haus ausgesetzt, wie andere Menschen Hunde oder Katzen. Als uns das zu mühsam wurde, schafften wir Mordfallen an, die der Maus sofort das Genick brechen. Mit der Zeit rosteten sie aber, und keiner wollte die Hinrichtungsmechanik ölen.

In der Zwischenzeit hatten wir an drei Stellen im Haus Mauslöcher gefunden. Sie waren alle in den Cantina-Räumen, in denen noch der ursprüngliche Putz war. Über winzige Einstiegslöcher hatten die Mäuse in dem sandigen Mörtel der Natursteinmauern Gänge gegraben. Selbst das Verschließen der Löcher mit Schnellzement brachte keinen Erfolg. Zwei Tage später waren die Löcher wieder frei. Erst eine sadistische Beigabe von Glassplittern in den Zement zeigte Wirkung. Wir hatten Ruhe. Heute verirrt sich höchstens einmal eine winzige Feldmaus ins Haus und freut sich, wenn sie wieder entkommt.

## Ameisen

Ameisen *(formica)* sind überall. Solange sie keine tragenden Balken aushöhlen oder sich Behausungen in den Außenmauern graben, stören sie mich nicht. Im Freien sorgen sie für mehr Sauberkeit und tragen beispielsweise gewissenhaft jedes Reiskorn davon, das neben einer ausgefressenen Hundeschüssel liegt. Oder sie schleppen tote Insekten ab. Aber wehe, sie entschließen sich, ins Haus zu kommen. Bevorzugtes Ziel: die Küche. Sie dort wieder loszuwerden, ist schwierig, zumal sich jede Art von Gift allein schon wegen der Haustiere verbietet. Man kann sich aber recht gut vor einem Ameisenüberfall im Haus schützen, indem die Küche über Nacht nie unaufgeräumt bleibt. Ohne besondere Putzwut vortäuschen zu wollen, versichere ich, daß bei uns noch nie eine Ameisenstraße ins Haus führte. Sollte es wirklich einmal passieren, weil vielleicht unbemerkt etwas Eßbares hinter den Herd gefallen ist, dann gibt es eine harmlose aber sichere Methode, die Ameisen loszuwerden. Man streut einfachen Körperpuder auf die Ameisenstraße und in kurzer Zeit ist sie verschwunden.

## Skorpione

Nicht so leicht verschwinden Skorpione. Für den Mitteleuropäer, der Skorpione nur vom Hörensagen kennt, ist der Anblick des fast schwarzen Insekts (vier bis fünf Zentimeter lang) auf weißer Wand sicher etwas befremdlich. Manche kriegen es auch mit der Angst zu tun. Skorpione sind aber scheu und greifen den Menschen nicht von sich aus an. Solange das renovierte Haus noch

nicht völlig ausgetrocknet ist, wird man öfter mal Skorpione sehen. Sie suchen die Dunkelheit, später dürften sie nur noch vereinzelt in finsteren Ecken oder Türlaibungen sitzen. Sie bewegen sich flink und quetschen sich auch unter flachstes Mobiliar. Wer glaubt, in Anwesenheit eines Skorpions *(scorpione)* nicht schlafen zu können, sollte nicht hirnlos mit dem Pantoffel auf die Wand dreschen. Für das Vorhaben genügt ein leichtes Antippen mit einer Zeitung von gestern und der Skorpion fällt verschreckt zu Boden. Dort unten kann das rohe Werk dann vollendet werden und die Wand bleibt weiß. Im Gegensatz zu manchen tropischen Arten, deren Stich tödlich sein kann, wird die Giftwirkung eines hiesigen Skorpions etwa mit der eines Hornissenstiches verglichen. Eigene Erfahrungen habe ich nicht. Wer selbst Holz sägt und hackt, wird häufig Skorpionen begegnen, die gerne zwischen Holz und Rinde leben. Zum Holz auf- oder abladen trage ich deshalb lederne Arbeitshandschuhe.

## Hornissen

Hornissen *(calabrone)* sind bekannte Unruhestifter, aber auf dem Land häufiger anzutreffen als auf dem heimischen Balkon. Lästig sind sie schon deshalb, weil sie den in langen Sommermonaten ungenutzten Kamin verstopfen können. Ein Hornissennest kann durchaus 15 Zentimeter Durchmesser und mehr haben. Uns ist genau dies widerfahren. Leider ist meine Erinnerung nicht so lückenlos, daß ich den Vorfall vollständig berichten könnte. Was ich noch weiß, hat jedenfalls slapstick-Qualitäten.

Beim Reinigen des Schornsteins von unten wurden die Hornissen nervös und schwirrten hinab an die Front. Und zwar massiv. Wir hatten es eilig, aus dem Haus zu kommen. Es muß komisch ausgesehen haben, wie wir von draußen die Nasen am Fenster plattdrückten und dem Dröhnen der drinnen herumschwirrenden Hornissen lauschten. Sechs Hornissenstiche bringen den Tod (sagt man), drinnen waren mindestens 30 Kamikazehornissen, mehr als genug für uns beide. Später rückten wir, vermummt wie Eliteeinheiten, mit Insektenspray vor und riskierten einen Überraschungsangriff, der den Sieg brachte. Verluste gab es nur auf der Gegenseite. Das Nest war damit aber noch nicht beseitigt.

Die Bauern gießen in solchen Fällen vom subventionierten Diesel auf das Nest. Ich besorgte eine möglichst lange Bambusstange, Vicky befestigte am dünnen Ende eine leere Espressobüchse, die frei baumelte. An einem dritten Punkt befestigte sie ein Stück Schnur, mit deren Hilfe die dieselgefüllte Blechdose durch Ziehen zum Kippen gebracht werden konnte. So lief der nächste Angriff aus einigermaßen sicherem Abstand praktisch ferngesteuert.

Weil der Schornstein einen spitzen Ziegelabschluß hat, gelang es aber nicht, das Gerät richtig zu plazieren. Wir waren noch mit Modifizierungen der Mechanik beschäftigt, als Enzo Bernardini, unser Olivenpresser, auftauchte. Er bot sich sofort für den Nahkampf an. Er stieg mit der Dieselbüchse aufs Dach, näherte sich vorsichtig dem Schornstein und rief dabei dauernd *„stai buono, stai buono“* (schön brav sein). Schließlich kippte er die Büchse ins dunkle Loch. Später räumte Vicky den Schornstein mit der Kaminkehrerkugel durch, und ich nahm unten die Reste in Empfang. Einzige Überlebende war die Königin, aber nicht mehr lange. Dabei fällt mir ein, daß der Schornstein nach einer solchen Aktion nicht sofort beheizt werden sollte. Eventuelle Treibstoffspuren in dem niedergebrannten Haus könnten als Versicherungsbetrug ausgelegt werden.

Sonst findet man Hornissen gelegentlich im Fuß von alten Olivenbäumen, was ihre Bekämpfung (wenn sie dort sein muß) auch nicht einfacher macht. Sie sind äußerst wachsam und greifen sofort an. Im Herbst nach der Weinlese sind sie besonders lästig und kommen beim Keltern auch in den Weinkeller und dort ins Delirium. Dort hat mich nach der letzten Lese auch prompt eine Hornisse gestochen, als ich mir die Hände abtrocknen wollte. Ich hatte nicht bemerkt, daß sie in einer Handtuchfalte war. Sofort fiel mir jene bedauernswerte Deutsche ein, die im Jahr zuvor in Campiglia an einem einzigen Hornissenstich gestorben war. Einfach so, innerhalb weniger Minuten - am Schock. Mir wich das Blut aus dem Kopf, Vicky fand mich kreidebleich, holte einen Schwedenbitter und redete auf mich ein wie auf einen Doofen. Schwedenbitter hilft in jeder Lebenslage, innerlich und äußerlich.

Auch nach der Weinlese gibt es immer wieder ausgerastete Hornissen, die abends solange eine Außenlampe umschwirren, bis sie benommen zu Boden gehen, was wegen der neugierigen Hunde und Katzen auch nicht harmlos ist. Hornissen sind einfach lästig. Ich mag sie schon deshalb nicht, weil sie Bienen im Flug fangen und auffressen.

## Prozessionsraupen

Die Raupen des Prozessionsspinner-Schmetterlings haben seltsame Angewohnheiten. Sie marschieren dicht geordnet, eine an der anderen, zu ihren Freßplätzen und kehren genauso zu ihrem Nest zurück. Man muß schon sehr genau zu Boden sehen, um die Bewegung im Vorübergehen zu erfassen. Ansonsten würde man die Prozessionsraupen *(processionaria)* mit einem trocknen, dünnen Stock verwechseln. Tritt man versehentlich auf diesen 'Stock', fliegen die winzigen Gifthärchen auf und erzeugen bei Mensch und Tier schmerzhafte

Bläschen auf der Haut, oder Entzündungen im Auge. Nicht zu übersehen sind ihre Nester, die bei uns ausschließlich in Pinien hängen. Es sind weiße, gesponnene Säcke, mindestens faustgroß, meistens aber doppelt und dreifach so groß. Auf mich wirken diese Säke sehr unästhetisch. Die Raupen sind schädlich, und man kommt nicht darum herum, sie zu beseitigen. Die einfachste Methode ist es, einen Jäger zu beauftragen (zuvor die Forstbehörde benachrichtigen!). Außerhalb der Jagdsaison ist jeder Jäger glücklich, wenn er ungestraft schießen darf. Mit einer Schrotladung pro Nest ist das Problem gelöst.

## Zecken

Jeder Hundebesitzer kennt Zecken *(zecca)* und weiß, wie man sie entfernt. Besonders im Frühjahr sind sie eine echte Plage für alle Vierbeiner, auch für die Pferde. Das regelmäßige Abtasten des Fells nach Zecken gehört zum Routineprogramm. Besonders an Stellen, die für den Hund schwer erreichbar sind, also der Nacken, der Hals (unter dem Halsband) und die Ohren. Hunde ekeln sich vor Zecken. Von einer abgefallenen vollgefressenen Zecke werden sie dennoch magisch angezogen und können sie eine halbe Stunde lang angewidert begeifern. Zeckenhalsbänder sind, zumindest auf dem Land, nicht besonders wirksam. Wenn die Hunde morgens durch taufrische Wiesen rennen oder an Sträuchern entlangkratzen, wird die Beschichtung der Bänder schnell wirkungslos.

Wir verwenden für unsere Hunde 'Tiguvon', das unter dem Nackenfell aufgetragen wird, wo der Hund nicht schlecken kann. Verbliebene Zecken werden herausgedreht. Zecken beißen sich auch in Menschenhaut. Das passiert zum Glück nicht häufig, aber es passiert. Haben sie genügend Zeit, suchen Zecken gern intimere Körperteile zum Festbeißen. Da Menschen offenbar empfindlicher gegen die Infektion durch Zecken sind (sie können Hirnhautentzündung und Borreliose übertragen), sollte man beim Entfernen unbedingt darauf achten, daß der Kopf der Zecke nicht abreißt und in der Haut bleibt. Es empfiehlt sich, die Stelle zunächst mit einem Tropfen Olivenöl einzureiben. Danach dreht man die Zecke behutsam mit einer Pinzette heraus. Genug davon, es juckt mich schon beim Schreiben. (Eine regelmäßige Tetanusimpfung gegen Wundstarrkrampf sollte für Landbewohner selbstverständlich sein.)

## Liebe Freunde oder derber Überfall

Barbara hat mir geschrieben. Sie schien etwas verstört wegen der Zunahme von überfallartigen Besuchen aus Deutschland, seit sie und Nik ihr Haus in der Toscana bewohnen. So schließt das Kapitel der weniger beliebten Besucher mit einer etwas überraschenden Gruppe - mit den 'lieben Freunden'.

"Wir wußten gar nicht, wieviele Freunde wir haben", schreibt Barbara erstaunt. Freunde und Bekannte, auch selbsternannte, gäben sich plötzlich die Klinke in die Hand. Damit kein Mißverständnis entsteht, schreibt sie, im Grunde seien sie gerne mit Freunden zusammen und hielten sich auch nicht für ungastlich, aber ein bißchen privacy und überhaupt...

Wie wahr. Ich weiß nicht, ob man die plötzliche Anhänglichkeit von Menschen als Phänomen bezeichnen soll oder, ein wenig direkter, als Rücksichtslosigkeit. Was ist davon zu halten, wenn Montag morgens um halb sieben das Telefon klingelt und sich eine putzmuntere unbekannte Männerstimme vorstellt: „Ich habe Ihre Telefonnummer von Ihrer Frau Schwiegermutter, wir haben schon viel von Ihnen gehört". Und dann noch schlimmer: „Wir sind gerade mit der Fähre angekommen und wollten vor der Weiterfahrt auf einen Sprung vorbeischauen." "Ja aber..." „Nein, nein, machen Sie sich keine Umstände."

Da bleibt nur die Hoffnung, daß unser Haus nicht zu finden sein wird, aber dreiviertel Stunden später quillt eine aufgekratzte, fünfköpfige Familie aus einem überladenen Kombi. „Kinder, wollt ihr ein Glas Saft?" „Au ja!" „Dürfen wir Ihnen..." „Ja gerne, aber machen Sie sich keine Umstände." So geht der halbe Vormittag verloren, wir lassen uns und unser Haus begaffen, geben höflich Auskunft auf Fragen, die eigentlich keinen etwas angehen. „Mami, ich muß mal!" Erst als Vicky auf die Uhr schaut und sich wegen einer Verabredung entschuldigt, kommt es zum allgemeinen Aufbruch.

Als sich die Staubwolke des Besucherautos legt, meint Vicky, „eigentlich ganz nette Leute - wenn Du das nächste Mal in Deutschland bist, besuchst du den Typen in seinem Büro, fragst ihn, was er für Kunden hat, ob er gut verdient, wie er seine Abrechnungen macht, läßt Dir seinen Computer erklären, trinkst noch einen dritten Kaffee, bittest um ein frisches Hörnchen. Aber nur, „wenn's keine Umstände macht." Wahrscheinlich hat er eine Sekretärin, die das alles zu verhindern weiß. Schließlich saß man ja selbst einmal hinter einem Vorzimmer...

Eine Freundin, die ähnlich wie wir lebt und arbeitet, hat einmal in einem solchen Fall barsch beschieden: „Ich bin doch kein Museum." Genau! In der Summe nerven solche Überfälle einfach. Dazu kommen die Besuche, die sich pflegeleicht ankündigen, aber zur Unterkunft auch noch Vollpension beanspruchen. Zwei alte Freundschaften, die wir für solche hielten, gingen in den Anfangsjahren leider in die Brüche. Wir fühlten uns einfach ausgenutzt.

Ein früherer Kunde wollte auf seiner Urlaubsheimfahrt nur 'vorbeischauen'. Gut, schließlich waren wir uns in den Jahren der Zusammenarbeit auch persönlich näher gekommen. Er kam gegen Mittag zur verabredeten Zeit mit neuer, ziemlich junger Ehefrau, die ich noch als seine frühere Sekretärin kannte. Vicky hatte im Schatten des Feigenbaums eine herzhafte toscanische Brotzeit vorbereitet, dazu schenkte ich reichlich von unserem Rotwein ein. Die Gäste waren begeistert, kosteten die eingelegten Artischocken und die frischen, noch sonnenwarmen Tomaten mit Mozzarella und Basilikum. Verglichen den toscanischen, luftgereiften Schinken mit dem lieblichen aus Parma sowie die normale mit der Wildschweinsalami. Sie probierten die dünnen Auberginenscheiben in Olivenöl und aßen dazu von der handgeschnittenen Mortadella. Kurz, es war ein bäuerliches und gelungenes Mahl. Die Schafskäse wurden dann nur noch aus Neugier versucht.

Es wurde Nachmittag und unsere Gäste machten keine Anstalten, wie geplant aufzubrechen. Es wurde später Nachmittag und Schätzchen und Häschen, wie sie sich nannten, waren vom vielen Wein etwas müde. Wir boten Liegestühle an. Gegen Abend trat mein früherer Kunde fröhlich auf mich zu, legte mir die Hand auf die Schulter und verkündete, daß er soeben über sich selbst hinausgewachsen sei: „Wissen Sie, wir bleiben einfach über Nacht, macht doch keine Umstände, oder? Ob ich jetzt einen Tag früher oder später in meiner Firma bin, man muß die Arbeit nicht so wichtig nehmen, habe auch schon einiges getrunken..."

Während ich Vicky mit der Einquartierung konfrontierte, lud Schätzchen schon das Gepäck aus, und Häschen rief vom Liegestuhl herüber: „Schätzchen, nimm auch den Fön mit rauf, ich will mir gleich die Haare waschen". Vicky machte den zaghaften Vorschlag, wir könnten ja abends zum Essen gehen. Schätzchen wiegelte ab, „unseretwegen keine Umstände bitte. Mir würde es genügen, nochmal zu essen wie heute Mittag." Häschen hauchte ja. Vicky also ab in die Küche, nachdem Pferde, Esel, Hunde, Katzen, Gänse, Enten und Hühner versorgt waren. Spät nachts, als wir zu zweit müde die Küche aufräumten - natürlich hatte Vicky gekocht -, kam Häschen bettfertig herein, mit cremeglänzendem Gesicht und einem Negligé, das aus kaum mehr bestand als der Schleife, die es über dem Busen zusammenhielt. Sie wolle ihren Mann überreden, noch ein paar Tage zu bleiben. Ich wartete auf den bekannten Zusatz „wenn es keine Umstände macht", aber der kam nicht.

Mag ja sein, daß es Menschen gibt, die aufgehen in der Aufgabe, andere zu umsorgen und die Gastfreundschaft über alles stellen. Wir sind da im Laufe der Jahre etwas nüchterner geworden oder ungastlicher, wenn man so will.

Eine irrige Vorstellung haben aber alle Besucher gemeinsam: Wer sich in der Toscana niederläßt, lebt den totalen Müßiggang, hat endlos viel und immer Zeit und ist grundsätzlich beglückt über jeden Besuch, der sein ereignisloses, stilles Landleben unterbricht. Einzige Moral der Geschichten: Wer im sonnigen Süden lebt und nicht rund um die Uhr Gesellschaft braucht zum Glücklichsein, sollte beizeiten vorsichtig sein mit der Weitergabe von Adresse und Telefonnummer.

# Lust und Qual des Weinbergs

Gestern war der 1. Oktober, seit siebzehn Jahren ein denkwürdiges Datum, das am Abend mit einem Essen bei *'Otello'* gefeiert wird. Sergio, der Besitzer des Restaurants (siehe Anhang), begrüßt uns mit einem Lächeln: *„aah, la ricorrenza del trasloco"* (der Umzugsgedenktag) und führt uns dann an unseren Platz. Wie immer ist der Tisch blütenweiß eingedeckt. Das veranlaßt mich, die Hände unauffällig von der Tischkante auf den Schoß zu verlagern. Meine Hände sehen wirklich aus wie Grabschaufeln und ich unterdrücke das Bedürfnis, jedem zu erklären, daß es kein Dreck, sondern eine Folge der Arbeit ist.

Die Weinlese ist vorüber und gestern habe ich damit begonnen, die roten Trauben zu keltern. Die Maische (das Wort klingt irgendwie nach mantschen und beschreibt einen Teil der Arbeit auch ganz gut) hinterließ wie üblich ihre Spuren in Handflächen, unter Fingernägeln und Nagelbetten. Die vielen kleinen Schnitte in der Haut (verursacht durch die Traubenkerne) sind schwarz eingefärbt. Vicky meint, ich solle Nik und Barbara abraten, einen eigenen Weinberg anzulegen. Schließlich einigen wir uns darauf, daß ich unsere Erfahrungen notiere. Das müßte als Entscheidungshilfe für oder gegen einen Weinberg ausreichen.

Eine Flasche eigenen Wein trinken, gehört zu den befriedigendsten Erlebnissen überhaupt. Die Arbeit bis dahin gehört andererseits zu den mühsamsten und - ökonomisch gesehen - wahrscheinlich zu den unwirtschaftlichsten Tätigkeiten. Wer die Mühe scheut, hat eine bequeme Entschuldigung: Schon seit Jahren ist es offiziell untersagt, neue Weinberge anzulegen. Da aber immer mehr große Weinberge aufgelöst werden, drückt die Obrigkeit bei kleineren Rebanlagen wohl ein Auge zu. Weil es scherzhaft, aber zu Recht heißt: Zehn Weinbauern, zwanzig Meinungen, versuche ich erst gar nicht, Für und Wider bestimmter Arbeitsmethoden zu erläutern. Ich beschränke mich auf meine ganz subjektiven Erfahrungen.

## Die Lage

Natürlich wird man versuchen, die Sonnenscheindauer maximal zu nutzen und beobachtet zunächst, wie sich beim jeweiligen Sonnenstand die Schatten von umliegenden Hügeln und Bäumen auf die vorgesehene Fläche auswirken. Bei der Wahl des Geländes ist es aber noch wichtiger, auf natürlichen Schutz vor dem salzigen Südwind zu achten, als eine Deckung vor dem ungehindert einfallenden Nordwind *(tramontana)* zu suchen. In Küstennähe, vor den ersten schützenden Hügeln, ist es überhaupt fraglich, ob Weinbau sinnvoll ist, da sich das in der Meeresluft vorhandene Salz auf den Trauben niederschlägt *(salmastro)* und die Qualität des Weins negativ beeinflußt.

## Größe und Ertrag

Die Größe des Weinbergs sollte sich nach den späteren Bedürfnissen richten. Soll der Wein ausschließlich für Eigenbedarf und Bewirtung reichen? Wird nach und nach die ganze Verwandtschaft mit dem eigenen Wein

versorgt? Soll der Weinertrag gar durch Verkauf Geld einbringen?

Auf Letzteres gehe ich nicht näher ein, da beim Verkauf von Wein die Vertriebsmöglichkeiten ausschlaggebend sind, und da muß jeder zukünftige Weinbauer eigene Ideen mitbringen. Auf jeden Fall sollte man versuchen, die Menge im Voraus zu kalkulieren, da unbehandelte Weine nur begrenzt lagerfähig sind und die Fässer spätestens zur nächsten Weinernte für den neuen Jahrgang frei sein müssen.

Rechenhilfe: 1.000 Rebstöcke bringen maximal etwa 2.000 l Wein pro Jahr. Die Weinmenge wird beeinflußt vom Wetter, vom Alter der Rebstöcke, von den Rebsorten und natürlich vom Schnitt (weiße Trauben ergeben bei gleicher Stockzahl mehr Wein als rote). An Fläche braucht man für eine Anlage dieser Größe ca. 4.000 - 5.500 Quadratmeter.

## Der Boden

Ein Weinberg wird für lange Zeit angelegt, allein deshalb lohnt eine sorgfältige Bodenvorbereitung. Der Grund wird zunächst sehr tief gepflügt, *lo scasso* heißt diese Arbeit, die früher mühselig von Hand gemacht wurde. Man hob einen metertiefen Graben aus und füllte ihn mit der Erde des nächsten Grabens und so fort. Im Prinzip war das wie Pflügen, nur waren eben keine Maschinen da, um große Pflüge zu ziehen. Am besten wird ein Bauer mit dem Scasso beauftragt, der den geeigneten Maschinenpark hat. Um in der hügeligen und oft steinigen Toscana metertiefe Furchen zu ziehen, braucht es extrem starke Traktoren. Die mehr oder minder großen Gesteinsbrocken, die ans Tageslicht gepflügt werden, müssen mit Geduld und Fluchen herausgeholt werden. Danach sollten einige Erdproben bei einem önologischen Labor auf ihren pH-Wert untersucht werden. Gegebenenfalls muß Mineralstoffmangel durch spezifische Dünger ausgeglichen werden.

## Aufmessen und Pflanzlöcher graben

Beim Aufmessen des zukünftigen Weinbergs großzügig mit Abständen umgehen! Lieber ein, zwei Reihen weniger kalkulieren als zu eng pflanzen. Der Mindestreihenabstand sollte nicht unter 2.20 Meter liegen, er richtet sich letztlich nach der Traktorbreite. Dazu muß noch der Manövrierraum des Traktors gerechnet werden. Je nach Fahrzeuggröße würde ich nach links und rechts nochmals wenigsten 60 - 70 Zentimeter zugeben. Beim Aufmessen erscheinen die Reihenabstände zunächst als Linien, später beansprucht jeder Rebstock nach beiden Seiten Platz, der etwa dem Volumen einer Hecke entspricht. Ein weiteres Argument für einen großzügigen Reihenabstand ist die Belüftung des Weinbergs. Bei enger Bepflanzung staut sich in den heißen Monaten die Wärme und fördert die ohnehin große Anfälligkeit der Reben für Pilzkrankheiten.

Für den Abstand der Rebpflanzen untereinander haben wir 1.20 Meter festgelegt. Zum Fixieren der Meßpunkte verwendet man am besten Bambusstöcke, weil sie schön gerade und leicht zu schlagen sind: Zumindest in der Maremma gibt es reichlich, vielleicht sogar auf dem eigenen Land, es handelt sich aber nicht um echten Bambus. Die kurz geschnittenen Stecken werden entlang der Meßschnur in die Erde gesteckt. Vorsicht, bei abfallendem Gelände macht die Schnur einen Bogen, der sich dann bei jeder neuen Reihe noch stärker krümmt. Fünfmal nachmessen lohnt sich. (Siehe auch den Hinweis für genaues Aufmessen im Kapitel 'Olivenöl'.)

Zum Ausheben der 40 - 45 Zentimeter tiefen und wenigstens 20 - 25 Zentimeter weiten Löcher, gibt es nur eine sinnvolle Methode: den Erdbohrer *(trivella)* am Traktor. Wer keinen hat, sollte sich diese Arbeit machen lassen. Mit Spaten und Schaufel wird man verzweifeln, schließlich handelt es sich bei toscanischen Böden nicht um krümelige Gartenerde.

Als wir unsere Löcher vorbereiteten, bekamen wir Hilfe von Nachbarn, die durch ihre Ausrüstung bestens auf alle Toscana-Hürden vorbereitet schienen. Unter anderem durch eine potente Motorsäge, deren Schneide durch einen ca. 70 Zentimeter langen Erdbohrer ersetzt werden konnte. Zwei große Haltegriffe am Motorblock gaben dem Ganzen ein robustes Aussehen. Also zog ich den ersten Bambusstock aus der Erde, warf den Motor der umgerüsteten Säge an, setzte die Bohrerspitze da auf, wo der Stock ein winziges Loch freigab. Dann packte ich einen Haltegriff, Vicky den anderen und gab Gas. Nach kurzem Rundflug landete ich auf der Erde. Der Erdbohrer hatte sich im lehmigen Boden sofort festgefressen, sodaß statt des Bohrers der Motorblock drehte und uns wie ein Karussell herumwirbelte. Weil ich früher losgelassen habe, bekam Vicky noch einen extra-drive und flog, halb so schwer wie ich, ein Stückchen weiter. Da alles gut gegangen war, lachten wir ausgiebig und machten uns dann kleinlaut an die Arbeit - mit der Schaufel.

Weil die Abstände der Löcher festgelegt sind, kann man großen Steinen nicht ausweichen. Lassen sie sich nicht ausgraben, so hilft nur ein langes, schweres Brecheisen und etwas Geduld. Man untersucht die Oberfläche des Felsbrockens nach möglichen Adern oder weicheren Gesteinsschichten und stößt im Rhythmus eine Dampfhammers immer wieder zu, um den Stein zu zertrümmern. Vorsicht! Vor dem Aufprall der Eisenstange muß man unbedingt den eigenen Griff lockern, weil sonst unweigerlich die Hände geprellt werden.

Die zarten Würzelchen der jungen Rebstöcke finden in grober, klumpiger Erde schlecht Nahrung, darum muß der Boden aufbereitet werden. Etwa durch gekaufte Blumentopferde. Dazu kommen Hornspäne, am besten vermischt mit einer Handvoll organischen Düngers. Die Reben gibt es vom Herbst bis zum zeitigen Frühjahr bei jeder großen Gärtnerei. Wegen der Rebsorten sollte man sich beim Kauf beraten lassen; denn nicht jede Rebe gedeiht auf jedem Boden. Wir haben unseren Weinberg mit den klassischen Chianti-Reben bepflanzt, einer prozentual genau abgestimmten Mischung aus den Sorten *Sangiovese, Malvasia nera* und *Canaiolo*, für den Rotwein. *Trebbiano, Malvasia bianca* und *Vermentino* für den Weißwein. Ich kenne aber aus jüngster Zeit auch gelungene Versuche, in der Toscana mit Cabernet und Chardonnay, die allerdings bei der Qualitätseinstufung nicht als D.O.C.-Wein anerkannt werden.

## Rebstöcke pflanzen

Die beste Pflanzzeit ist im Oktober, weil die Reben dann noch die Herbstniederschläge nutzen können. Kälte oder leichter Frost ist in der Regel nicht schädlich.

Man nimmt nun von den gebündelten Reben eine heraus und erkennt leicht den mit Wachs versiegelten Veredlungspunkt, darüber das leicht verzweigte Fruchtholz mit den bereits sichtbaren Augen der neuen Triebe und am unteren Ende des Holzes den struppigen Wurzelbüschel. Mit der Rebschere wird das Fruchtholz bis auf zwei gutgewachsene Triebe abgeschnitten, die wiederum bis auf zwei Augen zurückgeschnitten werden. Die Wurzeln werden alle auf Rasierpinsellänge zurückgeschnitten, das heißt alle Wurzeln, ob dick oder fein, werden auf die gleiche Länge gebracht. Das vorbereitete Loch darf nur so tief sein, daß der Veredlungspunkt der Rebe gerade über das Erdniveau hinausragt und zwar so, daß er zur Sonne gedreht ist bzw. nach Süden schaut.

Von Hand krümelt man nun die Erde um die Wurzeln und drückt vorsichtig fest. Damit soll vermieden werden, daß kleine Hohlräume zwischen den feinen Wurzelenden verbleiben, die eine Ernährung des Stockes erschweren. Vor dem Zuschütten des Pflanzloches kommt ein etwa 1,50 Meter langer (Bambus-)Stock so dicht wie möglich an die Rebe (auf der dem Veredelungspunkt gegenüberliegenden Seite). Er hilft bei der späteren Stockerziehung und schützt gleichzeitig die junge Rebe. Zuletzt tritt man die Erde mit ein paar vorsichtigen, aber kräftigen Hackentritten und ebensoviel guten Wünschen fest. Und das bitte 1000mal oder 3000mal oder auch nur 500mal. Je nach Ausdauer und Trinkfestigkeit.

## Pfosten setzen

Wer will, kann sich nun erst einmal ausruhen. Die Pfosten können auch noch im folgenden Jahr gesetzt werden. Für den Kauf der Pfosten weiß ich drei Möglichkeiten. Die besten Holzpfosten sind aus Kastanienholz, und jeder Bauer kennt eine Adresse, wo sie zu kaufen sind. Sie sollten mindesten 2,50 Meter lang sein (besser 3 Meter) und 10 - 12 Zentimeter dick. Später lastet auf den Spanndrähten reichlich Gewicht, die Endpfosten sollen ruhig noch dicker sein. Die Pfosten werden an dem Stück, das in die Erde gesetzt wird (mindesten 60 Zentimeter) mit Karbolineum gestrichen, um das Abfaulen hinauszuzögern.

Eine Alternative wären Zementpfosten. Sie halten wahrscheinlich ewig, mögen es aber überhaupt nicht, wenn sie beim Manövrieren mit dem Traktor angestoßen werden. Da genügt ein kleiner Stups, um den Pfosten bis auf den Armierungsdraht zu knicken. Außerdem muß man die industriell gefertigten geraden Pfosten sehr präzis ausrichten, sonst sieht der ganze Weinberg ewig schlampig aus.

Die dritte Möglichkeit ist die selbsterprobte. Wir haben uns umgehört, wo ein Weinberg aufgelöst wird. So verkaufte uns ein freundlicher Graf im grünen Lodenmantel, der im Winter im ungeheizten Büro seines

Schlößchens saß, seine gebrauchten Kastanienpfosten. Wir suchten die längsten und besterhaltenen aus und zahlten nur einen Bruchteil des Preises für neue Pfosten. Die Länge war deshalb wichtig, weil ich die Pfosten zu Hause um das Stück kürzte, das zuvor in der Erde war. Immerhin halten die Pfosten seit 14 Jahren. Seit einigen Jahren müssen wir jeden Winter ein paar ersetzen, die unter der Reblast abgebrochen sind. Für die Kalkulation der Pfostenmenge sollte man bei einem Rebabstand von 1.20 Meter alle 5 Reben einen Pfosten rechnen. Die Endpfosten werden aus statischen Gründen leicht nach hinten geneigt und zur Erde hin abgespannt. Ein Bodenanker hält die ganze Konstruktion straff.

## Drähte ziehen

Man nehme einen Hammer, kiloweise U-Nägel, eine Drahtschere, eine Feststellzange und verzinkten Draht auf 150 Meter-Rollen (Durchmesser 1,8 - 2,0 mm), zu kaufen bei einem Eisengroßhändler. Aber dann: wo den ersten Nagel einschlagen?

Nachdem unsere Reben gepflanzt waren, haben wir häufig Spaziergänge gemacht. Nicht mit Fotoapparat und Spazierstock, sondern mit Zollstock und Notizblock. Jeder am Weg liegende Weinberg wurde inspiziert und die Maße aufgeschrieben: Höhe des untersten Drahtes, Abstand der Drahtreihen untereinander, Anzahl der Drähte pro Reihe. Alles war überall verschieden. Nach einiger Zeit kritisierten wir den einen Weinberg, lobten den anderen und legten uns schließlich auf vier Drahtreihen fest. Die Maße: unterster Draht 60 Zentimeter vom Boden, zweiter Draht 100 Zentimeter, dritter Draht 140 Zentimeter, vierter Draht 180 Zentimeter. Als Luxus leisteten wir uns später für die oberen drei Reihen jeweils eine parallele Drahtführung, die entlang der unbenutzten Seite des Pfostens gespannt wurde. Das erleichtert in der stürmischen Wachstumsperiode das Einfädeln der täglich länger werdenden Triebe. An den Endpfosten wird der Draht ein- bis zweimal um den Pfosten herumgespannt, an mehreren Stellen mit U-Nägeln gesichert und hinter dem letzten U mit der Zange scharf umgebogen, in die Gegenrichtung geführt und abgezwickt. So wird ein Durchrutschen verhindert.

An den Zwischenpfosten dürfen die U-Nägel nicht ganz einschlagen werden, der Draht muß gerade noch gleiten können. Er kann dann nachgeben, wenn das Gewicht der vollbegrünten Reben nach unten zieht. Andernfalls läge die gesamte Zugkraft auf den Pfosten. (Anknüpfen einer neuen Drahtrolle siehe Zeichnung.) Da der starke Draht beim Abrollen ein Eigenleben führt, ist es nützlich, das Anfangsstück am Traktor zu befestigen, der in Flucht der Rebreihe plaziert wird und auch beim Straffen des Drahtes hilfreich ist. Ist der gesamte Weinberg verdrahtet, müssen die Drähte noch gespannt werden. Dafür gibt es spezielle Spannschlösser, die am Ende der Reihe eingesetzt werden. Mit Gefühl spannen!

## Bodenbearbeitung

Auch hier wieder: Ich berichte nur über meine Erfahrungen. Andere Weinbauern arbeiten wieder anders, und Weinbau in Deutschland, der Schweiz oder Österreich hat wenig gemein mit Weinbau und Bodenbearbeitung in der Toscana.

Wichtigstes Gerät für die Bodenbearbeitung ist der Tiefenlüfter *(estirpatore)*, der an die Hebehydraulik des Traktors gehängt wird. Mit ihm wird die Erde locker und wasseraufnahmefähig gehalten. Wer keine Steine zwischen der Krume hat, kann natürlich nach der Arbeit mit dem Tiefenlüfter noch mit einer Fräse die Erde aufkrümeln. Notwendig ist das aber nicht, es sei denn bei sehr lehmigen Böden, die sich nur in groben Brokken lockern lassen.

Den Versuch einer geschlossenen Gründecke (Dauerbegrünung, wie sie in Deutschland durchaus üblich ist) haben wir aufgegeben. Hauptsächlich, weil von Juni bis September außer meterhohen Disteln, Queckengras, Ackerwinde und ähnlichem alles Bodengrün vertrocknet, der Boden dörrt aus. Außerdem verdichtet sich die Erde in Rebstocknähe stark durch das regelmäßige Befahren mit dem Traktor beim Spritzen. Im Frühjahr kommt man gegen des schnellwachsende Grün kaum mit dem Kurzhalten nach. Zwischen den Reben

ist das Mähen nur mit einem Freischneider möglich, was bei einer größeren Anlage sehr viel Zeit kostet.

Als weiteres Gerät benötigt man also einen Pflug. Wobei es nicht so wichtig ist, den Boden zwischen den Rebreihen aufzupflügen, als vielmehr zur Stockbearbeitung im Frühjahr. Es gibt hydraulische Pflüge, mit denen man ganz dicht an den Reben entlang pflügen kann. Sie haben einen Fühler und bei Berührung mit dem Weinstock ändert der Pflug sofort seine Richtung. Er pflügt um die Rebe herum, ohne sie zu gefährden. Wir haben das Problem des Pflügens ein wenig archaisch gelöst: mit einem alten leicht modifizierten Handpflug. Dafür muß man zu zweit sein und braucht ein wenig Übung. Ich übernehme in der Regel den Part der Kuh, Vicky macht den Bauern. Ich sitze also auf dem Traktor und ziehe den angehängten Handpflug und Vicky führt ihn dicht an den Reben entlang, lenkt ihn durch Schwenken der Handgriffe, was recht schweißtreibend ist.

Die Kuh machen ist ziemlich langweilig; dennoch muß ich wach sein. Falls nämlich Vicky an einer Rebe den Pflug nicht rechtzeitig herumwerfen kann, hängt das Überleben der Rebe von einem schnellen Tritt auf die Kupplung ab. Ich würde eigentlich lieber den Pflug führen, aber Vicky meint, ich pflüge nicht energisch genug an die Reben hin. Trotz aller Maschinenarbeit läuft aber nichts im Weinberg ohne Hakke. Betrieben mit Muskelkraft. Für die Arbeit am Stock ist besonders eine große zweizinkige Hacke geeignet *(bidente)*. Mit ihr kann gleichzeitig links und rechts der Rebe gehackt werden.

Im Herbst und Winter, wenn der Boden gut durchgefeuchtet ist, bildet der Rebstock gerne Wurzeln in geringer Tiefe. Das ist verständlich; denn warum soll er die Nahrung aus 60 oder 70 Zentimeter Tiefe heraufschaffen, wenn es auch einfacher geht. Diese Aktivität der Rebe erweist sich im trockenen Sommer aber als schädlich. Die kräftigen, hoch liegenden Wurzeln können den Rebstock nicht mehr ernähren, trocknen aus und mit ihnen allmählich die Rebe. Die wilden Wurzeln müssen also beseitigt werden, deshalb ist das Aufpflügen der Reben, also vom Stock weg, als erste Arbeit im zeitigen Frühjahr besonders wichtig. Nach dieser Arbeit werden die Reihen wieder zugepflügt.

## Schnitt und Erziehung

Verschiedene Schnittmethoden füllen ganze Lehrbücher, und tatsächlich ist der richtige Schnitt entscheidend für den Ertrag, vor allem für die Lebensdauer der Rebe, die 30 Jahre erreichen kann. Die ersten drei Jahre nach dem Pflanzen sind der Erziehung der Rebe gewidmet. Man schneidet jeweils stark zurück, um einen kräftigen Stamm zu bilden. Alle Triebe am Stamm müssen beseitigt werden (siehe auch die drei Zeichnungen). Die letzte Zeichnung zeigt das Ergebnis unserer Erziehungsarbeit. Ein Bogenschnitt nach einer Seite, zu dem wir uns entschlossen haben, weil es die mit Abstand häufigste Erziehungsart ist, die hier traditionell angewandt wird. Warum nicht auf alte Methoden bauen, vor allem, wenn man es nicht besser weiß.

Jeder weitere Rebschnitt folgt zwei einfachen Regeln:

1. Jung bleiben ist alles. Von den einjährigen Trieben wird derjenige als neuer Fruchtarm gewählt, der am nächsten beim Stamm austreibt. So wird zu rasches Verholzen verhindert. Der zweitjüngste Trieb übernimmt die Funktion des Ersatzholzes.

2. Gier schadet der Rebe. Wenn man die vielen und kräftigen Augen am Fruchttrieb sieht, fällt es schon schwer, sich auf fünf bis sechs Augen zu beschränken. Aber es muß sein. Mehr zehrt an der Kraft der Rebe und verschlechtert die Qualität des späteren Weins.

Da nach einem Jahr ein unüberschaubares Gewirr von meterlangen Trieben entsteht, schneiden wir unsere Reben in zwei Stufen. Ende Dezember, wenn längst das letzte Weinblatt abgefallen ist, beginnen wir, die langen, gewundenen Arme aus den Drähten zu lösen und so zurückzuschneiden, daß nur noch senkrechte Hölzer in die Höhe ragen. So entsteht ein übersichtliches Bild der Anlage. Wer einen Häcksler für den Traktor besitzt, kann das abgeschnittene und gebündelte Holz direkt zerkleinern und später in den Boden einarbeiten. Einige Bündel bekommen jeweils unsere Pferde, die genüßlich darauf herumkauen wie Kinder an einer Lakritzstange. Der eigentliche Rebschnitt erfolgt Anfang bis Mitte Februar (je nach Härte des Winters), wenn die Augen am Holz zu schwellen beginnen. Der neue Fruchtarm wird zuletzt wieder gebogen und am untersten Draht festgebunden.

## Bindematerial

Wir verwenden seit Jahren zwei Millimeter dünne grüne Gummibänder, die durch ihre Elastizität ausgezeichnet halten, sich gut binden lassen, und mit einem kräftigen Ruck wieder abzutrennen sind. Es gibt sie als großes gewickeltes Knäuel (wie Wolle). Um die Hände frei zu haben, hänge ich mir eine ausgediente Handtasche mit Schultergurt um den Hals, in der Knäuel und Rebschere

Platz haben. Alternativ gibt es Bindedrähte mit Papier umkleidet, ähnlich denen, die man zum Verschließen von Tiefkühlbeuteln verwendet. Eleganter sind Bindemaschinchen. Wir haben zwei Typen ausprobiert. Mit der einen schlingt man ein dünnes Plastikband von der Rolle um Stamm oder Trieb, drückt zu und klammert dabei das Band zusammen. Sie gehen aber häufig auf, wenn sich die Rebe auszudehnen beginnt (besser geeignet zum Aufbinden von Tomaten). Das andere Modell arbeitet mit Drahtschlaufen, die durch Zudrükken der Zange geformt werden. Durch den starren Draht ist die Fixierung weniger flexibel, hält aber gut. Wer sonst nichts vorhat, außer im Weinberg zu arbeiten, kann besonders umweltfreundlich binden: mit Ginster. Gelegentlich kommen noch ältere Bauern bei uns vorbei und fragen, ob sie sich Ginster schneiden dürfen zum Wein aufbinden.

## Spritzen und Düngen

Pendel schlagen bekanntlich nach zwei Seiten aus. Was dem einen seine Chemie, ist dem anderen sein Bioanbau und die Anhänger beider Seiten beharren gerne auf ihrer Position, als sei sie die einzig gültige. Bei der Chemie wissen wir bereits, wohin dies geführt hat. Aber die Industrie hat dazugelernt und bietet mittlerweile gezielt wirkende und rasch abbauende Spritzmittel an. Auf der anderen Seite arbeiten verantwortungsbewußte Bauern immer erfolgreicher mit natürlichen Anbaumethoden.

Auf beiden Seiten gibt es aber auch Randgruppen: Chemieanhänger scheren sich überhaupt nicht um eine kontrollierte Düngung und spritzen nach der Uralt-Methode 'viel hilft viel'. Bio-Anhänger eifern einem Trend nach, ohne tiefere Kenntnis von umweltgerechten Anbaumethoden. Und nach wie vor gibt es auch in der Toscana Hobby- oder Teilzeitbauern, die nicht von ihren Erträgen leben müssen. Sie stülpen sich am Wochenende eine Schutzmaske über den Kopf und spritzen ziemlich schamlos über Reben, Obstbäume, Oliven, um jeder Eventualität eines Krankheitsbefalls vorzubeugen. Andererseits ist jemand, der ein Löffelchen Mist an seine Tomaten wirft, noch kein Bio-Bauer.

Als angelernter Laie zähle ich mich weder zu der einen noch zu der anderen Gruppierung und setze auf wachsende Erfahrung und Augenmaß. Meine Haupterkenntnis: Man kommt im Weinbau nicht ohne Spritzmittel aus. Wichtig ist, daß die richtigen Mittel zum richtigen Augenblick gespritzt werden. Dazu müssen vier Punkte beachtet werden:

1. Von Anfang an mit niedrigen Giftklassen arbeiten.
2. Spezifische Mittel zur Bekämpfung eines bestimmten Pilzes nur einsetzen, wenn dieser Pilz auch wirklich in schädlichem Umfang auftritt. Düngemittelhändler und Agrargenossenschaften können einem jeweils den neuesten Stand mitteilen.
3. Moderne Spritzmittel verwenden, die sich meist innerhalb von 12 - 21 Tagen abbauen, das heißt zumindest an Stock und Traube ist dann chemisch nichts mehr nachweisbar. Das erfordert allerdings sehr gewissenhaftes Einhalten eines Spritzplans.
4. Ab Anfang August nicht mehr spritzen.

Zum Spritzen gibt es Geräte, die 200 - 400 l Wasser aufnehmen und durch seitliche Arme einen Spritznebel abgeben. Die Düsen sind regulierbar, außerdem kann der Spritzdruck verstellt werden, um den Sprühnebel stärker oder schwächer zu halten.

**Zwei Tips:** Vor dem ersten Spritzen mit einem neuen Gerät lohnt es sich, einmal nur mit Wasser beladen durch den Weinberg zu fahren, um die beschriebenen Justiermöglichkeiten auszuprobieren. Ich weiß keine andere Möglichkeit, um festzustellen, bei wieviel Bar ein Spritztank bei einer Motordrehzahl x des Traktors leergefahren ist. Und das ist im Sinne einer verantwortungsvollen Spritzung sehr wichtig. Achtung: die meisten Traktoren haben eine Antriebswelle mit zwei Geschwindigkeiten: *ridotto* und *veloce*. Auch das beeinflußt selbstverständlich die Spritzmenge pro gefahrenem Meter.

Der zweite Tip bezieht sich auf die Filter am Spritzgerät. Ich hatte ein gebrauchtes Gerät gekauft, das keine zusätzlichen Filter hatte und bin fast verzweifelt. Auch wenn die pulverisierten Mittel hoch wasserlöslich sind, gibt es doch kleine Rückstände beim Aufrühren, die ohne Zwischenfilter immer wieder die Spritzdüsen verstopfen.

Die Düngung des Bodens ist bei uns recht einfach. Drei Pferde und vier Esel machen jede Menge Mist, der zwischen Weinberg, Artischockenfeld und Gemüsegarten aufgeteilt wird. Zusätzlich arbeiten wir im Weinberg noch mit gekauftem organischem Dünger. Mist ausbringen ist ein bißchen mühsam, weil er schwer ist und erst einmal auf den Anhänger geladen werden muß, bevor er zwischen den Reben mit langsam fahrendem Traktor verteilt wird.

## Spritzmittel - Vorschriften

Für den Landbesitzer ist wichtig zu wissen, daß chemische Spritzmittel nur in den schwächeren Giftklassen drei und vier frei verkäuflich sind. Unter der Voraussetzung, daß man jedes Jahr eine eidesstattliche Erklärung vorlegt, die von der Gesundheitsbehörde genehmigt ist. Darin weise ich mich als Grundbesitzer und Landwirt aus, der seine Produktion nur zum eigenen Verbrauch verwendet. Werden die Erzeugnisse vermarktet, muß eine gesonderte Befähigung zum Gebrauch von Spritzmitteln erteilt werden, die man durch einen Kurs mit abschließender Prüfung erwerben kann. Für die hohen Giftklassen eins und zwei ist eine Prüfung obligatorisch. (Man bekommt eine Lizenz, die jährlich erneuert werden muß. Der Kauf jedes Spritzmittels wird unter der Lizenznummer registriert.)

## Ausgeizen

Das Ausgeizen *(scacchiare)* von Seitentrieben ist keine schwierige Arbeit, aber eine schier endlose. Von Ende April bis Mitte Juli beansprucht das Ausgeizen fast jede freie Minute. Die Kraft und Schnelligkeit, mit der die Rebe wächst, führt buchstäblich dazu, daß man mit dem Ausgeizen vorne wieder anfangen muß, wenn man hinten fertig ist. Vielleicht wäre das Ganze ja ein wenig großzügiger zu handhaben? Ich fürchte nein. Die Seitentriebe - sie wachsen zwischen einem Blatt und dem Haupttrieb - erreichen innerhalb weniger Wochen die gleiche Stärke wie der Haupttrieb. Die zahllosen Seitentriebe vervielfachen das Blattwerk der einzelnen Rebe und schwächen sie dadurch. Immerhin muß sie vor der Weinlese noch den trockenen Sommer durchstehen. Eine Rebe in der beschriebenen Erziehungsform hat mit einem Quadratmeter Blattwerk ein gutes Verhältnis zwischen Trauben und Grün. Beim Ausgeizen werden außerdem die länger werdenden Haupttriebe geordnet, gebändigt, wenn nötig zwischen die parallelen Drahtreihen geschoben und um den obersten Draht herumgeschlungen. Wer ungeübt ist, bricht leicht einmal die Spitze eines jungen Haupttriebs ab. Das ist aber kein Drama, es bleibt dann einfach der nächste Seitentrieb stehen, der die Spitze übernimmt.

Ich habe Vicky die Weinnotizen gezeigt. Sie ist sicher, daß Nik und Barbara nach dieser Lektüre keinen Weinberg anlegen werden. Auch recht. Es wäre ja auch langweilig, wenn jeder dasselbe machte. Es gibt Leute, die Würmer züchten, andere joggen. Es kommt nur darauf an, die nötige Begeisterung mitzubringen. Zum Weinanbau braucht man viel davon.

## Vor der Weinlese

Im August wird es ruhig im Weinberg. Zumindest tagsüber. Ein Kontrollgang durch die Reihen ist schon alles. Als letzte Arbeit ziehen wir seit einigen Jahren einen Elektrozaun um den ganzen Weinberg, um Wildschweinen den Besuch zu verderben. Wildschweine lieben den Saft der reifen Trauben. Eine Sippe von zehn Wildschweinen kann in einer Nacht viele Reben 'abernten', dabei pflücken diese alten Schweine die Beeren nicht einmal ordentlich ab, sondern ziehen sich einfach eine ganze Traube durchs Maul, ohne sie von der Rebe abzureißen. Am Morgen hängen die Reste

dann schlaff am Rebstock, und ich stelle mir die Wildschweine vor, wie sie versabbert, verklebt und zufrieden in ihrer Suhle liegen und die letzten Trauben aus den Zähnen schmatzen. Das muß nicht sein!

Im September beginnt dann eine Art count-down. Eben war erst der übliche Ferragosto-Ansturm der Touristen überstanden, schon fängt man an, die Zeit in 'vor der Weinlese' und 'nach der Weinlese' einzuteilen. Obwohl wir nie vor Ende September, Anfang Oktober mit der Lese beginnen, reagieren wir nun sensibel auf die ersten Anzeichen der bevorstehenden Ernte. Auf dem Weg ins Dorf fällt der Weinbauer auf, der seine Presse im Hof aufgestellt hat. Andere stapeln bereits ihre Erntekisten am Weinberg auf, und bald zieht auch der erste Geruch gärenden Weins in die Nase, der sich in den folgenden Wochen wie eine duftende Nebeldecke über die ganze Gegend legen wird.

Eine Woche vor der geplanten Weinlese beginnen wir mit den Vorbereitungen:

Die Fässer müssen leer sein. Der restliche Wein wird in *damigiane* umgefüllt (das sind Glasballons, die etwa 54 Liter fassen und in Körben stecken). Die Stahlfässer werden ins Freie gebracht (siehe auch Ausstattung des Weinkellers) und gründlich geschrubbt und gereinigt. Sauberkeit ist die Basis für jede Kelterarbeit. In unserer zweiten Cantina steht ein großes gemauertes Faß, in dem der Rotwein vor dem eigentlichen Pressen angärt. Dieses Faß muß mit Bürste und viel Wasser von den eingetrockneten Schalen der letzten Ernte gereinigt werden. Gottlob hat nur Vicky die geeignete Figur, um sich durch die kleine Öffnung zu zwängen. Ich reiche großzügig Bürste und Wasserschlauch nach, sorge für Innenbeleuchtung des Fasses und fange das herausfließende Wasser in Eimern auf. Vickys Arbeitskleidung besteht aus einem Badeanzug, einteilig. Einmal flog auch dieser aus der Öffnung. Was sie danach in dem Faß veranstaltet hat, war mir nicht klar. Kommt das Wasser schließlich sauber im Eimer an, ist die Prozedur beendet. Faßboden und Zementanstrich haben genug Feuchtigkeit aufgenommen, die sie sonst vom Traubensaft absaugen würden. Von Vicky sehe ich das zuerst, was ich vorher zuletzt gesehen habe: das Hinterteil. Ich bleibe sachlich und verkneife mir eine beliebte Macho-Geste. Um ein erneutes Austrocknen der Wandung zu verhindern, wird diese Arbeit erst am Nachmittag vor der Weinlese gemacht.

Vom Speicher werden die Kisten geholt und gewaschen. Zu verschiedener Zeit gekauft, in immer wieder anderen Farben, ergeben die zig Kunststoffkisten ein fröhliches Bild aus bunten Tupfen, wenn sie am Eingang zum Weinberg bereit stehen. Abbeermaschine und Pumpe werden kontrolliert, Leitern werden aufgestellt, der Holzkäfig der Weinpresse wird aufgesetzt. Das Gewinde, auf dem der Hydraulikblock läuft, reibe ich mit Vaselineöl ein. Es ist geschmack- und geruchlos.

Ab jetzt wird auch täglich der Wetterbericht auf RAI 1 verfolgt. Wenn die Vorbereitungen einmal eingeleitet sind, entscheidet nur noch das Wetter über den Erntetag. Vicky telefoniert die Hilfskräfte zusammen. Je mehr, desto besser, es soll ja für keinen in harte Arbeit ausarten. Hilfe bei der Ernte ist bei kleinen Weinbergen meist ein Freundschaftsdienst, der durch ein gemeinsames Mittagessen abgegolten wird. Aber jede Verschiebung des Lesetermins kompliziert die Situation.

## Weinlese

Dieses Jahr sind wir, Vicky und mich eingerechnet, zehn Leute zum Trauben ernten. Früher hat es mich leicht nervös gemacht, wenn die Helfer schon eine Stunde früher da waren als vereinbart. Heute weiß ich, daß man auf dem Land eben früh aufsteht und Warten nichts Schlimmes ist. Ich lege noch einige Rebscheren bereit, die aber überflüssig sind, weil jeder seine eigene mitbringt. Vicky fährt zum Bäcker, die vorbestellten Pizzen abholen. Währenddessen trifft die Erntemannschaft ein. Andrea, der Gärtner unseres Nachbarn ist der erste. Er kommt in Jagdkleidung, man kann ja nicht wissen, was der Tag noch Wildes bringt.

Vasco mit seiner Frau Liliana, die eine Zigarette nach der anderen raucht mit dem Hinweis, daß Mutter, Großmutter und Tante an Lungenkrebs gestorben seien. Keine von ihnen hätte je eine Zigarette geraucht. Vasco selbst war bis zur Pensionierung Baggerfahrer. Es dürfte schwer sein, ihn aus der Ruhe zu bringen. Claudio hat seine Frau Nuccia mitgebracht. Er ist Arbeiter in einer Fabrik für Hochofenauskleidungen, verdient die üblichen 1,8 Millionen Lire netto, bei Arbeitsbedingungen wie aus frühindustrieller Zeit. Alle drei Monate fährt er mit seinem heute zehnjährigen Buben nach Pisa. Der Junge leidet an Wachstumsstörungen, gegen die Spritzen helfen sollen. In Pisa suchen sie jedesmal einen Professor auf, der sie nach fünf Minuten optischer Visite entläßt. Mit der linken Hand steckt er sein Honorar von 250.000 Lire ein, mit der rechten verabschiedet er dafür den Vater mit Handschlag. Die Krankenkasse zahlt die Spritzen, die Mutter spritzt selbst. Für 'intrapopolär' geht man in Italien nicht zum Arzt.

Claudio ist zufrieden und aggressionslos. Wenn seine Schicht günstig liegt, arbeitet er bei uns auf dem Land. Eolo kommt mit seinem hoch aufgeschossenen Sohn Stefano. Beiden hat Vicky Stellen als Landarbeiter verschafft. Eolo, der frühzeitig in Ruhestand gegangen ist, bessert so seine Rente auf. Stefano hat Automechaniker gelernt und keine Stelle gefunden. Die Landarbeit war sein Start in eine Zukunft, in der sich nur mit Geld die vielen Wünsche erfüllen lassen. Zunächst hat er aus lauter Begeisterung über seine regelmäßigen Einkünfte geheiratet. Alles klappte vorzüglich, das gemeinsame Kind kam erst kurz nach der Hochzeit zur Welt. Vorläufig muß als Statussymbol ein Handy am Hosenbund ausreichen. Als Wohnung dient abwechselnd das Heim von Eltern und Schwiegereltern.

Und dann kommt noch Signora Salvini. Schwarzhaarig, süditalienisch klein, mit hübschem Gesicht, wachen dunklen Augen und einer ausgesprochen preußischen Auffassung von Pflicht, Ordnung und Erziehung. Ihre vier Kinder (bis auf das jüngste verheiratet) sind ein Muster an deutsch anmutender Wohlerzogenheit. Sie ist noch nicht fünfzig und seit zwei Jahren Witwe. Signora Salvini bietet sich sofort an, für alle Espresso zu kochen. Sie kennt sich am besten in unserer Küche aus.

Ich prüfe zum dritten Mal, ob die Trauben abgetrocknet sind. In der vergangenen Nacht hat es nochmal leicht geregnet, deshalb haben wir den Lesebeginn verschoben. Vicky kommt vom Bäcker und stellt eine große Platte mit frischer *Schiaccia* auf den runden Marmortisch unter dem Porticato. (*Schiaccia* ist gebackener Pizzateig mit etwas Olivenöl und Salz, eventuell ein wenig Rosmarin.) Warten macht hungrig, sogar Andrea und Vasco unterbrechen ihre wahrscheinlich wieder leicht übertriebenen Jagdberichte. Als die Platte leer ist, gebe ich das Startzeichen.

Dann läuft alles zügig. Es bilden sich drei Gruppen. Jeweils zwei Personen schneiden eine Rebreihe. Einer von links, der andere von rechts. Eolo und Stefano schleppen die vollen Kisten, stapeln sie auf die Hucke am Traktor und verteilen leere Kisten. Ich bediene die Abbeermaschine. Dort werden die vollen Weinkisten angeliefert. Es ist Fließbandarbeit. Ich hebe Kiste um Kiste auf den Rand der neuen Abbeermaschine aus Edelstahl und lasse sie in den breiten Trichter gleiten.

Meine Hände fühlen die pralle Feuchtigkeit der reifen Beeren, ich kontrolliere die Qualität, sortiere notfalls Schimmel aus. Eine endlos drehende Spindel treibt die ganzen Trauben nach rechts auf eine Öffnung zu, die durch Gummiwalzen versperrt ist. Die Walzen quetschen die Trauben auf ihrem Weg nach unten, der Saft beginnt zu fließen. Im Zwischendeck der Maschine dreht sich eine weitere Spindel in einem zylinderförmigen Gitterkäfig, die auf die ausgequetschten Trauben einschlägt. So trennen sich die Beeren von den Stielen. Die Maische läuft nach unten direkt zur Pumpe und wird von dort durch einen acht Zentimeter dicken Schlauch zum Faß befördert. Die Stiele werden durch eine Öffnung ins Freie geworfen.

Zwischendurch prüfe ich, ob die Pumpe richtig fördert. Ein verirrter Stiel kann die Pumpe verstopfen. Wenn das nicht bemerkt wird, läuft die Maische irgendwann da ins Freie, wo nur die Stiele herausfliegen sollen. Auch dem Holztürchen am Faß gilt meine Aufmerksamkeit. Ist es gut eingedichtet oder tropft zuviel Saft heraus? Am Anfang sickert immer ein wenig Flüssigkeit heraus, bis das Holz gequollen ist. Stefano kommt zwischendurch, um den Behälter mit Stielen zu leeren. Ein Teil geht zu den Hühnern, der Rest wird zurückgebracht in den Weinberg und dort auf die Erde gekippt.

Irgendwann das Signal: Alle blauen Trauben sind geerntet. Während ich mit Eolo und Stefano den dicken Schlauch leere, werden die ersten Kisten mit weißen Trauben gefüllt. Vicky und Signora Salvini verschwinden in der Küche. Andrea und ich bringen die schwere Abbeermaschine vor den Weinkeller, die weiße Maische soll direkt in ein Stahlfaß gepumpt werden. Die ersten 20 Kisten mit weißen Trauben stehen schon neben der Maschine, aber jetzt wird erst einmal im Freien gegessen.

## Winzeressen

Als Vorspeise gibt es eigene, in Olivenöl eingelegte Artischocken, getrocknete Tomaten, Pilze, hauchdünne Scheiben Auberginen und lange Zucchinistreifen. Dazu das frische *casalingo*, unser köstliches, ungesalzenes toscanisches Weißbrot, Wildschweinsalami und leicht gerunzelte schwarze Oliven (gerunzelt, weil sie im Ofen vorsichtig angetrocknet wurden). Mortadella in handgeschnittenen groben Scheiben und einheimischer roher Schinken. Reichlich San Pellegrino Mineralwasser und natürlich unser eigener *terra di ciucchi*-Rotwein. Pizzastücke machen die Runde und eigentlich ist man bereits gesättigt. Da kommt Signora Salvini mit einer Schüssel voll dampfender *pasta alla boscaiola.* Das *Sugo* hat Vicky schon am Abend vorher zubereitet. Noch einmal greifen alle zu, bei Pasta sagt kein Italiener nein, ich auch nicht.

Es gibt dann noch ein Hauptgericht mit in Olivenöl gebratenen Fleischstücken von Lamm, Huhn und Ente (bis auf das Lamm Eigenproduktion), was hauptsächlich Komplimente für die Hausfrau bringt, gegessen wird davon aber kaum noch etwas. Ich probiere noch von unserem frischen Mangoldgemüse *(bietola)*, das gekocht und etwas in Olivenöl geschwenkt wird, mit reichlich Knoblauch und ein wenig Salz und Pfeffer. Als Vicky Käse und Obst anbietet, halten alle die Hand vor den Bauch. Signora Salvini ist schon in der Küche verschwunden, Espresso zu bereiten. Als sie danach noch mit einem Kuchen herauskommt, gibt keiner zu, daß er darauf gewartet hat. Jeder bedient sich so, als hätte er sich genau dieses Plätzchen im Magen noch frei gehalten.

Inzwischen ist es bedeckt, die Weinlese geht mit vollem Bauch weiter. Ich leere wieder Kiste um Kiste in die Abbeermaschine. Als Andrea und Eolo die letzten sechs Kisten bringen, fallen gleichzeitig die ersten Regentropfen, und mein Winzerehrgeiz bekommt einen Kratzer. Als der Traktor kurz darauf die kleine Steigung zum Weinkeller heraufkommt, sehe ich, daß Eolo sein blaue Arbeitsjacke über die obersten zwei Kisten gebreitet hat - gerettet.

Nuccia und Signora Salvini bringen die Küche in Ordnung, Claudio wäscht mit Stefano sofort die Kisten, bevor der klebrige Saft antrocknet. Ich reinige mit Eolo die Abbeermaschine. Dann allgemeiner Aufbruch. Dankeschöns für die Hilfe, „gern geschehen" und Lob für das Essen. Dann sind wir wieder alleine. Es gibt noch viel zu tun, aber das ist jetzt unwesentlich. Wichtig ist, daß der Most in den Fässern ist und die wachsende Spannung der letzten Wochen allmählich abfällt. Kein Wildschwein schreckt mich mehr, keine Elster und kein ausgerissener Esel, keine Pilzkrankheit oder die Furcht vor Hagelwetter macht mich nervös. Das Refraktometer (ein Gerät zum Messen des Zuckergehalts im Traubensaft) zeigt mittleres Mostgewicht an, ausreichend für gute Fermentierung. Ein gemeinsames Abendessen lassen wir heute ausfallen, ich nehme mir ein Stück von der gebratenen Ente vom Mittag, öffne eine Flasche *terra di ciucchi* und bin zufrieden.

Später zieht durchs geöffnete Schlafzimmerfenster mit der kühlen Nachtluft auch der erste Duft gärenden Rotweins herauf. Vielleicht ist es die narkotische Wirkung der leicht weingeschwängerten Luft, die mich in den Tagen nach der Weinlese so entspannt schlafen läßt.

## Wein machen

Das Pressen der Trauben ist eine schöne und ruhige Arbeit. Eile hat hier nichts zu suchen. Dagegen braucht man einiges an Sensibilität. Wenn man seinem Wein aber nur das abverlangt, was ihm die Natur gegeben hat, ist es auch eine einfache Arbeit.

Am Morgen nach der Weinlese soll der Weißwein gepreßt werden. Zuvor muß aber beim Rotwein eine Arbeit erledigt werden, die sich in den nächsten fünf Tagen, morgens und abends, wiederholt. Die obenauf schwimmenden roten Traubenschalen im Zementfaß müssen angefeuchtet werden, damit sie nicht austrocknen und dadurch schimmeln. Damit wäre der Wein verdorben. Ich schließe die Pumpe an, Vicky klettert über die Holzleiter auf das Zementfaß und kauert sich in den niedrigen Zwischenraum von Faß und Deckenbalken. Sie schiebt den Holzdeckel von der Einlaßöffnung, ich reiche zunächst den Ansaugschlauch, den sie durch die dicke Maischeschicht nach unten drückt, dann den Förderschlauch und die Werkstattlampe. Auf das Startzeichen schalte ich die Pumpe an und Vicky 'wässert' nun mit dem angesaugten Most die Oberfläche, den 'Hut' der Maische, bis alles feucht ist. Einmal haben wir dabei unfreiwillig eine Slapstick-Scene geliefert:

Vicky, die oben auf dem Zementfaß kniete, glitschte der Förderschlauch bei laufender Pumpe aus der Hand, er schlug mit einem saftigen Schmatz auf den gefliesten Boden und die Pumpe lief weiter. In der ersten Schrecksekunde fiel uns nur ein 'Pumpe aus'-Schrei ein. Ich stand auf der Leiter, wollte besonders schnell sein, verhedderte mich beim Abstieg im Kabel der Handlampe und riß es aus der Steckdose. Nun war es auch noch finster. Die letzten zwei Leitersprossen nahm ich im Sprung, aber ich hatte die veränderten Bodenverhältnisse nicht berücksichtigt, rutschte aus und lag der Länge nach in der roten Brühe. Inzwischen hatte Vicky ihre Sinne wieder beisammen und riß den Ansaugschlauch aus der Maische, sodaß die Pumpe nichts mehr zu fördern hatte. Während ich mich noch kniend zum Ausschalter robbte, war der Spuk beendet. Fazit: Schrecksekunden lassen sich in Litern messen und können ganz schön lange dauern. Wir konnten über diesen Unfall erst später lachen.

Für diese Arbeit am Faß gibt es eine strenge Regel: Nie alleine hantieren! Das frei werdende Gärgas ist so konzentriert, daß man urplötzlich das Bewußtsein verlieren und kopfüber ins Faß stürzen kann. Tatsächlich passieren solche Unfälle mit sicherer Todesfolge immer wieder mal. Wir sichern uns dadurch, daß ich, auf der Leiter stehend, Vicky am Hosenbund festhalte und sie dauernd reden muß. Schweigt sie plötzlich, dann weiß ich, daß sie einer Ohnmacht nahe ist. Das gilt aber nur für die Arbeit auf dem Weinfaß.

Zurück zum Weißwein: Unter das volle 1000 l Faß stelle ich eine Wanne, die etwa 80 Liter faßt und befestige den Ansaugschlauch der Pumpe. Darunter kommt ein Sieb - und dann: Hahn auf! Was jetzt folgt, könnte ich mir tagelang ansehen. Innerhalb weniger Stunden haben sich die nassen Traubenschalen oben als kompakte, feuchte Kuchen abgesetzt und unten laufen Hunderte von Litern milchigtrüben Mosts heraus. Der Lohn für ein Jahr Arbeit! Später, wenn die Flüssigkeit abgelaufen ist, fülle ich Wanne um Wanne mit der Maische und leere sie in den Holzkäfig der wenige Schritte entfernt stehenden Weinpresse. Zwischendurch knete und drücke ich die Maische in der Presse fest, um eine homogene, dichte Masse herzustellen. Schon bald läuft aus der Auffangrinne der Presse wieder Most, herausgedrückt durch das Eigengewicht der Bälger. Ich fülle die Weinpresse bis eine Handbreit unter den Rand, glätte die Oberfläche der Maische und setze zwei halbkreisförmige Holzdeckel auf. Darauf kommen im Kreuzverband quadratische Langhölzer. Ich entsichere die hydraulischen Kolben und betätige einige Male den Kipphebel, der den eigentlichen Preßvorgang auslöst. Dann sitzt der Preßkopf fest auf der Holzunterlage auf.

Ganz sachte kann es nun losgehen. Später verwende ich eine kurze Stange und erst zum Schluß, wenn das Manometer die ersten Bar anzeigt, benutze ich ein Eisenrohr als Hebelarm. Durch das langsame Pressen wird verhindert, daß sich im Inneren der Maische frühzeitig ein hoher Druck aufbaut. Die Flüssigkeit braucht Zeit, um von innen nach außen zu sickern, um schließlich abzulaufen. Inwieweit zu starkes Auspressen bei zu hohem Druck der Qualität des Weines schadet, weiß ich nicht. Ich verlasse mich auf mein Gefühl, das mir sagt, wann ich aufhören sollte. Der Inhalt der Presse ist dann nicht ganz bis auf die Hälfte der ursprünglichen Menge zusammengedrückt.

Es gibt heute auch vollautomatische Edelstahlpressen, die aussehen wie eine eiserne Lunge. In deren Inneren drückt eine auf- und zugehende Gummiblase schonend mit nur 1,2 bar (dafür muß man aber auch fast 20.000 Mark hinlegen). Meine klassische hydraulische Presse zeigt soviel Sanftheit nicht mal an. Die Skala des Manometers beginnt erst bei 2 bar.

Ein Blick ins Faß auf die perlende Oberfläche zeigt an, daß der Most zu gären beginnt. Nachmittags folgt eine zweite Füllung der Presse. Irgendwann nach Mitternacht betätige ich zum letzten Mal den Hebel der Weinpresse und halte dann mein Ohr über das offene Weinfaß: Ein leises Rauschen dringt heran und bestätigt nur, was mir meine Nase schon vorher sagte: Die Gärung hat begonnen und verstärkt sich. Zufrieden schließe ich die Türe des Weinkellers hinter mir.

**Zwei Tips noch:** 1. Nie den Förderschlauch der Pumpe im Faß hängen lassen - mit dem Ende im Wein. Die

Flüssigkeit läuft zurück! Die Überschwemmung ist programmiert. 2. In der ersten stürmischen Gärphase braucht der Wein viel Platz. Ein 1.000 Liter-Faß sollte man nicht voller machen als bis zur 700 Liter-Marke. Sonst kann es passieren, daß man am nächsten Morgen in den Weinkeller kommt und das Faß ist übergelaufen.

Einmal wollte der weiße Most nicht anfangen zu gären. Als naturtrüber Traubensaft lag er regungslos im Faß. Wir warteten einen vollen Tag - nichts. Dann wurde es kritisch, Most hält nicht ewig. Wir besorgten Fruchthefe, setzten sie mit etwas Most an und stellten sie in die pralle Sonne. Selbst da dauerte es noch bis zum Nachmittag, bis die dringend erwarteten Bläschen aufstiegen. Diesen 'Starter' gaben wir zum Most und von da an lief alles normal.

In den Tagen nach dem Pressen durchläuft der junge Weißwein verschiedene Gärphasen. Nach ein bis eineinhalb Tagen verebbt die stürmische Gärung, in der sich die Gasbläschen zu dicken Schaumwolken aufblähen, als hätte man versehentlich Badezusatz zugefügt. In der nächsten Phase bildet der zusammenfallende Schaum eine homogene Decke, die wie eine Marmorstruktur aussieht. Die dunklen Schlieren in der sonst elfenbeinfarbenen Fläche verändern sich fortwährend. Sie werden durch die aufsteigenden Gase in Bewegung gehalten. Nach etwa 3 Tagen verkleinern sich die aufsteigenden Bläschen und werden zu einem gleichmäßigen Sektprickeln, die Oberfläche klart auf und aus dem Most ist ein Jungwein geworden, praktisch aller Traubenzucker ist restlos vergoren. Von Süße keine Spur mehr. Einige Tage gärt der Wein jetzt ganz ruhig vor sich hin, und wenn ich das Prickeln nur noch am Geräusch erkennen kann, schließe ich das Faß luftdicht ab. Die Gärgase können durch ein Ventil entweichen. Geht alles so weiter, wie es die Natur vorsieht, dann gärt der Wein nach etwa 10 - 14 Tagen noch einmal etwas stärker.

Weinspezialisten, ich meine solche, die mit Schlagworten und Halbwissen den Weinkenner herausstreichen, kommen bei unserer archaischen Keltermethode natürlich nicht auf ihre Kosten. Noch nie von kontrollierter Gärung gehört, Barrique, Filtern etc? Was soll man darauf sagen? Am besten die Wahrheit: Ich weiß, daß es wunderschöne Edelstahlfässer gibt, doppelwandig, angeschlossen an ein Heiz- oder Kühlsystem, alles kontrolliert sich automatisch, wenn die gewünschte Temperatur eingestellt wurde. Ich mache es einfacher: Gärt der Wein zu heftig und das Faß fühlt sich meinem Gefühl nach zu warm an, lasse ich nachts die Türen vom Weinkeller einen kleinen oder größeren Spalt offen. Bin ich

der Meinung, der Wein braucht mehr Wärme, lasse ich die Türe zu und stelle einen Elektroradiator vor den Fässern auf.

Auch der weitere Ausbau des Weins macht uns keine große Mühe. Wenn wir nach 8 - 9 Monaten anfangen, den neuen Jahrgang zu trinken, hat der Wein mehrmals ein frisches Faß bezogen. So wird er immer wieder vom *fondo* getrennt, den Schwebeteilchen und Hefen, die sich langsam am Faßboden absetzen. So braucht man den Wein auch nicht zu filtern. Er wird von alleine wunderbar kristallklar.

Und dann die Barriques. Die Arbeit mit den berühmten 225 Liter-Eichenfässern erfordert viel Umsicht und Zeit, will man mehr erreichen, als daß der Wein später leicht nach Holz und Eichenlohe schmeckt. Überhaupt sind Holzfässer nur interessant, wenn man Weine länger als zwei Jahre lagern kann. Das ist bei uns ohnehin nicht der Fall.

Nach fünf Tagen beginnt die Arbeit mit dem Rotwein. Am nächsten Morgen wiederholt sich der gleiche Arbeitsablauf wie vorher beim Weißwein. Nur mit dem Unterschied, daß der Most schon sehr stark angegoren ist. Auch an diesem Tag dauert es bis weit nach Mitternacht, bis alle Maische abgepreßt ist. Am nächsten Morgen bahne ich mir den Weg in den Weinkeller durch einen mittlerweile dichten Vorhang aus Essigfliegen. Diese kleinen Insekten treffen jedes Jahr pünktlich nach der Weinlese ein und umlagern den Eingang zu Keller und Cantina. Und was da keinen Platz mehr findet, fliegt ins Haus und fällt in jedes Glas, in dem auch nur ein Tropfen Wein ist. Ich fülle die wenigen Liter Flüssigkeit, die in der Nacht noch aus der Presse getropft sind ins Faß und öffne die Weinpresse ein letztes Mal. Der aufgestaute Druck entweicht mit leichtem Zischen und Stöhnen. Die gut ausgepreßte Maische präsentiert sich jetzt als kompakter Block, den ich brokkenweise abbaue, in eine Schubkarre fülle und in den Weinberg bringe. Manche Bauern brennen aus diesen Resten, dem Trester, ihren eigenen Grappa. Privates Destillieren ist verboten und ich habe auch keinerlei Erfahrung damit.

Der Rest ist Saubermachen, Waschen, Putzen, Schrubben. Ungefähr so wie vor 14 Tagen die Arbeit zur Weinernte begonnen hat. Nachdem auch das Rotweinfaß geschlossen ist, hat der Wein erst einmal Ruhe, bis er im Januar zum ersten Mal in ein anderes Faß umgepumpt wird. Der Weißwein ruht sogar bis Ostern.

## Grundausstattung des Weinkellers

Hier noch einmal die wichtigsten Geräte zum Wein machen:

**Traubenmühle oder Abbeermaschine** *(deraspatrice)*

Bauern verarbeiten heute noch häufig die Trauben mitsamt ihren Stielen. Dazu setzt man auf ein Faß eine Art Mangel, bestehend aus zwei Walzen, die über eine Handkurbel gedreht werden. Darüber ist ein Trichter angebracht, in den die Trauben gekippt werden. Durch Kurbeln werden die Trauben gequetscht und mitsamt den Stielen ins Faß befördert. Das Trennen von Trauben und Stielen (mit der Abbeermaschine) ist dagegen ein Schritt zur Verfeinerung des späteren Weines, da bei der alten Methode der hohe Tanningehalt der Stiele vorschmeckt.

Die Mehrkosten für ein Gerät aus Edelstahl lohnen sich, weil Reinigung, Pflege und Haltbarkeit die Maschine wesentlich wirtschaftlicher machen als eine vergleichbare aus lackiertem Metall. Nicht zu klein kaufen. Die Größe der Abbeermaschine bestimmt das Tempo der Weinlese.

**Die Weinpresse** *(torchio, strettoia)*

Auch hier gilt: lieber eine Nummer größer als kleiner, denn jeder zusätzliche Preßvorgang kostet Zeit und man versucht ja, die Maische so schnell wie möglich zu verarbeiten. Das beschriebene hydraulische System ist völlig ausreichend für normale Anforderungen und hält wahrscheinlich ewig.

**Die Fässer** *(tino, botte)*

Ich rate von Holzfässern ab, so schön sie sind. Für den, der neben dem Weinmachen noch andere Interessen hat, bedeuten Holzfässer ein erhebliches Mehr an Wartung und Pflege. Und wenn ein Holzfaß einmal muffig riecht, kann man es nur noch verheizen.

Wird bei einer schlechten Ernte das Faß nicht voll, müssen Trauben hinzugekauft werden, die womöglich von anderen Rebsorten stammen. So fängt man zu pantschen an (und das tun viele!). Wir fingen mit Kunstharzfässern an (Edelstahl kam erst später auf den Markt), die wir teilweise auch heute noch in Verwendung haben und die einwandfrei ihren Zweck erfüllen. Von Nachteil ist nur, daß sich Weinstein nicht gut beseitigen läßt. Bleibt davon etwas an der Wandung haften, besteht die Gefahr, daß beim leeren Faß hinter den plättchenartigen Resten Schimmel entsteht. Das Kunstharzmaterial ist empfindlich gegen unbeabsichtigte Schläge und Kratzer.

Das Schwimmdeckelsystem funktioniert ausgezeichnet zum Schließen des Fasses. Der Zwischenraum Faßwandung/Schwimmdeckel wird mit geruchs- und geschmacklosem Vaselineöl abgedichtet. Wird Wein abgelassen, sinkt der Schwimmdeckel mit dem Ölfilm einfach nach. Der Wein bleibt so immer luftdicht verschlossen. Anders beim Holzfaß, das, einmal geöffnet, sofort geleert werden muß.

Die Edelstahlfässer, die wir in den letzten Jahren angeschafft haben, sind in Handhabung und Pflege ideal. Die Schwimmdeckel sind am Rand geformt wie eine Felge beim Fahrrad. Genau wie bei diesem sitzt auf der Felge ein Schlauch mit Ventil. Aufgepumpt drückt sich der Schlauch luftdicht gegen die Wandung. Über ein Manometer kann der Druck überwacht werden. Zum Wein abfüllen öffnet man das Schlauchventil und läßt Luft entweichen, bis der Deckel wieder frei schwimmt und mit dem Wein nach unten sinkt. Wegen der Druckkontrolle sollte man nicht monatelang abwesend sein.

### Glasballons *(damigiana)*

Damigiane kann man nie genug haben. Müssen die Fässer für die nächste Ernte geleert werden, sind diese ca. 50 Liter-Gefäße ideal zum Lagern. Sie werden mit Vaseline oder Paraffinöl abgedichtet. Wir haben gerade eine Damigiana mit einem fünf Jahre alten Weißwein geöffnet und abgefüllt. Obwohl ungeschwefelt schmeckt er ganz vorzüglich. Die Füllmenge in der Damigiana sollte man gelegentlich kontrollieren. Vor allem, wenn der Wein größeren Temperaturschwankungen ausgesetzt war. Füllt man das Gefäß im Herbst und macht es gut voll, kann es leicht im nächsten Sommer überlaufen. Füllt man den Wein im Sommer ein und der Flüssigkeitspegel sinkt im Winter unter den engen Glashals, vergrößert sich die Oberfläche des Weins und der Ölfilm kann reißen. Geschieht es unbemerkt, wird beim Abfüllen nur noch Essig fließen.

### Die Pumpe *(pompa)*

Sie ist unentbehrlich für alle Arbeiten bei der Weinbereitung. Unsere Flügelpumpe wird durch einen einfachen 75 Watt-Elektromotor betrieben, sie ist auf ein Fahrgestell montiert. Als wir sie zum ersten Mal einsetzten, förderte sie keinen Tropfen Flüssigkeit. Die Erklärung: Man muß vor dem Betrieb jeweils ein bis zwei Gläser der zu pumpenden Flüssigkeit in einen der beiden Schläuche oder direkt in das Pumpengehäuse füllen, sonst saugt die Pumpe nur Luft an.

### Sonstige Geräte

Den Bedarf an Wannen, Schüsseln, Trichtern, Sieben, Erntekisten stellt man am besten selbst fest. Jeder entwickelt im Laufe der Zeit seine eigene Arbeitsmethode und wird sich entsprechend ausrüsten. Ich schrieb am Anfang meiner Weinnotizen von der Befriedigung, den eigenen Wein zu trinken. Dieses Erfolgserlebnis ist eine Entschädigung für die viele Arbeit. Der eigene Wein ist für uns tatsächlich ein Lebensmittel geworden.

Wer keinen Wein anbaut, kann sich dennoch mit wenig Aufwand das Gefühl vom 'eigenen' Wein verschaffen. Durch Nachbarn kann man leicht erfahren, wer Wein in Damigiane verkauft. Er ist mit rund 100.000 Lire pro Glasballon, also gut 2 Mark pro Liter immer noch spottbillig, und natürlich kann man den Wein vor dem Kauf probieren.

### Zum Abfüllen zu Hause braucht man:

1 Stück Abfüllschlauch

1 Stück Schlauch als Verlängerung (geeignet für Lebensmittel, *per alimentari*)

1 Absaugflasche für Öl

1 Edelstahlfaß mit Auslaßhahn (für etwa 100 l Fassungsvermögen)

1 l *olio di Vaselina*

1 Stück Schnur

1 stabiler Tisch

und etwas eigene Puste

Zunächst muß das neu gekaufte Edelstahlfäßchen gereinigt werden. Dazu löst man eine Handvoll Soda in zwei Liter kochendem Wasser und reibt die Faßwandung mit einem frischen Spültuch gründlich ab. Reichlich mit klarem Wasser nachspülen und gut austrocknen.

Dann kommt die volle Damigiana auf einen stabilen Tisch. Das ist die einzige Kraftanstrengung, aber der Boden der Damigiana darf nicht niedriger liegen als die 50 Liter-Markierung am Edelstahlfaß, sonst funktioniert die Umfüllmethode nicht. Mit der Absaugflasche beseitigt man die Ölschicht im Glashals und reibt Öffnung und Rand ordentlich mit den Papiertüchern sauber. Nun wird der Abfüllschlauch eingesetzt. Das feste, schräg abgeschnittene Rohr soll gerade eben den Boden der Damigiana an seiner höchsten Stelle in der Mitte berühren. Ruhig arbeiten, um möglichen Bodensatz nicht aufzuwirbeln. Am Ende des Abfüllschlauchs ist ein Hahn, auf den der Verlängerungsschlauch geschoben wird. Eventuell den Anfang des Schlauches mit einem Feuerzeug vorsichtig erwärmen. Er läßt sich dann müheloser aufschieben. Das Ende des Schlauchs in das Edelstahlfaß stecken und mit der Schnur am Auslaßhahn sichern. Durch das Eigengewicht des aufgelegten Deckels verhindert man außerdem das Herausrutschen des Schlauches. Jetzt fehlt nur noch die eigene Puste, mit der in das kleine Röhrchen am Glashals geblasen wird. Prüfen, ob der Hahn am Abfüllschlauch offen ist und der am Faß zu! Man pustet, bis das Gurgelgeräusch im Faß verstummt. Von nun an läuft der Wein ruhig um, von einem Gefäß in das andere. Zuletzt den Schwimmdeckel auf die Flüssigkeit setzen und mit Vaselineöl abdichten - fertig. Von jetzt an kann man jederzeit mit Glas, Krug oder Flasche seinen täglichen Weinbedarf decken, auch wenn es Monate dauern sollte, bis der Wein aufgebraucht ist, er bleibt frisch wie am ersten Tag.

Zum Nachfüllen mit gleichem Wein braucht man den Schwimmdeckel nicht herauszunehmen. Man reinigt lediglich die Wandung mit reichlich Papiertüchern und schiebt den Schlauch neben dem Schwimmdeckel durch die Ölschicht in den Restwein. Nach dem Abfüllen: Schläuche und Damigiana mit viel Wasser gründlich reinigen.

*P.S: Barbara sagte, warum ich ihr nicht gleich von dieser Abfüllmöglichkeit berichtet hätte. So hätte ich mir die ganze Litanei des Weinmachens sparen können. Im Ergebnis sei es ja fast wie beim eigenen Wein, nur viel müheloser und außerdem könne man sich die Qualität noch aussuchen. Sie hat wohl recht. Mir ist auch nichts dagegen eingefallen.*

## Trinkgewohnheiten

Was die Trinkfreudigkeit angeht, so sind wir Ausländer den Italienern um einiges voraus. Es dürfte recht schwierig sein, einen betrunkenen Italiener zu finden. Selbst im Umfeld großer Bahnhöfe, wo sonst die üblichen Schnapsleichen herumhängen. Und die wenigen Betrunkenen sind eher Ausländer. Wein wird in Italien hauptsächlich zum Essen getrunken und auch dann wenig. Und immer in Begleitung von Mineralwasser. Das Nachschenken geht wesentlich lockerer als in nördlichen Ländern. Der Wein auf dem Tisch ist für alle da und wer mag, schenkt sich unaufgefordert ein, als sei er zu Hause. Für den Gastgeber ist das angenehmer als dauernd den Pegelstand der Gläser im Auge zu behalten.

Da es keine Regel gibt, wird auch mal dem Tischnachbarn miteingeschenkt, sofern man näher an der Weinflasche sitzt. Wer weiß, wie ernüchternd mancher Hausherr in Deutschland seine Gäste bewirtet, wird diese Selbstbedienung als sehr angenehm empfinden. Beim Nachschenken gibt es eine eigenwillige, möglicherweise eher ländliche Sitte: schenkt man einem Gast ein, so kommt er einem mit seinem Glas leicht entgegen. Sobald das Glas aber zu einem Drittel gefüllt ist, zieht er das Glas hoch, sodaß der Glasrand gegen den Flaschenhals drückt und die Flasche aufgerichtet wird. Ein freundliches *'grazie'* oder *'basta cosí'* begleitet diese Geste. Sie gehört zu den vielen optischen Ausdrucksmöglichkeiten der Italiener.

Auch das Anstoßen oder Zuprosten ist eine spontane, regellose Geste. Ein *'alla salute'* oder *'gin-gin'* gilt der Küche ebenso wie dem geschätzten Gast oder dem Anlaß, aus dem man sich zusammengefunden hat. Fast nie beginnt ein Essen mit gegenseitigem Zuprosten oder gar Gläserklirren, was vielleicht auch daher kommt, daß viele Italiener erst beim Essen vom Wasser zum Wein wechseln. Nach dem Essen interessiert sich kaum mehr jemand für Wein. Stattdessen werden verschiedene Sorten Grappa, Whisky und Magenbitter auf den Tisch gestellt. Getrunken wird davon aber nur wenig.

# Olivgrünes Gold

Wer Olivenbäume besitzt, ist reich. Nicht etwa, weil durch den Verkauf von Olivenöl besonders viel Geld zu verdienen wäre. Eigenes Olivenöl ist eine Kostbarkeit und ein seltenes Beispiel für etwas, das vorzüglich schmeckt und außerdem noch gesund ist. Ganz abgesehen von dem überaus befriedigenden Gefühl, in die Cantina zu gehen, eine Karaffe unter das Faß zu stellen und zuzusehen, wie das geschmeidige Öl das Gefäß füllt. Beim eigenen Olivenöl weiß man, daß es vom besten ist. Im Laden wird man solche Qualität nur schwer finden.

Doch bevor der Abfüllhahn genüßlich geöffnet werden kann, ist viel, teilweise harte Arbeit zu tun. Auch hier erzähle ich wieder von meinen eigenen Erfahrungen, die wahrscheinlich von den wenigsten Toscana-Landbesitzern geteilt werden dürften. Nur die wenigsten bearbeiten heute ihre Olivenbäume selbst. Aber unter einem eigenen Olivenbaum zu stehen, durch die Blätter gegen die Sonne zu blinzeln und zu wissen, man könnte, wenn man wollte. Auch das ist ja schon ein erhebendes Gefühl. Apropos Gefühl, Goethe beschreibt in seinem Buch 'Italienische Reise' die Ölbäume lediglich als „wunderliche Pflanzen" und vergleicht sie mit Weiden, „nur weniger Blätter am Zweige".

## Der Olivenbaum und sein Zustand

Ist das erworbene Land seit Jahren verlassen, dann sind auch die Olivenbäume im gleichen Zustand - verwildert. Stachlige Ranken schlingen sich bis in die obersten Zweige, die Bäume werden bedrängt von meterhohen Ginsterbüschen, Myrte, Brombeergestrüpp, jungen Eichen und Pinien, dem einen oder anderen Erdbeer- und Mastixstrauch. Ein Bild unberührter Natur mit würzigem Geruch. Nur der arme Olivenbaum leidet. Ein Baum, der gewohnt ist, Luft, Licht und Sonne um sich zu haben, er reckt sich immer höher, um dem Dickicht zu entkommen. Das überalterte Holz der Zweige, die längst keine Früchte mehr tragen, spreizt sich mit wenigen Blättern gegen die sparsamen Fruchtzweige, an denen noch ein paar Oliven hängen. Im Inneren des Baumes wachsen unkontrolliert senkrechte Zweige Richtung Sonne, sie konkurrieren untereinander, um die Führung als Baumspitze zu übernehmen. Doch dieser Kampf ist vergeblich, weil der Olivenbaum seinen Saft von oben nach unten verteilt. Die Nahrung, die seine relativ flachen Wurzeln fördert, wird bereits in der Spitze verbraucht.

Wenn es sich nicht um sehr große Bäume handelt, sind verwilderte Olivenbäume in der Macchia oft gar nicht mehr zu erkennen. Es sei denn, wenn sie bei leichtem Wind ihre silberne Blattunterseite zum Licht wenden und nun eine Farbe zeigen, die ganz im Kontrast zu den übrigen Grüntönen steht. Um dem Olivenbaum Lebensraum zu verschaffen, hilft zunächst nur großräumiges Freilegen. Sofern noch nicht vorhanden, wird

jetzt die Anschaffung eines Buschmessers (*penato*, siehe auch Zeichnung S. 59), eines Motorfreischneiders *(decespuliatore)* und einer Motorsäge *(motosega)* notwendig. Sehr nützlich ist auch die *roncola.* Das ist eine Sichel am langen Stiel, vorzüglich geeignet, den Olivenbaum von hochwachsendem Rankenwerk zu befreien. Vorsicht beim Einsatz der Motorsäge in der Macchia! Es kann sich unversehens Gestrüpp ins Kettenrad ziehen, mit der Folge, daß die Maschine blockiert und plötzlich zurückschlägt. Man sollte sich immer die Zeit nehmen, den Boden zuvor von Gestrüpp zu befreien. Außerdem müssen beide Beine fest auf dem Boden stehen, um solche 'Querschläger' sicher abzuwehren. Mit laufender Säge von der Leiter zu kippen, ist ungesund. Ich habe die destruktive Energie einer Motorsäge ein einziges Mal gespürt, als ich im Unterholz arbeitete, die auslaufende Säge zurücknahm und - eine halbe Sekunde zu früh - mein Knie streifte. Der dicke Stoff der Arbeitshose zerfetzte wie nasses Löschpapier, die Kette riß eine Fleischwunde. Ich hatte meine Lektion gelernt und trotzdem wieder einmal Glück gehabt.

Der Wildwuchs verursacht noch eine weitere Gefahr beim Arbeiten in der Macchia. Äste und Zweige dicht stehender Bäume wachsen ineinander und stehen unter Spannung. Fällt man nun einen solchen Baum, reagiert er unkontrolliert. Im unangenehmsten Fall klammert sich der Baum mit seiner Krone in den Nachbarbaum, lädt seine Spannung unten an der Schnittstelle des Stammes ab, und schlägt aus. Wehe dem, der da steht! Oder der Baum befreit sich und stürzt in eine andere Richtung als durch den Fällschnitt vorgegeben. Deshalb muß man einen Baum vor dem Fällen studieren und notfalls größere Äste, die in einen Nachbarbaum verschlungen sind, entfernen. Beim Fällen kleinerer Baumgruppen können elastische Äste zu Peitschen werden, die vor allem im Gesicht Verletzungen verursachen. Ein Schlag von einem vorschnellenden Ast über das Auge ist aus eigener Erfahrung äußerst schmerzhaft, tagelang anhaltend und kann im Extremfall, so sagte jedenfalls der Augenarzt, zur Ablösung der Netzhaut führen.

Zurück zum Olivenbaum. Ist er so verwildert wie anfangs beschrieben, muß er drastisch verjüngt werden (siehe Zeichnung). Dazu werden die vier Hauptäste, die die Krone des Baumes bilden, soweit zurückgesägt, daß jeweils nur ein frischer, junger Zweig stehen bleibt, der die Krone neu aufbauen soll. Oft ist dies nur ein dünnes kleines Zweiglein. Handelt es sich nicht um große Bäume, kann es auch lohnend sein, den Baum ganz zu fällen und die vier stärksten Triebe, die direkt aus dem Wurzelstock wachsen, zu erhalten und den Olivenbaum ganz neu zu ziehen. Er wächst relativ rasch, weil den jungen Trieben die ganze Kraft des erwachsenen Wurzelstocks zufließt.

## Vom Oliven schneiden

Hört man Leuten zu, die ein paar Olivenbäume besitzen, so reden nur Spezialisten. Theoretisch. Theoretisch wüßte ich auch, wie man einen Bonsai schneidet. Dennoch bliebe ich ein Stümper, weil mir profunde Kenntnisse und praktische Erfahrung fehlen. Gott sei Dank nimmt ein Olivenbaum Halbwissen und Schnittfehler wenig übel. Wichtig ist zunächst, daß man sich überhaupt mit ihm beschäftigt. Für den richtigen Schnitt gibt es Fachbücher mit schönen schematischen Darstellungen für die einzelnen Erziehungsphasen des jungen Baumes, über verschiedene Schnittmethoden beim erwachsenen Baum, über die Vielfalt der Olivensorten und so fort. Steht man dann mit Baumschere, Säge und Leiter vor dem verwirrenden Blattwerk eines Olivenbaumes, sieht plötzlich alles ganz anders aus.

Landwirtschaftliche Genossenschaften veranstalten gelegentlich Kurse, in denen über Entwicklung, Ernährung, Fruchtbildung und Schnitt informiert wird, und mit diesem Wissen läßt sich etwas anfangen. Trotzdem ist man noch lange kein guter Olivenschneider. Die Kunst des Olivenschneidens liegt nicht in der Hand, sondern im Auge. Der wirkliche Fachmann erfaßt mit wenigen Blicken den Zustand des Baumes und beginnt dann zügig, von innen nach außen, die endgültige Form zu erarbeiten. Ich habe eingesehen, daß ich dieses Auge nicht habe. Detailfixiert bin ich immer wieder gezwungen, zurückzutreten, um die Entwicklung der Form zu erfassen, komme schließlich auch irgendwann zu einem ordentlichen Ergebnis, aber mit einem völlig unwirtschaftlichen Zeitaufwand. Bei zehn Bäumen fällt das nicht weiter ins Gewicht, bei einigen Hundert wird es eine Arbeit ohne Ende.

Zum Glück muß ein Olivenbaum nicht jedes Jahr geschnitten werden. Neue Erkenntnisse zeigen, daß früher eher zuviel als zuwenig geschnitten wurde. Auch der klassische Vasenschnitt, erkenntlich durch vier sich stark verjüngende Spitzen, weicht häufig einer eher buschigen Form. Der Vasenschnitt führt zwangsläufig zu einem hohen, schlanken Baum, der natürlich schwieriger zu ernten ist als ein gedrungener Baum.

Meine Erfahrungen beim Schnitt von Olivenbäumen sind die: Es reicht, die Bäume alle 4 - 5 Jahre von einem Fachmann schneiden zu lassen. In der Zwischenzeit muß nur der Bodenwuchs in Baumnähe kurz gehalten werden. Wo es möglich ist, wird die Erde einige Male im Jahr mit einem Tiefenlüfter gelockert. Nicht zu tief und nicht zu nah am Baum, da er auch oben liegende flache Wurzeln besitzt. Wenn der Boden nicht zu steinig ist, kann die Erde mit einer Scheibenegge schön krümelig bearbeitet werden. Darauf achten, daß der Baum innen viel Luft hat. Auch ein Laie erkennt die sehr kräftigen Triebe *(succhioni)*, die senkrecht in die Höhe wachsen und den Baum Kraft und Licht kosten, aber keine Früchte hervorbringen. Nützlich kann ein Succhione gelegentlich sein, um einen alten, oder schlecht wachsenden Ast zu ersetzen. Aber das ist eher wieder eine Arbeit für den Fachmann. Ebenso werden die vielen Triebe beseitigt, die aus dem Wurzelstock nach oben drängen. Diese Arbeit kann gut mit dem breiten Teil einer Spitzhacke erledigt werden.

Bei starkem Beschneiden daran denken, daß die Oliven am frischen Holz des Vorjahres hängen werden, das heißt ein kräftiger Schnitt mindert zunächst einmal auch den Ertrag. Auch der professionelle Schnitt gibt aber keine Garantie auf eine gute Ernte. Olivenbäume haben unterschiedliche Produktionsphasen. Abgesehen von einer ungestörten Blüte, also ohne länger anhaltenden Regen oder kühle Temperaturen, gibt es gute und schlechte Olivenjahre. Ohne sichtbaren Grund wechseln Jahre mit reicher Ernte und andere mit mageren Erträgen einander ab.

## Neue Olivenbäume

Dem Setzen von Olivenbäumen wohnt etwas besonders Schöpferisches inne. So schön und wichtig Pflanzen wie Zypressen, Pinien, Steineichen auch sind, der Olivenbaum hat noch den Vorzug der wertvollen Frucht. Daß er neben der Weinrebe zu den ältesten Pflanzen zählt, erhöht Achtung und Respekt. Wo immer Olivenbäume gedeihen wurden sie Symbol der Hoffnung und des Friedens.

Ob es noch sinnvoll ist, im Subventionsdschungel der EU-Staaten Olivenbäume kommerziell anzubauen, weiß ich nicht. Wer aber nur den Ertrag seines Stückes Toscanalandes verbessern möchte oder kargen, brachliegenden Boden nutzen will, kommt am Olivenbaum nicht vorbei. Allerdings muß die geographische Lage beachtet werden: Der Olivenbaum ist die klassische Pflanze des mittleren und südlichen Mittelmeerraumes (die milde ligurische Küste mit eingeschlossen). Er mag keine starken Temperaturschwankungen, keine Temperaturen unter Null Grad und fühlt sich am wohlsten entlang der Küste, was auch die wilden Olivenbüsche *(olivastri)* in der mediterranen Macchia beweisen.

Der Olivenbaum verträgt keine lang andauernde Feuchtigkeit, wie sie in Talsenken vorkommt, in denen häufig Nebel aufzieht. So gesehen ist hügeliges Gelände ideal, weil sich kein Infiltrations-Wasser staut. Im Landesinneren, wo es richtig bergig wird, hat der natürliche Lebensraum des Olivenbaums ein Ende. Olivenhaine sehen in ihrer geometrischen Ordnung schon aus der Ferne sehr schön aus, könnte ich allerdings wählen, würde ich ebene Flächen für eine Neuanpflanzung vorziehen. Die Bearbeitung und schließlich auch das Ernten ist wesentlich einfacher als auf schwer zugänglichen Terrassen.

Um den Boden vorzubereiten, muß wie beim Anlegen eines Weinbergs zunächst ein Meter tief gründlich gepflügt werden *(scasso)*. Lehmige und stark kalkhaltige Erde bietet die idealen Voraussetzungen zur Olivenkultur. Wo ein großräumig angelegter Scasso nicht möglich ist, wird stattdessen für jeden neuen Baum ein Loch ausgehoben, das aber auch eine Tiefe von 1 Meter und eine Öffnung von 1,50 Meter haben muß. Diese Methode hat einen Nachteil bzw. erfordert zusätzliche Arbeit: Das Loch, in das der junge Baum gesetzt wird, reagiert wie eine Badewanne, das heißt bei Regen sickert das Wasser in der bearbeiteten Erde nach unten, aber es läuft nicht ab - die denkbar schlechteste Bedingung für den Baum. In diesem Fall müßten mit Steinen Drainagen angelegt werden. Ideal wäre es, wenn die bearbeitete Erde zwei bis drei Monate vor dem Pflanzen brachliegt, damit sich die Chemie des frisch umgepflügten Boden den neuen Bedingungen anpassen kann.

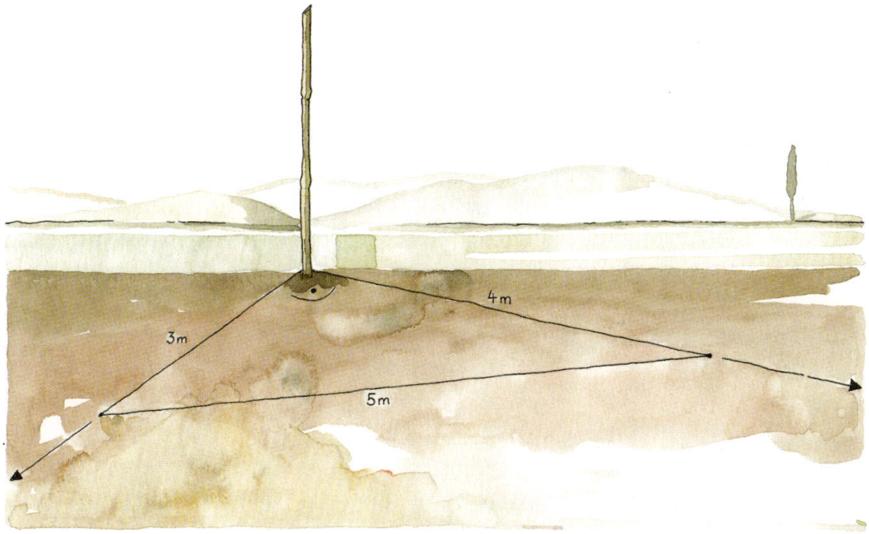


Inzwischen ist Zeit, das Gelände aufzumessen und die Pflanzlöcher zu markieren. Für die Abstände der Bäume untereinander gibt es Tabellen, die ausweisen, wieviele Bäume bei welchem Abstand auf eine bestimmten Fläche passen bzw. wieviel Platz ein einzelner Olivenbaum benötigt. Das wiederum hängt von der Sorte und der Erziehungsart des Baumes ab. Man sollte sich hierüber in der Baumschule oder bei seinem Gärtner beraten lassen. Bei einem Mindestabstand von 5 Metern von Baum zu Baum bringt man zum Beispiel bei quadratischer Pflanzung 400 Bäume pro Hektar unter. Bei 12 Metern sind es nur noch 68 Bäume. Bei der Beratung erfährt man auch, welche Sorten in der Gegend die gebräuchlichsten sind. Eine der bei uns verbreiteten Sorten heißt *Moraiolo*. Sie eignet sich gut für arme, steinige Böden. Edlere Sorten heißen *Maurino, Razzo, Frantoio, Correggiolo* oder *Leccino*. Wobei letztere angeblich recht robust gegen Kälte sein sollen.

## Die Schnur des Pythagoras

Zum Aufmessen des Geländes lassen sich zwei Methoden anwenden. Die eine basiert auf quadratischer Anordnung der Pflanzen, die andere auf dreieckiger. Letztere nutzt das Gelände besser (siehe Zeichnung). Bei dem oben angeführten Beispiel von 5 Metern Pflanzabstand erhöht sich die Zahl der Bäume pro Hektar von 400 auf 462, weil sich der Reihenabstand von 5 Meter auf 4,33 Meter verringert. Im unebenen oder abfallendem Gelände ist es schwierig, einen rechten Winkel zu finden, um immer den gleichen Reihenabstand bzw. parallel laufende Reihen aufzumessen. Das Problem wird mit einer Schnur gelöst, die in Abständen von 3, 4 und 5 Meter einen Knoten hat. Nun markiert man mit einem Stock den gewünschten Punkt für den Reihenanfang und verfährt dann nach dem Satz des Pythagoras: Bis zu dem Stock wird der 3-Meter-Knoten gelegt, ungefähr im rechten Winkel dazu das 4-Meterstück und mit dem 5-Meterstück wird das Dreieck geschlossen. Wenn alle Schnüre straff sind, erhält man an dem Stock einen genauen rechten Winkel. Die Verlängerung der Dreiecksschenkel ergeben den Reihenverlauf, den man nun Reihe für Reihe nach dem gleichen Prinzip fixiert.

## Pflanzen der jungen Olivenbäume

Die beste Pflanzzeit ist während der Vegetationsruhe im Winter. Der eine Gärtner empfiehlt den Winteranfang als ideale Zeit, der andere den ausgehenden Winter. Ich bin eher für Ende Februar, Anfang März, wenn die Frostgefahr praktisch vorbei ist.

Erst unmittelbar vor dem Pflanzen werden die Löcher ausgehoben. Handelt es sich um viele Bäume, kommt am besten ein Traktor mit Erdbohrer zum Einsatz. In bearbeiteter Erde schafft er gut 200 Löcher pro Tag. Es genügt, wenn das Loch 40 - 50 Zentimeter tief und weit ist. Man gibt organischen Dünger hinein (gut ist zum Beispiel Pferdemist) oder Gartenerde mit einer Handvoll Phosphat vermischt, wenn vorhanden, auch etwas Holzasche. Zwei Schaufeln voll genügen als Untergrund. Das richtige Pflanzniveau ist erreicht, wenn die verbleibende Tiefe dem Wurzelballen des Olivenbaumes entspricht. Wurzeln, die aus dem Ballen ragen, werden abgeschnitten, und die Pflanze mit nur leichtem Druck auf das Erdreich gesetzt. Auf keinen Fall darf der Veredlungspunkt in der Erde verschwinden. Das gesamte Wurzelwerk wird mit feiner Gartenerde umgeben. Zuletzt noch zwei Handvoll organischen Dünger dazugeben, der Dünger soll aber nicht direkt mit den Wurzeln in Berührung kommen. Dann wird der Baum mit der ausgehobenen Erde bedeckt, aufgehäufelt und angegossen.

In einem Buch habe ich einmal gelesen, daß Pflanzen auch mit den Wurzeln atmen und man sie eingraben soll, aber nicht beerdigen! Soll das Olivenbäumchen besonders schonend einpflanzt werden, muß es in die gleiche Himmelsrichtung, in der es zuvor in der Baumschule gestanden hat. Der Norden läßt sich am schmächtigen Stamm erkennen: Die Nordseite ist etwas dunkler und zeigt Spuren von Flechten oder Moos.

Nun fehlt noch ein Stock als Stütze, der in etwa 10 Zentimeter Abstand bis zum Grund des ursprünglichen Loches getrieben wird. Elastisches, glattes Bindematerial verwenden, das Parasiten keinen Nährboden bietet. Nicht zu straff binden, sonst kann es am Anfang passieren, daß sich die Erde setzt und Wurzeln freigelegt werden, weil die Pflanze nicht nachsacken kann. Die folgenden 4 - 5 Jahre sind entscheidend für die spätere Vitalität des Baumes, und bei aller amateurhafter Begeisterung für die wertvollen Bäume sollte ihre Erziehung von einem Fachmann begleitet werden. Natürlich ließe sich noch vieles erzählen über Stammhöhe, Öffnungswinkel der Tragäste, Lymphbahnen etc. Aber es bliebe letztlich nur Weitergabe von Halbwissen, das in jedem Fachbuch besser steht.

## Olivenbäume und Chemie

Ein anderes Thema, zu dem man verschiedene Meinungen hören sollte, bevor eine Entscheidung getroffen wird, ist das Spritzen von Oliven. Im milden Klima der Meeresnähe gibt es einen Hauptfeind des Olivenbaumes, der allgemein nur *mosca* (Fliege) genannt wird. Mit ganzem Namen heißt sie *mosca olearia*, ist klein, schillernd und mit einem Eilegestachel ausgerüstet. Mit ihm sticht sie in die noch kleine Olive, legt ein Ei ab und setzt sich auf die nächste. Aus dem Ei schlüpft eine Larve, die sich vom Fruchtfleisch ernährt. Dies kann sich bis in den Herbst hinein wiederholen, was den Ertrag beträchtlich mindert, viele Oliven fallen auch vorzeitig ab.

Eine wirksame Behandlung der Oliven erfordert einige Aufmerksamkeit, da der richtige Spritzzeitpunkt erwischt werden muß. Ist das Ei erst einmal in der Olive abgelegt, ist es schon zu spät. Zum rechtzeitigen Erkennen der Fliege gibt es Hilfsmittel, darunter circa DIN A4 große gelbe Bögen, die mit einer klebrigen Zuckerschicht versehen sind. Man wählt Bäume aus, die besonders geschützt und sonnig stehen und daher für den Befall prädestiniert sind. In den Bäumen wird ein Blatt befestigt. Kommt die Fliege zu Besuch, nascht sie am Zucker und bleibt kleben. Steigt die Zahl der klebengebliebenen Fliegen an, ist es Zeit zu spritzen.

Als Spritzmittel wird vergiftetes Zuckerwasser verwendet. Die Mischung wird auf der Sonnenseite des Baumes in Tropfenform gespritzt (nicht als Nebel). Ökologisch gesehen ist das nicht die feine Art und ich bin auch nicht sicher, ob das Spritzen immer den gewünschten Effekt hat. Es sei denn, man setzt hochgiftige (und hochwirksame) Mittel ein.

Wir haben einige Spritzversuche gemacht, ohne erkennbaren Erfolg. Einmal war das Spritzmittel zu Ende und mir fehlten noch die letzten 15 Bäume. Ich sah darin eine gute Möglichkeit, später den möglichen Unterschied zwischen behandelten und nicht behandelten Bäumen zu erkennen. Ich bemerkte keinen Unterschied, die ungespritzten Bäume waren keinesfalls stärker von der Fliege befallen. Vielleicht habe ich auch nur den richtigen Spritzzeitpunkt verpaßt, und der ist für eine wirksame Behandlung entscheidend. Aber wie das bei einem Teilzeitbauern eben so ist, am einen Tag ist man vielleicht nicht zu Hause, am anderen sind andere Dinge zu tun, dann regnet es und man hofft, jetzt werde die Fliege sowieso nicht... und an allen Tagen legen die Fliegen Ei für Ei ab, Olive für Olive.

Es gibt jetzt auch neue Spritzmittel, die die Männchen unfruchtbar machen und so das Entwickeln des Eis im Weibchen verhindern. Apropos Regen, nachdem es geregnet hat, muß die Spritzung natürlich wiederholt werden. Es gibt auch Spritzmittel, die auf den ganzen Baum aufgetragen werden und nicht nur die Fliege töten, sondern auch die Larven in der Olive. Man kann sich unschwer vorstellen, was geschieht, wenn das Gift bis ins Fleisch der Olive vordringt. Früher waren Spuren solcher Gifte im Öl nachweisbar. Angeblich ist die Giftigkeit heute geringer. Trotzdem sind mir ein paar Würmer in der Olive lieber als eine Restdosis Gift. Auch dann, wenn es nicht mehr nachweisbar ist.

Natürlich gibt es noch eine Reihe anderer Lebewesen, die am Olivenbaum Schaden anrichten können. Im Grunde müßte einem angst und bange werden. Da ich zur Hypochondrie neige, vermeide ich die Lektüre von Artikeln, deren Thema eine menschliche Krankheit ist, andernfalls würde ich schon 24 Stunden später die ersten Symptome zeigen. Ähnlich halte ich es mit pflanzlichen Krankheiten. Außer bei sehr ernsthaften Anzeichen, kümmere ich mich zunächst nicht weiter darum und setze auf die Natur.

Zwei Krankheiten möchte ich dennoch erwähnen, weil sie einfach nicht zu übersehen sind. Die eine heißt *rogna dell'olivo* (Olivenkrätze) und sieht sehr häßlich aus. Bis zu faustgroße Geschwüre bilden sich entlang der Zweige, schwächen und schädigen den Baum. Die Krankheit wird durch einen Bazillus übertragen, der sich bevorzugt auf kleinen äußeren Verletzungen von Zweigen festsetzt und die Wucherungen provoziert. Die Verletzungen können durch Hagel oder Frost entstanden sein. Hier hilft nur rigoroses Ausschneiden der befallenen Stellen. Da der Bazillus übertragbar ist, müssen die Zweige verbrannt werden. Säge, Schere und Hände sind zu desinfizieren, bevor sie mit dem nächsten gesunden Baum in Berührung kommen.

Die andere Krankheit wird *fumaggine* genannt (von *fumo* = Rauch). Es ist eine Pilzkrankheit, die einen schwärzlichen Belag auf den Blättern bildet, der auch an der Hand haften bleibt. Die Erkrankung kann verschiedene Ursachen haben. In Büchern habe ich gelesen, daß Fumaggine eine Folge von Schildlausbefall sein kann. Es kann sich aber auch um eine organische Störung des Baumes handeln, in deren Folge Säfte ausgeschieden werden, die dem Pilz als Nährboden dienen. Meine Beobachtungen bei Fumaggine ergaben, daß es sich immer um Bäume handelt, die entweder zuviel altes Holz trugen, oder zu schlecht belüftet waren, also ein zu dichtes Blattwerk hatten. Beides ist durch Schneiden zu beseitigen und bei unseren Bäumen verschwand der schwarze Schimmel von selbst.

## Die Olivenernte und alte Regenschirme

Wenn im November die erste kalte Tramontana über die Hügel pfeift, steht so manche wacklige Leiter in einem Olivenbaum, auf der ein ebenso wackliger Alter Oliven erntet. Wir sagen dann im Scherz: hier wird mal wieder getestet, ob es noch einen Wert hat, den Großvater einen Winter lang durchzufüttern.

Tatsächlich ist die Olivenernte ein mühsames, zeitintensives Geschäft. Die Familien sind kleiner geworden, und die Löhne für Hilfskräfte steigen, so daß die Ernte leicht aus der Gewinnzone gerät, wenn man nicht selbst zupackt. Über den Erntezeitpunkt entscheidet der Reifezustand der Oliven. Fallen viele herunter, fängt man zeitig an zu ernten. Läßt sich die Olive gut zwischen den Fingern zerdrücken und das Fruchtfleisch löst sich leicht vom Kern, ist sie reif. Die äußere Farbe hat dabei keinen Einfluß und die alte Meinung, daß eine Olive umso mehr Öl enthält, je länger sie am Baum bleibt, ist irrig. Der Ölgehalt der reifen Olive bleibt immer der gleiche. Allerdings verliert sie im Laufe der

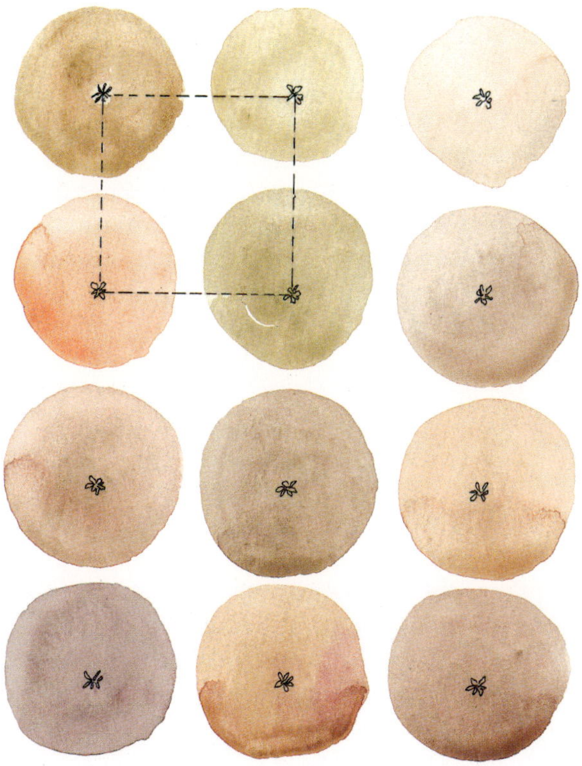

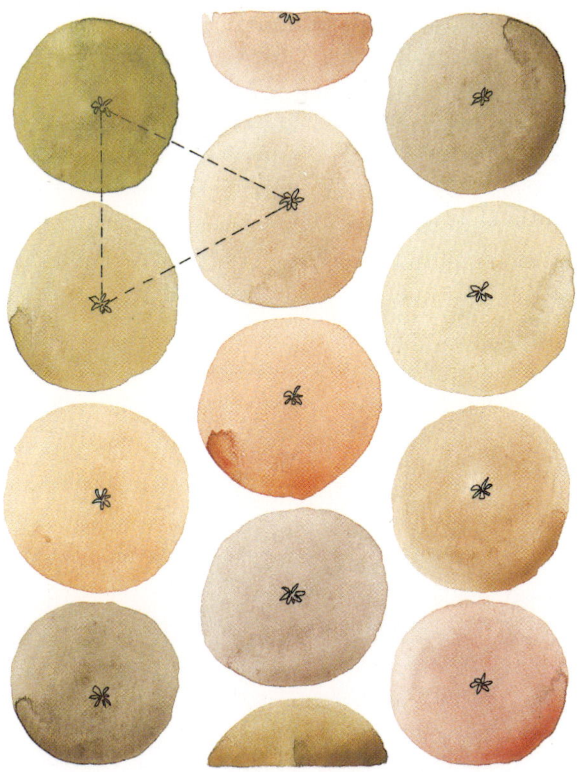

Wochen Wasser, das heißt im Verhältnis zum Wasseranteil wird der Ölanteil pro Olive relativ größer. Aber nicht absolut. Es gibt also keinen Grund, die Olive lange am Baum zu lassen, es sei denn, man kommt nicht mit dem Ernten nach. Je länger sich die Ernte hinzieht, umso mehr verliert das Olivenöl von seinem fruchtigen Aroma.

In der Zeit vor der Ernte muß der Bewuchs unter den Bäumen geschnitten werden, damit das wichtigste Erntehilfsmittel, das Netz, gut ausgelegt werden kann. Bei sonnigem Wetter ist das Olivenernten eine angenehme Arbeit. Man steht im Baum oder auf der Leiter und streift die Früchte von den Zweigen, während die glänzenden Blätter das milde Herbstlicht filtern. Trifft eine Olive im Fallen auf die Aluminium-Leiter, so klingt das wie ein Ton auf einem Xylophon, je nach Höhe der getroffenen Stufe klingt der Ton höher oder niedriger. Von den umliegenden Olivenhügeln wird die eigene Arbeit begleitet von Rufen, Singen und Fluchen. Man atmet den Geruch der Macchia, an den Händen ist schon das feine Aroma des späteren Olivenöls. Von Ferne sehen die weißen Netze und Laken aus wie Flikken in der Landschaft. Ich kenne keine Arbeit, die bei Sonnenschein mehr Lebensfreude bringt. Bei Sonnenschein. Bei kaltem Wetter mit bewölktem Himmel wird das Ernten leicht zu einem Durchhaltemanöver, Schnupfen inbegriffen.

Geerntet wird in der Toscana nach wie vor größtenteils von Hand. Gelegentlich sieht man mit Druckluft betriebene Kämme an Verlängerungsstangen, die Oliven mittels Vibration vom Baum schütteln. Es gibt auch große Rüttler mit weitausladenden Fangschirmen und Absaugvorrichtungen. Solche Maschinen habe ich hier noch nie gesehen. Sei es, daß man diese großen Geräte auf hügeligem Gelände schlecht in Stellung bringen kann, sei es, daß die einzelnen Olivenplantagen bzw. Bäume nicht so riesig sind, daß sie den Aufwand lohnen würden.

*Liebe Barbara,*

*nachfolgend meine kleine 'Gebrauchsanweisung' zum Oliven ernten. Ich hoffe, sie kommt noch rechtzeitig. Man nehme für zwei Personen:*

*ein Olivennetz*
*eine Leiter*
*zwei Jutesäcke*
*zwei Eimer*
*zwei Baumscheren*
*ein Seil, ca. 1 Meter*
*zwei Stück Schnur, jeweils ca. 40 Zentimeter lang*
*einen alten Regenschirm*
*Mineralwasser (zur Not tut's auch Wein)*
*rutschfeste Schuhe*
*evtl. 2 Paar gutanliegende Lederhandschuhe*

*Habt Ihr schon einen Traktor? Wenn nicht, benötigt Ihr zum Transport noch eine Geländeschubkarre. Sie unterscheidet sich durch nichts von einer normalen Schubkarre. Geländegängig wird sie erst durch Muskelkraft. Aber Nik schafft das schon. Außerdem kann man ja Netz, Leiter etc. an Ort und Stelle lassen. Zunächst legt Ihr das Netz aus. Sucht die geschlitzte Seite und zieht diese bis zur Mitte eng um den Baum. Möglichkeiten, mit den engen Maschen am dornigen Boden hängenzubleiben, gibt es genug. Steckt die beiden Hälften am Stamm mit einem dünnen Zweig (oder Wäscheklammer) zusammen und laßt sie so überlappen, daß kullernde Oliven über das oben liegende Teil laufen und sich nicht unter dem Netz sammeln. Werft ein paar Oliven zur Probe aufs Netz, um zu sehen, ob sie irgendwo hinausrollen. Dort das Netz leicht anheben. Dazu steckt man ein paar Zweige in den Boden und hängt die Netzmaschen auf. Wir haben unsere Netze inzwischen gegen ehemalige Fallschirme eingetauscht. Sie haben einige Vorteile. Durch ihren runden Zuschnitt haben sie eine bessere Flächenausnutzung. Die Fallschirmseide ist sehr widerstandfähig, man bleibt nicht dauernd hängen wie beim Netz. Und trotzdem ist der Stoff sehr leicht.*

*Dann die Leiter in Stellung bringen. Dabei solltet Ihr sehr sorgfältig sein. Die meisten Unfälle bei der Olivenernte entstehen durch unachtsam gestellte Leitern. Olivenbäume sind im oberen Teil ungemein elastisch, durch das Eigengewicht des Pflückers kann die Leiter leicht verrutschen und beim Ernten ist keine Hand frei, um sich festzuhalten. Legt also die Leiter mit beiden Holmen an einen stabilen Ast und sichert sie mit ein paar Seilschlingen am Ast. Dann beginnt einer damit, die vom Boden erreichbaren Oliven abzuernten, der andere steigt auf die Leiter. Zum Ernten zieht man den Zweig heran und streift die Früchte zwischen Daumen und Zeigefinger der anderen Hand ab. Es ist ungefähr die Bewegung, als würde man eine Kuh melken. Tatsächlich sagt man im Italienischen zu diesem Vorgang auch 'mungere' (melken). Das wäre eigentlich schon alles. Der Rest ist Ausdauer und nimmermüdes 'Melken'.*

*Nach einigen Tagen wird die Haut in der Beuge des Zeigefingers etwas dünn. Deshalb sah ich in meinen 'Zutaten' Lederhandschuhe vor. Bei Positionswechsel immer wieder auf sicheren Stand achten. Wo möglich, von der Leiter in den Baum wechseln, dort steht man einfach sicherer. Ist ein Zweig gar nicht zu erreichen, lieber abschneiden, als ihn durch zuviel Biegen und Drehen abbrechen.*

*Liegen alle Oliven im Netz, schüttelt man sie vorsichtig am tiefsten Punkt zusammen, klaubt kleine Zweige oder Blätter heraus und beginnt, sie mit vollen Händen in die*

*Eimer zu füllen. Ihr braucht keinesfalls alle Blätter auszusortieren, aber die Oliven sollten schon in der Überzahl sein, sonst mault der Olivenpresser.*

*Ich fülle den Eimer immer bis zur gleichen Markierung. Am ersten Abend wiege ich einen gefüllten Eimer aus, notiere mir die Anzahl der Eimer pro Tag und weiß so jederzeit, wieviel geerntet wurde. Das dient nicht nur als Ansporn, sondern ist auch aus anderem Grund nützlich. Einmal geerntet, sollten die Oliven sobald wie möglich zur Presse kommen. Für eine eigene Pressung braucht unsere Ölmühle ca. 260 - 300 kg Oliven. Ich weiß also, wann der erste Transport zum Olivenpresser starten kann. 100 kg Oliven ergeben übrigens einen Ertrag zwischen 17 und 22kg Öl.*

*Seid nicht frustriert, aber es dauert ganz schön lange, bis 100 kg Oliven zusammen sind. - Die gefüllten Eimer leert Ihr in einen der Jutesäcke und bindet ihn gut zusammen. Der Hinweis mag überflüssig erscheinen, aber ein versehentlich umgestoßener Sack mit 20 oder 30 kg Oliven ist ein mittleres Drama. Und beim Umstellen der Leiter oder beim Zusammenholen des Netzes passiert es leicht, daß jemand gegen den erdfarbenen Sack stößt.*

*Der Regenschirm? Er ist eine zusätzliche Erntehilfe. Ich meine natürlich keinen Taschenschirm, sondern vorzugsweise einen männlichen Stockschirm mit gebogenem Griff. Ihn verwende ich an unzugänglichen Stellen oder an kleinen Bäumen, wo es sich nicht lohnt, ein Netz auszulegen. Ich hänge den Schirm an einen Ast und streife die Oliven direkt in den offenen Schirm.*

*Wenn Ihr die Tagesernte nach Hause gebracht habt, müßt Ihr sie aus den Säcken holen und die Oliven an einem trockenen, gut belüfteten Ort zwischenlagern. Dauert das Ernten voraussichtlich länger, dann ist es sinnvoll, die Oliven möglichst großflächig auszubreiten. Wir legen dafür zwei alte Bettücher auf den Zementboden der Garage und leeren darauf die Säcke. Wichtig ist vor allem, daß die reifen Oliven durch ihr Eigengewicht nicht zuviel Druck ausüben, platzen und bald darauf anfangen zu gären. Solche Schäden gehen alle auf Kosten der Qualität und Haltbarkeit des Öls. Ist der erste Oliventransport zur Ölmühle absehbar, kann man die Oliven in stapelbare Kunststoffkassetten füllen. Bis vor wenigen Jahren lieh man sich beim 'frantoio' (Ölpresser, Ölpresserei) die nötige Anzahl Säcke, immer wieder geflickt und verfärbt von vielen 'Dienstjahren'. Der Transport in Säcken ist heute aus hygienischen Gründen nicht mehr gestattet.*

*Ich wünsche Euch eine reiche Ernte und schönes Wetter dabei. Seid trotzdem vorsichtig, vor allem, wenn es windig ist und die Äste in Schwingung geraten. Ein zurückschnellender Zweig kann ein schmerzhafter Schlag ins Gesicht sein, der einen unter Umständen aus dem Gleichgewicht bringt. Dabei fällt mir Foresta ein. Foresta war eine schöne Frau, die sich auf dem Land und in der Macchia so sicher bewegte wie ein Tier. Die meiste Zeit im Jahr lief sie mit nackten Füßen auf steinigem, stachligem Boden herum, als wäre es Teppichboden. Sie stürzte beim Olivenernten aus geringer Höhe von einer Leiter und blieb, querschnittgelähmt, liegen. Für einen Naturmenschen wie Foresta kam der Rollstuhl einem Todesurteil gleich. Sie starb verbittert eineinhalb Jahre später. Aber schließlich kann man auch aus dem Bett fallen und sich den Hals brechen.*

*In diesem Sinne liebe Grüße, Euer Hans*

## Das Pressen und ein ewiger Verdacht

Weintrauben werden gepreßt, Oliven auch. Trotzdem gibt es einen gewaltigen Unterschied. Bei der Qualität des Weines spielt auch die Weiterverarbeitung nach dem Pressen eine große Rolle. Anders bei Oliven. Das fertige Öl ist bereits in jeder Olive enthalten. Allein die Preßtechnik entscheidet, ob unten die Qualität herausläuft, die oben in Form der Olive hineinkommt.

Ich kann gut verstehen, wenn einfache Menschen (gemeint sind Menschen mit geringem Einkommen) möglichst viel Öl aus ihren Oliven erzielen wollen; denn es wird nicht nur die Familie damit versorgt, sondern auch Verwandte und Bekannte, die bei der Ernte mitgeholfen haben. Zum Verkauf soll schließlich auch noch ein wenig übrigbleiben. Was ich nicht verstehen kann ist, wenn ausländische Toscana-Siedler aus Gier oder Unwissenheit oder beidem zusammen dem an anderer Stelle beschriebenen 'Lauro-Effekt' erliegen. Etwa in der Art: „Also wir lassen unsere Oliven nicht mehr zu Rossi bringen. Lauro, unser Arbeiter, hat auch gesagt, daß man bei Bettini mehr Öl bekommt."

Der höhere Ertrag liegt nicht im größeren Können des einen, der Unterschied liegt in der Preßmethode. Es gibt große, vollautomatische Anlagen, die mit Hilfe von warmem Wasser oder anderen Lösungsmitteln den Preßvorgang beschleunigen und die Oliven stärker extrahieren. Das Ergebnis kann immer noch ein gutes Olivenöl sein, aber eben nicht so gut wie langsam und kalt gepreßtes Öl. Aber Wirtschaftlichkeit entscheidet, kleine Ölpressen schließen, weil sie langsam und daher unwirtschaftlich arbeiten. Wer die Finanzierung schafft, stellt auf moderne Anlagen um, die immer noch kalt pressen, aber durch viel Automatisierung Zeit und Arbeitskräfte einsparen und den Betrieb so wieder wettbewerbsfähig machen. An der mitunter sehr technischen Diskussion über die Erzeugung von verschiedenen Olivenölqualitäten mag ich mich nicht beteiligen, weil ich darüber zu wenig weiß. Eines weiß ich aber ganz sicher: es gibt nur eine Form von reinem Olivenöl. Sie entsteht durch einmaliges simples Auspressen der Oliven. - Ende -. Alles andere ist industrielle Verarbeitung.

Eine Frage zum Thema Olivenöl bleibt ohnehin ungeklärt. Wieviel wirtschaftet der Olivenpresser in die eigene Tasche? Dieser ewige Verdacht wird sich wohl nie ausrotten lassen. Es gibt zwei Möglichkeiten, das Pressen zu bezahlen. Entweder die Arbeit wird mit soundsoviel tausend Lire pro 100 kg Oliven bezahlt. Oder die Rechnung wird mit Ware beglichen, der Olivenpresser behält also einen gewissen Prozentsatz des Öls. Egal wie, der sogenannte Mann von der Straße betrachtet den Olivenpresser immer als potentiellen Dieb, der nicht alles Öl rausrückt. Ob etwas dran ist, weiß ich nicht. Der Verdacht bleibt, und mit einem kleinen, halb wissenden, halb unwissenden Augenzwinkern möchte ich zur Diskussion beitragen.

Da die modernen Edelstahlmaschinen und Zentrifugen kaum einen Einblick in den eigentlichen Arbeitsvorgang geben, beschreibe ich, was beim Ölmachen eigentlich geschieht. Ort der Handlung ist eine kleine Ölpresserei in Campiglia, die inzwischen aus wirtschaftlichen Gründen geschlossen hat.

## Enzos Methode

Dem verwitterten Tor mit der abblätternden grünen Farbe war im Sommer nicht anzusehen, welch Treiben von November bis in den Januar dahinter herrschte. Dann standen die beiden Torhälften von halb acht Uhr am Morgen bis spät in die Nacht, oftmals bis zwei oder drei Uhr morgens, offen. Davor stapelten sich prall gefüllte Olivensäcke zu einer Mauer wie Sandsäcke vor einem Schützengraben. Von der Straße aus sah man direkt auf die zwei mächtigen Mahlsteine aus Granit, die sich in einer stählernen Wanne drehten, langsam, aber unermüdlich.

Doch der Reihe nach; denn zunächst werden die Oliven gründlich gewaschen. Jede Verunreinigung beeinträchtigt den Geschmack des späteren Öls. Ein Arbeiter hievte sich einen 60 - 70 kg (oft noch mehr) schweren Olivensack auf den Rücken, stieg auf ein zweistufiges Holzpodest und goß den Sackinhalt in einen weiten Trichter, der in den Reinigungsbehälter führt. Hier wurden Blätter, Zweige und andere Verunreinigungen ausgeschwemmt. Danach waren die Oliven bereit zum Mahlen. Je nach Beleuchtung sah man die runden, senkrecht stehenden Steine bald in einem dunklen, graubraunen bis graurötlichen Brei rühren, den hin und wieder Enzos Blick streifte.

Enzo war der technische Chef, der eigentliche Frantoio, der Olivenpresser. Wenn ihm die Konsistenz richtig schien, konnte mit dem nächsten Arbeitsgang begonnen werden. Durch eine Schleuse an der Mahlwanne lief der Brei in eine zweite Wanne, die ebenfalls mit einem verschließbaren Ausgang versehen war. Der Arbeiter legte nun eine geflochtene runde Scheibe mit einem Loch in der Mitte auf eine Stahlplatte. Mit Hilfe eines Elektromotors konnte man die Platte im Kreis laufen lassen. Gleichzeitig stellte er eine Pumpe an, die angesaugte Olivenpaste auf die Scheibe preßte. Nach einem Umlauf war die Scheibe mit einer fingerdicken Schicht Olivenpaste belegt, die Pumpe wurde abgestellt. Neben dem Beschichtungsgerät wartete ein wannenförmiger, eiserner Wagen, der über Schienen herangerollt worden war. In seiner Mitte glänzte ein Edelstahldorn, der mit seiner Spitze einer Rakete ähnelte. Auf diesen Dorn wurde die geflochtene Scheibe mit der Olivenpaste gesetzt. Der Vorgang wiederholte sich in rascher

Folge, bis ein ca. 1,60 Meter hoher Turm entstand. In bestimmten Abständen setzte der Arbeiter eine dünne Stahlscheibe zur Stabilisierung zwischen die geflochtenen Scheiben. Die verarbeitete Paste entsprach in etwa 300 kg Oliven. Trotz der spärlichen Beleuchtung war an den Rändern der aufgetürmten Scheiben bald das ersehnte Glitzern zu sehen. Durch das Eigengewicht der Olivenpaste begann sich bereits das Olivenöl von dem breiigen Fruchtfleisch zu trennen, es rann als golden aufleuchtende Tropfen nach unten in die flache Wanne des Wagens. Unter dem Wagen war eine Luke im Boden. Dort stand eine Kanne, die das zusammenlaufende Öl aufnehmen konnte, solange die Presse noch nicht frei war. Obwohl unpassend, erinnerte mich dieser Vorgang immer an den Ölwechsel in der Autowerkstatt.

Nach dem Beschichten mit Olivenpaste wurde der Wagen über das Gleis zur hydraulischen Presse geschoben und unter dem Preßkopf fixiert. Mit 400 bar Druck wurde die Olivenpaste dann während eineinhalb Stunden ausgepreßt. Obwohl die Anlage mit wesentlich mehr Druck arbeiten und damit schneller sein könnte, war hier das Limit. Höherer Druck ginge auf Kosten der Qualität. Hier blieb Enzo stur.

Das eigentliche Zusammenpressen geschah so langsam und stumm, daß es mit bloßem Auge praktisch nicht zu verfolgen war. Nur das leise Stampfen der Kolben in der Hydraulik und das unaufhörliche Rinnen des olivgrünen Goldes verrieten etwas von dem mechanischen Arbeitsvorgang. Das Öl floß nun rascher und sammelte sich in der untergestellten Wanne, die am Anfang alle 5 Minuten in ein großes Faß umgeleert werden mußte.

Das so gewonnene Öl war allerdings noch nicht das endgültige Olivenöl. Noch war es mit dem Wasseranteil der Oliven vermischt. In einem abschließenden Arbeitsvorgang pumpte Enzo das Öl aus dem großen Faß in die Zentrifuge. Aus ihr lief links rotbraunes Wasser zu einem Ausguß, rechts das fertige, geschmeidige, noch trübe aber naturreine Olivenöl in eine der zahlreichen bunten Plastikwannen, an denen Zettelchen mit Namen auf die verschiedenen Empfänger hinwiesen. Das Prinzip des Pressens ist heute immer noch das Gleiche. Oliven waschen, mahlen, pressen, zentrifugieren - fertig ist das reine Olivenöl. Zumindest sollte es so sein.

Jedes Jahr, wenn ich das neue Olivenöl vom Frantoio geholt habe, wiederholt sich das gleiche Ritual. Ich röste reichlich von unserem toscanischen Weißbrot, und Vicky macht daraus mit dem neuen Olivenöl ebenfalls reichlich Bruschetta. Außer unserem eigenen Rotwein gibt es nichts dazu. Trotzdem fühlen wir uns wie Rockefellers. Wer Olivenbäume besitzt, ist reich.

## Neue Methoden und altes Büro

Bei großen Anlagen werden die Olivenbehälter mit dem Gabelstapler am einen Ende der Maschine in den Trichter zum Waschen befördert und bald darauf läuft am anderen Ende das fertige Olivenöl heraus. Die hygienischen Vorschriften sind streng, die Räume gefliest, und der optische Eindruck wird vom Blitzen des Edelstahls bestimmt.

Dennoch macht mich die Erinnerung an unsere alte Ölpresse mit all ihren Unzulänglichkeiten ein bißchen wehmütig. Sie war ja durchaus funktionell, auch wenn die Enge zu manch kauziger Arbeitsweise führte. So bestand beispielsweise das 'Büro' aus einem kleinen, vor einer Wand stehenden Tischchen, auf dem ein batteriebetriebener Taschenrechner das modernste Gerät war. Das chaotische Durcheinander der übrigen Gegenstände konnte nur der begreifen, der wußte, daß der Tisch außer als Kasse, Buchhaltung, Warenausgang und -eingang, fast ölfreie Ablagefläche, auch zeitweise als Brotzeitplatz und Labor zum Bestimmen des Säuregehaltes diente.

Wenn Signor Pugli, der kaufmännische Chef, in seinem Büro Platz nahm, saß er auf einem wackligen Stuhl mitten auf den Schienen, auf denen der fertig beschichtete Wagen zur Presse gefahren bzw. der ausgepreßte zurückgebracht wurde. Natürlich gab es wegen des Gegenverkehrs ein Ausweichgleis, das mit dem Hauptgleis durch eine Drehscheibe verbunden war. Dank des allgegenwärtigen Öls, war alles bestens geschmiert. Nie hörte ich einen der Wagen quietschen. Im übrigen hätte Signor Pugli, ein älterer, leicht gebeugter Mann mit rotem Gesicht und ewig heiserer Stimme, nur alle eineinhalb Stunden aufstehen müssen, um dem nächsten Wagen auszuweichen. Und solange saß er ohnehin nicht an einem Stück im Büro. Sein Partner, Enzo Bernardini, arbeitete nach dem Schließen der Ölpresse für einen anderen Frantoio. Natürlich bin ich ihm treu geblieben und habe unsere Oliven weiterhin von ihm pressen lassen.

Vor einem Jahr ist Enzo mit seinem Traktor umgestürzt und brach sich, 65-jährig, beim lebensrettenden Absprung ziemlich viele Knochen. Vor einigen Tagen begegnete er mir. Er hatte gerade wieder einen gebrauchten Traktor gekauft und war damit auf dem Heimweg. An den Füßen steckten große Filzpantoffeln, mit dem linken Arm umfaßte er seine Krücken und er erzählte mir, daß jetzt alle Nägel, Schrauben und sonstiges Metall aus den Beinen entfernt wäre. „Wenn ich wieder richtig laufen kann“, sagte er zu mir, „fahre ich mit dem Traktor nochmal an die Stelle, an der ich umgestürzt bin. Ich will doch wissen, wie es passiert ist.“

## Die Ölqualitäten

Bei den Qualitätskriterien für Olivenöl herrscht einige Unsicherheit und viel Halbwissen. Für den Kauf von erstklassigem Öl sind folgende Kriterien von Bedeutung:

1. Nach dem Gesetz sind die einzelnen Qualitätsstufen nur vom Säuregehalt des Olivenöls abhängig. Das erstklassige *'Olio di oliva extra vergine'* (zergeht Italienliebhabern auf der Zunge wie das Wort 'Toscana'), darf einen Säuregehalt von maximal 1,0% aufweisen. Erstklassiges Öl liegt mitunter bei 0,5% Säure und noch darunter. Bis 2% Säure lautet die korrekte Bezeichnung *'Olio di oliva vergine'*.

2. Nur die beiden oben genannten Prädikate garantieren eine kalte, mechanische Auspressung. Allerdings darf ein *'oliva vergine'* soweit mit *'extra vergine'* verschnitten werden, bis es den Säurewert der Spitzenklasse erreicht. Also steht *'extra vergine'* nicht automatisch für das edelste Olivenöl.

3. Alle weiteren mir bekannten Qualitätskategorien werden mit chemischen Methoden extrahiert. Vom *'Olio di oliva vergine corrente'* bis zum *'Olio di sansa d' Oliva'* (vgl. unten). Dazu gehört auch das *'Olio di oliva'* mit einem Säuregehalt von max. 1,5%.

4. Olivenöl hält seine ursprüngliche Qualität etwa 18 Monate. Abzuraten ist vom Kauf edel aufgemachter, teurer Produkte, besonders wenn sie an Orten angeboten werden, wo sich das Öl nur wenig umschlägt (Bars, Läden auf dem Land). Das lichtempfindliche Olivenöl grundsätzlich nur in dunklen Flaschen kaufen, auch bei der Lagerung einen dunklen Ort wählen, sonst wird das Öl leicht ranzig. Bei Temperaturen unter 8° Celsius flockt das Öl aus, was aber keinen Einfluß auf die Qualität hat. Größere Mengen am besten im Blechkanister kaufen und zu Hause umfüllen.

5. Wer direkt beim Bauern neues, unfiltriertes Öl kauft, muß es bald umfüllen, um es vom Bodensatz (*fondo*) zu trennen.

6. Entgegen landläufiger Meinung hat die Farbe des Öls überhaupt nichts mit seiner Qualität zu tun. Wunderschön olivgrünes Öl muß noch lange kein besonders gutes Öl sein.

Wer sich als Insider ausweisen möchte, kann zukünftig auch nach dem Wert des 'Panel-Test' fragen. Das ist eine neue Bewertungsmethode, nach der eine ganze Reihe von Qualitätseigenschaften bepunktet wird. Darunter Geruch, Geschmack, Farbe und Nachgeschmack. *'Olio di oliva vergine'* erreicht Panel-Testwerte von 3,6 bis 5,5, *'extra vergine'* bis 6,5.

Fazit: Allein der Säuregehalt taugt nur bedingt als Qualitätskriterium. Die absolute Qualität des Olivenöls liegt in der Summe aller Aromen und Geschmacksnuancen. Und die lassen sich nur mit Gaumen und Nase bewerten.

Die überaus gründliche Ausnutzung der Olive wird am Beispiel des *'olio di sansa'* deutlich. 'Sansa' nennt man den Abfall, der beim mechanischen Pressen anfällt. Die scheinbar trockene, ausgepreßte Paste wird beim Frantoio abgeholt und in eine Fabrik gebracht. Dort wird das restliche Öl chemisch extrahiert. Aus der Abfallmasse werden so noch einmal 5% Speiseöl gewonnen, und selbst der wiederum verbleibende Rest wird verwertet. Als Tierfutter, oder - in Brikettform gepreßt - als Brennstoff mit hohem Heizwert.

## Wozu eigenes Olivenöl?

Wer ernst macht mit der toscanischen Küche, wird bald feststellen, daß sein Ölverbrauch rapid ansteigt. Es fängt damit an, daß vieles fritiert wird, bis hin zu frischen Gemüsen. Die Basis für das traditionelle Wildschweingericht *cinghiale in umido* ist reichlich Olivenöl, ebenso für jedes *arrosto*. Mit etwas Knoblauch und ein paar Zweigen frischen Rosmarins, ist Olivenöl der klassische Fond für jeden Braten. Das meiste Öl wird aber für die eingelegten Sachen verbraucht, getrocknete Tomaten, fein geschnittene Zucchini, Auberginen, Artischocken (vgl. dort). Müßte alles Öl für diese Köstlichkeiten zugekauft werden, überlegte mancher Landbewohner sicher zweimal, ob hierfür nicht einfacheres Öl ausreichen würde. Ein jährlicher Eigenkonsum von 30 - 40 Liter Olivenöl ist bei toscanischer Kochweise und Vorratshaltung durchaus normal. Den Rest kann man versuchen zu verkaufen. Wer sich ein wenig Mühe gibt, das Öl in Flaschen abfüllt und mit einem originellen

Etikett versieht, damit es aussieht 'wie gekauft', wird bald begeisterte Abnehmer in Deutschland finden. Im Gegensatz zu Wein gibt es für Olivenöl (noch) keine gesetzlichen Hindernisse für den direkten Verkauf, und bei 50 oder 100 Flaschen im Kofferraum des Autos macht auch der Zoll keine Schwierigkeiten.

Anders, wenn man an seiner Zufahrt eine Tafel anbringen will 'Hier Verkauf von Olivenöl'. Dazu ist eine Genehmigung der Gemeinde notwendig. Im Laufe der Prozedur erscheint unangemeldet ein *vigile sanitario*, der von der Gesundheitsbehörde geschickt wird und die hygienischen Verhältnisse prüft. Dazu gehört, daß der Abfüll-, Lager- und Verkaufsraum den Vorschriften entspricht. Er muß mindestens 2,70 Meter hoch sein, Boden und Wände müssen gefliest sein, Mindesthöhe 2,00 Meter. Außerdem, jetzt wird es mühsam, muß ein behindertengerechtes WC zur Verfügung stehen. Unser Vigile sanitario war ein umgänglicher Mann, er gab sich damit zufrieden, daß der Wasserhahn am Waschbekken des WCs eine Fußbedienung bekam. Manchmal denke ich, ohne Bürokratie gäbe es kaum mehr was zu lachen: Mit dem Verkauf der eigenen Produkte unterliegen wir sogar den normalen Ladenschlußzeiten.

## Was man gegen Brände tun kann

Jeder kennt die dramatischen Berichte von Großfeuern im Süden Europas. Aber selbst die effektvollste Kameraeinstellung zeigt nur wenig von der tatsächlichen Gewalt dieser Katastrophen, die fast immer von Menschen provoziert werden.

Sieht man als Urlauber auf der Insel Elba riesige schwarz-gelbe Wolken in den blauen Himmel aufsteigen, erlebt wie Hubschrauber und Löschflugzeuge Meerwasser aufnehmen und abdrehen, dann ist das wahrscheinlich ein zusätzliches attraktives Urlaubserlebnis. Auf Video zu Hause gern kommentiert. Etwas mehr Emotion wird geweckt, wenn das eigene Hotel evakuiert wird, weil es in der Gefahrenzone liegt. Oder wenn zur Räumung gar keine Zeit mehr ist, wenn es nur noch um Geld, Paß und die eigene Haut geht.

Ist man mit seiner ganzen Habe einschließlich Haus- und Stalltieren von einem Großfeuer umzingelt, mag ich nicht einmal mehr von Respekt vor der Naturgewalt sprechen. Aus eigener Erfahrung weiß ich, es packt einen die nackte Angst. Das erste große Feuer erlebten wir hautnah im Sommer 1983. Ich füge hier einen Bericht ein, den ich unmittelbar nach dem Brand an einen Freund schrieb. Vielleicht wirkt dieses Dokument heute ein wenig emotionsgeladen, aber es trifft genau meine damalige Stimmung.

Campiglia, 4./5. August 1983

„Ich glaube, Sie können jetzt ruhig schlafen", sagte der Patrouillenführer gerade zu mir. Es ist kurz nach 1 Uhr (nachts) und ich hoffe für uns alle, daß er recht hat. Kurz danach sehe ich die Lichter seines Geländewagens hügelaufwärts im Dunkel verschwinden. Die Nacht ver-

birgt, was seit zwei Tagen Wirklichkeit ist: Der ganze Hügel ist in eine schwarz-silberne Mondlandschaft verwandelt. Zwei Tage lang hat ein heftiger Scirocco das Feuer vor sich hergetrieben, bis es sich bis zu uns durchgefressen hatte. Gegen mittag kam es den Hügel heruntergerast. Auf uns zu. 50 Meter vor dem Haus konnte es später zum Stillstand gebracht werden.

Hunde, Brieftasche und Paß waren im abfahrbereiten Auto verstaut, das Haus verschlossen. Machtlos starrten wir auf die riesige, krachende Feuerwand. Sie rückte unaufhaltsam näher. Inzwischen: Schaulustige mit kleinen Kindern auf den Schultern, aber auch Freunde und Nachbarn, die mit Zweigbündeln zum Ausschlagen von kleinen Nebenfeuern den Angriff erwarten. Die Feuerwehrmannschaft der Gemeinde schlägt übermüdet Schneisen. Ich fälle in Minutenschnelle einige Bäume, die am Wegrand eine gefährliche Brücke für das Feuer bilden können. Andere räumen hinter mir die Bäume aus dem Weg. Dieser Weg ist die letzte Hoffnung, um das Feuer aufzuhalten. Die staatliche Forsttruppe aus Cecina trifft ein, gekleidet wie kanadische Rangers. Sie wirken sicher und strahlen Ruhe aus. - Und endlich übertönt das rhythmische Schlagen von Rotorblättern den Feuerlärm, der herbeigesehnte Löschhubschrauber trifft aus Elba ein. Wir reißen die Arme hoch, winken wie Schulkinder, brüllen sinnlose Anfeuerungsrufe in den Rauchhimmel: *Forza! Coraggio! Ancora! Bravo! Grazie!* Die Forstleute haben Funkkontakt aufgenommen zum Piloten, der jetzt verwegene Kurven fliegt, unter sich am Seil baumelnd die Wassertonne. An der Feuerfront taucht er in den Qualm, drückt die Maschine steil nach unten. Wirft das Wasser ab, zieht in engem Bogen genauso steil wieder nach oben, dreht ab und entschwindet unseren Blicken, um die Tonne neu zu füllen. Wäre nicht das Feuer, man könnte an eine Kunstflugveranstaltung denken.

Angefangen hat alles am Dienstag (2. August). Vikky hat das Feuer in einem verlassenen Weinberg in Cafaggio entdeckt, als sie mittags vom Einkaufen zurückkommt. Das ist fast zwei Kilometer von uns entfernt. Ich fahre sofort los, um zu helfen, treffe aber nur auf großes Durcheinander. Niemand dirigiert die zahlreichen Hilfskräfte, die sich schließlich gegenseitig behindern. Als ich sehe, daß das Feuer ungehindert eine Straße in unserer Richtung überspringt, fahre ich nach Hause, hänge das Spritzgerät an den Traktor, fülle es mit 300 Liter Wasser und beziehe Posten oben auf dem Hügel an unserer Grundstücksgrenze. Vicky hält die Stellung zu Hause. Fenster und Läden schließen, Schläuche auslegen, ums Haus herum wässern, ein paar Habseligkeiten ins Auto schaffen. Ich warte auf meinem Posten. Wenn das Feuer kommt, müßte es hier ankommen. Es kommt! Beißender Qualm erschwert bald die Orientierung, zwei Löschhubschrauber passieren im Tiefflug, ich verspüre glücklich einige Tropfen des abgeworfenen Wassers. Der brennende Pinienwald prasselt regelrecht, wegen der zahllosen kleinen Explosionen der ölhaltigen Nadeln. Die Feuerwalze ist jetzt sichtbar, sie nähert sich vom Sturm getrieben wie ein Schnellzug, überspringt den Weg, den ich verteidigen wollte. Ich laufe Gefahr, abgeschnitten zu werden und fliehe gerade noch rechtzeitig. Versagt! Der elende Sturm treibt das Feuer hinterher. Jetzt treffen die Feuerwehren ein und unterstützen die Arbeit der Hubschrauber. Gegen 5 Uhr wird das Feuer gestoppt.

Ich rücke wieder mit dem Spritzgerät aus. Unser alter Freund Renzo Furiosi hat sich mir angeschlossen. Er gehört zur Löschmannschaft der Gemeinde. Wir erreichen die Grundstücksgrenze genau in dem Augenblick, als sich ein wieder entflammtes Feuer selbständig macht und bei unseren Oliven Nahrung sucht. Mit dem Maximum an Druck pumpe ich Wasser dagegen. Gerettet! Nachts halten Vicky und ich abwechselnd Wache. In der Ferne hört man Rufe von Feuerwehrleuten, die Brandränder kontrollieren. Sonst Ruhe. Der Geruch verkohlter Landschaft liegt in der Luft.

Am nächsten Tag, dem 3. August, sind wir nervös. Ich versuche, Normalität vorzutäuschen und beginne, draußen zu malen. Als mir ein heftiger Sturm zum wiederholten Mal die Staffelei umwirft, gebe ich auf. Vikky habe ich überredet, Freunde in Frassine zu besuchen, um sich abzulenken. Um 10 Uhr rieche ich Rauch. Fünf Sekunden später schießen 20 Meter hohe Flammen empor. Sie lodern entlang der Linie, wo am Tag zuvor das Feuer gestoppt wurde. Pinien krachen, der Sturm treibt das Feuer aufs Haus zu. Panik! Alles wie gehabt: Hunde im Haus einsperren, Fensterläden und Türen schließen, Hausschlüssel einstecken, Zündschlüssel ins Auto werfen, Schläuche auslegen, wässern etc. Ein Aschenregen geht über mir nieder. Ich rotiere in der hysterischen Vorstellung, daß es vielleicht hinter mir schon brennt, stelle den Traktor mit dem Wassertank und laufendem Motor so auf, daß ich das Haus verteidigen kann. Zu mehr reicht es nicht. Wo bleibt Vicky? Die ersten Schaulustigen treffen ein, geben gute Ratschläge und weichen unauffällig zurück, als ich sie um Hilfe bitte.

Die Feuerwalze nähert sich krachend. (Ironie des Schicksals: unser Telefon wurde am 2.8. um 12 Uhr installiert. Nach einem Anruf um 12.30 Uhr bei der Feuerwehr ist die ganze Leitung verbrannt.) Endlich treffen Carabinieri mit Funk ein und sind genauso nutzlos wie die Schaulustigen. Nein, der Hubschrauber kann noch nicht kommen, lautet die Auskunft, er ist im Einsatz. Der Maresciallo meint, ich solle unsere Heuvorräte naß machen, die würden als erstes brennen. Der Schlauch reicht nicht. Plötzlich kommen mir Bedenken, ob Samy, unser alter blinder Spaniel im Falle eines Falles möglicherweise im Haus ersticken würde. Ich rase zurück, klemme mir im finsteren Haus den Hund unter den Arm, taste mich hinaus und bringe ihn ins Auto. Auch Enel, den zweiten Hund lasse ich frei. Er weicht nicht mehr von meiner Seite. Gedankenfetzen schießen durch den Kopf: Der Weinberg, all die Mühe und Arbeit. Wo bleibt Vicky? Man spürt die Hitze des Feuers. Ich konzentriere mich ganz auf die Verteidigung des Hauses. Endlich kommt das Löschfahrzeug der Gemeinde. Die Autos der Schaulustigen behindern die Zufahrt, diese Idioten!

Langsam windet sich das Tankfahrzeug hinauf zum Hauptbrandherd, da entfacht der Wind weiter unten ein neues Feuer. Dort kann ich mit dem Traktor nicht hin, nun scheint alles verloren. Da taucht im Dunst der toscanischen Hügelketten der Löschhubschrauber auf, dann trifft auch die Forsttruppe mit einem geländegängigen Tankzug ein. Funkverkehr zwischen den einzelnen Löschgruppen, ich bin wieder verbunden mit der Welt. Vicky trifft ein und macht sich unberechtigte Vorwürfe. Nach einigen Stunden ist das Feuer eingedämmt. Der Einsatzleiter bedankt sich für die gute Arbeit. Das Löschfahrzeug der Gemeinde wird zur Sicherheit mit 6 Leuten hinter dem Haus in Bereitschaft gehalten.

Um 20.00 Uhr wechselt die Wachmannschaft. In Zweiergruppen patrouillieren sie mit Hacke und Schaufel durch die Kraterlandschaft. Man kann ihre Wege durch das unstete Licht der großen Taschenlampen verfolgen und ihre Stimmen hören. Immer wieder finden sie neue Herde. Auch wir beteiligen uns an den Kontrollgängen. Der Boden ist heiß und silbrig. Verkohlte Schildkrötenpanzer liegen herum. Sie hatten keine Chance. Ich kann Enel nicht daran hindern, mit mir zu gehen. Er muß sich doch die Pfoten verbrennen. Wir sind schon ganz vertraut mit unseren Beschützern. Auch Renzo ist wieder gekommen, um sich mit uns die Nacht um die Ohren zu schlagen. Vicky kocht immer wieder Kaffee. Luciana, Renzos Frau, bringt zu essen. Katastrophe ohne Essen geht nicht. Es folgt eine ruhige Nachtwache. Wir unter dem Porticato, die anderen in Autos oder auf Patrouille.

Heute Nachmittag (4. August) brennt es wieder. Auf der anderen Seite des Hügels. Wieder das gleiche Szenarium. Wir transportieren die Heupressen ab, um unsere Nervosität zu kaschieren, dann hänge ich wieder die unentbehrlich gewordene *botte* an den Traktor und sehe währenddessen neuen Rauch. Vier Stunden haben wir die Ränder des Brandherdes nach Restglut abgesucht, schwarz, verkratzt und müde. Es wirkt alles friedlich jetzt, auch der Wind hat sich gelegt. Abends machen wir eine Flasche Sekt auf, es ist unser Hochzeitstag. Gegen Mitternacht bin ich mit Kaffee durch die Geisterlandschaft den Hügel hinaufgefahren, wo heute nacht das Löschfahrzeug der Gemeinde steht. Die Männer sind übermüdet und ein bißchen verlegen, als ich mit Kaffee komme. Extra ihretwegen?

Verzeih die lange Schilderung, aber meine Nerven brauchten dieses Ventil, ich mußte mir die Ereignisse von der Seele schreiben. Eigentlich sollte der Brief nur Zeitvertreib sein, damit ich nicht einschlafe. Jetzt werde ich wieder Asterix lesen und dann Vicky wecken, damit sie mich ablöst. Das Zirpen der Grillen um mich beruhigt, entspannen kann ich mich trotzdem nicht. Immer wieder wandern meine Blicke ängstlich den Hügel hinauf; denn jeden Moment kann sich trotz aller Vorsicht wieder ein Feuer entfachen. Ein trockenes Blättchen, von Asche bedeckt, von glimmender Glut umspielt, vom Wind angehoben... Fast auf den Tag genau zwei Jahre später wurden wir nochmals von einem Feuer heimgesucht. Es übertraf das erste in jeder Beziehung. Es war größer, heftiger und verheerender in seiner Auswirkung. Und es traf voll unser Land. Trotz Notruf-Telefonaten blieben wir allein, weil die Verantwortlichen überzeugt waren, das Feuer käme nicht bis zu uns. Diesmal mußten wir auch die beiden in Panik geratenen Pferde evakuieren und schließlich selbst fliehen. Für Stunden war unser Haus im Rauch verschwunden und tauchte danach wie aus den Nebeln von Avalon langsam, aber unversehrt wieder auf. Wegen eines Sturms war das Feuer so schnell, daß es über das Haus hinweggetrieben wurde, bevor es Nahrung finden konnte. Der Weinberg blieb eine merkwürdige, künstlich aussehende grüne Insel. Nur an den Rändern hat das Feuer genagt und durch die glühende Hitze die Trauben zum Platzen gebracht. Der Rest unseres Landes war ein unübersichtliches Gewirr von schwarzen, stumm in die Höhe ragenden Hölzern und silbrig glänzender aschebedeckter Erde. Aber wir und die Tiere waren gesund.

Der anfängliche Schock verwandelte sich in Energie. Drei Jahre lang haben wir jeweils von Spätherbst bis ins Frühjahr mit Motorsäge und Buschmesser abgeholzt, darunter auch 300 Olivenbäume. Dann waren die Feuerspuren beseitigt, und Vicky belohnte uns mit fürstlichem Essen. Es gab für jeden als Hauptgericht einen Hummer und reichlich Champagner.

Noch mehr Energie zeigte die Natur. Unglaublich zu sehen, mit welcher Kraft sie ausschlug. Und zwar ganz gegen den jahreszeitlichen Rhythmus. Totgeglaubte Eichen trieben im September junges Blattgrün aus. Ein junger Kirschbaum fing an zu blühen. Aus der Aschendecke lugten bald grüne Spitzen. Dennoch waren wir in der ersten Zeit nach dem Feuer froh, wenn die Nacht das verwüstete Land verschluckte. Nur dem Geruch konnte man nicht entfliehen. Monatelang war diese Mischung aus verwester Natur und kalter Asche ein aufdringlicher Begleiter. Auch heute noch, zwölf Jahre später, kann ich den Geruch mühelos herbeiphantasieren. Auch den damit verbundenen Schrecken.

In den folgenden Jahren waren wir jeden Sommer wie terrorisiert von der Feuergefahr, zumal ein bewaldeter Hügel gegenüber beängstigend regelmäßig brannte. Es waren gelegte Feuer, aber ein Brandstifter wurde nie gefunden.

Inzwischen ist Ruhe eingekehrt, und wir haben den Terror überwunden. Die Brandbekämpfung ist wesentlich verbessert worden. Es stehen mehr Löschhubschrauber und Flugzeuge zur Verfügung, und bis zum Einsatz geht weniger Zeit verloren. Früher hatten die Gemeinden den Auftrag, soviel Brände wie möglich in eigener Regie zu löschen und erst als letztes Hilfsmittel einen Hubschrauber anzufordern. Dann hat man erkannt, daß diese Rechnung nicht aufgeht, weil die Anzahl der Löschflüge wesentlich höher wird, wenn sich das Feuer bereits ausgebreitet hat.

*Liebe Barbara,*

*ich wollte Dich neulich nicht verschrecken mit meinen Feuererlebnissen. Aber es ist besser man weiß, was passieren kann. Damals kannten wir Feuer nur aus dem Ofen. Ich stelle Dir nachfolgend eine kleine Checkliste zusammen. Sie kann nützlich sein, um der Feuergefahr vorzubeugen oder bei der Bekämpfung eines Brandes.*

## Gräben sauberhalten

Wer Anrainer einer Straße oder eines öffentlichen Weges ist, hat ohnehin die Verpflichtung, den Graben sauber zu halten. In Frühjahr wächst darin Gras und Unkraut meterhoch, es beginnt Ende Mai zu trocknen und wird ein idealer Nährboden für Feuer. Gräben lassen sich gut mit einem Motorfreischneider (*decespugliatore,* vgl. dort) freihalten. Für tiefe, breite Gräben gibt es hydraulische Geräte mit beweglichem Arm und 0,80 - 1,20 Meter breiten Rotoren, die sehr effektiv arbeiten. Sie werden vom Traktor angetrieben und sind leider nicht billig. Dafür sind sie aber für alle Arbeiten einsetzbar, bei denen die Macchia unter Kontrolle gehalten werden soll.

## Gras schneiden

Der beste Schutz gegen Feuer ist ein kurzer Bodenbewuchs. Dann findet ein Feuer wenig Nahrung und läuft sich im günstigsten Fall von selbst tot. Ein Baum beginnt in der Krone zu brennen, danach folgt erst der Stamm. Bleibt das Feuer klein, wird es am Boden vorbeilaufen. Bei abgeernteten Getreidefeldern zieht man baldmöglichst einige Furchen als Feuerbremse, auch in der Macchia sollten wenigstens einige Schneisen freigehalten werden, um das Überspringen des Feuers zu erschweren.

## Feuer machen

Auf dem Land gibt es immer wieder etwas zu verbrennen, und von Herbst bis Frühjahr ist Gelegenheit dazu. Trotzdem gibt es viele Menschen, die Feuer machen, wenn es längst gefährlich ist. Spezialisten tun dies am frühen Morgen, wenn es noch Tau hat und kein Wind weht. Doch der Tau ist von der Morgensonne schnell weggetrocknet, und wenn dann noch Glut in der Asche ist und ein kleines Lüftchen aufkommt...

Ich sah einmal Anfang Juni in der Nähe Rauch aufsteigen, fuhr hin und traf einen Nachbarn, der an einer Böschung Gestrüpp verbrannte. Über meine Bedenken lächelte er nachsichtig und meinte, man müsse nur wissen, wie man ein Feuer unter Kontrolle hält, dann bestünde keine Gefahr. Ich fuhr wenig überzeugt wieder nach Hause. Kurz darauf sah ich eine deutlich stärkere Rauchentwicklung. Auch auf die Gefahr als ängstlicher Städter angesehen zu werden, fuhr ich wieder hin und sah den gleichen Nachbarn rennend und schwitzend versuchen, das Feuer einzudämmen. Die Böschung brannte inzwischen lichterloh. Gemeinsam konnten wir die Flammen mit eilig geschnittenen Rutenbündeln ausschlagen.

Auch in der feuchten Jahreszeit ist ein spezieller Feuerplatz am sichersten. Auf ebener Erde, möglichst frei liegend, abseits von leicht brennbaren Pflanzen. Die ätherischen Öle in den Blättern und Nadeln mancher immergrüner Pflanzen und Bäume fangen zu jeder Jahreszeit Feuer.

Im übrigen sollte man sich unbedingt an die von der Gemeinde veröffentlichten Verbote halten. Bei uns dauert die Zeit, in der kein offenes Feuer gemacht werden darf, vom 15. Juli bis 30. September. Verstöße werden inzwischen mit empfindlichen Geldbußen geahndet. Nur gelegentlich gibt es eine Situation, die es sinnvoll erscheinen läßt, auch während der Feuerverbotszeit etwas zu verbrennen, beispielsweise wenn frisches Heu durch Regen muffig und unbrauchbar geworden ist. In solchem Fall ruft man die *Forestale* (staatl. Forstbehörde) an, erklärt sein Problem und bekommt daraufhin eventuell eine Sondergenehmigung.

## Rauchen

Wahrscheinlich ist es überflüssig zu erwähnen, daß man brennende Zigarettenkippen nicht wegwirft und schon gar nicht aus dem fahrenden Auto. Aber leider sprechen Waldbrände, die am Straßenrand beginnen für sich. Auf eigenem Grund und Boden wird man kaum eine Kippe fallen lassen, dafür tun es ländliche Besucher umso mehr. Es stört mich auch ästhetisch. Meine Zigarilloenden zerfallen wenigstens zu unsichtbaren Krümeln, aber eine Filterzigarettenkippe ist und bleibt verrottungsfest. Wenn rauchende Besucher im Garten stehen, habe ich mir angewöhnt, jedem sofort einen Aschenbecher in die Hand zu drücken. Das hilft.

## Feuerpatschen

Bei Flächenbränden sind Feuerpatschen ein ausgezeichnetes Hilfsmittel (siehe Zeichnung S. 121). Die elastischen Metallfächer ersticken niedrig brennende Flammen durch einfaches Draufschlagen. Durch den plötzlichen Sauerstoffentzug braucht das Feuer einen Moment Zeit, um wieder aufzuzüngeln, da kommt schon der nächste Schlag usw. Hier habe ich dieses Gerät noch nicht gesehen. Wir haben unsere Patschen durch einen Freund bei einer deutschen Feuerwehr kaufen können. Im Prinzip das Gleiche, nur nicht so effektiv, ist das Ausschlagen von Flammen mit Zweigbündeln.

## Fluchtwege

Ein Feuer breitet sich in der Regel in einer Richtung aus. Kommt es aus der Richtung, in der auch die einzige Zufahrt zum Anwesen liegt, ist der Fluchtweg abgeschnitten. Dann kann man sich nur noch zu Fuß in Sicherheit bringen. Das Problem nur eines Fluchtweges läßt sich natürlich schon beim Kauf eines Hauses berücksichtigen. Natürlich fällt es schwer, einen solchen Rat in der Kaufeuphorie zu beachten. Im Winter, wenn keine Feuergefahr besteht, kann man immerhin einmal sachlich überlegen: wohin, wenn's brennt? Vielleicht läßt sich ohne großen Aufwand noch ein zweiter Fahrweg anlegen. (Bei der Gemeinde wegen der Genehmigung nachfragen.)

## Wenn es wirklich einmal brennt

Waldbrände sind im Süden eine latente Gefahr. Das heißt nicht, daß jeder Landbesitzer irgendwann von einem Feuer umzingelt sein wird. Aber es besteht einfach eine realistische Möglichkeit. Entdeckt man auf seinem Land ein Feuer, ist es wichtig, schnell zu handeln und die Aufgaben zu teilen. Während der eine die Feuerwehr ruft, kann der andere schon feste Schuhe anziehen und mit der Feuerpatsche losrennen. Noch besser ist es natürlich, wenn ein Traktor mit Wasserspritztank zur Verfügung steht. Möglichst schon gefüllt. Einige 100 Liter Wasser einfüllen, dauert kostbare Zeit. Während man sich dem Brandherd nähert, immer auf die Windrichtung achten. Den Traktor vor dem Löschen in Fluchtrichtung stellen.

1981 half ich ganz unerfahren beim Löschen eines Waldbrandes mit. Ich war verbissen damit beschäftigt, Buschfeuer auszuschlagen, als mich plötzlich ein Feuerwehrmann mit derbem Schwung zurückriß. Ich hatte nicht bemerkt, wie sich das Feuer über die Baumwipfel hinweg weiter ausbreitete und längst hinter meinem Rücken brannte.

Die Feuerwehr (*vigili del fuoco*, Einheitstelefon: 115. Weitere Nummern: Carabinieri 112, allgemeiner Notruf: 113) sollte auf jeden Fall als erstes angerufen werden, weil man selbst oft gar nicht einschätzen kann, wie rasant sich die Flammen ausbreiten. Besser die Feuerwehr rückt aus und wird vielleicht gar nicht mehr gebraucht, als daß sie erst alarmiert wird, wenn alles lichterloh brennt. Wichtig ist eine gute Beschreibung des Anwesens. Manches Stück Land ist schon abgebrannt, weil die Feuerwehr die Zufahrt nicht fand.

Im Haus werden alle Läden dicht gemacht und die Fenster geschlossen. Die verriegelten Läden sollen verhindern, daß durch Hitze die Scheiben platzen. Ein offenes Fenster würde durch die eintretende Zugluft wie ein Kamin auf das Feuer wirken. Hauptgashahn schließen, Gasflaschen ebenso. Wertsachen und Dokumente in einer Tasche verstauen. Als Letztes wird man den Strom an der Hauptsicherung abschalten und die Türe hinter sich zuziehen.

Wer eine Auffahrt besitzt, wird sein Auto dort abstellen, für den Fall, daß Startprobleme auftreten. In der Aufregung kann es durchaus passieren, daß der Motor 'absäuft'.

Nach diesen Vorbereitungen kann man sich der Bekämpfung des Feuers widmen. Vielleicht hat sich alles gar nicht so dramatisch entwickelt, wie es den Anschein hatte, so daß man die unmittelbare Nähe des Hauses verlassen kann, um am eigentlichen Brandherd mitzuhelfen. Drängt ein Wind das Feuer jedoch in Richtung Haus, sollte einer der Partner möglichst lange dort die 'Stellung halten' und soviel wie möglich mit dem Gartenschlauch ums Haus herum wässern. In der Zwischenzeit kommt dann die Feuerwehr, hoffentlich!

Aber sicher werden bei einem kleinen Feuer nicht gleich die Koffer gepackt. Ein Waldbrand ist eine Herausforderung, der man sich stellen muß, allemal auf eigenem Grund und Boden. Wenn ein Weihnachtsbaum in Brand gerät, wird man ja auch nicht die Türe von draußen zumachen und vorsichtshalber verschwinden. Genug von diesem unerfreulichen Thema. Auf jeden Fall wünsche ich keinem Toscana-Landbewohner eigene Waldbranderfahrungen.

# Einen Brunnen bohren

Wer kennt heute noch Lettow-Vorbeck? Im Geschichtsunterricht fand er zu meiner Schulzeit jedenfalls keine Würdigung. Genau genommen war es mein Biologielehrer Dr. Schlemmer, der unentwegt mit den Fersen wippend, von Lettow-Vorbeck schwärmte. Dieser preußische General war 1913 - 1918 Kommandeur der Schutztruppe von Deutsch-Ostafrika. Später entdeckte ich einmal eine Schwarz-Weiß-Fotografie aus jener Zeit. Lettow-Vorbeck sah genauso aus wie Giuliano, der unseren Brunnen gebohrt hat. Oder umgekehrt. Jedenfalls ist für uns Giuliano zu Lettow-Vorbeck geworden. Ein hochgewachsener, gerader Mann, um die sechzig, mit gebräunter Haut, die sich wie gegerbt um den mageren Oberkörper spannte. Seinen schmalen pergamentenen Kopf schützte er durch ein rot-weißes Stoffmützchen, wie man es in Baustoffhandlungen geschenkt bekommt. Als Lettow-Vorbeck seinen Posten auf der Plattform des Bohrfahrzeugs einnahm, lag aber schon eine ganze Menge Arbeit hinter uns.

## Wassersuche

Den Wert des Wassers lernt man als Mitteleuropäer oft erst kennen, wenn es ausbleibt. Das Wasser bleibt bei uns aber genau dann aus, wenn es dringend gebraucht wird - im Sommer. Wenn der wachsende Tourismus zu Versorgungsengpässen führt, oder wenn der Grundwasserspiegel wegen der langen Trockenheit sinkt. Und dann steht man an einem heißen Sommerabend verschwitzt unter der Dusche und zweitausend Touristen im Ort haben die gleiche Idee, und jedem bleiben nur ein paar Tropfen und dann gar nichts mehr.

Wir wollten unabhängig sein vom Gemeindewasser, ein Luxus, den man in der Stadt nicht haben kann. Zuerst wollten wir wissen, ob auf unserem Land überhaupt die Chance besteht, Wasser zu finden. Wer sensibel auf Wünschelruten reagiert, kann die Wassersuche auch selbst ausprobieren. Es ist sehr spannend und relativ einfach.

Man schneidet zu diesem Zweck aus einem Laubbusch eine Rute, die sich gabelt (siehe Zeichnung). Das Holz sollte nicht zu kräftig sein (ca. 1 Zentimeter stark), so daß die Enden noch schön elastisch sind. Nach dem Entfernen der Blätter wird der Zweig handlich zugeschnitten. Das Holz vor der Gabelung bildet die Spitze und wird auf 3 - 5 Zentimeter verkürzt. Die beiden Gabeln werden gleich lang auf etwa 30 - 40 Zentimeter geschnitten. Nun umschließt man die Enden der Rute fest mit beiden Fäusten und drückt die Daumen auf die Schnittflächen. Mit leicht vorgestreckten Armen wird die Rute waagrecht oder etwas nach oben vor dem Oberkörper gehalten.

Da mehrere Hektar Land nur mühsam mit der Wünschelrute abzugehen sind, schaut man sich vorher ein wenig um. 'Verdächtige' Stellen sind tiefe Erdfalten im hügeligen Gelände oder bestimmte Pflanzen wie Binsengewächse oder Bambus. Sickerwasser findet ein Laie mit der Wünschelrute leichter, weil es sich meist in geringer Tiefe ansammelt. Es handelt sich dabei hauptsächlich um Regenwasser, das unterirdisch an einer undurchlässigen Erdschicht zu einem kleinen See zusammenläuft. Je nach Trockenheit schwankt die verfügbare Wassermenge. Sicherer, aber schwieriger und möglicherweise erst viel tiefer zu finden ist eine Wasserader. Um dieses fließende Wasser zu finden, muß die Ader genau getroffen werden. 20 Zentimeter daneben kann voll daneben sein.

Aber zurück zur Wünschelrute: Es ist ein unglaublich heftiges und elementares Erlebnis, wenn sich die Rutenspitze zum ersten Mal in den Fäusten nach unten dreht. Während die Knöchel an den Fingern vom harten Zupacken weiß sind, dreht sich das Holz langsam, aber unaufhaltsam Richtung Boden. Es scheint völlig verrückt, aber man kann diese Drehung nicht verhindern. Hat die Wünschelrute ausgeschlagen, wird man die Stelle näher untersuchen und feststellen, daß sich das Holz an verschiedenen Stellen verschieden schnell zum Boden dreht. Dort, wo die Bewegung am heftigsten ist, besteht die größte Chance, Wasser zu finden. Aufgrund eigener Wassersuche sollte der Laie vielleicht nicht unbedingt gleich den Brunnenbauer kommen lassen, aber das mögliche Erfolgserlebnis mit der Wünschelrute lohnt allein schon den Versuch.

Wegen der relativ hohen Kosten und dem ungewissen Erfolg beim Bohren haben wir die Entscheidung für einen Brunnenbau immer wieder hinausgeschoben. In dieser Wartezeit baten wir verschiedene Wünschelrutengänger Wasser zu suchen. Jeder hatte seine eigene Methode. Einer pendelte den Punkt mit einer Taschenuhr an einer Kette aus. Wobei die Sekunden, die bis zum Beginn des Pendelns verstreichen, die Tiefenmeter bis zum Wasserfund anzeigen sollen. Ich bin mir nicht sicher, wie unbeeinflußt das Pendeln ist. Wer autogenes Training macht, weiß, daß man ein Pendel mit ausgestrecktem Arm gehalten, durch Willenskraft zum Schwingen bringen kann.

Und dann wurde uns Roberto empfohlen. Roberto ist hellblond und dick, im Charakter ganz dünnhäutig und fährt im 'richtigen' Leben Lokomotive. Wenn er nicht Lokomotive fährt, arbeitet er auf seinem Stück Land oder er sucht Wasser in der Erde. Robertos Wünschelrute ist ein angerostetes Armierungseisen, etwa acht Millimeter stark und zu einem *L* gebogen. In die linke Tasche seiner ausgebeulten Arbeitshose steckt er eine Bierflasche, die mit Wasser gefüllt ist. „Damit mich die Etruskergräber nicht ablenken", meint er. Als er meinen überraschten Blick sieht, fügt er abwertend hinzu: "ist nur wertloses Zeug", und marschiert los. Das Eisen hält er locker zwischen Daumen, Mittel- und Zeigefinger, wedelt damit herum wie ein Kind mit einem Papierfähnchen und plaudert munter dazu. (Wo bleibt seine Konzentration?)

„Also, wo wollt Ihr denn nun das Wasser haben?" Vicky und ich schauen uns leicht irritiert an und wir geraten ins Stottern. „Also, wir dachten, äh, eigentlich wären wir schon glücklich, wenn wir überhaupt Was-

ser fänden..." Roberto lacht gutmütig, „schon, aber zunächst kann man seinen idealen Platz bestimmen und wenn ich dort Wasser finde - um so besser, oder?" Dagegen war nichts einzuwenden, und wir wählten einen Fleck, der gut zugänglich ist, vor allem für das große Bohrfahrzeug, spätere Wartungsarbeiten und die Stromversorgung der Pumpe. Er liegt oberhalb des Weinbergs. Glaubwürdig oder nicht, Roberto fand hier eine Wasserader. Er 'mißt' mit seinem L-Eisen den idealen Punkt aus, nähert sich aus verschiedenen Himmelsrichtungen, kommt immer wieder auf der gleichen Stelle heraus und markiert sie schließlich mit einem Stock. „Hier", sagt er bestimmt, „hier muß gebohrt werden. Nicht davor oder dahinter oder daneben. Genau hier." Nach einer halben Stunde geht Roberto. Geld nimmt er nicht an. Sein übersinnliches Wahrnehmungsvermögen betrachtet er als Gabe, für die man kein Geld nehmen darf. Als er sich schnaufend in seinen knallroten Ford-Transit hievt, dreht er sich noch einmal um: „Viel Glück! Ich habe mich erst einmal geirrt und das war ausgerechnet bei meinem Bruder, poverino."

Nicht mit Gefühl, sondern mit wissenschaftlichen Methoden wird ein geologisches Gutachten angefertigt. Ich würde mir nicht erlauben, den Wert der einen Methode mit der anderen zu vergleichen. Ich habe nur einmal miterlebt, wie ein solches Gutachten erarbeitet wurde. Alles sah sehr technisch aus, was die zwei jungen Geologen aus dem Auto auf ein offenes Feld schleppten. Apparate wurden aufgestellt, Kabel verlegt, Drähte gespannt und kleine Sonden in die Erde getrieben. Dem abschließenden Untersuchungsbericht war eine gewissenhafte Schnittzeichnung beigeheftet, die detailliert Aufschluß gab über die Bodenbeschaffenheit. Wasser war darin nur in ganz geringem Maße vorgesehen.

Die Auftraggeber dieser Untersuchung, Nachbarn, hatten zuvor einen alten Wünschelrutengänger kommen lassen, der in dem entsprechenden Gebiet Wasser spürte und einen Bohrpunkt markierte. Unter einem Vorwand ließ man den Alten nochmals kommen, und dieser stand nach nochmaligem Rutengang fest zu seiner Wasserstelle. Die Nachbarn entschieden sich gegen die Geologen und ließen an dem Punkt, den der Wünschelrutengänger zweimal markiert hatte, bohren. In 25 Meter Tiefe stieß man auf eine Wasserader, die seit 9 Jahren pro Minute 45 Liter Wasser fördert. Macht 2.700 Liter pro Stunde oder 64.800 Liter pro Tag. Einem der Geologen erzählte ich gelegentlich von dem Wasserfund. Er zog bedauernd die Schultern hoch. „Tut mir leid, daß wir kein Wasser gefunden haben, aber wir haben geologische Methoden angewendet. Wissenschaft duldet kein Raten. Trotzdem bewundere ich die Fähigkeit der Wünschelrutengänger."

## Genehmigung

Der Antrag zum Bau eines Brunnens wird an die Gemeinde gestellt, die ihn an die zuständige Behörde schickt. In unserem Fall das Landwirtschaftsressort bei der Provinzregierung in Livorno. Da liegt der Antrag dann nach bewährter Beamtenmanier monatelang im großen Stapel des Sachbearbeiters ganz unten. Man muß sich also wieder einmal selbst bemühen, um den Vorgang zu beschleunigen. Immerhin sind die Menschen in den Behörden meist sehr freundlich und hilfsbereit.

## Wer soll den Brunnen bohren?

In der Zwischenzeit wird eine Bohrfirma gesucht. Entweder über die Gelben Seiten (Stichwort *'Pozzi'*), oder man erkundigt sich in der Gegend bei Leuten, die bereits einen Brunnen haben. Die Preisdifferenzen von einer Firma zur anderen sind meist unerheblich, dennoch bringt ein Kostenvoranschlag *(preventivo)* Klarheit. Die Preise werden pro Meter Tiefe gerechnet und sind gestaffelt nach Bodenbeschaffenheit. Sandiger Boden ist am billigsten, dann folgt steiniger Boden und als teuerstes nackter Fels. Bei der späteren Abrechnung ist die preiswerte Erdschicht natürlich ganz dünn und wird bald gefolgt von felsigem Gestein. Da lohnt sich Handeln, auf die freundliche Art.

## Brunnenarten

Bei uns gibt es zwei gebräuchliche Brunnenarten:

1. Der römische Brunnen *(pozzo romano)*

Er ist als Speicher für Sickerwasser angelegt, reicht also nur bis in geringe Tiefen von etwa 12 Meter. Früher gemauert, werden heute mittels Kran vorgefertigte Betonringe (ca. 1,20 x 0,60 Meter Höhe) in das Bohrloch gesenkt. Die aufeinandergesetzten Ringe werden verfugt, in den obersten Ring wird ein Deckel eingepaßt. Gepumpt wird in der Regel von außerhalb des Brunnens mit einer Saugpumpe. Steht der Brunnen irgendwo im Gelände, wird man am besten ein kleines Pumpenhäuschen bauen, in dem eine Dieselmotorpumpe untergebracht wird (ca. 8 - 10 PS). Zarte Hände dürften allerdings etwas Mühe haben, die Pumpe mit Seilzug-Anlasser anzuwerfen. Deshalb an eine Batterie und elektrischen Anlasser denken.

Alternativ kann auch eine windbetriebene Pumpe interessant sein. Hier ist ein Windrad noch eine Seltenheit und wir kennen niemanden, der wirklich Erfahrung damit hat. Ich weiß nur, daß die Anschaffungskosten wesentlich höher sind im Vergleich zu Motorpumpen.

Auf unserem Land befindet sich noch ein schön gemauerter römischer Brunnen von 11 Meter Tiefe, in dem aber kein Wasser ist. Wir dachten, wer einst den Aufwand zum Bau eines solchen Brunnens betrieben hat, tat dies sicher nicht ohne die Gewißheit auf Wasser. Vielleicht war nur der Zulauf verstopft oder die Tiefe zu gering. Wir ließen einen Wünschelrutengänger kommen, nach dessen Auskunft an dieser Stelle kein Wasser zu finden sei, wohl aber zwei Meter daneben. Allerdings wenig. Als Anfang der 80er Jahre eine schreckliche Geschichte durch die Presse ging von einem Kind, das beim Spielen in einen trockenen Brunnen gefallen war und später tot gefunden wurde, haben wir den Brunnen eiligst zumauern lassen. Jahre später erzählte uns ein Alter aus dem Dorf, der sich noch an den Bau des Brunnens erinnerte, daß sich dort nie ein Tropfen Wasser gesammelt hätte. Nicht einmal Regenwasser hätte sich darin gehalten.

2. Der artesische Brunnen *(pozzo artesano)*

Das ist die Brunnenart, aus der wir uns heute mit Wasser versorgen. Nachfolgend berichte ich deshalb ausführlich über seine Bauweise. Mit der angewandten Bohrmethode kann auch noch in Tiefen von 70 - 80 Meter nach einer Wasserader gebohrt werden. Wasserader bedeutet, daß man im Gestein auf eine wasserführende Schicht stößt, durch die das Wasser mit Druck gepreßt wird. Wird diese Ader angebohrt, so baut sich im Bohrloch, je nach Wasserdruck eine Wassersäule auf. Die verfügbare Wassermenge ergibt sich aus den Litern pro Minute, die man konstant abpumpen kann, ohne daß das Niveau der Wassersäule fällt. Für den artesischen Brunnen werden elektrische Immersionspumpen verwendet, das sind Pumpen, die direkt in das Brunnenwasser gehängt werden. Über den Bau unseres Brunnens habe ich mir damals Notizen gemacht:

## Tagebuch eines Brunnenbaus

9.7.94 Samstag: Es ist Morgens um Viertel nach sechs, ich bin noch im Badezimmer, als ich in der Ferne ein kräftiges sich langsam verstärkendes Brummen höre. Für einen starken Traktormotor ist die Zündfolge zu schnell, eher erinnert das Geräusch an ein altes dreimotoriges Propellerflugzeug. Ich warte am Fenster, ab unserer Grundstücksgrenze wird die schmale Staubstraße einsehbar. Eine große Staubwolke kündigt das Fahrzeug an, und bald ist es auch unter dem Staubschleier wahrzunehmen. Es muß das Fahrzeug mit dem Bohrturm für unseren Brunnen sein, das ich für Montag erwartete. Rasch schlüpfe ich in Bermudas und T-shirt und renne hinunter, um die aufgeregten Hunde zu beruhigen und die Ankunft des Sauriers zu bewundern. Als er langsam, vorsichtig die ganze Breite unserer Auffahrt ausnutzend, heraufgekrochen kommt, erklärt sich auch die riesige sandfarbene Staubwolke, in die das kanariengelb gestrichene Fahrzeug eingehüllt bleibt: das armdicke Auspuffrohr ist nach unten gekrümmt und wirbelt den sommertrockenen Straßenbelag auf.

Im Vorbeiziehen erkenne ich lediglich hinter dem Fahrerhaus ein Gewirr von Eisenstangen, umgelegten Masten, Schwungrad, Zahnräder, Stahltrossen, einen großen Schiffsdiesel. Das Ganze würde eher als Decksaufbau eines kleinen Frachtschiffes Sinn machen. Dem Bohrfahrzeug folgt ein roter Renault R4 mit dem Besitzer der Bohrfirma und zwei weiteren Mitarbeitern. Wir besichtigen die Bohrstelle und dirigieren den Koloß gemeinsam mit dem Heck voran an seinen Punkt. Nun wird der Stand der Räder markiert und das Fahrzeug nochmals ein Stück nach vorn gefahren. Zwei Arbeiter mit Spitzhacken und Schaufeln gleichen das Erdniveau aus, graben für die rechten Hinterräder eine Mulde, erhöhen vorne mit Steinen und Erde, die sie mit drei Eisenbahnschwellen abdecken. Dann klettert das Monstrum langsam auf die Holzschwellen und sinkt fast gleichzeitig mit einem Ächzen der Federblätter in die hintere Mulde. Jetzt steht das Fahrzeug in der Waage. Die hydraulischen Stützen werden ausgefahren und gegen den Boden gepreßt. Hinten wird der dreibeinige Bohrturm aufgerichtet und für jeden Fuß eine Unterkonstruktion aus dicken Brettern gebaut.

Im Laufe des Vormittags kommt noch ein Lastwagen an, der Eisenrohre und Bohrer bringt. Bohrer ist vielleicht etwas ungenau ausgedrückt. Es handelt sich um ein etwa 4 Meter langes, dickwandiges Eisenrohr mit Aufhängung für das Halteseil und einem angeschweißten, recht stumpf wirkenden Zahnkranz aus gehärtetem Stahl am unteren Ende.

11.7.94 Montag: Die Brunnenbohrer verbringen noch den ganzen Vormittag damit, ihre Anlage fertigzustellen. Wir fahren mittags für ein paar Stunden ans Meer, und als wir zurückkommen, hört man von weitem das rhythmische Wummern des Bohrzylinders. Mir ist klar, wo ich den Rest des Nachmittags verbringen werde. Als ich zur Bohrstelle komme, bietet sich eine Szene, die sich in den nächsten zwei Wochen präzis jeden Tag wiederholen sollte. Zunächst das Führerhaus mit der niedrigen zweiteiligen Frontscheibe, jetzt kadmiumgelb in der Nachmittagssonne, mit einer spitzauslaufenden Motorhaube und halbkugelförmigen Scheinwerfern auf der Stoßstange, die eher wirkt wie ein Rammbock. Das Fahrzeug, ein Chrysler, stammt aus Armeebeständen der Amerikaner.

Nach Ende des zweiten Weltkrieges wurden viele dieser Fahrzeuge in Italien zurückgelassen, da sie als Kriegsausrüstung bereits veraltet waren. Für unseren Brunnenbohrer war es der Start in eine eigene Existenz. Hinter dem Führerhaus dann die Bohranlage, die auch bei näherem Hinsehen nicht viel klarer zu beschreiben ist als beim ersten Eindruck. Nur daß jetzt der Schiffsdiesel läuft und ein gleichmäßiges Vibrieren auf der anschließenden Plattform erzeugt. Sie ist die Kommandostelle des Kapitäns, unseres Lettow-Vorbeck. Hochaufgerichtet und freundlich lächelnd bedient er die Bohreinrichtung. Seine linke Hand umfaßt eine blankgegriffene Eisenstange, mit der er ein und dieselbe Bewegung monoton, aber konzentriert ausführt, von früh bis abends. Jeden Tag. Jahraus, jahrein. Nur wenige andere Arbeiten durchbrechen diesen Rhythmus, der mir wie der totale Stumpfsinn vorkommt. Den Hebel zum

Körper ziehen heißt: die Seilwinde läuft rückwärts. Den Hebel wegdrücken bedeutet: die Bremse der Seilwinde zu lösen. Das Seil läuft vorwärts. In Arbeitsleistung umgesetzt bedeutet Rückwärtslaufen, daß der Bohrzylinder, der an dem Seil hängt, hochgezogen wird bis in die Spitze des 7 Meter hohen Bohrturms. Das Stahlseil spult sich dabei auf eine Winde. Ist der Rücklaufvorgang beendet, wird die Sicherung gelöst und der Bohrzylinder kracht in freiem Fall in das Bohrloch. Der Lärm des Aufpralls ist noch nicht verklungen, da läuft die Winde schon wieder rückwärts und zieht den Bohrzylinder erneut in die Höhe. Auslösen. Krach. Bumm. Zittern der Erdoberfläche. So geht es Stunde um Stunde, und immer ist es die ruhige Hand von Lettow-Vorbeck, die den Befehl ausführt.

Trotz des einfachen Ablaufs muß ich mir erst erklären lassen, was im Bohrloch vor sich geht. Denn Bohren hat für mich etwas mit Drehen zu tun und nicht mit Fallenlassen. Wegen des Höllen-Dieselmotors ist eine Verständigung nur durch Schreien möglich. Lettow-Vorbeck winkt mich auf seine kleine Kommandobrücke. So erhöht, komme ich mir schon wie der erste Offizier vor. Dann schreit er mir die Funktionsweise des Bohrers ins Ohr: Jedesmal, wenn der Zahnkranz des Bohrzylinders im Bohrloch aufschlägt, pflanzt sich die Wucht des Aufpralls im Bohrzylinder nach oben fort und 'beutelt' sozusagen das ganze Rohr. Da der Bohrzylinder in dem engen Loch aber nicht ausbrechen kann, setzt er die Aufprallenergie in Drehung um. Das sind nur kleine Bewegungen, die unkontrolliert nach links oder nach rechts drehen. Der Zahnkranz packt, reißt, schiebt, sprengt immer wieder an einer anderen Stelle und bricht so Stein und Felsen zu handlichen Brocken. Der Bohrzylinder hat eine nach oben bewegliche Klappe. Das ausgebohrte Gestein drückt die Klappe auf und füllt das Rohr.

In längeren Abständen zieht Lettow-Vorbeck den Bohrzylinder hoch, stoppt knapp über dem Bohrloch und läßt das Rohr sanft bis in die Waagrechte gleiten. Dann kommt der große Augenblick von Mario, dem Gehilfen von Lettow-Vorbeck. Mario sieht aus wie ein Gehilfe auszusehen hat. Deutlich kleiner als sein Meister, jung, offenes freundliches Gesicht, in dem das Leben noch keine deutbaren Spuren hinterlassen hat. Er war Krankenpfleger, aber dann doch nicht hart genug, um das tägliche Leid zu verkraften. Das Krach-Bumm hier scheint ihn weniger zu belasten. Mit einem kalten Toscanello zwischen den Zähnen gibt er sich das passende Outfit. Marios Aufgabe ist es unter anderem, das im Bohrzylinder angesammelte Konglomerat herauszuholen. Es kann wegen der Klappe nur durch die obere Öffnung entfernt werden und dazu muß das Rohr erst gedreht und etwas hochgezogen werden. Mit einer langen Eisenstange stößt Mario das Stein/Erde-Gemisch aus dem Rohr. Dann: Seil wieder entlasten, aushängen und vorsichtig wieder hochziehen. Der Gehilfe dirigiert das zappelnde vier Meter-Ungetüm über das Bohrloch und gibt Zeichen zum Absenken. Weiter geht's. Krach-Bumm, Krach-Bumm. Drei Meter hat sich der Bohrzylinder auf diese Weise am ersten Tag in die Erde gefressen.

12.7.94 Dienstag: Der Aufprall des Bohrzylinders pflanzt sich über die etwa 100 Meter bis zum Haus fort und verursacht eine Dauervibration in meinem Zwerchfell. Die Brunnenbohrer haben das erste Arbeitsrohr eingesetzt. Die Arbeitsrohre, ebenfalls aus Eisen, sind miteinander verschraubbar und haben einen Durchmesser von 40 Zentimetern. Sie dienen dem Bohrzylinder beim Fall in die Tiefe als Führung. Außerdem sollen sie verhindern, daß der Bohrer durch verschieden starke Gesteinsschichten auf eine schiefe Bahn gelenkt wird. 8 Meter sind schon erreicht.

13.7.94 Mittwoch: Auf 13 Meter Tiefe das erste Wasser. Roberto, der Wünschelrutenmann, hatte es angekündigt, aber gleich hinzugefügt, die richtige Wasserader käme erst nach 30 Metern. Vicky ist dennoch ganz aus dem Häuschen über das erste Wasser und stiftet abends gleich eine Flasche Sekt.

15.7.94 Freitag: Gestern haben die Brunnenbohrer nicht gearbeitet, weil die Lichtmaschine kaputt war.

20.7.94 Mittwoch: Die Brunnenbohrer sind bei 28 Metern angekommen und mittags in ihre Firma gefahren, um weitere Arbeitsrohre zu holen. Am Nachmittag inspizieren Vicky und ich 'unbeaufsichtigt' die Bohrstelle. Mit einem Plastikeimer an einem langen Seil holte ich einige Eimer Brunnenwasser aus der Tiefe. Wir ziehen uns rasch aus und begießen uns kreischend mit dem eiskalten Wasser. Es ist immer noch das Wasser, das aus 13 Metern in die Tiefe rinnt. Lettow-Vorbeck hat auf der Kommandobrükke ein Bruchstück von einem Spiegel. Wie wir es bei ihm gesehen haben, fangen wir damit die Sonne ein und lenken sie hinunter ins Bohrloch, bis sie die glitzernde Wasseroberfläche sichtbar macht.

21.7.94 Donnerstag: Lettow-Vorbeck hat Wassermessungen gemacht. Die konstante Menge ist von fünf Litern in der Minute auf vier gefallen. Wir beschließen weiterzubohren.

22.7.94 Freitag: Die Arbeiter haben engere Rohre hertransportiert und einen entsprechend schlankeren Bohrzylinder. Außerdem ein großes Schweißgerät.

25.7.94 Montag: 35 Grad im Schatten, die Brunnenbohrer sind jetzt auf 34 Meter Tiefe. Heute fördern sie den ganzen Tag nur schwarzes Gestein ans Tageslicht. Lettow-Vorbeck strahlt vorsichtigen Optimismus aus. Dieses Gestein sei wasserverdächtig.

26.7.94 Dienstag: 38 Meter Tiefe. Lettow-Vorbeck mißt wieder einmal die Wassersäule. Er läßt dazu eine Schnur in die Tiefe gleiten, an deren Ende eine alte Wasserflasche hängt (was sonst?). Trifft der Flaschenboden auf die Wasseroberfläche, entspannt sich die Schnur. Das ist das Signal zum Abmessen. Im Meterabstand haben die Arbeiter im Laufe der letzten Tage immer neue Knoten in die Schnur gebunden, die das Rechnen beschleunigen. Ergebnis der Messung: Die Wassersäule ist leicht angestiegen.

In den letzten Tagen hat Lettow-Vorbeck einige Gesteinsbrocken in einer Linie hintereinandergelegt, wie sie gefördert wurden. Man bekommt so ein aufschlußreiches Bild der Gesteinsschichten. Heute zeigt er mir seine neuesten Exemplare: schwarze Steine immer noch, aber mit feinen rostigen Venen. Lettow-Vorbeck strahlt. Sein Erfolgserlebnis steht jetzt wohl unmittelbar bevor, denn die rostigen Schichten führen Wasser. Ich strahle auch.

27.7.94 Mittwoch: 41 Meter Tiefe. Den Rest des Tages machen die Arbeiter Wassermessungen. Eine Pumpe, die wir mit meinem Traktor antreiben, fördert einen fünf Zentimeter dicken Wasserstrahl. Einfach so, ohne Nutzen, stundenlang. Mich macht diese Vergeudung schier verrückt. Es kommt mir vor, als würden wir all das kostbare, mühsam gefundene Wasser an einem Tag verschwenden. Lettow-Vorbeck redet mir väterlich zu. Diese Arbeit sei wichtig, damit sich die Wasserader freischwemme von Verunreinigungen. Tatsächlich wird das Wasser immer klarer. Zwischendurch messen wir immer wieder mit der Stoppuhr, wieviele Sekunden es dauert, bis ein Eimer mit 20 Litern Fassungsvermögen gefüllt ist. Seit eineinhalb Stunden dauert es konstant 40 Sekunden. Das bedeutet 30 Liter pro Minute. Wir sind überglücklich, auch wenn mich das in die Leere fließende Wasser immer noch nervös macht. Ein letztes Mal läßt Lettow-Vorbeck seine Meßschnur mit den Meter-Knoten nach unten, prüft und nickt zufrieden. Die Wassersäule sinkt nicht ab. Um 19.00 Uhr stellt er endlich die Pumpe ab. Eine weitere Flasche Sekt ist fällig.

Am Abend lade ich Vicky zur Feier des Tages in mein Lieblingsrestaurant *Paolino* nach Follonica ein (siehe Anhang). Während ich mich noch durch das Meeresfrüchtebuffet esse, muß sich Leonardo, der Besitzer, die ganze Brunnengeschichte in epischer Breite anhören.

28.7.94 Donnerstag: Die Brunnenbohrer haben bis heute Mittag noch weitere vier Meter gebohrt. Bei 45 Metern lasse ich anhalten. Wir sind angekommen. Die letzten vier Meter dienen als Reservoir bzw. als Klärbereich.

29.7.94 Freitag: Der Bohrturm erfüllt seine letzte Aufgabe. An dem Stahlseil werden die gestern geschweißten 25 Zentimeter Rohre in den Brunnen gelassen. Es sind die endgültigen. Das Unterste ist perforiert, um das Wasser eindringen zu lassen. Die dickeren Arbeitsrohre werden herausgezogen und auseinandergeschraubt, der verbleibende Zwischenraum im Brunnen zwischen Rohrwandung und Gestein wird mit Kies aufgefüllt. Das oberste Rohr ragt 60 Zentimeter aus der Erde. Es wird mit einem Deckel verschlossen.

Nachtrag: Gut zwei Wochen waren seit Beginn der Arbeiten vergangen, nur einmal wurde mir etwas mulmig: Das war, als Lettow-Vorbeck eines Morgens einen Brief seines Arbeitgebers bei mir abgab und dabei etwas verlegen an seiner Mütze nestelte. Wir waren bei 28 Metern Tiefe angekommen. In dem Brief stand in etwa, daß die Firma wegen der extrem harten Gesteinsschichten ab sofort alle Verantwortung für die Bohrung ablehne. Sollte sich der Bohrzylinder verkanten, stekkenbleiben oder unbrauchbar werden, müsse ich die Kosten für Bergung und Reparatur übernehmen. Ich stellte mir den Aufwand vor, ein vier Meter langes Eisenrohr in 28 Metern Tiefe auszugraben und wurde etwas mutlos. Ich beriet mich mit Vicky; uns wurde klar, daß wir - im Sinne des Wortes - 'zu tief' in der Sache drinsteckten, um jetzt aufzugeben. Streiten konnten wir notfalls auch hinterher. Lettow-Vorbeck entschuldigte sich rührend für den Brief und versprach, ganz vorsichtig weiterzubohren.

4.8.94 Donnerstag: Vicky bringt die bestellte Pumpe mit. Sie ist ein Meter lang, bei einem Durchmesser von etwa 15 Zentimetern, aus glänzendem Edelstahl und entsprechend schwer. Wir brauchen fast den ganzen Nachmittag, um sie sicher in die festgelegte Tiefe von 34 Metern abzulassen. Zunächst markieren wir den Endpunkt des Halteseils. Es ist ein zentimeterdickes verrottungsfestes Kunststoffseil, das wir an der Pumpe befestigen. Mit in die Tiefen müssen die bereits installierte Drehstromleitung und das kräftige 5 Zentimeter starke PVC-Rohr. Immer schön gleichmäßig. Als Sicherheit gegen Ausgleiten oder Schlappmachen knüpfen wir das Seil alle paar Meter an der Anhängerkupplung des Traktors fest. So kann ich zwischendurch loslassen und die verkrampften Hände entspannen. Als die vorgesehene Tiefe erreicht ist, legen wir ein Eisenrohr auf die Brunnenöffnung und sichern das Seil daran. Am Abend kommt noch Gianni, unser Elektriker, vorbei und schließt die Pumpe mit einem einfachen Schalter an das Netz an.

Wir haben uns bereits für die provisorische Nutzung des Brunnens zwei 50 Meter-Rollen Gartenschlauch gekauft, die ich in der Zwischenzeit bis zum Haus auslege und am Brunnen anschließe. Auf der Wiese vor dem Haus verbinde ich den Schlauch mit einer kleinen Wasserkanone und bevor wir uns draußen entspannt zum Abendessen setzen, schalte ich die Pumpe ein: Wasser marsch! Ausnahmsweise lauschen wir heute nicht den Grillen, sondern dem erfrischenden tac-tac-tac der drehenden Wasserkanone. Wieder ist eine Flasche Sekt fällig. Diesmal ist es Champagner.

5.8.94 Freitag: Heute war der Besitzer der Brunnenfirma da, mit der zweiten Fassung der Rechnung. In der ersten waren sachliche Fehler, die ich dank meiner Aufzeichnung klären konnte. Nach einigem Verhandeln muß ich 1,6 Millionen Lire weniger bezahlen. Zum Abschied bekam er von mir eine DIN A3 große Zeichnung, die ich von seinem Bohrfahrzeug gemacht habe. Er bedankt sich überschwenglich. Bevor ich reagieren kann, faltet er das Blatt mit zwei kräftigen Kniffen auf A5 zusammen und legt es in seine Brieftasche. Sicher bewahrt er dort nur wichtige Dinge auf, aber ein bißchen weh tat mir der Anblick des Faltblattes schon.

## Das Leitungssystem

Noch ist unsere Brunnenanlage nicht fertig, und für mich beginnt die eigentliche Arbeit. Nämlich das Wasser dort hinzubringen, wo wir es nutzen wollen. Im Laufe der Jahre habe ich gelernt, diese einfachen Installateurarbeiten selbst auszuführen. Das Material: einige hundert Meter schwarzes PVC-Rohr PN 16, eineinhalb Zoll, die nötige Anzahl Kupplungs- und Anschlußstücke, Kurven, Hähne, Teflonbänder sowie Reduktionsteile, um vom größeren Rohrdurchmesser an engere Leitungen anschließen zu können. Den etwa 60 Zentimeter tiefen Graben in den steinigen Boden lasse ich mit einem Bagger ausheben. Der Rest ist Ausdauer und der Verzicht auf eine Reihe schöner Nachmittage am Meer. Das System der Anlage läßt sich am besten aus der - nicht maßstabgetreuen - Zeichnung ersehen.

Die Anschlußstellen habe ich sehr einfach gelöst. In jeder Baustoffhandlung gibt es einmeterlange Zementrohre mit einem Durchmesser von etwa 20 Zentimetern zu kaufen. Jeweils eines dieser Rohre stülpe ich über die hochstehende Leitung und gieße im Boden ein kleines Fundament darum. Zur besseren Stabilität fülle ich das Rohr mit Sand, führe die Wasserleitung im rechten Winkel an die Wandung und verbinde sie mit dem Hahn. Auf die Öffnung des Zementrohres mauere ich einen hübschen Feldstein. Das ist sicher keine aufregende Designlösung, aber eine funktionelle. Lediglich auf der Wiese am Haus habe ich meinem Spieltrieb freien Lauf gelassen und eine kleine Tränke in das Fundament eingebaut. Untertags trinken gerne die Katzen daraus. Abends badet dort oft eine große fette Kröte.

Sobald die Pumpe eingeschaltet ist (und bleibt), funktioniert die Anlage inzwischen vollautomatisch. Das Wasser muß zuerst einen Durchflußregler passieren. Sollte die Pumpe plötzlich wegen Verunreinigung oder Wassermangels nicht mehr fördern, schließt sich eine Metallmembran im Regler und schaltet die Anlage aus. Fließt das Wasser, wird es in ein höher gelegenes 5.000 Liter-Depot gepumpt. Eine Autoclave schaltet dort die Pumpe ab, sobald die Füllmenge erreicht ist.

Jetzt kann an allen Zapfstellen Wasser entnommen werden. Fällt der Wasserspiegel im Depot unter ein bestimmtes Niveau, schaltet sich die Pumpe von selbst wieder ein. Die Fördermenge habe ich am Brunnen auf 25 Liter pro Minute gedrosselt, um nicht die volle Kapazität auszuschöpfen, falls Schwankungen in der Wassermenge auftreten sollten. Ein kleines, aber nützliches Extra habe ich vor dem Haus installiert, wo Brunnenleitung und Gemeindewasserleitung parallel verlaufen. Durch einen 'by-pass' kann, falls das Gemeindewasser ausbleibt, auch Brunnenwasser ins Haus umgelenkt werden. Ein Techniker wird meine Beschreibung nur mit einem müden Achselzucken zur Kenntnis nehmen, und tatsächlich ist technisch gesehen überhaupt nichts Innovatives an der Brunnenanlage. Dennoch fühlen wir uns immer noch privilegiert, einfach den Wasserhahn aufdrehen zu können und zu jeder Zeit fließt eigenes Wasser.

## Über den Umgang mit Brunnenwasser

Trotz des Reichtums, den eigenes Wasser darstellt, sollte man sparsam damit umgehen. Auch wenn diese Bemerkung nach erhobenem Zeigefinger 'riecht', der Wasservorrat der Erde ist nun einmal begrenzt. Sehr begrenzt. Nicht genutztes Brunnenwasser fließt in der Gesteinsader weiter, mündet in eine andere und wird auf ihrem Weg noch weitere Male angezapft, nutzt also auch anderen Menschen, die ihrerseits wieder sparsam mit dem Wasser umgehen.

Die Richtlinien der Gemeinden über Bewässerungszeiten gelten auch für Brunnenwasser. Bei uns darf in den Sommermonaten zwischen 9.00 Uhr und 18.00 Uhr nicht gewässert werden. Damit will man verhindern, daß Felder bei praller Sonne beregnet werden, was die Wirksamkeit von jedem Liter Wasser wegen der Verdunstung dezimiert. Natürlich kann ich jederzeit aus meiner Depotleitung Wasser entnehmen, um ein paar Blumentöpfe zu gießen.

Seit Jahren bewährt haben sich Tropfanlagen. Wir haben je eine installiert für den Gemüsegarten und die Obstbäume. Das Einrichten der Tropfanlage ist sehr einfach. Es gibt dafür dünne (ca. 10 Millimeter) schwarze PVC-Leitungen zu kaufen, Kupplungsstücke, Filter, Tropfdüsen und Lochzange.

Man schneidet zunächst die PVC-Leitungen auf Länge der Pflanzreihen des Gemüsegartens und verbindet sie mittels Kupplungsstücken. Die Enden verschließt man mit Stöpseln oder knickt ein paar Zentimeter um. Nun braucht nur noch die Zuleitung zum höher stehenden Wasserreservoir angesetzt zu werden. Mit der Lochzange drückt man auf Höhe jeder zu wässernden Pflanze ein Loch in die Leitung und steckt eine Tropfdüse hinein. Es gibt auch fertige Leitungen, die in Abständen von 30, 40, 50 Zentimeter die Tropfdüsen bereits eingebaut haben.

Zur Wasserversorgung dienen uns zwei leicht erhöht liegende 400 l Kunststoff-Fässer. Zwischen Faßauslaß und Zuleitung haben wir jeweils einen Filter eingebaut, um die feinen Siebe der Tropfdüsen vor dem Verstopfen zu schützen.

Morgens um sechs, wenn Vicky die Pferde und Esel versorgt, läßt sie die Wasserbehälter einlaufen. Abends, nach der gleichen Arbeit, öffnet sie den Zulauf zur Tropfanlage, und während der Nacht sickert das Wasser in die Erde, zu den Wurzeln. Außer, daß Tropfanlagen äußerst sparsam sind, haben sie noch einen anderen angenehmen Nebeneffekt: durch die punktgenaue Bewässerung wächst zwischen den Tomaten, Auberginen oder Paprikaschoten weniger Unkraut.

Das andere Brunnenwasser verwenden wir auf traditionelle Weise, also mit Gartenschläuchen, Spritzdü-

sen, Regnern. Zuerst für die große Pferde- un Eseltränke (natürlich wollen die Esel bei den Pferden mittrinken). Dann zum Nachfüllen im Ententeich sowie für Hühner und Gänse. Für die Blumentöpfe, die Bougainvillen und Zitrusbäume. Und schließlich, um die kleine Wiese vor dem Haus grün zu halten, die wie eine Oase aussieht inmitten der trockenen staubigen Ockertöne.

Die genußvollste Verwendung des Brunnenwassers erfolgt zur abendlichen Dusche. Von Juni bis Ende September ersetzt die kleine Wiese das Badezimmer. Brausevorsatz an den Schlauchanfang stecken, kurz Luft anhalten, Bauch einziehen und dann das kalte Wasser über den Kopf. Ich kenne keine schönere Erfrischung, und außerdem braucht man hinterher keine Fliesen trocken zu reiben. Soviel ich weiß, vermied Marcello Mastroianni diese Arbeit, indem er lieber in Hotelbadezimmern herumspritzte als zu Hause im eigenen Bad.

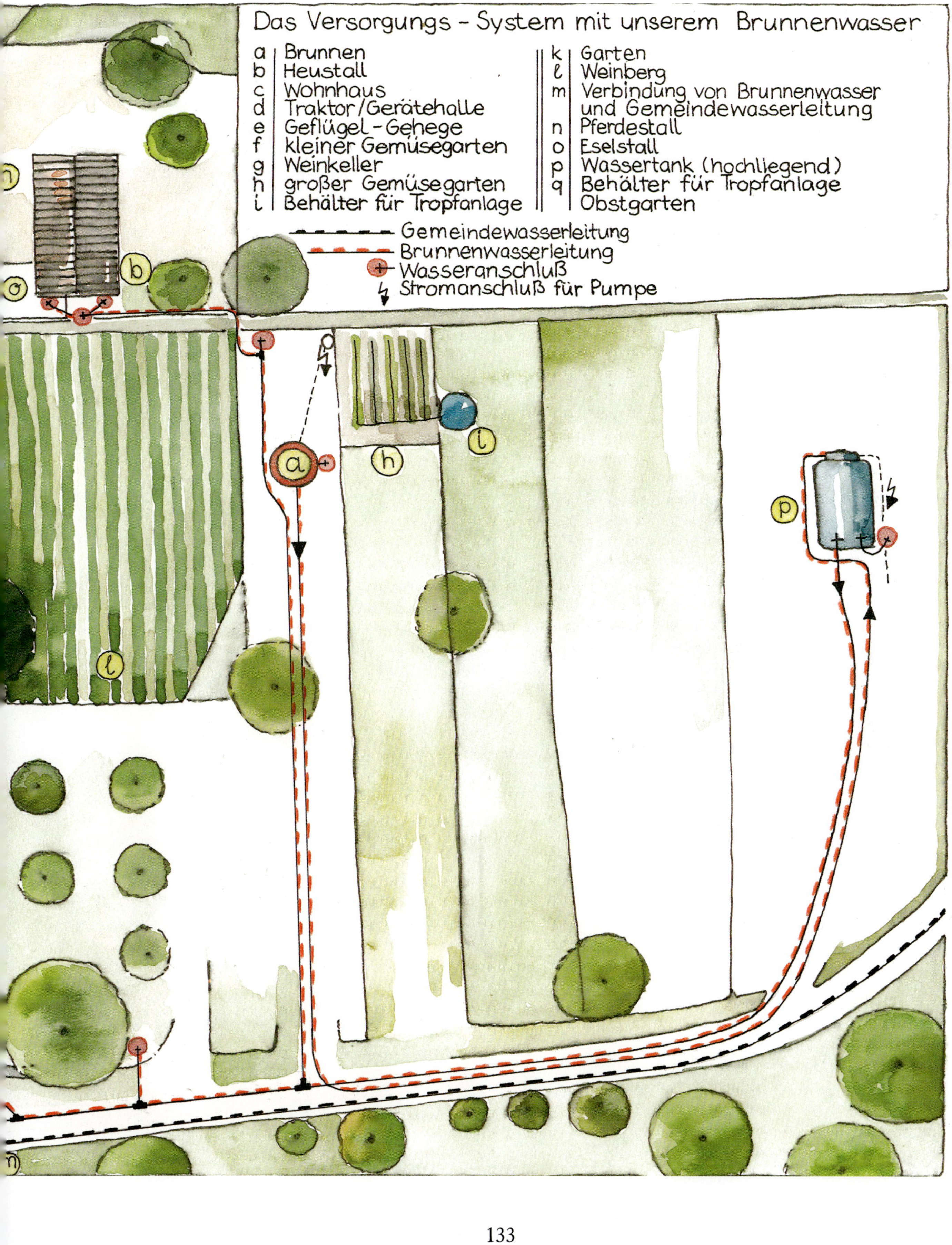
Das Versorgungs - System mit unserem Brunnenwasser
a Brunnen
b Heustall
c Wohnhaus
d Traktor/Gerätehalle
e Geflügel - Gehege
f kleiner Gemüsegarten
g Weinkeller
h großer Gemüsegarten
i Behälter für Tropfanlage
k Garten
l Weinberg
m Verbindung von Brunnenwasser und Gemeindewasserleitung
n Pferdestall
o Eselstall
p Wassertank (hochliegend)
q Behälter für Tropfanlage
Obstgarten
Gemeindewasserleitung
Brunnenwasserleitung
Wasseranschluß
Stromanschluß für Pumpe

## Vom Zusammenleben mit Italienern

Eine Kuriosität im Gespräch mit deutschen Toscana-Bewohnern erleben wir mit schöner Regelmäßigkeit. Sie hat mit einer Einstellung unserer Landsleute fern der Heimat zu tun. Folgender Kurzdialog spielt sich in Varianten immer wieder ab: Ich treffe Dr. M., Vorstandsmitglied eines Unternehmens aus einer süddeutschen Großstadt und entfernter Toscana-Nachbar, in einer längeren Kassenschlange unseres Supermarktes. Über seinen Einkaufswagen hinweg verkündet er mit der Forschheit des Insiders:

„Die haben sich ja schon wieder eine neue Steuer ausgedacht."

„So, was denn für eine?"

Dr. M., leicht überlegen wegen meiner Unwissenheit: „Eine Heizungssteuer. Abhängig vom Verbrauch, kann bis zu 100.000 Lire pro Heizmonat kosten."

„Ach, seltsam, habe ich noch gar nichts gehört darüber. Woher haben Sie die Information?" „Ja, also das sagen doch alle hier."

Aus Erfahrung insistiere ich ein wenig: „Wer denn zum Beispiel?"

Dr. M., nach leichtem Zögern: „Also Lauro sagt das auch."

Das „auch" kann man getrost weglassen und übrig bleibt als einziger Informant der gute Lauro. Und damit bin ich bei der angesprochenen Kuriosität. Lauro ist ein lieber, fleißiger und hilfsbereiter Mann, der nach seinem Schichtdienst im Stahlwerk bei Dr. M. auf dem Grundstück arbeitet und abends in der Bar mit Gleichgesinnten Karten spielt. Dr. M. ist Manager und seine Gleichgesinnten sind höherstehende, vielleicht auch anspruchsvolle Leute. Zuhause in Deutschland käme er wohl kaum auf die Idee, zur Meinungsbildung Informationen eines Hilfsarbeiters heranzuziehen.

Nichts gegen Lauros Verstand, nur sollte man vielleicht berücksichtigen, daß es hier im Süden tatsächlich eine Lust an der freien Rede gibt, das Präzise, der sachliche Inhalt kommt oft erst an zweiter Stelle. (Wäre die Reihenfolge anders, wäre Italien mit all der Kreativität seiner Menschen vermutlich die führende Industrienation.)

Gerade auf dem Land mischen sich die Männer mit Begeisterung in jede Arbeit ein. Kürzlich betonierte ich die Auffahrt zu unserer Garage, weil das Auto bei nassem Boden leicht ins Rutschen geriet. Ein vorbeikommender Jäger, den ich nur vom Sehen kenne, blieb stehen und erklärte ungefragt, daß er den Kies etwas gröber genommen hätte. Ich weiß, daß er von Beruf Metzger ist und vom Mauern ungefähr soviel Ahnung hat wie ich. Aber die Bemerkung war auch völlig unerheblich, er hätte genausogut sagen können, „schönes Wetter heute". Sein Rat war nur der Einstieg in ein längeres Gespräch und keinesfalls als Kritik gedacht.

Was Dr. M. und die neue Steuer betrifft, so war sein Gerede um die Heizungssteuer ein Schuß in den Ofen. Das wird ihn auch in Zukunft nicht davon abhalten, nachzuplappern, was Lauro sagt. Warum das so ist, weiß ich nicht. Ich kann nur mutmaßen: Entweder ist die südliche Sonne geeignet, Standesunterschiede zu verwischen oder die 'Lauro-Gläubigkeit' kommt von der Unsicherheit im Umgang mit dem toscanischen Alltagsleben. Wobei diese Unsicherheit mit Sprachschwierigkeiten und mangelnder Integrationsfähigkeit zusammenhängt. Beide Problemen lassen sich beseitigen.

## Reden, Sprechen, Leben

Jeder Wahltoscaner wird die sprichwörtliche Gastfreundschaft rasch am eigenen Leib, speziell am Magen erfahren. Vor allem in der Anfangszeit, wenn alles neu und ein bißchen fremd ist. Das Haus ist noch nicht umgebaut, und durch den Kontakt mit Handwerkern

lernt man immer neue Leute kennen, oft endet die neue Bekanntschaft am häuslichen Tisch mit üppiger Bewirtung. Nie ist man neidisch, nie überheblich, aber immer selbstbewußt. Ich erinnere mich an blütenweiß gedeckte Tische bei einfachen Bauern und an ihre Begeisterung, wenn ich meine zwei Worte Italienisch geschickt dosiert einsetzte und so häufig wie möglich *„grazie"* sagte und nach jedem Gang wenigstens einmal *„buono"* ausrief.

Dem Rest der Unterhaltung folgte ich anfangs mit anpassungsfähiger Mimik und täuschte so halbwegs Verstehen vor. Wurde gelacht, lachte ich mit. Bei ernsten Gesprächen nickte ich abwägend. Zum Glück wird die toscanische Sprache stets von beredten Gesten begleitet, die oft pantomimischen Wert haben. So lassen sich einfachere Unterhaltungen auch mit minimalen Sprachkenntnissen verfolgen.

Trotzdem bleibt die Sprache die wichtigste Voraussetzung, um sich in eine Gemeinschaft einzufügen. Es ist zwar recht erheiternd, wenn ein Fremder beim Metzger den Wunsch nach rohem Schinken durch Klopfen auf sein Hinterteil unterstreicht oder im Fischladen fünfmal 'Hummer' ausruft und dabei mit Zeige- und Mittelfinger Anstalten macht, als wolle er die Verkäuferin in die Arme zwicken. Kann er aber eine Bemerkung über den verregneten Tag machen oder nach

einer Zubereitungsart für den Hummer fragen, so fördert das die Beziehungen enorm.

Je besser man eine Sprache beherrscht, umso stärker wird die Einsicht in die eigene Unvollkommenheiten. Wer gerade der Infinitiv-Phase entronnen ist, bekommt für jeden kleinen noch so unvollständigen Satz große Komplimente. Später, wenn einem die Gespräche des täglichen Lebens mühelos über die Lippen gehen, nimmt das jeder Italiener für selbstverständlich. Ich glaube, das ist ein kleiner unbewußter Hinweis darauf, daß man nicht mehr als Tourist betrachtet wird, sondern ganz selbstverständlich in den Alltag einbezogen wird.

Sprachlich beginnen dann erst die richtigen Schwierigkeiten. Man möchte überall mitreden, nimmt den Mund voller Wörter und heraus kommen nur Brösel. Es fehlt mit einem Mal an sprachlichen Feinheiten, an den kleinen Finessen, die in der Muttersprache so mühelos beherrscht werden. Ich bilde mir zum Beispiel ein, meine Sprachkenntnisse wären für den Alltag völlig ausreichend. Bis ich im Theater sitze und mir entwischt wieder ein feinsinniger Dialog. Die Zweifel halten dann bis zu den nächsten Fernsehnachrichten, die so simpel getextet sind, daß ich alle guten Lern-Vorsätze wieder vergesse.

Wie gut hat es doch Vicky. Sie darf zu Behörden gehen, zum Steuerberater, zum Amtsgericht, zum Einwohnermeldeamt, zur Krankenkasse, zur KFZ-Zulassungsstelle, zur Bank, zur Industrie- und Handelskammer, zur Bauerngewerkschaft. Reich sind ihre Möglichkeiten, die Sprache zu perfektionieren, während ich im Atelier stehe und nur mit meinen Bildern reden kann. Auf deutsch, versteht sich. (Vielleicht sollte ich die letzten Zeilen Vicky vorenthalten.)

Natürlich kann man niemanden zur Integration zwingen. Andere Toscana-Siedler sind vielleicht ausschließlich auf die Landschaft fixiert. Sie leben abgeschieden, nur den eigenen Interessen gewidmet. Gelegentlich steigen sie von ihrem Hügel, um das Nötigste zu erledigen und verschwinden dann wieder in ihrer Einsiedelei mit Bienen, Schafen und einem alten Hund. Eine absolut akzeptable Art des Lebens.

Wir wollten allerdings von Anfang an nicht aussteigen, sondern allenfalls umsteigen. Ein ganz normales Leben führen, freilich mit geänderten Vorzeichen. Mit möglichst wenig Streß, mit der Freiheit, neue Dinge anzupacken. Ein Leben in der Natur und mit Tieren sollte es werden. Offen und neugierig allem Neuen gegenüber, auch den Menschen. Da wir keine Frührentner sind, kam zur Arbeit auch der Erwerbszwang und so geriet unser neues Leben unversehens zu einem ganz gewöhnlichen Alltag mit harter Arbeit und ausgefüllten Tagen. Jedoch geschieht das alles aus eigenem Antrieb. Und wenn ich an einem sonnigen Vorfrühlingsnachmittag auf mein Fahrrad steige und eine 40 Kilometer-Runde fahre, dann bleibt das ausschließlich meine Entscheidung. Ich erwähne diese Lebensumstände lediglich zum besseren Verständnis, warum Integration für uns so wichtig war.

Dinge, die in Deutschland selbstverständlich sind und hier nicht so laufen, verleiten zur Kritik. Zwischen Kritik und Intoleranz liegen bisweilen nur Nuancen. Vor vielen Jahren habe ich ein Beispiel für Intoleranz geliefert. Ich fragte in einem Fotoladen zum dritten Mal nach den bestellten Abzügen und bekam wieder nur ein bedauerndes Achselzucken als Antwort. Also lamentierte ich und bemerkte zum Schluß, in Deutschland wären solche Abzüge innerhalb weniger Stunden fertig. Der Fotograf sah mich ruhig an und riet mir freundlich, die Abzüge dann doch lieber in Deutschland machen zu lassen. Die Lektion saß, ich schwieg. Eigentlich hätte ich mich entschuldigen sollen.

An zwei Dinge sollte man denken, bevor kritisiert wird: In den letzten 20 Jahren hat dieses Land eine rasante Entwicklung durchgemacht, die breiten Wohlstand brachte. Als ich Ende der siebziger Jahre mit meinem Volvo durch Campiglia fuhr, war das ohne Übertreibung auffällig. Heute gibt es im gleichen Ort einen Ferrari-Club und neueste Mercedes-Limousinen gehören zum Straßenbild. Dennoch wundern sich viele deutsche Italienbesucher noch immer, daß hier alles ähnlich teuer ist wie in Deutschland. Zweitens: Trotz der politischen Instabilität, des wirtschaftlichen Jammerns, der ungelösten Korruptionsprobleme und der noch lange nicht besiegten Mafia ist Italien 1997 nach wie vor die fünftstärkste Industrienation der Erde. Deutschland ist nicht die erste, sondern die dritte. Für Überheblichkeit bleibt da eigentlich kein Spielraum.

*Liebe Barbara,*

*ich komme noch einmal auf unsere kleine Diskussion zurück, wie man sich als Ausländer im Gastland benehmen sollte. Natürlich kritisiere ich inzwischen, wenn ich mich im Recht fühle oder wenn mir etwas nicht paßt. Mit 'inzwischen' meine ich, daß es Zeit braucht, sich in seiner neuen Umgebung umzuschauen und vor allem, seinen Unmut richtig zu formulieren.*

*Ich fühle mich als Europäer mit Wohnrecht in Italien, zahle Steuern in Italien, ich habe das leerstehende Haus und verwilderte Land niemandem weggenommen, sondern im Gegenteil in bescheidenem Maß Geld investiert. Es gibt also keinen Grund, jemandem dankbar zu sein. Und doch gibt es feine Unterschiede in der Kritik, die mit dem nationalen Hang zur Nestbeschmutzung zusammenhängen. Spricht mich ein Italiener auf das perfekte Deutschland an, so berichte ich sofort über Mißstände und kritisiere an meinem Land herum. Stimmt der gleiche Italiener aber in meine Kritik ein, so werde ich schnell einsilbig, kühler und denke mir „was geht den das an?" Nest beschmutzen ist ein beliebter Sport, aber eben nur, wenn es sich ums eigene Nest handelt. Umgekehrt läuft das natürlich genauso. In italienischen Wunden wird mit Begeisterung und bis zur Schmerzgrenze herumgebohrt, aber es sollte eine nationale Angelegenheit bleiben.*

*Ich versuche deshalb auch, auf Verallgemeinerungen zu verzichten, die mit „die Italiener..." beginnen oder mit „typisch italienisch..." aufhören. Außerdem bemühe ich mich, nur eigene Erlebnisse des täglichen Lebens zu kritisieren.*

*Liebe Barbara, wenn Du wieder einmal in einen Fall von nationaler Selbstkritik gerätst und nicht so recht weißt, wie Du Dich ohne Peinlichkeit aus der Affäre ziehen sollst, versuch es doch mal mit dem Satz, den wir in solchen Situationen anwenden: Ausgesprochen mit dem Brustton der Überzeugung und einer alles umschließenden Handbewegung: „Tutto il mondo è un paese" (sinngemäß: 'es ist doch überall auf der Welt das Gleiche'). Du wirst sehen, wie Dein Gegenüber mit erleichtertem Achselzucken zustimmt. Schreib mir, ob der Trick funktioniert.*

*Viele Grüße, Dein Hans*

## Wie die Umwelt ins Bewußtsein rückt

Oft habe ich festgestellt, daß Menschen, die längere Zeit im Ausland leben, ihr Gastland gegenüber eigenen Landsleuten vehement in Schutz nehmen und diesen das Recht zur objektiven Beurteilung absprechen. Wahrscheinlich gehöre ich selbst auch dazu, ohne mir dessen bewußt zu sein. Man fühlt sich - was das Gastland betrifft - gegenüber den vermeintlich unwissenden Landsleuten überlegen und zeigt diese Überlegenheit auch gerne.

Vielleicht liegt es auch an den erwähnten Allgemeinplätzen „die Italiener...", die spontanen Widerspruch provozieren. „Die Italiener haben kein Umweltbewußtsein". So lautet beispielsweise eine dieser Feststellungen (höflich ausgedrückt). Das war vielleicht einmal so, und sicher liegt auch heute noch einiges im Argen. Aber man sollte anerkennen, daß sich das Umweltbewußt-

sein in Riesenschritten positiv ändert. Nur ist der südländische Charakter einfach anders als unser mitteleuropäischer. Sagt man einem Deutschen, daß er ab sofort seine Joghurtbecher gespült in einem eigens dafür vorgesehenen Plastiksack ans Gartentor zu hängen hat, dann hängen ab sofort bläßlichgelbe (schon wegen der Farbe unhygienisch aussehende) Plastiksäcke mit garantiert gespülten Joghurtbechern am Gartentürchen, und kaum einer denkt über die Vergeudung von Trinkwasser nach. Das ist jetzt vielleicht auch verallgemeinert. Reglementierungen dieser Art sind im Süden aber schwer zu ertragen und kaum durchzusetzen. Dennoch gibt es hier andere, intelligente Wege. Das zeigt die Entwicklung der Müllbeseitigung in unserer Gemeinde, die aus drei Ortsteilen mit etwa 15.000 Einwohnern besteht.

Vor 20 Jahren zeigten Bodenmarkierungen am Straßenrand an, wo man seine Hausmüll-Plastiktüten abladen konnte. Wegen mangelnder Organisation wurden die Tüten aber nicht täglich abgeholt, dafür zwischendurch von Katzen gefleddert, immer wieder mal stank es zum Himmel. Einige Jahre später stellte die Gemeinde stabile Drahtkäfige mit Klappdeckel auf und die armen Katzen mußten anderswo Futter suchen. 1985 wurde ein junger Bürgermeister gewählt, der bald darauf die ganze Müllabfuhr perfektioniert hat. In den verschiedenen Stadt- und Ortsteilen sind seither ausreichend Müllcontainer aufgestellt. Jeden Morgen kommt ein geschlossenes Müllfahrzeug, der Fahrer arbeitet alleine und braucht sein Fahrzeug nicht zu verlassen. Vom Führerhaus dirigiert er zwei hydraulische Greifarme, die den gesamten Container packen, hochheben und durch eine schließbare Luke in das Müllauto leeren. Kurz darauf folgt ein zweites Fahrzeug, das statt Müll Wasser mit zugesetztem Desinfektionsmittel geladen hat und es spritzt den leeren Container automatisch aus. Für Papier, Glas und Weißblech stehen an den verschiedenen Plätzen die üblichen Großbehälter, wie in Deutschland auch.

Zunächst gab es noch wilde Müllkippen. Vom Kinderdreirad über abgefahrene Reifen bis zum ausrangierten Küchenherd sammelte sich dort alles, was das Auge beleidigt. Darauf folgte das unvermeidliche Schild 'Schutt abladen verboten', das den Platz endgültig als 'offizielle' Müllhalde auswies.

Unsere Gemeinde handelte auf zweierlei Art. Erstere ist nicht nur defensiv, sondern auch intelligent. Statt die Verbotsschilder zu vergrößern oder Strafandrohungen hinzuzufügen, wurden die Schilder beseitigt und der Müll abtransportiert. Es funktionierte, wo kein Müll ist, kommt auch keiner hinzu. Gelegentlich sah man zaghafte Versuche, neue Müllplätze zu gründen. We-

nige Tage später fuhr ein Kleinlastwagen mit zwei Gemeindearbeitern vor, die den neuen Wildwuchs fortschafften. Heute sieht man im Territorium unserer Gemeinde keinen Müll mehr herumliegen. Da sich Sperrmüll nun mal nicht vermeiden läßt, hat die Gemeinde als zweites einen Direkt-Abholdienst eingerichtet, den man telefonisch anfordern kann. Kostenlos. - Soweit mein lokaler Müllbericht 1997. - Ein eher erheiterndes Erlebnis in Sachen Müll füge ich noch an, weil es die südländische Freude am Reden oder auch Zerreden verdeutlicht.

Ort und Zeit der Handlung: eine strohfarbene Wiese an einem heißen Augustnachmittag. Sie liegt am Fuß eines Hügels, der soeben abgebrannt ist. Der Brand ist gelöscht und die Personen der Handlung treffen sich auf der strohfarbenen Wiese zum entspannten Smalltalk.

Als da sind: der Einsatzleiter, ein *maresciallo* (sprich: 'marreschallo') der Forstpolizei, zwei seiner Kollegen, fünf Feuerwehrleute mit rotweißem Löschfahrzeug, sieben Gemeindearbeiter mit ihrem mausgrauen Muldenfahrzeug, das mit dem Frischwassertank ebenfalls als Löschfahrzeug eingesetzt werden kann. Und ich mit Traktor und angehängtem 300 Liter-Spritztank, jetzt leer. Hauptdarsteller der Szene ist eine jener Eineinhalb-Liter-Wasserflaschen aus Plastik, mit denen die Mannschaft während des Löschens mit Wasser versorgt wurde. Sie liegt leer unweit unserer Gruppe im trockenen Gras.

Der Maresciallo bedankt sich launig für meine Hilfe - ich hatte die Stellung gehalten, bis die Feuerwehr eintraf. Während die Löscherlebnisse nochmal erzählt werden, fällt der Blick des Maresciallo auf jene Plastikflasche. „Hey, Jungs", sagt er scherzhaft, „die Flasche dort... Ihr wißt ja, es kostet jetzt Strafe, wenn man beim Wegwerfen erwischt wird." Heiterkeit in der Runde. Vielleicht motiviert durch meine Anwesenheit als Ausländer schlägt der Maresciallo einen ernsteren Ton an und referiert lang und breit über Sinn und Nutzen der mit Sanktionen zu belegenden Tat. Es entsteht eine lautstarke Diskussion. Im Grunde finden alle das Gesetz richtig, was aber keinesfalls die Diskussion beendet oder gar zum Handeln anregt.

Mir wird das alles ein wenig lang, ich verabschiede mich, gehe die fünf Meter hinüber zu dem Corpus Delicti und stopfe es in das Werkzeugfach des Traktors. Es soll keine schulmeisterliche Geste sein, mich stört nur die Flasche, und ich fürchte, sie wird nach der Diskussion noch da liegen. Dem Maresciallo bleibt während des Redens einfach der Mund offen, als er sieht, daß ich die Flasche geholt habe. Was folgt, ist klassische Selbstbeschimpfung. „Ist das nicht unglaublich", ruft er, „wir stehen hier und reden und reden, und dieser Signore geht einfach hin und nimmt die Flasche mit. Ist das nicht beschämend? Geht hin und hebt die Flasche auf, die gar nicht seine ist. Wir reden, er handelt. Jetzt wißt Ihr, warum wir in Italien so viele Probleme haben..." So geht das weiter, eine neue Diskussion beginnt. Ich mache mich davon, peinlich berührt, ungewollt Hauptdarsteller geworden zu sein.

## Eine kleine, böse Toscana-Typologie

In der neuen Umgebung gibt es bald herzliche Freundschaften, die während langer Sommernächte ausgekostet werden. Aber die Menschen kommen mit den unterschiedlichsten Vorstellungen in die Toscana. Die Palette reicht von kauzig bis steinreich. Den typischen Toscana-Deutschen habe ich bisher nicht kennengelernt, dafür viele Individualisten. Ein paar Gruppenmerkmale möchte ich aber dennoch aufzählen. Schon aus Freude an kleinen Bosheiten.

Da gibt es eine Gruppe 'Die weiß, wie Toscana geht'. Sie zeichnet sich durch reichlich Insider-Halbwissen aus. Die Angehörigen dieser Gruppe dienen gönnerhaft, oft ungefragt ihre Hilfe an und erwarten als Gegenleistung lediglich die Befriedigung ihrer Neugier durch die Personalien des Neuzugangs. Unerfahrene werden gerne gluckenhaft vereinnahmt und belehrt. Äußerlich sind sie leicht an bajuwarischen Bussi-Gewohnheiten erkenntlich. Sie küssen alles, was sich bewegt und duzen je-

den, bevor er auch nur den Mund aufmachen kann, um sich vorzustellen.

Eine andere Gruppe bewegt sich mißtrauisch und voreingenommen, als würden die Kommunisten in der Toscana immer noch Kinder fressen. Sie sind überzeugt, daß sie pausenlos übervorteilt und übers Ohr gehauen werden, schimpfen über die hohen Preise und wissen als erste, wo man billig aus Pappkartons einkaufen kann. Vorzugsweise haben sie aber eigene Pappkartons, in denen sie reichlich Lebensmittel aus Deutschland mitbringen. Diese Spezies nimmt ab; denn nach einigen Jahren ist ihr die Lust am Landleben - Zypressenallee hin, Olivenhain her - vergangen.

Von dieser Mentalität nicht weit entfernt ist eine dritte Gruppe. Ihre Angehörigen pflegen eine Art Kolonialleben. Sie suchen Freundschaften ausschließlich unter gleichgesinnten Deutschen oder deutschsprachigen Ausländern. Sie pflegen reihum gesellschaftlichen Kontakt, aber immer hübsch untereinander. Sie haben keinerlei Interesse, sich in ihre neue Umgebung in irgendeiner Form zu integrieren und sind überzeugt, daß 'die Italiener' immerhin dankbar sein können, daß man ihre abbruchreifen Häuser mit harter Währung gekauft hat. Ihr Gesprächsstoff an allem, was an Italien zu kritisieren ist, scheint unerschöpflich.

Seit einigen Jahren wächst eine neue Gruppe deutscher Toscana-Siedler nach, die sich aus der vermögenden Erbgeneration entwickelt hat. Sie haben nichts mehr mit den 'Pionieren' der siebziger Jahre zu tun, die sich mit vergleichsweise bescheidenen Mitteln ein Stück Land gekauft haben, um mit sich, der Natur und den Menschen in Frieden zu leben. Die neuen Toscana-Einsteiger fragen beim Makler als erstes, ob das Objekt auch einen Pool hat, wie weit entfernt der nächste Golfplatz liegt und sie kaufen alles schlüsselfertig. Dagegen ist absolut nichts einzuwenden. Die Gruppe ist allein schon erwähnenswert, um den Wandel der Wertigkeiten anzudeuten.

Überhaupt sind all diese Mitmenschen wunderbar zu ertragen, solange man morgens vors Haus treten kann und sich überzeugt, daß die nächste ausländische Siedlung noch immer hinter dem großen Hügel liegt. Manche Kontakte beenden sich von selbst, wie das folgende Erlebnis zeigt: Eine Deutsche, die in der gleichen Gegend wohnt, schnappt an der Bar meinen Namen auf und spricht mich an: „Sind Sie der Maler? Schon von Ihnen gehört, wollte schon lange mal bei Ihnen vorbeikommen, wußte nur nicht genau, wo Sie wohnen." Folgt zwangsläufig meinerseits eine ungefähre Ortsbeschreibung. „Ah, da ist das. Ich weiß noch nicht wann, aber in den nächsten Tagen schau ich mal rein." „Äh - , vielleicht, wenn es Ihnen nichts ausmacht, rufen Sie doch vorher kurz an..., ich arbeite sehr konzentriert und..." „Tja, fürchte, dann wird aus meinem Besuch nichts werden, habe nämlich eine Telefonphobie." Sie wartet meine Reaktion ab, überzeugt, ich nähme das mit dem Telefonieren zurück. Ich wittere meine Chance, bleibe standhaft und ringe mir nach einigem Zögern lediglich ein „ach, das tut mir aber leid", ab. Ende der Bekanntschaft.

## Und wie sehen uns die Italiener?

Ich würde ihre Einstellung als 'positiv voreingenommen' bezeichnen. Vor allem gilt ein Deutscher grundsätzlich als wohlhabend. An der Überzeugung hat sich seit Beginn des deutschen Wirtschaftswunders nichts geändert. Obwohl das Gros der deutschen Italienurlauber sehr wohl die Mark umdreht, gerne auf Campingplätzen logiert und beim Essen eher eine schnelle Pizza vorzieht.

Die Bewunderung für Tüchtigkeit, Präzision und Ordnung von uns Deutschen ist grenzenlos und wird fast kritiklos als Vorbild genommen. Der Wechselkurs zwischen Mark, Dollar und Lira ist fester Bestandteil der abendlichen TV-Nachrichten, er wird kommentiert wie das Ergebnis eines Fußballspiels.

Ich finde es manchmal anstrengend, Deutscher zu sein, schon wegen der Einsicht, daß diese andauernde Primusrolle gar nicht erfüllt werden kann. So bin ich richtig froh, wenn bei Italienern neben der Bewunderung ein gelegentliches ironisches Blitzen in den Augenwinkeln zu entdecken ist, das in etwa besagt, „Ihr seid ja wirklich toll, aber welchen Preis müßt Ihr dafür bezahlen. Eure ganze Disziplin geht doch sicher zu Lasten der Lebensfreude." Gibt es Anlaß zu Streitigkeiten, erwachen aber auch schnell rassistische Vorurteile. Vicky ist einmal auf einer Behörde unvermittelt von einem Angestellten heftig angegriffen worden, sie sei mitschuldig, daß Ausländer den Italienern mit ihrem vielen Geld das Land wegnähmen.

Abgesehen davon, daß der Mann politisch engagiert ist und sich (vergeblich) um ein Mandat als Abgeordneter in Rom bemühte, betreibt er nach Dienstschluß eine kleine Immobilienagentur und verkauft Wohnungen und Häuser meistbietend an Ausländer. Am liebsten an Deutsche.

## Vorurteile

Das alte Thema Pünktlichkeit. Es nervt mich, wenn wir ins Theater gehen und die Vorstellung beginnt nicht wie vorgesehen um 21.00 Uhr, sondern irgendwann, vielleicht 20 Minuten später. Der größere Teil der Besucher trifft gemütlich mit Verspätung ein, und zwar grundsätzlich. Die Folge ist, daß wir inzwischen auch etwas später kommen, um die Zeit bis zum eigentlichen Theaterbeginn zu verkürzen. Einen Grund für diese Verspätung habe ich bisher nicht finden können. Also behaupte ich: Die Italiener sind unpünktlich. Andererseits gibt es aber viele Italiener, denen Pünktlichkeit sehr wichtig ist.

Ein anderes Vorurteil: 'In Italien wird dauernd eingebrochen und geklaut.' Begrenzt auf Häuser in der Toscana ist sicherlich einiges wahr an der Behauptung. Ich weiß von etlichen Ausländern, bei denen - teilweise wiederholt - eingebrochen wurde. Mit deutschen Verhältnissen kann man die Situation aber trotzdem nicht vergleichen, da es diese Art der Siedlungsweise nicht gibt. Tausende einsamer, kaum einsehbarer Häuser, umgeben von hektarweise Privatgrund, würden überall auf der Welt Einbrecher anlocken. Noch dazu, da viele Häuser nur zeitweise im Jahr bewohnt sind. Der einzig wirksame Schutz gegen Einbruch ist ein ständig bewohntes Haus, alles andere ist hinausgeworfenes Geld. Angefangen von Alarmanlagen, die in der Campagna keiner hört, über Wachdienste (die der Einbrecher bequem abwarten kann), Eisengitter vor Fenstern oder nicht knackbare Spezialschlösser bis hin zu schweren eisernen Riegeln, die innen vor die Türen gesetzt werden.

Wir hatten einmal ängstliche Nachbarn, die ihre Außentüren abschlossen, sobald sie nur 15 Meter weiter zur Cantina liefen. Zur Abreise wurde jede Türe mit Edelstahlschlössern gesichert. Die letzte Türe wurde von außen geschlossen. Einmal vergaßen sie, den Schlüssel für diese Türe im Haus und bemerkten dies erst, nachdem das Schloß schon zugedrückt war. Ich wurde zufällig Zeuge und bot an, das Schloß nach ihrer Abreise aufzubrechen, um dann ein Ersatzschloß vorzuhängen. Erst nach drei Stunden Gewaltanwendung gab das Schloß nach. Das Haus liegt auf einem Hügel, meine heftigen Schläge und das Sägen hallten kilometerweit in der Landschaft wieder, aber niemand interessierte sich für den Lärm.

Einbrecher können sich Zeit lassen. Sehen wird sie eh kaum jemand, und selbst festungsähnlich gesicherte Häuser sind nicht wirklich sicher. In einem Fall haben die Einbrecher das Dach ein Stück abgedeckt und sich durch die Dachsparren gezwängt. Ein bißchen kann man selbst dazu beitragen, das Einbruchsrisiko zu mindern, indem im Dorf oder gegenüber Hilfskräften Bemerkungen vermieden werden, die Neid wecken ("ich muß mein Silber wieder mal polieren", „mein Tresor ist zu klein geworden"). Bei den meisten Einbrüchen, zumindest solchen, die mir bekannt sind, handelt es sich um Kleinkriminalität, meist sind es arbeitslose Jugendliche aus der Umgebung, die Geld brauchen. Häufig, um sich Drogen zu kaufen.

Heute morgen bin ich als erstes zu meinem Frisör nach San Vincenzo gefahren, ein beinahe Kahlschnitt war wieder fällig (Vicky wird wie üblich aufschreien, wenn sie mich sieht). Zuvor hielt ich bei Geo, um mir einen Cappuccino zu gönnen. Über den Lokalteil des *Tirreno* gebeugt, berichtete er mir von den neuesten Ereignissen und Skandalen und bejammerte wie üblich Charakter, Verhalten, Benehmen, Moral und vieles andere mehr. „Und" - fügte er mit erhobenem Zeigefinger hinzu - „daran wird sich auch nichts ändern. Wir Italiener sind immer so gewesen."

Vielleicht hat Geo Recht, ich habe jedenfalls in diesem Moment beschlossen, den langen Katalog der Vorurteile nicht fortzusetzen. Entweder man mag die Italiener mit ihren Eigenarten, dann wird man sich mit ihnen arrangieren. Wer sie nicht mag, muß ja nicht herkommen.

# Jagdfieber

Von welcher Seite das Thema 'Jagd in Italien' auch betrachtet wird, es bleibt emotionsgeladen und voller Polemik. Natürlich würde ich leidenschaftlich gerne meine Argumente gegen die Jagd vorbringen. Das widerspräche jedoch meiner Absicht, möglichst neutral über das toscanische Leben zu berichten. Ausländer und Italiener müssen mit der Jagd leben. Es geht ganz gut, wenn man seine Rechte kennt und sie durchsetzt.

Von Jahr zu Jahr gibt es weniger Jäger. Grüne, WWF und andere Umweltorganisationen gewinnen an Stimmen und Einfluß. Ein Referendum gegen die Jagd in ihrer bisherigen Form scheiterte vor einigen Jahren nur an 1% der Stimmen. Ein Grund war sicher, daß es in Italien - wo die Jagd kein Privileg Begüterter ist - Jäger quer durch alle Gesellschaftsschichten gibt. Mancher Freund oder Verwandte ist Jäger, und einem Jagdgegner war klar, daß er mit seinem Votum gegen die Jagd auch solche trifft, die ihm als Menschen nahe stehen. Viele gaben ihre Stimme deshalb gar nicht erst ab.

## Jäger - Menschen wie du und ich

Insgesamt sind die Jäger hier bescheidener geworden. So langsam wächst die Erkenntnis, daß sie mit ihrer Schießwut die Basis ihres Freizeitvergnügens selbst zerstören. Es gibt noch immer viele Jäger, aber nicht mehr viel zu schießen.

Was das Verhältnis der Jäger zu uns, den Eindringlingen in ihre Jagdgründe betrifft, so habe ich im Laufe der Jahre auch einiges Verständnis entwickelt. Man stelle sich einmal die Situation vor, bevor wir kamen: hektarweise verwilderte Landschaft, Macchia, für die sich niemand interessierte. Irgendwo mittendrin ein verlassenes, dem Verfall preisgegebenes Haus, das gerade noch als Unterschlupf bei einem Unwetter taugte. Ein ideales Gelände zum Räuber und Gendarm spielen oder Jäger und Hase.

Dann, von einem Tag zum anderen kommt Unruhe in das Jagdparadies. Das Haus wird renoviert, Fremde ziehen ein. Die Jäger merken bald, daß wir nicht Komplizen, sondern Spielverderber sind, weil wir nach jedem Schuß in der Nähe zu kreischen anfangen. Der Schock der ungewohnten Dauerschießerei läßt auf beiden Seiten Spannung und Ablehnung entstehen. Die Jäger reagieren aggressiv. Sie wissen, daß sie ältere Rechte haben als wir. Tatsächlich dürfen sie hier nach Gutdünken jagen. Das Recht ist auf ihrer Seite, und wir wissen zu wenig über die Jagdgesetze, um unsere Rechte geltend zu machen. Außerdem gibt es anfangs Sprachschwierigkeiten.

Wir erliegen der üblichen Besitzer-Arroganz und beginnen, uns mit den Jägern anzulegen. Ein aussichtsloses Vorhaben. Die meisten Jäger halten sich nicht an die Mindestentfernungen vom Haus. Schrotkörner rieseln am Morgen durchs offene Schlafzimmerfenster oder prasseln mit blechernem Geräusch auf das geparkte Auto. Versteckt hinter Büschen, ein fröhlich Liedlein pfeifend, gehen unsere Widersacher ihrem Sport nach. Und wir werden langsam mürbe, sehr mürbe. Ein normales Leben ist unter diesem Belagerungszustand nicht möglich.

Im Morgengrauen ziehen Jäger mit Hunden in Fünferreihen durch unseren neu angelegten Weinberg, später zähle ich 14 umgetretene Rebstöcke. Es muß etwas geschehen. Den *padrone* kann nur eine Seite stellen, entweder die Jäger oder wir. Spricht man mit einzelnen Jägern, so sieht das Ganze völlig anders aus. Großes Verständnis für unsere Situation, eine ganz andere ethische Einstellung zur Jagd, als sie uns zur Jagdzeit demonstriert wird, Verachtung für viele Kollegen und gute Ratschläge für uns. Wir fragen uns, wo sind eigentlich die 'bösen' Jäger?

Vicky geht vor Beginn der nächsten Jagdsaison zur Gemeinde, um sich zu informieren, wie wir die Jäger loswerden können und trifft im Amt für Sport und Jagd auf zwei aufgeschlossene junge Frauen, selbst Jagdgegner, die ihr kompetenten Rat geben. Es geht viel einfacher, als wir dachten. Wir müssen demnach entlang der Grundstücksgrenze lediglich Schilder in 3 Meter Höhe anbringen, die höchstens 100 Meter voneinander entfernt stehen dürfen. Ein Schild muß vom anderen zu sehen sein. Auf den Schildern muß stehen: *'Divieto di Caccia'* (Jagen verboten), dazu die Artikelnummer, auf die sich das Gesetz bezieht und das Jahr, an dem es erlassen wurde. Schilder mit diesem Aufdruck finde ich nicht im Handel. Also stelle ich sie selbst her. In schönster Antiqua-Schrift schneide ich eine Schablone, lasse Spanplatten auf Schilderformat sägen, streiche sie an und besprühe Schild um Schild mit schwarzem Lack.

Das Ganze artet dann doch noch in Arbeit aus, da Pfosten gesetzt und einige Schneisen geschlagen werden müssen, um die Forderungen zu erfüllen. Einen Tag vor Jagdbeginn sind wir fertig und reiben uns zufrieden die Hände, als ein Geländewagen der Jagdpolizei vorfährt. Unser Selbstbewußtsein schwindet binnen Minuten, als uns zwei khakifarben uniformierte und bewaffnete Jagdpolizisten mit messerscharfen Bügelfalten kühl erklären, was wir zu tun hätten: Innerhalb von 12 Stunden alle Schilder beseitigen. Andernfalls erwartet uns eine Geldstrafe von soundsoviel Lire (an den Betrag erinnere ich mich nicht mehr). Ohne Zaun sei die Beschilderung unzulässig. Wir beugen uns zähneknirschend und ich habe bei jedem abgenommenen Schild wenigstens einmal laut und kräftig auf die Jäger geflucht. - Die Jagd ging weiter wie bisher. Wenigstens hatten wir nun ein Jahr Zeit, um den endlosen Zaun zu ziehen. Obwohl wir vorher nie daran dachten, uns einzusperren, waren wir jetzt wild entschlossen, einzig um die Jäger loszuwerden.

Von der nächsten Jagdsaison an hatten wir Ruhe. Beinahe. Aus dem Krieg wurde ein Kleinkrieg. Immer wieder entdeckten wir Löcher im Zaun, ordentlich mit der Drahtzange an schwer einsehbaren Stellen aufgezwickt, unweit davon dann frische Patronenhülsen. In den stillen Mittagsstunden fuhr gelegentlich ein Auto im Schrittempo am Zaun entlang. Dann krachte ein (streng verbotener) Schuß und ein Fasan, der bei uns auf einem Feld saß, war tot. Bevor ich auch nur in die Nähe des 'Tatorts' kam, war der Schütze schon blitzschnell über den Zaun geklettert, griff den Fasan, spurtete zurück zum Auto, wo der Fahrer mit laufendem Motor wartete.

Ein paar Mal versuchte ich es mit Verfolgungsfahrten wie in einem billigen Kriminalfilm. Einmal holte ich wirklich ein Fahrzeug ein, das kurz zuvor an der Grundstücksgrenze gehalten hatte. Ein Schuß, dann ein Hund, der über den Acker jagte... Ich raste los. Nach 1,5 Kilometer quetschte ich mich hupend an dem Geländewagen vorbei und stoppte ihn durch Querstellen. Als ich ausstieg, war ich mir nicht mehr so sicher, ob ich meinen Auftritt gut fand. Ich stand 3 Jägern mit 2 Hunden gegenüber. „Sie haben gerade geschossen?" „Das muß ein Irrtum sein, ich habe nicht geschossen." Die Kollegen bestätigten die Antwort. „Ich habe einen Schuß gehört und dann gesehen, wie ein Hund vom Auto aus unter dem Zaun durch aufs Feld gerannt ist." „Ja, der Hund, das ist richtig. Wir haben einen Moment gehalten und da ist der Hund entwischt und wir mußten warten, bis er zurückkam. Tut mir leid, daß er auf ihrem Grund war." So ging das Gespräch völlig sinnlos noch ein Weilchen weiter. Ich kam mir lächerlich vor.

Einen Autoschützen konnten wir anzeigen. Vicky konnte die fremde Autonummer lesen. Am nächsten Tag gab es einen Jagdschein weniger.

## *Sette cervelli* und der Fasan

Ein anderes Mal waren wir einem Jäger beim Abholen seiner Beute so dicht auf den Fersen, daß er im Moment davon abließ und mit leeren Händen zum Auto spurtete. Vor uns lag ein wunderschön bunt gefiederter Fasanenmann, noch warm, aber tot. Was tun? Uns bereichern an der bösen Tat? Vicky hatte die Idee, wie wir unsere Skrupel abwälzen konnten. Sie rief *'Sette Cervelli'* an. Das ist der Präsident des Jagdvereins von Campiglia. Wie er mit vollem Namen heißt, ist mir entfallen. 'Sette Cervelli' ist sein Spitzname und bedeutet etwa 'Siebengescheit'. Er ist von Beruf Kranken-

pfleger, würde aber wegen Aussehen und Auftritt ohne weiteres als Chefarzt durchgehen. Ansonsten ist er ein sehr netter Mann. Ihm wollten wir den armen Fasan geben. „Ach, wissen Sie Signora, am besten ist es, Sie behalten den Fasan selbst. Ich bin nämlich sonst verpflichtet, einen Aushang bei der Gemeinde zu machen, weil der Fasan öffentlich versteigert werden muß und das dauert ein paar Tage und jetzt ist er noch schön frisch..." Vicky brachte den schwachen Einwand, daß sie nicht wüßte, wie man einen Fasan ausnimmt und zubreitet. Hilfsbereit gab Sette Cervelli am Telefon alle nötigen Instruktionen einschließlich Rezeptvorschlägen. An seinem Sinn fürs Praktische gab es nichts zu zweifeln. In den Kochtopf wanderte der Vogel dann aber bei unserer Freundin Luciana, deren Mann ebenfalls Jäger ist. Sie hatte einschlägige Erfahrungen, dafür keine unserer Skrupel. So war der bunte Fasan vom Beutetier zum Geschenk mutiert. Bald darauf einigten wir uns mit dem Jagdverein, auf unserem jagdfreien Land Hasen und Fasanen auszusetzen.

Heute merken wir nicht mehr allzuviel von der Jagd. Die nachgewachsene junge Jägergeneration ist vernünftiger geworden, Ausnahmen bestätigen wie immer die Regel. Die Gebiete mit Jagdverbot werden von der regionalen Administration jedes Jahr vergrößert. Ich bin sicher, daß die Jagd in ihrer bisherigen rüden Form die weitaus längste Zeit bestanden hat.

*Liebe Barbara,*

*um ehrlich zu sein, erwarte ich Deinen Brief bzw. empörten Aufschrei seit Beginn der diesjährigen Jagdsaison täglich (der ersten, die Ihr in der Toscana miterlebt?). Wer die sylvesterähnliche Ballerei noch nie selbst erlebt hat, erwacht am ersten Jagdtag einigermaßen fassungslos. Für mich war das Thema Jagd bis zu meinem ersten Toscana-Erlebnis eine eher hehre Angelegenheit mit leichtem Operettenanstrich. Unser alter Hausarzt war Jäger, ein feiner Mann mit einem noch feineren Jagdhund. Am Wochenende fuhren beide häufig in die Eifel in das gepachtete Revier. Wenn Dr. G. wirklich abdrückte, so war das mit Sicherheit kein Ballern, sondern ein ganz gepflegter Schuß. Wenn der Waidmann zum Hallali schreitet, trägt er kein Gewehr, sondern eine Büchse. Tötet er ein Tier, dann hat er es erlegt. Schießt er schlecht und das Wild entkommt verletzt, dann hecheln die Hunde nicht dem Blut hinterher, sondern der Schweißspur, und am Ende der Geselligkeit liegt das getötete Wild als Strecke nebeneinander aufgereiht. Wir Deutschen haben ja gerne einen Arbeitsnachweis.*

*Mit diesen Bildern vor Augen ist das Zusammentreffen mit den 'archaischen' italienischen Heckenschützen tatsächlich ein Schock, der sich bald in Zorn verwandelt, wenn die ersten Singdrosseln vom Himmel stürzen. Wie oft haben wir früher Jäger als Mörder beschimpft oder Feiglinge genannt und uns letztlich vor ihnen doch nur lächerlich gemacht. Heute wäre ich behutsamer und würde Argumente gebrauchen. Würde, hätte...*

*Vielleicht verhaltet Ihr Euch ja rationaler als wir damals. Dennoch schreibe ich Dir einiges Wissenwerte über die Jagd auf. Ich finde, das gibt mehr Sicherheit im Umgang mit den Jägern.*

*Für heute viele Grüße Euch beiden, Dein Hans*

## Die wichtigsten Jagdbestimmungen

- Die offizielle Jagd begann 1996 am 15. September. Die Jagdsaison dauert bis 30. Januar des kommenden Jahres. Gegenüber früheren Jahren hat sich die Jagdsaison verkürzt.

- Vorher dürfen die Jäger ihre Hunde schon mal in Wald und Flur schnüffeln lassen. Und zwar vom 15. August bis 12. September. Jeweils Dienstag, Donnerstag, Samstag und Sonntag.

- Außerdem - den Grund habe ich in all den Jahren nie verstanden - gibt es wieder zwei vorgezogene Jagdtage. An ihnen darf von festen Plätzen aus u.a. auf Turteltauben, Amseln und Wildtauben geschossen werden. Diesmal sind das der 1. und der 8. September. Vielleicht soll mit diesen beiden Tagen die Spannung vor dem eigentlichen Jagdbeginn etwas gemildert werden. Die beiden Extratage sind besonders unangenehm, weil einen die plötzliche Schießerei nach dem ruhigen Sommer meist unvorbereitet trifft.

- Während der Jagdsaison darf an fünf Tagen in der Woche geschossen werden. Dienstag und Freitag sind jagdfrei. Da könnte man also sorglos spazieren gehen.

- Von den wöchentlich 5 Jagdtagen darf ein Jäger aber nur 3 nutzen. Seine Jagdtage muß er jedesmal in seinen Jagdschein eintragen.

- Um die Berechtigung für den jährlich zu erneuernden Jagdschein zu erwerben, muß der Aspirant zunächst eine Prüfung ablegen. Der Schein gilt dann für ganz Italien, das bedeutet: jeder Jäger kann in jedem für die Jagd freigegebenen Gelände jagen: Anders als in Deutschland ist die Jagd in Italien ein Volkssport.

- Ein Jäger darf maximal drei Schüsse in Folge abgeben. Hat er damit immer noch nicht getroffen, ist Vogel oder Hase erst einmal in Sicherheit. Bei einem 5-schüssigen Gewehr zum Beispiel muß das Magazin für die restlichen zwei Patronen blockiert sein. Im Jagdschein ist eingetragen, ob die Waffe für zwei oder drei Schüsse zugelassen ist. Der Unterschied liegt in den Gebühren. Ein Schein für drei Schüsse kostet gut eine halbe Million Lire (1996). Das sind über 100.000 Lire pro Jagdmonat. Vielleicht nimmt auch deshalb die Zahl der Jäger ständig ab.

- Die Beute eines Jägers ist ebenfalls festgelegt, pro Jagdtag maximal: ein Hase, insgesamt acht Schwimmvögel, Stelzvögel oder Rallen, drei Schnepfen, zehn Turteltauben. In einer Tabelle, die Teil des Jagdscheines ist, muß jedes erlegte Wild mit dem entsprechenden Datum eingetragen sein. Als Beispiel für die verwirrende italienische Bürokratie füge ich hinzu, was das Jagdgesetz präzise vorschreibt:

„Stehendes Wild ist sofort nach dem Abschuß unter der entsprechenden Rubrik in die Tabelle einzutragen, ziehendes Wild am Abend des gleichen Jagdtages." Nach der Saison wird die Tabelle abgegeben und die Daten werden zu Statistik verarbeitet.

- Die tägliche Jagdzeit richtet sich nach Sonnenaufgang und Sonnenuntergang. Die kürzesten Jagdtage enden daher in der ersten Dezemberhälfte um 16.30 Uhr. Bis 15. November beginnt die Schießerei noch morgens um 6 Uhr. Immerhin spart man sich so an 5 Tagen pro Woche einen Wecker, denn der erste Schuß fällt in der Regel pünktlich, um die ebenfalls noch verschlafenen Vögel - makabres Wortspiel - aus den Federn zu treiben.

Wie bei fast allen Vorschriften gibt es auch hier Ausnahmen: Huftiere (Hirsche, Wildschweine etc.) werden bis eine Stunde nach Sonnenuntergang gejagt, Schnepfen bereits ab Sonnenaufgang.

- Auch sonst ist im Jagdkalender festgeschrieben, wann welcher Vogel oder welches Wild geschossen werden darf. Die Gebote und Verbote können aber von Provinz zu Provinz variieren. So ist in der Provinz Livorno die Jagd auf Großwild wie Hirsche, Rehe, Steinböcke etc. verboten.

## Rechte des Nicht-Jägers

Die folgenden Punkte sind für das störungsfreie Zusammenleben von Jägern und Campagna-Bewohnern besonders wichtig:

- Der Jäger muß zu einem bewohnten Haus eine Distanz von mindestens 100 Metern einhalten. Von Straßen und Wegen muß er wenigstens 50 Meter entfernt bleiben.

- Dem Jäger ist verboten, aus einem Abstand von weniger als 150 Metern mit Schrotmunition in Richtung einer Behausung zu schießen. Bewegt er sich innerhalb dieser Zone, muß sein Gewehr entladen sein.

- Auch ohne weitere offizielle Hinweise ist die Jagd verboten auf eingesäten Feldern, Obstplantagen, Weinbergen und Olivenhainen bis zur Ernte. Aufgeforstete Ländereien dürfen erst nach 3 Jahren betreten werden.

- Zum Bau von Schießständen dürfen keine frischen Zweige von Wald- oder Plantagenbäumen verwendet werden, sondern ausschließlich Buschwerk. Diese provisorischen Schießstände müssen am Ende des Jagdtages vom Jäger beseitigt werden. Außerdem soll er die Patronenhülsen in seinem Umkreis einsammeln.

## Wildschweinjagd

Die toscanischste aller Jagden ist die Wildschweinjagd. Sie beginnt am 2. November und endet mit dem letzten Jagdtag am 30. Januar. Wildschweinjagden werden nur als Treibjagden veranstaltet, und wenn an einem solchen Tag das Blöken der Treiber über die Hügel hallt, vermischt mit dem aufgeregten Gekläffe der teuren Hunde, kommt man sich als Unbeteiligter wie unter Verrückten vor. Der Schlachtruf scheint eher aus dem Comic-Bereich zu kommen und klingt wie eine Mischung aus 'Grumpf' und 'Oink'. Auf jeden Fall aber laut. Wildschweinjagden dürfen Mittwoch, Samstag und Sonntag stattfinden. Eine Jagdgruppe mit Anführer besteht aus wenigstens 15 Männern, zum Teil mit Hunden. Am Morgen der Jagd müssen die Teilnehmer namentlich registriert werden.

Die Wildschweinjagd verfolgen wir inzwischen mit einem gewissem Wohlwollen, da es einfach zu viele Wildschweine gibt, die zuviel Schaden anrichten. Zumindest bei uns ist ihr Lebensraum zu klein, und wenn im Herbst die Eicheln fallen, kommen ganze Rudel auf der Nahrungssuche bis ans Haus. Das sieht zwar recht exotisch aus, ist aber nicht ganz ungefährlich, vor allem für die Hunde. Sie halten sich allerdings in der Regel zurück und beschränken sich auf Bellen, was kaum Eindruck auf die Schweine macht.

Unsere alte Rosa, ein verstorbener Schäferhundmischling, ist mal böse zugerichtet worden, als sie Wildschweine verbellte. Die anderen Hunde verzogen sich rechtzeitig, Rosa war schon ein wenig steif und schwerhörig und konnte nicht rechtzeitig fliehen. Zu ihrem Glück waren es, wie ich später an den Spuren feststellen konnte, nur kleine Schweine, die sie herumboxten, sonst hätte sie die Abreibung nicht überlebt. Der Tierarzt hat jedenfalls lange an ihrem aufgeschlitzten Bauch genäht.

- Vom 1. bis 30. Januar können sich Jäger mit Hunden frei in den Jagdgebieten bewegen, wenn dies vorher von der jeweiligen Provinz genehmigt wurde. Bis 31. Dezember dürfen sie nur an festen Standplätzen schießen.

## Wilderer

Ein besonderes Thema ist, weil gesetzeswidrig, das Wildern. Vertraut man sich einem Bekannten an und jammert über die wüsten Wildschweinschäden, so weiß dieser bestimmt jemanden, der das Problem elegant bei Dunkelheit löst. Der angekündigte Wilderer kommt dann auch irgendwann vorbei, tönt stimmgewaltig, wie er die Wildschweine dezimieren wird. Als Vorarbeit müsse dort, wo regelmäßig frische Spuren zu finden sind, nur eine Handvoll Weizenkörner unter einen Stein gestreut werden. Er werde dann bei günstigem Mondlicht und ruhiger Luftbewegung wiederkommen. So reden aber keine richtigen Wilderer, sondern Leute, die angeben wollen und in der Regel auch nie wiederkommen. Der echte Wilderer ist ein leiser, flinker Mann, der das Wort 'schießen' vermeidet und stattdessen einen 'Spaziergang' vorbereitet. Bevor er sich zu erkennen gibt, testet er unauffällig seine Mitwisser auf absolute Verschwiegenheit. Er kommt und geht ohne Gewehr, das er längst an sicherer Stelle versteckt hat. Ist es ein in der Gegend bekannter Jäger, kommt er nicht mit dem eigenen Auto, geschweige denn in Jagdkleidung. Seine größte Sorge wird sein, ob sich noch ein Kollege im gleichen Gebiet herumtreibt; denn das könnte bei Nacht lebensgefährlich werden. Der Rest ist Schweigen, auch im Interesse des 'Auftraggebers'.

Wenn Wildschweine wegen übermäßiger Vermehrung geschossen werden müssen, dann empfinde ich die Arbeit des Wilderers humaner als die lautstarken Treibjagden auf zu Tode geängstigte Tiere. Der Wilderer bezieht an dem auskundschafteten Punkt Stellung und wartet. Zieht dann irgendwann das Rudel Wildschweine vorbei, bringt er das Gewehr in Anschlag, schaltet für einen Moment die auf dem Lauf montierte Taschenlampe an, die Tiere sind geblendet, dann drückt er ab. Das ungeschriebene Gesetz des Wilderns gestattet nur einen Schuß. Wirklich ganz, ganz selten habe ich in der Nacht zwei aufeinanderfolgende Schüsse gehört. Die Patrone enthält 9 Kugeln, die das Wildschwein zwischen Hals und Herz treffen müssen und sofort zum Tode führen.

## Fondo chiuso

Ein Zaun war noch nie eine soziale Konstruktion. Auch wenn die alte Gartenlauben-Idylle mit Nachbarn, die sich über den Zaun hinweg unterhalten, anders aussieht. Ein Zaun spricht eine deutliche Sprache: Ab hier bestimme ich und Du hast hier nichts zu suchen, es sei denn, ich bin einverstanden. Bei 'Zuwiderhandlungen' gibt es dann so passende Begriffe wie Hausfriedensbruch *(violazione di domicilio)*. Bei dichter Besiedlung ist ein Zaun vielleicht sinnvoll, um gesellschaftliche Spielregeln zu erhalten (oder durchzusetzen), in freier Natur wirkt er immer ein wenig deplaziert. Aber ein Zaun ist - um wieder zum Thema zu kommen -

die einzige Möglichkeit, die Jäger fernzuhalten. Allerdings nur, wenn er den Vorschriften entspricht.

- *'Fondo chiuso'* ist die offizielle Bezeichnung für einen Status, den man als Grund- und Hausbesitzer in der Toscana ohne große Formalitäten erhalten kann. Entgegen landläufiger Meinung ist lediglich ein eingeschriebener Brief an den Bürgermeister zu richten, in dem die Absicht mitgeteilt wird. Der Zaun muß 1,80 Meter hoch sein und alle 100 Meter durch ein *'Fondo chiuso'*-Schild kenntlich gemacht werden, beziehungsweise muß ein Schild vom anderen zu sehen sein (Schilder gibt es in Eisenwarenläden). Als praktischer Zaun empfiehlt sich ein Drahtgeflecht aus Rechtecken. Oben sind die Zwischenräume eng und vergrößern sich nach unten, damit Hasen und anderes Kleinwild durchschlüpfen kann. Wildschweine passen auch durch, sie stemmen den stabilsten Zaun einfach hoch. Die fehlende Höhe wird durch zwei Lagen Draht ergänzt.

Bei uns sind auch die Nachbar-Ländereien eingezäunt, es entstand also ein größeres zusammenhängendes Gebiet, in dem nicht gejagt werden darf. Die zuständige Provinzbehörde hat deshalb vor zwei Jahren dieses Gelände zusätzlich zur *'Zona di ripopolamento'* (Schongebiet) erklärt und entsprechende Schilder anbringen lassen. Jetzt darf auch ohne Zaun nicht mehr gejagt werden. Dieser Status hat aber auch seine Tücken: theoretisch darf ich unsere Hunde nicht mehr frei auf eigenem Grund und Boden herumlaufen lassen.

- Zur Kontrolle der Jagdgesetze und Vorschriften sind alle Organe mit Polizeibefugnis berechtigt. Allen voran die *Guardia Venatoria* (Jagdaufsicht), die sich mit Vierradantrieb durchs Gelände bewegt, aber nur selten ihre graugrünen Autos mit der diskreten weinroten Aufschrift verläßt. Es gibt auch eine freiwillige Hilfs-Jagdaufsicht, die aus Jägern rekrutiert wird. Seit einigen Jahren beteiligen sich Mitglieder von Umweltorganisationen in Zivilkleidung an der freiwilligen Aufsicht.

Meine Auflistung der Jagdvorschriften sagt natürlich nichts über ihre Durchführung und Einhaltung aus. So habe ich noch nie einen Jäger Patronenhülsen aufsammeln oder seinen Schießstand abbauen sehen, aber schließlich bin ich auch nicht Mitglied der Jagdaufsicht. Außerdem gibt es eine Fülle von Zusatzvorschriften, Ausnahmegenehmigungen und Sonderfällen, die eine eindeutige, klare Information über die Jagd schwierig machen. Aber irgendwie arrangiert man sich.

Jeder Jäger erhält zu Beginn der Saison mit seinem Jagdschein einen Ratgeber, in dem neben den Gesetzesvorschriften und Erste-Hilfe-Anweisungen auch Verhaltensanregungen gegenüber der Jagdaufsicht gegeben werden. Unter anderem steht da zu lesen, daß man höflich antworten, die Ruhe bewahren und sich selbst unter Kontrolle halten solle. Dieser Hinweis läßt einige Rückschlüsse zu.

# Freud und Leid bei Familienfeiern

## Hochzeit

Eine toscanische Hochzeit sollte man einmal mitgemacht haben. Zwei sind zuviel, alle weiteren ein Alptraum. Mein Hochzeitstrauma bezieht sich vorwiegend auf die ungeheuren Mengen, die bei einem Festmenü aufgetischt werden. Wichtigstes Wort bei einem Hochzeitsessen ist ein standhaftes *„basta"* mit einem hinterhergehauchten *„grazie"*, sonst ist am Ende von einer Kolik bis zum Kreislaufkollaps alles möglich. Aber der Reihe nach:

Die schriftliche Einladung zur Hochzeit wird von einem Familienmitglied persönlich überbracht, vorzugsweise vom Brautpaar *(sposi)*. Von da an gibt es kein Entkommen mehr, da der Termin meist sehr frühzeitig bekanntgegeben wird. In der Zwischenzeit erkundigt man sich bei den Brauteltern, ob und in welchen Geschäften Geschenklisten *(liste di nozze)* ausliegen. So läßt sich beizeiten ein Geschenk auswählen. Bei der Wahl des Geschenkes wäre Knausrigkeit absolut deplaziert, da wir Deutsche, wie mehrfach bemerkt, grundsätzlich als reich gelten. An einem Samstag oder Sonntag steigt dann das große Ereignis. Den morgendlichen Auftakt bildet ein zwangloser Empfang *(rinfresco)* im Hause der Brauteltern. Wer sein Präsent nicht schon geschickt hat, bekommt hier die letzte passende Möglichkeit zur Übergabe. Man bewundert also die Berge der übrigen Geschenke und versucht, sich mit freundlichen Worten der üppigen Bewirtung zu erwehren. Kuchen, Gebäck, Canapées, Drinks, Sekt und Kaffee - bereits jetzt gibt es alles. Das Rinfresco ist gleichzeitig eine Art Sammelpunkt für die gemeinsame Kolonnenfahrt zur Kirche. Ganz Schlaue überspringen das erste Treffen mit einer Entschuldigung und finden sich direkt vor der Kirche ein.

Als Kirche wird gern ein malerisch gelegenes Fleckchen ausgewählt. Sehr beliebt bei uns ist die Wallfahrtskirche in Frassine. Für Heiratswillige: Man biegt in Venturina von der Via Aurelia in Richtung Suvereto ab. Frassine liegt etwa auf der Mitte der Strecke zwischen Suvereto und Monterotondo. Der Pfarrer dort singt ein atemberaubendes Ave Maria.

Eine andere bewährte Hochzeitskirche ist die Kapelle in Populonia, im Hof der Festung gelegen. Hier bietet sich sogar das passende Restaurant dazu an, *Il Lucumone* (s. Anhang). Allerdings sollten aus Platzgründen nicht mehr als 40 Personen an dem Fest teilnehmen, der Platz ist für eine italienische Hochzeit also nur bedingt geeignet. Das Lucumone ist klein, intim und für seine Küche zu empfehlen. Auch ohne Heirat.

Populonia liegt am Meer, hoch über dem Golf von Baratti. Vom Parkplatz außerhalb des Weilers reicht der Blick hinunter bis zur Küste und rüber zu den Wildschweinen (im eingezäunten Areal). Populonia erreicht man von San Vincenzo aus über die Via della Principessa Richtung Piombino (rechter Hand ist der WWF-Naturpark Rimigliano, vgl. Anhang). Am Abzweig nach Baratti geht es an Etruskerausgrabungen vorbei hinauf nach Populonia.

Bei einer Trauung waren wir dabei. Es war Mitte September und noch sehr heiß. Die Gäste versammelten sich zur festgelegten Zeit im Hof vor der Kirche, die Frauen in luftigen, eleganten Kleidern, geschmückt mit breitrandigen, schattenspendenden Hüten. Das brachte ihnen einen Vorteil ein, da wir eineinhalb Stunden auf die Braut warten mußten. Die Männer, traditionell dunkel gekleidet, standen herum wie Sonnenpaneele und heizten ebenso auf. Dazwischen die spielenden Kinder. Selbst der eigens angereiste Geistliche, ein Militärpfarrer in Bischofs- und Generalsrang, beteiligte sich bald am allgemeinen small-talk.

Die Schuld an der Verspätung hatte aber nicht das Brautpaar, sondern der Fotograf. Für ihn wird kein Geld und keine Mühe gescheut. Das Ergebnis seiner Arbeit gipfelt in einem großen, in Schweinsleder gebundenen, gut zehn Zentimeter dicken Album. Einer Dokumentation fürs Leben. Die Fotografen überbieten sich an kreativen Ideen, um den Auftrag für diese Arbeit zu erhalten. Kein Einsatz ist zu groß, um wirkungsvolle Einstellungen und ungewöhnliche Perspektiven zu realisieren.

Manchmal wäre freilich der Fotograf das interessantere Motiv. Zumindest das witzigere. Einmal sah ich bei einer Trauung den Fotografen auf Zehenspitzen hinter den Altar gehen, auf der Suche nach originellen Bildausschnitten. Als er dann versuchte, das Teleobjektiv seiner Kamera zwischen die Oberschenkel einer Marienstatue zu schieben, reizte der Anblick schon sehr zum Lachen. Jeder, vom Priester über die Gäste bis zum Restaurantbesitzer, weiß um die Bedeutung dieser Fotos und nimmt die üblichen Verspätungen gelassen hin. Wurde auch ein Videofilm in Auftrag gegeben, dauert die Prozedur noch länger.

Gottlob erfordert die eigentliche Trauungszeremonie keine ungeteilte Aufmerksamkeit. Man unterhält sich, läuft auch schon einmal herum und die Kinder huschen immer wieder zwischen den Bankreihen hindurch. Beim Verlassen der Kirche folgt die unvermeidliche Reisdusche. Ich stelle mir vor, wie es wäre, wenn stattdessen Spaghettis geworfen würden (ungekocht natürlich). Das Brautpaar sähe vermutlich wie ein Igelpaar aus. Zumindest auf dem Kopf.

Es folgt die Fahrt im Konvoi zum Restaurant. Die Uhr zeigt fast halb zwei Uhr, und alle sind hungrig. An den Antennen der Autos flattern dicke weiße Schleifen, das Hupkonzert dröhnt. Spätestens in der Nähe des Restaurants ist das Trommelfell gefordert. Es kann losgehen. Nicht ganz, der Fotograf hat sich noch ein Motiv ausgedacht am azurblauen Pool, und die wichtigeren Gäste werden der Reihe nach mit dem Brautpaar abgelichtet. Dieses Foto dient später auch der eigenen Erinnerung an die Hochzeit. Auf dem letzten dieser Fotos habe ich wegen des Sonnenlichtes die dunkle Brille nicht abgenommen und sehe aus wie ein kleiner Vorstadt-Mafiosi. Zumindest wie man sich einen vorstellt. Um Zeit zu sparen, wird zwischendurch bereits ein grasgrüner Begrüßungscocktail gereicht. Danach geht es Schlag auf Schlag. Man sucht am besten seinen Platz in der Nähe von Bekannten, sonst ist man im allgemeinen Unterhaltungsgetümmel leicht isoliert.

Wir treffen so immer wieder auf Leute, die wir nur von Hochzeiten kennen. Ab jetzt sollte man auf der Hut vor den üppig servierenden Obern sein. Nach diversen Vorspeisenplatten *(antipasti)* folgen nicht nur wenigstens zwei Pastagerichte *(primi)*, sondern auch noch ein Risotto, meist aus Meeresfrüchten zubereitet. Spätestens nach dem Antipasto ruft bereits einer der Gäste laut *„Evivano gli sposi!"* (Hoch lebe das Brautpaar), hebt sein Glas, und die übrigen Gäste fallen lauthals ein. Mit zunehmender Stimmung häufen sich die Hochrufe und die Erwartungen, daß sich das Brautpaar endlich küßt.

Sobald das erste Hauptgericht *(secondo)* aufgetragen wird, hört man auch die ersten 'oioioi'-Seufzer. Ich habe 'oioioi' lautmalerisch geschrieben, es bedeutet eigentlich nichts, ist aber ein sehr toscanischer Ausruf, der vor allem bei beleibteren Frauen beliebt ist. Im vorliegenden Fall bedeutet 'oioioi' etwa: eigentlich kann ich ja nicht mehr, aber wenn's denn sein muß...

Die *secondi* bestehen meist aus verschiedenen Platten mit gegrilltem Fleisch. In portionsgerechte Stücke zerteilt *(arrosto)* und in Scheiben geschnitten *(arrista)*. Dazu gehört neben Schwein und Rind auch Geflügel, Kaninchen und Lamm. Gemüse wird dazu kaum gereicht, außer Salat. Lehnt man sich dann endlich mit einem letzten 'oioioi' zurück, kommt mit ziemlicher Sicherheit noch ein abschließender Gang mit Krustentieren *(scampi, mazzancollo, gamberoni* etc.).

Danach das Dessert, gerne in Form von Obstsalat *(macedonia),* Eiscreme und frischem Obst. Gefolgt vom Korkenknallen der Champagnerflaschen, *„evivano gli sposi"*! Die Hochrufe werden nun ergänzt durch rhythmisches „ba-cio, ba-cio, ba-cio"-Rufen (*bacio* = Kuß).

Wenn das Brautpaar die mehrere Etagen hohe Hochzeitstorte anschneidet, hat der Fotograf seinen letzten Auftritt. Danach schiebt sich das Paar mit einem Korb von Platz zu Platz und überreicht jedem Gastpaar ein kleines Erinnerungsgeschenk. Für diese kleinen Präsente gibt es spezielle Fachgeschäfte, die für Taufen, Hochzeiten oder sonstige Feiern die geeignete Auswahl haben. Beliebt und traditionell ist ein weißes Tüllsäckchen mit einigen Mandeln in weißer Zuckerglasur. Sie bringen Glück. Ein launiger Verwandter übernimmt schließlich noch das Verkaufen der Krawatte des Bräutigams, schneidet für jeden ein Schnipsel ab und man revanchiert sich mit einem oder mehreren nicht zu kleinen Scheinen. Nebenbei wird Espresso und Grappa aufgetragen, den manche schon im Stehen trinken. Plötzlich ist allgemeine Aufbruchsstimmung, es ist mittlerweile fast 6.00 Uhr abends. Über die Fahrtüchtigkeit stelle ich lieber keine Mutmaßungen an.

Gelegentlich beobachte ich die Sprößlinge unserer italienischen Freunde, sobald sie ins heiratsfähige Alter kommen. Denkt der oder die ans Heiraten? Uns erwarten noch einige Kandidaten. Oioioi!

## Todesfälle

Eine Feierlichkeit ganz anderer Art ist die Beerdigung eines Bekannten oder Freundes. Dazu hat mich Barbara kürzlich etwas verunsichert befragt. Die Frau ihres Geometrá sei todkrank und wie man sich verhalten müsse für den Fall, daß...

*Liebe Barbara,*

*heute Vormittag waren wir auf einer Beerdigung, so kann ich Dir meine frischen Eindrücke wiedergeben: Anders als in Deutschland muß ein Verstorbener laut Gesetz innerhalb von 48 Stunden beigesetzt sein. Da bleibt nicht viel Zeit zur Benachrichtigung, schon gar nicht für Trauerkarten, wie wir sie kennen. Die Verwandten und engeren Freunde werden zumeist telefonisch benachrichtigt und geben die Nachricht ihrerseits weiter. Alle Übrigen erfahren es aus den Traueranzeigen, die vom Bestattungsunternehmen innerhalb weniger Stunden nach dem Ableben auf die zahlreichen kleinen Plakatstellen im Ort geklebt werden. Auf den Anzeigen steht auch der Termin und die Kirche, in der die Trauerfeier stattfindet.*

*Weil ich trotz der Alltäglichkeit des Todes Probleme im praktischen Umgang damit habe, hoffe ich, nicht so schnell an folgendem Brauch teilnehmen zu müssen: Nach der Todesnachricht eilen Verwandte und enge Freunde ins Haus (oder Krankenhaus) des Verstorbenen und verweilen am Bett des Leichnams. Manche bleiben mit der Familie die ganze Nacht.*

*Wenn Du an einer Beerdigung teilnehmen möchtest, solltest Du noch am gleichen Tag im Blumenladen ein entsprechendes Gebinde bestellen. Am besten läßt Du Dich beraten, wichtig ist aber eine Trauerschleife mit Deinem Namen. Diese Blumen können auch direkt zur Kirche geliefert werden, die Floristen wissen genau, was zu tun ist, sie haben sicher noch weitere Bestellungen.*

*Am Tag der Beerdigung ('funerale') überführt der geschmückte Totenwagen den Sarg. Der Wagen fährt an der Spitze einer Wagenkolonne, die aus Angehörigen besteht. Du kannst es aber auch machen wie wir heute: Wir warteten mit zahlreichen anderen und unserem Blumengesteck vor der Kirche auf den Trauerzug. Nachdem die Heckklappe des Wagens geöffnet war, hoben sechs männliche Verwandte den Sarg heraus und stemmten ihn auf die Schultern. Offizielle Sargträger sieht man hier nur selten. Die Verwandten bahrten den Sarg in der Kirche auf, Frauen nahmen uns die Blumen ab und dekorierten sie mit den anderen im immer größer werdenden Bogen um den Sarg.*

*Während der Trauerfeier kann man nichts falsch machen, sofern man tut, was die anderen auch tun. Aufstehen, hinsetzen, aufstehen... Da ich die Liturgie nicht kannte, hielt ich einfach den Mund. Besondere Kleiderregeln gibt es nicht. Man geht im normalen Straßenanzug oder Kleid, nicht einmal eine Krawatte ist nötig. Die Ausrede „ich kann nicht zur Beerdigung gehen, weil ich meinen schwarzen Anzug nicht dabei habe" zieht also nicht.*

*Am Ende der kirchlichen Feier ist Gelegenheit zu kondolieren. Dann wird der Sarg wieder zurück ins Auto gebracht. Häufig wird bei dieser Gelegenheit geklatscht. Diese Gewohnheit ist aber meines Wissens kein alter Brauch, sondern stammt aus der Zeit der Terroranschläge. Man ehrte so spontan unschuldige Opfer. Die Blumen werden dazugeladen, was nicht hineingeht, tragen Frauen. Nun formiert sich der Trauerzug von neuem. Wieder mit dem Sargfahrzeug an der Spitze, gefolgt vom Pfarrer, den nächsten Hinterbliebenen, den Frauen mit den Blumen, zuletzt die Trauergäste. Ist der Weg zum Friedhof zu Fuß zu weit, hält der Zug nach einigen hundert Metern, die Leute steigen in ihre Autos und folgen dem langsam fahrenden Totenwagen zum Friedhof. Die heutige Beerdigung war in Campiglia, und man ging die etwa anderthalb Kilometer lange Strecke zu Fuß. Polizisten regeln selbstverständlich den Verkehr, da sich der Trauerzug mitten auf der Straße bewegt. Wird man als Autofahrer deshalb aufgehalten, so gehört es sich, aus Achtung vor den Trauernden, den Motor auszumachen, solange der Zug vorbeizieht.*

*Auf dem Friedhof ist die Zuständigkeit des Pfarrers seltsamerweise beendet (Friedhöfe ist öffentlich und nicht kirchlich). Mit der Ankunft vor der Grabstelle verabschiedet er die Hinterbliebenen und geht nach Hause. Zurück bleibt eine mehr oder minder hilflose Gesellschaft. Der letzte Akt der Beerdigung ist sehr nüchtern und, wie ich finde, besonders schmerzlich für die Angehörigen. Die Blumen werden an einer Ecke in der Nähe der Grabkammer aufgehäuft, und die hilfreichen Frauen nehmen alle Schleifen ab, die Gebinde werden nicht mehr beachtet. Der Sarg wird in die steinerne, winzige Grabkammer gehievt und die abgenommenen Schleifen hinterhergestopft.*

*Bevor man das Endgültige dieser Handlung richtig begreifen kann, treten zwei wartende Maurer in Aktion, stellen ein einfaches Gerüst vor die Graböffnung, nehmen den vorbereiteten Eimer mit Mörtel und beginnen umgehend, die Kammer zuzumauern. Zuletzt befestigen sie die Grabplatte - Ende. Davor stehen die Angehörigen und starren mit leeren Blicken auf die zementstaubigen Hosenbeine der Maurer, die noch das Grab verdecken. Viele kondolieren nochmals oder erstmals, trösten sich gegenseitig. Dann löst sich die Trauergemeinde rasch auf. An der Ecke lassen die ersten Blumen ihre Köpfe hängen, aber das Leben geht weiter.*

*Ich wünsche Dir, liebe Barbara, daß Du von unseren Erfahrungen möglichst lange keinen Gebrauch machen mußt. Gelegentlich berichte ich Dir von lustigen Feiern, heute ist mir nicht so danach.*

*Herzliche Grüße auch an Nik, Dein Hans*

*P.S.: Feuerbestattet kann nur werden, wer dies zu Lebzeiten aktenkundig gemacht hat. Man muß dafür auf der Gemeinde eine eidesstattliche Erklärung abgeben. Mit diesem Dokument kann man einer Feuerbestattungsgemeinschaft mit Namen SOCREM beitreten, an die eine jährliche Gebühr zu zahlen ist. Die Einäscherung selbst erfolgt dann meines Wissens kostenlos.*

*P.P.S.: Gelegentlich wirst Du hören, wie jemand von seinem „povero padre“ bzw. „povero babbo“ bzw. „povera mamma“ (armer Vater, arme Mutter) erzählt. Das bedeutet nicht, daß der Vater (oder Mutter) in bedauernswerten wirtschaftlichen Verhältnissen lebt, sondern schlicht und einfach, daß der Betreffende bereits gestorben ist.*

## Kindstaufe

Die Taufe Neugeborener spielt sich, wie in Deutschland, im engen Familienkreis ab. Nach dem kirchlichen Ritual findet am Nachmittag im Haus der Eltern eine Feier statt, eine Art lockerer Empfang, zu dem Freunde und Bekannte nur mündlich eingeladen werden, auch der Taufpfarrer gibt sich die Ehre. Man steht oder sitzt zwanglos herum, wird bedient oder bedient sich selbst

vom kalten Buffet, dessen Glanzstück eine mächtige, farbenfrohe Torte ist. Natürlich wird auch der Täufling, brüllend oder schlafend, herumgezeigt und bewundert. Sensiblere Mütter lassen einen wenigstens auf Zehenspitzen einen Blick in die Wiege im abgedunkelten Kinderzimmer werfen. Auch die Geschenke sind mehr oder weniger die gleichen, die wir aus Deutschland kennen. Schmuckgeschäfte haben zum Stichwort 'Taufe' *(battesimo)* eine ganze Schublade mit Geschenken zu bieten.

In moralische Bedrängnis kann geraten, wer unversehens die Patenschaft für ein Kind angetragen bekommt. Uns ist dies vor einiger Zeit geschehen. Es handelte sich um das zweite Kind eines Mannes, der für Vicky arbeitet. Da sie die Verquickung von Privatem und Beruflichem nicht mag, sannen wir nach einem höflichen Ausweg. Dies war gar nicht so einfach; denn eine Patenschaft zu übernehmen, ist eine Ehre, die man nicht ablehnen kann, ohne die Eltern des Neugeborenen schwer zu kränken. Eine Ablehnung wird also zur heiklen diplomatischen Mission. Dennoch, auf der Suche nach Gründen, wurden wir fündig. Vicky ist ein Heidenkind, sie ist nie getauft worden, und ich bin schon vor 25 Jahren aus der Kirche ausgetreten. Vicky teilte den jungen Eltern ihr Defizit mit. Als moderne Menschen zeigten sie sich aber unbeeindruckt. Erst als Vicky insistierte, doch wenigstens den Pfarrer vom Manko der künftigen Paten zu unterrichten, hatten wir Glück. Als der Pfarrer hörte, daß Heiden als Taufpaten antreten sollten, lehnte er entschieden ab. So war das Problem gelöst und keiner machte *brutta figura* (auch *figuraccia*, was ungefähr soviel bedeutet wie einen schlechten Eindruck machen).

Inzwischen ist der Winzling getauft, er hat zwei Paten *(padrini)*. Das anschließende Fest war sehr lustig, und unser Verhältnis blieb ungetrübt. Vicky hat dennoch ein schlechtes Gewissen, sie beschenkt den Kleinen bei jeder Gelegenheit.

## Erste Kommunion

Eine Kommunion fehlte bislang in meiner Festesammlung. Vor einigen Tagen hatte jedoch Lorenzo, der zehnjährige Sohn unseres Landarbeiters Claudio, seine erste Kommunion. Die Feier fand an Pfingsten statt, sie wurde zunächst mit einem großen Mittagessen im Restaurant begonnen. Zum eigentlichen Essen blieb die Familie aber unter sich, eingeschlossen natürlich alle engeren Verwandten wie Großmütter, Onkel, Tanten, Neffen, Nichten.

Am Nachmittag war ab 17.00 Uhr zum Empfang geladen. Claudio wohnt in einer ruhigen Nebenstraße in Venturina unweit der via Aurelia. Er besitzt ein kleines Häuschen mit ebenso kleinem Garten, alles ordentlich, alles gepflegt. Die Straßenseite des Hauses grenzt direkt an den Gehsteig. Links von der Haustüre ein Fenster, das zum kleinen Wohnraum gehört, rechts davon ein geöffnetes Rolltor, das die geräumige Garage freigibt. Daneben die Außentreppe zur oberen Etage und der Eingang zum Garten. Der Empfang fand in der Garage statt. Bald darauf auch auf dem Gehsteig, der Straße und dem gegenüberliegenden Fußweg.

Was sich im ersten Moment ein wenig merkwürdig anhört, war ganz vernünftig gedacht. In dem kleinen Haus hätten sich die vielen Gäste gegenseitig erdrückt, und die Garage war keinesfalls ein finsteres Loch. Die Wände waren frisch geweißelt, der Boden hell gefliest. Die Rohrleitungen an den Wänden waren mit Geschenkpapier abgedeckt und in den Ecken standen Grünpflanzen. Ein rohgezimmertes Regal mit Eingemachtem war mit einem weißen Bettuch verkleidet. An den drei Wänden standen Tische mit bodenlangen weißen Tüchern bedeckt. Der rückwärtige Tisch war den salzigen Häppchen vorbehalten, die Nuccia, Claudios Frau mit ihrer Schwägerin und den Zwillings-Cousinen zubereitet hatte. Sobald eine Platte leer war, kam aus der Küche Nachschub. Die Attraktion waren riesige Platten mit knusprigem, aufgeschnittenem Spanferkel. Zwischendurch holte Claudio vier Meter ofenfrische Pizza ab. Jeder Meter eine andere Sorte.

Auf der linken Seite standen die Getränke. Als Begrüßung bekam jeder Gast ein Glas Orangenbowle, dann wechselte man zu Wein, Bier oder Fruchtsäften. Auf der rechten Seite waren die Torten aufgebaut. Prunkstück war die rechteckige offizielle Kommunionstorte vom Konditor, mit entsprechender Aufschrift. Sie hatte gut 40 x 80 Zentimeter und war eingerahmt von Torten eigener Produktion. Dazwischen noch weiße und blaue Kokospralinen sowie die unvermeidlichen *pesche* (Pfirsiche). Die bestehen aus zwei roten halbkugelförmigen Teighälften, die in der Mitte mit Schokoladencreme zusammenhalten. Zwischendurch führte uns Claudio ins Haus, um den Geschenktisch zu zeigen. Es waren die üblichen Geschenke in doppelter und dreifacher Ausführung: Fußbälle, Armbanduhren, Arm- und Halskettchen, größere Modellautos und Taschenrechner. Natürlich brachten wir auch ein Geschenk mit. Nach einigem Überlegen war Vicky auf die Idee gekommen, Lorenzo einen Gutschein mit einer Anzahl Reitstunden zu schenken. Seinem Gesichtsausdruck nach zu schließen, war er wohl einverstanden.

Die Kinder hatten auf der Straße längst eine Fußballmannschaft gebildet. Die älteren sonderten sich mit Freund oder Freundin etwas ab und saßen auf den sonnigen Stufen der Außentreppe. Nach gut zwei Stunden verabschiedeten wir uns, während noch immer neue Gäste eintrafen. Zuhause warteten die Tiere. Ich muß Claudio noch fragen, wie lange das Straßenfest dauerte. Wieviel und wovon ich gegessen habe, verrate ich nicht. Das Abendessen ließen wir jedenfalls ausfallen. Mittlerweile hat Lorenzo seine erste Reitstunde hinter sich und ist hellauf begeistert.

## Weihnachten, Weihnachtsbaum, Panettone

Das Weihnachtsfest wird auch in Italien zunehmend vom Konsum bestimmt, es unterscheidet sich immer weniger von deutscher Weihnacht. Sichtbarster Unterschied ist, daß der Heilige Abend *(vigilia di Natale)* nicht

Beginn und gleichzeitig Höhepunkt des Weihnachtsfestes ist. Er dient der emsigen Vorbereitung auf den folgenden Weihnachtstag *(giorno di Natale)* und bis zum Abend werden letzte Geschenke eingekauft. Man geht bei Freunden vorbei, um ein kleines Präsent zu überreichen oder man bekommt selbst Geschenke und Glückwünsche gebracht.

Ende der siebziger Jahre waren in der Toscana kommerzielle Weihnachtsvorboten kaum zu spüren. Heute animiert auch der kleinste Ort seine Einwohner mit aufwendiger Weihnachtsdekoration. Und vom 1. Dezember an versuchen die italienischen Geschäftsleute, ihren Kunden das 13. Monatsgehalt wieder abzuluchsen.

Als wir in die Toscana zogen, kamen wir an Weihnachten gar nicht auf die Idee, einen Weihnachtsbaum aufzustellen. Es wäre ja auch absurd, mitten in der Natur einen Nadelbaum abzusägen und ins Haus zu tragen. Außerdem fehlte die gewohnte weihnachtliche Stimmung. Häufig ist es an Weihnachten wärmer als an Ostern, die Natur ruht zwar, ist aber alles andere als farblos. Von den Äckern leuchtet das frische, kräftige Grün der aufgegangenen Saat herüber, Orangen- und Zitronenbäume hängen voller Früchte und die Bougainvillen blühen noch. Tatsache ist aber, daß von Jahr zu Jahr mehr Weihnachtsbäume gekauft werden. Autos mit offener Heckklappe, aus denen der zu lange Christbaum wippt, gehören an Dezemberabenden zum normalen Straßenbild.

Wenn am Vormittag des ersten Weihnachtstages die Geschenke ausgetauscht werden, steht wenigstens ein *Panettone* unter den Päckchen. In Kaufhäusern, Lebensmittelgeschäften und Autobahnraststätten verstopfen seit Wochen die aufwendig verpackten Kuchen die Regale und, als turmartige Stapel auch die Gänge. Jeder kauft Panettone, jeder verschenkt Panettone, und jeder ißt auch von diesem luftigen, hohen Hefekuchen, angereichert mit Rosinen und Zitronat. Ich mag diesen Kuchen nicht, weil er einfach künstlich schmeckt, aber dafür ist er ja auch längere Zeit haltbar. Natürlich stehen auch bei uns jedes Jahr einige Geschenk-Panettone herum.

Während der Panettone ursprünglich ein typisches Milaneser Gebäck ist, hat der *Sieneser Panforte* auch eine echt toscanische Tradition. Panforte ist für Leute, die noch richtig zubeißen können; denn der flache runde Kuchen aus Mehl, Mandeln, Haselnüssen, Zucker, kandierten Früchten und Gewürzen ist ziemlich hart. Wer ihn möglichst 'original' kaufen möchte, geht in Siena in eine der Bars von Gianna Nannini's Eltern (für Ältere: Gianna Nannini ist eine bekannte Rocksängerin). Dort gibt es Panforte in allen Größen und Preislagen. Nicht nur zu Weihnachten. Wir packen Panforte gerne zu Weihnachtspäckchen, weil er garantiert heil in Deutschland ankommt.

Weil Panforte so schön hart ist, taugt es auch zum Spielen. Wir waren einmal an einem Weihnachtstag bei einem Gutsverwalter zum Essen eingeladen. Später, als die Frauen in der Küche aufräumten, gingen die Männer in die Bar (eine sehr angenehme Arbeitsteilung!).

Unter den Männern dort hatte unser Freund schnell eine Partie Panforte organisiert. Dafür wurden zwei lange Holztische abgeräumt und der Länge nach hintereinander gestellt. Zwei Meter vor der vorderen Tischkante wurde auf dem Fußboden eine Linie gezogen, die nicht überschritten werden durfte. Zwei Mannschaften bildeten sich, und dann warf jeder Mitspieler einmal pro Durchgang einen Panforte wie eine Diskusscheibe auf den Tisch. Ziel war, den Kuchen rutschend so weit wie möglich ans Ende der Tische zu befördern. Die Sieger gewannen den malträtierten Kuchen, der dann gemeinsam verspeist wurde. Außerdem durften sie die Verlierer zu einem Drink einladen.

Zum weihnachtlichen Schenken gehören auch die aufwendigen großen Präsentkörbe. Besonders größere Bars haben sich um die Weihnachtszeit auf dieses Zusatzgeschäft spezialisiert. Mit Inhalt kosten sie zwischen 50.000 und 250.000 oder noch mehr Lire. Natürlich kann der Inhalt individuell zusammengestellt werden. Fast immer gehören Sekt, Wein oder Sherry, Kuchen, kandierte Früchte, marones glacées etc. dazu.

Am zweiten Weihnachtstag *(natalino)* haben die meisten Bäcker wieder geöffnet, ein Essen ohne frisches Brot ist schwer vorstellbar. Wer jetzt noch kein Sylvestermenü *(cenone di capo d'anno)* gebucht hat, wird bereits Schwierigkeiten haben, einen Platz zu finden. Schon vor Weihnachten erkundigen sich die Leute über Menüpreise, wieviele Gänge serviert werden, ob getanzt wird. Kein Restaurant läßt sich diesen Umsatz entgehen. Auch die Silvesterknallerei hat längst deutsche Dimensionen angenommen, und trotz Warnungen und Kontrollen seitens Carabinieri passieren jedes Jahr gefährliche Unfälle, auch mit tödlichem Ausgang. Ausgelöst werden diese Unglücksfälle nicht nur durch unsachgemäße Handhabung der Feuerwerkskörper, sondern auch durch illegale Herstellung von Sprengkörpern.

Wer zufällig den Silvesterabend in einer Stadt zubringt, sollte vermeiden, kurz vor oder nach Mitternacht Haus oder Hotel zu verlassen. Um sich symbolisch vom Ballast des alten Jahres zu befreien, werfen die Bewohner zum Jahreswechsel Geschirr, Flaschen und Gläser aus dem Fenster. Ich habe das Scheppern und Klirren einmal miterlebt und fand es gar nicht lustig, eher gefährlich.

## Der sechste Januar

Mit dem Drei-Königs-Tag geht auch in Italien die Serie der Festtage erst einmal zu Ende. Nur wird er hier als *Epifania* gefeiert. Kürzer auch *Befana* genannt, nach der häßlichen Alten *(la befana)*, die der Sage nach durch den Schornstein kommt, um den Kindern Geschenke zu bringen. Früher war das der eigentliche Bescherungstag, bis er vom Weihnachtsfest abgelöst wurde. Heute hängen Kinder am Abend vor Befana immer noch lange Strümpfe in den Kamin (die man eigens für Befana im Laden kaufen kann) und finden sie am Morgen hauptsächlich mit Süßigkeiten gefüllt. Für unartige Kinder gibt es auch Süßigkeiten, die aber wie Kohle aussehen.

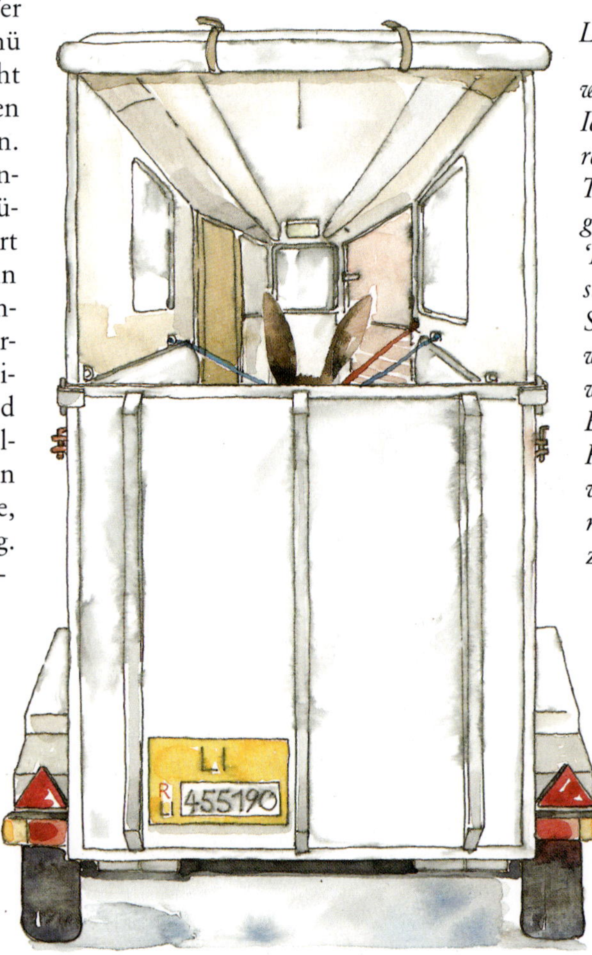


*Liebe Barbara,*

*was haben Esel mit Befana zu tun? Ich erzähle es Dir: Es war ein verregneter Tag, als gegen Mittag das Telefon klingelte. Am anderen Ende grüßte Cecilia, die Besitzerin der 'Barcaccina', einem guten Fischrestaurant am Meer (siehe Anhang). Sie druckste herum, aber dann wurde bald klar, worauf sie hinaus wollte. Sie brauchte dringend einen Esel. Am Nachmittag war ein Kinderfest im Restaurant und der versprochene Esel stand plötzlich nicht zur Verfügung. Wir sagten zu, alleine schon deshalb, weil Vicky gerne die Esel herzeigt. Allerdings waren zwei kleine Probleme zu überwinden. Einmal hatte wir für unseren Pferdeanhänger noch keine Kupplung am Auto, und außerdem hatte bis zur Stunde noch keiner unserer Esel jemals das Grundstück in einem solchen Fahrzeug ver-*

*lassen. Es konnte also passieren, daß sich unser Befana-Esel schlicht weigern würde, die Rampe zum Anhänger zu besteigen. Um ein Fahrzeug mit Anhängerkupplung wollte sich Cecilia bemühen. Wir überlegten, welcher unserer Esel der geeignetste für diese kleine Vorstellung sei. Bruna fiel aus, weil sie ihren sechs Monate alten Augustin nicht alleine gelassen hätte. Theresa, eigentlich die älteste und erfahrenste der vier, haben wir schließlich auch ausgeschieden, weil sie in jungen Jahren schlechte Erfahrungen mit Menschen gemacht hat. Bei dem Trubel wäre vielleicht ein altes Trauma wiedergekehrt. Blieb noch I-aah, ihr dreijähriger Sohn, der Spielkumpan von Augustin.*

*Vicky übte mittags mit I-aah, wie man in den großen Pferdeanhänger steigt. Überraschend bald war I-aah überzeugt, daß nichts Gefährliches im Anhänger wartet, im Gegenteil, ganz vorne lag ein Packen duftendes Heu. Als Cecilia kam war I-aah schon verstaut, links und rechts war er aus Sicherheitsgründen zusätzlich am Halfter angehängt. Cecilias Freund fuhr den Anhänger sanft und vorsichtig.*

*Wir wurden schon erwartet. Vor dem Eingang zum Restaurant bremste I-aah auf einmal, weil er etwas gesehen hat, das ganz neu für ihn war: das Meer. Für I-aah hat die Wasserfläche vielleicht so ausgesehen, als wäre 15 Meter weiter gar nichts mehr, oder schlimmer noch: Das Ende der Welt. Ein Rand, über den man fallen konnte.*

*Im trüben Dämmerlicht des Nachmittags lag das Meer grau und ruhig, eins mit dem regenfarbenen Himmel, keine Konturen, nichts körperliches, einfach nichts. Wir lenkten den verschreckten I-aah vom Meer ab, und er ließ sich dann tapfer in das Lokal führen. Wenn draußen nichts war, so gab es drinnen alles: Lachen, lärmen, Radau, kreischende Kinder, laute Musik. I-aah spürte schnell, daß er jetzt der große Star und Mittelpunkt war. Geduldig ließ er sich von allen Kindern anfassen und streicheln. Ebenso überstand er das Blitzlichtgewitter stolzer Familienväter mit Kamera und Video.*

*Als I-aah am Abend wieder wohlbehalten bei seiner Mutter und den beiden anderen Eseln eintraf, benahm er sich demonstrativ lässig, während die anderen neugierig um ihn herumstanden und Theresa ihn zärtlich mit der Nase am Hals stupste. Augustins ausdauernde Versuche, die entgangenen Spielstunden nachzuholen, überging er erstmal.*

*Ich denke, wenn ich mal achtzig bin und endlich richtig Zeit habe, werde ich den Traktor stehen lassen und mit den Eseln herumziehen. I-aah wird dann 31 Jahre alt sein. Das richtige Alter, um zusammen im Winter Brennholz aus dem Wald zu holen, das er dann heimtragen wird. Im Sommer werde ich mich mit einer Flasche Wein unter eine schattige Steineiche setzen und mich von den Eseln wachstupsen lassen, wenn ich angesäuselt einnicke. Aber bis dahin ist ja noch ein bißchen Zeit.*

*Liebe Grüße, Dein Hans*

## Osterfest

Feiertage sind in Italien seltener als in Deutschland. Die beliebten Brückenfeiertage Himmelfahrt, Fronleichnam und Pfingstmontag sind hier normale Arbeitstage, ebenso der Karfreitag. Als großes Fest bleibt also noch Ostern, das sich kaum vom deutschen Osterfest unterscheidet. In seiner kirchlichen Tradition ohnehin nicht, einmal davon abgesehen, daß die Gläubigen am Palmsonntag die Kirche mit einem Olivenzweig (Ölzweig) verlassen.

Die Industrie bringt schon Wochen zuvor das Pendant zum weihnachtlichen Panettone in die Läden. Es heißt nun 'Colomba' und erinnert in seinen Grundformen mit sehr viel Phantasie an eine fliegende Taube, daher auch der Name (*colomba* = Wildtaube), eßbares Symbol des heiligen Geistes und des Friedens. Der Kuchen besteht praktisch aus den gleichen Zutaten und einer aufwendigen Verpackung wie beim Panettone. Unsere deutsche Tradition, Eier zu kochen und bunt zu färben, kennt man hier nicht.

Bei uns wird sie beibehalten, und das Eierfärben fällt regelmäßig mir zu. Dabei pantsche ich eigentlich nur die sechs Einheits-Kaltfarben so durcheinander, daß - legt man die gefärbten Eier nebeneinander - eine möglichst schöne Farbskala entsteht. Auch die deutschen Schokocreme-Eier haben hier keine Tradition. So muß ich es jedes Jahr, rechtzeitig vor Ostern, wenigstens bis München reisen und bei Elly Seidel (viel zu viele) Ostereier einkaufen. Ostern ohne Creme-Eier geht nicht. Tradition haben dagegen schultütengroße Schokoladeneier aus bitterer oder Vollmilchschokolade in meterweise Cellophan und Glitzerpapier verpackt. Richtig 'komplett' ist dieses Osterpräsent allerdings erst, wenn man seiner Angebeteten ein kleines Geschenk in das hohle Osterei packen läßt.

Einmal wollte ich diese lässige Übertreibung unbedingt mit ein paar Ohrringen ausprobieren. Ich brachte sie zum Konditor, wählte ein etwa 80 cm hohes Ei aus dickwandiger, schwarzer Schokolade und glitzerndes Zellophan zur Verpackung. Vicky war wie erhofft entzückt, als ich das Präsent am Ostermorgen überreichte. Nun ist Vicky allerdings krankhaft, jawohl, krankhaft un-neugierig. Ihre Bewunderung erschöpfte sich darin, einen möglichst dekorativen Platz für das auffällige Osterei zu finden. Meine unverhüllten Andeutungen auf den möglichen Inhalt brachten nicht mehr als "Oh, da bin ich aber gespannt". Am Abend war sie dann immerhin aus Mitleid bereit, die Verpackung vorsichtig zu öffnen, um zwischen den Eihälften nach dem Geschenk zu angeln. Als Vicky sah, daß der Konditor die Naht mit flüssiger Schokolade verschweißt hatte, weigerte sie sich, das Ei zu zerstören. Dabei hatte ich mir eitel ausgemalt, wie Vicky mit geröteten Wangen das Ei knackt und dann mit einem kleinen, spitzen Schrei das Schmuckschächtelchen entdeckt. Ich hätte darauf ganz lässig "na und?" gesagt.

Das Ei wurde zwar allgemein bewundert, aber es blieb ganz. Erst viel später, als die letzte Colomba ausgetrocknet an die Hunde verfüttert war, schlug Vicky plötzlich beim mittäglichen Espresso vor, von dem großen Osterei zu kosten. Entschlossen brach sie das erste Stück heraus, die Ohrringe wurden entdeckt und es folgte der ersehnte kleine, spitze Aufschrei.

Vickys Moral der Geschichte: „So konnte ich mich ganz lange auf Dein Geschenk freuen.“ Meine Moral der Geschichte: Verschenke Ostereier mit Inhalt nur an neugierige Frauen. Eigentliche Moral der Geschichte: Klassischer Fall von Erwartungshaltung, der schon deshalb daneben gehen mußte.

Ein anderes Ostererlebnis stammt aus den ersten Jahren unseres Landlebens in der Toscana. Damals hatten wir ja noch keine Stalltiere und kein Federvieh, aber im Frühjahr reichlich frisches Gras. Als uns ein älterer Mann fragte, ob er davon für seine Stallhasen schneiden dürfe, fanden wir das eine prima Verwendung. Wir wußten nicht, wie der Mann hieß und nannten ihn unter uns nur 'Mikimoto', weil aus seinem runden Gesicht zwei schmale, leicht asiatisch anmutende Augen blickten. Beim Sprechen hatte er immer die gleiche, fast geschlossene Mundstellung, sodaß wir ihn auch später nur sehr schwer verstanden. Mikimoto kam auf dem Moped mit zwei Jutesäcken und einer Sichel. Wenn die Säcke voll waren mit Gras, lud er einen Sack hinten auf den Gepäckständer, den anderen vorn auf die Lenkstange. So fuhr er die eineinhalb Kilometer wacklig nach Hause, langsam wie ein Fußgänger.

Wir saßen also an einem Ostermorgen beim Frühstück. Ich hatte einen Tisch in die Sonne gerückt und für ein festliches Frühstück gedeckt. Wir überlegten gerade, ob es vielleicht besser sei, den Korb mit den Schokoladen-Eiern aus der Sonne zu nehmen, als Mikimoto mit seinen kurzen, krummen Beinen um die Ecke kam. In der Hand seinen Jutesack, ansonsten aber sonntäglich gekleidet, mit sauberer Hose und einem etwas zu knapp sitzenden Jackett. Er wünschte uns aus seinen fast geschlossenen Lippen 'Frohe Ostern', bedankte sich fürs Gras schneiden und griff plötzlich in den Sack. Wie ein Zauberer aus dem Zylinder zog er einen leibhaftigen Osterhasen aus dem Sack. Mit der linken Hand hielt er ihn an den Löffeln hoch und ließ ihn knapp vor unseren Augen zappeln. Bevor wir auch nur zu irgendeiner Äußerung fähig waren, hob Mikimoto den Arm und schlug blitzschnell mit der Handkante gegen das Genick des Hasen, der diese Geste umgehend verstand. Ende.

Uns standen vor Entsetzen die Münder offen, Mikimoto strahlte, so daß seine schmalen Augen fast geschlossen waren. Schließlich hatte er uns nur demonstriert, wie frisch sein Ostergeschenk war. Da Vicky sich außerstande sah, dem toten Hasen das Fell über die Ohren zu ziehen, besorgte Mikimoto auch dies. Er legte seine Sonntagsjacke ab, Vicky lieh ihm eine Schürze, und ich erinnere mich nur noch, wie er den Hasen mit den gespreizten Hinterläufen an einen Olivenbaum band und nach einem scharfen Messer fragte. Die Hülle des Opferhasen konnte ich kurze Zeit später vor den Hunden retten und ordentlich 'entsorgen', aber unser gemütliches Osterfrühstück war abrupt beendet. Ich hätte keinen Bissen mehr runtergebracht, gestehe allerdings, daß der Hase ein paar Tage später, nach einem toscanischen

Rezept zubereitet, vorzüglich schmeckte. *Siamo barbari!*

Vicky erklärte Mikimoto später, warum wir Städterseelen seine Demonstration nicht so recht würdigen konnten. Er brachte uns noch häufiger einen Hasen. Nun aber bereits getötet und abgezogen und mit der Beteuerung, daß er das Tier wirklich erst unmittelbar zuvor getötet habe. Wer auf dem Land leben will, muß sich auch mit solchen Situationen zurechtfinden.

Der Ablauf der beiden Festtage wird mit einem simplen Reim geregelt: *„Natale con i tuoi, Pasqua con chi vuoit* (frei übersetzt: 'Weihnachten wird zu Hause gegessen, Ostern kann jeder machen, was er will'). Am Ostermontag fährt man gerne mit Freunden aufs Land. Vielleicht wird ein erstes Picknick gewagt, zumindest ein Spaziergang, es könnte ja schon etwas wilder Spargel wachsen.

Sprachlich sympathisch ist die Verkleinerungsform von *Pasqua* in *Pasquetta* als Unterscheidung vom Ostersonntag und -montag. Das Gleiche gilt für Weihnachten. Zur Unterscheidung von erstem und zweitem Weihnachtstag sagt man *Natale* und *Natalino*.

## Geburtstage

Geburtstage spielen im Landleben offenbar keine große Rolle. Aber vielleicht kommt es auch auf die Einstellung des Einzelnen an. Für mich ist der Geburtstag nach wie vor ein wichtiger persönlicher Festtag, er dient als willkommener Anlaß für einen Ausflug, ein festliches Essen oder die Einladung von Freunden. Ich erzähle auch jedem, der es wissen oder nicht wissen will „heute habe ich übrigens Geburtstag". Außerdem freue ich mich regelmäßig, daß ich wieder ein Jahr älter bin und immer noch gesund. Jeder Geburtstag ist wie ein kleiner, wenn auch unverdienter Triumph im Wettlauf mit der Vergänglichkeit.

Auf unserem Küchenkalender sind die Geburtstage vieler Freunde eingetragen, und wenn Vicky es irgendwie schafft, stellt sie sich auch noch spät abends hin und backt einen Kuchen für den nächsten Geburtstagskandidaten. Aus Zeitgründen verwendet sie meist das gleiche Rezept mit dem bezeichnenden Namen 'Blitzkuchen'. Ich darf dann zuletzt mit einer Einwegspritze ohne Nadel die schokoladenbraune Verzierung daraufzittern und in die Mitte *'Auguri Renzo'* oder *'Renato'* oder *'Antonella'* schreiben. Manchmal sogar lesbar. Der Erfolg des harmlosen Geschenks ist auf jeden Fall sicher und selbst Freunde, die behaupten, ihren Geburtstag nicht besonders zu feiern, bekommen angesichts des Kuchens rote Wangen. (Im Italienischen heißt es, gleich ob Kuchen oder Torte, immer *torta*.)

# Was wächst denn da?

## Laub- und Nadelbäume

Jede Pflanze hat ihren bevorzugten Lebensraum. Was auf unserem Land gut gedeiht, kümmert vielleicht 100 Kilometer landeinwärts vor sich hin, weil das Klima dort etwas rauher ist oder die Böden anders sind. Wer auf seinem Land neue Bäume pflanzen will, wird daher zunächst auf Arten zurückgreifen, die in der Gegend gut wachsen. Meine Aufzählung erhebt keinen botanischen Anspruch, sie ist das Ergebnis offener Augen und von ein wenig Erfahrung.

Als erstes kommt natürlich die Zypresse *(cipresso)*, 'der' toscanische Charakterbaum. Leider läßt sich die tückische Pilzkrankheit, die zahllose Zypressen vertrocknen ließ, nicht ausheilen. Aber man kann die Krankheit, die von Insekten übertragen wird, wirksam bekämpfen. Allerdings ist die Behandlung aufwendig und teuer. Klein gepflanzt wachsen die Zypressen von selbst, ohne weitere Pflege. In ihrer klassischen Linie werden sie dicht gefolgt von den Pinien *(pino)*, die sich den Touristen vor allem als riesige Schirmpinien einprägen. Während man Zypressen problemlos in Hausnähe anpflanzen kann, ist bei Pinien mehr Vorsicht geboten, weil sie sich sowohl mit der Krone als auch mit ihren flachen Wurzel stark ausbreiten. 'Verkehrsberuhigende' Asphalthöcker in Pinienalleen beweisen das auch spürbar.

Zwei Bäume liebe ich besonders, weil sie mit ihrer frühen Blüte andeuten, daß der Winter eigentlich vorbei ist: der Mandelbaum *(mandorlo)* und die Mimose *(mimosa)*. Im Januar, bei sonnigem Wetter schon kurz nach Heilig-Drei-König, treiben die ersten weißen bis zartrosa Blüten an den noch blattlosen Mandelbäumen. Nähert man sich unserem Haus von der Straße her, scheint alles von Pastelltönen eingerahmt. Die vielen Mandeln sind die stets willkommene Basis für die Weihnachtsbäckerei. Leider ist das Knacken der Nüsse arbeitsintensiv. Aber vielleicht findet sich ein spätsommerlicher Gast, der dabei seine Sehnsüchte nach dem Leben auf dem Lande ausleben kann. Man drückt ihm ein Hämmerchen in die Hand, stellt ein Tischchen, einen Hocker und einen Eimer mit Mandeln in den Schatten eines Baumes und bindet den Gast am Hocker fest. Als Amboß bekommt er einen flachen Stein und dann noch eine Schüssel für die geknackten Mandeln daneben. Wenn der Eimer leer ist, wird sein Urlaub zu Ende sein. Gelegentlich ein Glas Wein hinstellen.

Noch bevor die Mandelblüte vorbei ist, beginnt das Gelb der Mimosen zu leuchten. Die Dichte der Blüten ist so üppig, daß sie an trüben Wintertagen den Sonnenschein ersetzt. Zumindest für die Seele. Mimosen sollten wenigstens 10 bis 15 Meter vom Haus entfernt stehen. Sie vermehren sich über ihre langen Wurzeln, die bei großen Bäumen das Mauerwerk beschädigen können. Ansonsten ist die Mimose ein problemloser Baum, der ohne Pflege gedeiht.

Früher dachte ich immer, die Eiche *(quercia, rovere)* sei der typische deutsche Baum. Stimmt nicht. Wenn ich von meinem Arbeitstisch aufblicke, sehe ich mich von Eichen umringt. Es sind teilweise imponierend große Bäume, die im Sommer begehrten Schatten spenden. Seit dem großen Feuer 1985 haben die verbliebenen Eichen ausgesamt und überall auf dem Land wachsen junge Eichen nach. Sie müssen sich also wohlfühlen. Nicht so zahlreich wie bei uns, dafür aber mediterraner anmutend und immergrün sind die Steineichen *(leccio)*.

Ausgesprochen exotisch finde ich die Korkeiche *(sughero)*. Vor allem, nachdem sie geschält wurde, die glatten und kräftig rotbraunen Stämme sind dann unübersehbar. In höher gelegenen Zonen, aber immer noch in allernächster Nähe, findet man Kastanienwälder *(castagno)*. *Maroni*, die Früchte, werden im Winter auch auf Wochenmärkten angeboten oder am Straßenrand geröstet und verkauft. Für das Kaminfeuer gibt es Pfannen mit gelöchertem Boden, in denen die Kastanien selbst geröstet werden. Aus Kastanien wird auch Mehl gemacht. Zu *Castagnaccio* verarbeitet, wird es ein flacher salziger Kuchen mit Olivenöl und Rosmarin, ein typisches toscanisches Wintergericht.

Zu den Bäumen, die eine besondere Ausstrahlung haben, zählt für mich der Walnußbaum *(noce)*. Besonders im Sommer, wenn die großen Früchte das gleiche Grün zeigen wie sein Blattwerk. Walnußbäume wachsen allerdings sehr langsam und brauchen viel Platz und Feuchtigkeit, weil sie irgendwann einmal sehr groß werden.

Ebenfalls sehr groß wird die Zeder *(cedro del libano)*, wächst aber ungleich schneller, als Zierbaum eine imponierende Bereicherung.

Umweltschützer halten nichts von Eukalyptusbäumen *(eucalipto)*, weil sie den Boden auslaugen. Hier bei uns sieht man sie relativ oft. Eukalyptus wurde gerne als Windschutz gepflanzt, um Felder oder windempfindliche Kulturpflanzen einzugrenzen. Der Eukalyptus ist immergrün, obwohl ich finde, daß die eher bläßliche Farbe keine Frische vermittelt. Er wächst rasch und wird sehr hoch. Außerdem ist er frostanfällig und muß nach Erfrierungen stark zurückgeschnitten werden. Auch bei weniger starkem Frost bietet er in den folgenden Monaten mit den graubeige gewordenen Blättern einen traurigen Anblick.

Unverwüstlich ist dagegen der Feigenbaum *(fico)*. Der bizarre Wuchs seiner knotigen, verschlungenen Äste macht ihn auch in der laublosen Jahreszeit zu einem ungewöhnlichen Baum. Seine bibelbekannten Blätter sind im Notfall wirklich ausreichend groß. Allerdings ziehen die reifen Früchte auch scharenweise Hornissen an, was Feigenbäume in Hausnähe nicht so beliebt macht. Einer unserer Feigenbäume, es gibt sie mit grünen und mit blauen Früchten in verschiedenen Sorten, genau wie Weintrauben, steht in der Nähe der Ställe. Allerdings außerhalb des Weidezauns. Da die Pferde verrückt nach Feigen sind, sammeln wir abends die heruntergefallenen. Die Pferde stehen dann schon aufgereiht am Zaun, machen lange Hälse und sabbern in freudiger Erwartung. Nach dem Verfüttern der Feigen klebt man von all dem Gegeifer wenigstens bis zu den Ellenbogen, so als wären die Arme in Sirup getaucht. Auch die Schnittfläche des Feigenholzes ist klebrig und beim Absägen eines Astes tropft Milch heraus. Ein Stückchen Feigenholz im Kamin verbrannt, verströmt einen kräftigen Duft, der in seiner Süße entfernt an Sandelholz-Parfum erinnert.

Besonders schön blüht der Judasbaum *(albero di Giuda)*. Im zeitigen Frühjahr überstrahlen seine pink bis weinroten Blüten alle anderen Farben. Im Córnia-Tal (östl. von Suvereto) gibt es Abschnitte, in denen die Judasbäume das Flußbett wie eine Allee säumen. Ende März/Anfang April fahren wir mit den Rädern hin, um das Farbschauspiel zu bewundern. In der berühmten Zypressenallee von Bolgheri stehen Judasbäume die meiste Zeit unauffällig zwischen den Zypressen. Zur Blütezeit leuchten sie vor dem dunklen Grün der Zypressen.

Attraktiv ist der Erdbeerbaum *(corbezzolo, albaro)*, der bei uns in der Macchia wächst. Seine reifen Früchte sind leuchtend rot, eßbar und haben eine Oberfläche, die aussieht wie geflockt. Dieser immergrüne Baum fängt im Spätherbst zu blühen an. Es sind weiße Glöckchenblüten, die in Träubchen zusammenhängen. Die Früchte entwickeln sich zunächst als kleine grüne Kügelchen, die mit zunehmender Größe ihre Farbe von Grün über Gelb ins Rot wechseln. Gleichzeitig treibt er weitere Blüten. Diese verschiedenen Farben geben dem Corbezzolo in der Winterzeit ein fröhliches Aussehen. Vicky sagt, aus der Ferne würden sie die Farben an einen altdeutschen Weihnachtsbaum erinnern. Natürlich gibt es noch zahlreiche andere Bäume, die in der Toscana gut gedeihen, aber sie spielen in ihrer Attraktion und Verbreitung für mich eher eine untergeordnete Rolle. Dazu gehören Akazien *(acacia)*, Ulmen *(olmo)*, Misteln *(vischio)* oder die ähnlich klingende Mispel *(nespolo)* sowie Eschen *(frassino)*, Pappeln *(pioppo)*, Weiden *(salice)*, Tuia und Sequoia und - wunderschön - der Granatapfel *(melo grano)*.

Ein wenig fremd wirken große Dattelpalmen. Sie passen besser in Badeorte, wo sie sich besonders südländisch ausnehmen. Soviel ich weiß, reifen die Früchte in unseren Breiten nicht aus.

## Obstbäume und Zitrusfrüchte

Die Selbstversorgung mit Obst wird sich kaum ein Landbesitzer entgehen lassen. Malerisch verstreute Obstbäume auf einer Wiese sehen zwar nach Sommerfrische aus, wer aber viel auf seinem Land arbeitet, wird sich an der pittoresken Unordnung bald stören. Einzeln stehende Bäume sind ein Hindernis, wenn man zügig mähen will, mit dem Heuwender muß man Schlangenlinien fahren und so fort. Wir haben für die Obstbäume ein Feld abgezweigt, auf dem die Bäume mit großzügigen Zwischenräumen in Reihe gepflanzt sind. So läßt sich die Bodenbearbeitung bequem mit dem Traktor erledigen. Außerdem konnte so eine Tropfanlage installiert werden.

Vorzüglich wachsen Aprikosenbäume *(albicocco)*, Pfirsiche *(pesco)*, Pflaumen *(susino)*, Quitten *(cotogno)* und Birnen *(pero)*. Wenig Glück haben wir bisher mit Kirschen *(ciliegio)* und Apfelbäumen *(melo)*. Vielleicht haben wir es auch mit den falschen Sorten versucht. Wenn Platz ist, kann man noch einige Haselnußbüsche pflanzen, sie gedeihen gut. Tafelweintrauben ziehen wir an einer Pergola im Anschluß an den Weinberg.

Eigenes Obst zu essen, ist ein unschätzbarer Genuß. Anders als bei Handelsware können die eigenen Früchte am Baum ausreifen und ihren vollen Geschmack entwickeln. Auch verarbeitete Früchte schmecken aromatischer. Aprikosenmarmelade duftet himmlisch, Quitten geben ein göttliches Gelee.

Besonders viel Wärme brauchen Citrusfrüchte *(agrumi)*. Eigentlich liegt die Toscana dafür noch zu nördlich. Aber die Bäume in ihrem Immergrün sehen eben so schön kühl und südlich aus - nach „Kennst du das Land, wo die Zitronen blühn". Deshalb wollten wir sie gerne um uns haben. Citrusfrüchte lieben geschützte sonnige Plätze. Vor allem die kalte Tramontana sollte keinen direkten Zugang haben. Wir pflanzten sie unterhalb einer Mauer, die nach Süden liegt. Nebeneinander stehen Orangenbaum *(arancio)*, Grapefruit *(pompelmo)*, Limone *(cedro)*, Zitronenbaum *(limone)* und ein Mandarinenbaum *(mandarancio)*. Sie sind sehr frostgefährdet, und sobald die ersten kalten Nächte im Dezember kommen, decken wir die Pflanzen ab. Es gibt dafür eigens texturiertes, nicht zu engmaschiges dunkelgrünes Material zu kaufen *(frangivento)*. Es läßt ein wenig Licht hindurch, man muß es aber gut festzurren, damit es winterlichen Stürmen standhält. Der Mauerhintergrund ist in unserem Fall ein idealer Befestigungspunkt. Die Früchte reifen gut aus, obwohl sie ja erst im Winter geerntet werden. Am frostempfindlichsten ist die Limone, gefolgt von der Zitrone. Weniger empfindlich sind Mandarinen und Orange, und am unempfindlichsten ist die Grapefruit.

## Von Oleander bis Agaven

Unter den Sträuchern ist mir der Oleander *(oleandro)* die liebste mediterrane Pflanze. Er ist genügsam, blüht den ganzen Sommer hindurch in den verschiedenen Rosa- und Rot-Tönen und in Weiß. Der Oleander ist immergrün und verbreitet durch seine dichtstehenden langen, schmalen Blätter an heißen Sommertagen angenehme Kühle. Vorsicht, Oleander ist giftig!

Für die Küche unentbehrlich sind Lorbeerstrauch oder -baum *(alloro)* und Rosmarin *(ramerino)*. Beide brauchen viel Platz und werden mehrere Meter hoch, Rosmarin wächst besonders in die Breite. Wann der Rosmarin genau blüht, weiß ich nicht, ich habe den Eindruck, er blüht fast immer. Im Frühjahr und Sommer ist er besonders dicht bedeckt von den kleinen blaßbläulichen Blüten mit einem Stich ins Violette.

Eigentlich müßte ich Lorbeer und Rosmarin bei den Gewürzsträuchern einordnen, aber beide Pflanzen sind ohne ihren Zweitnutzen eine Bereicherung für den Garten. Ebenso wie der betörend duftende Lavendel *(lavanda)*. Wenn Vicky Zeit hat, trocknet sie die violetten Lavendelblüten und füllt damit kleine Stoffsäckchen, die im Wäscheschrank noch lange ihren Duft verbreiten. Die Säckchen ab und zu drücken, dann duften sie wieder stärker.

Eigenwillige und exotisch anmutende Pflanzen sind die Agaven *(agave)*, Yucca Palmen *(yucca)* und die unverwechselbaren Kaktusfeigen *(fico d'india)*. Besonders beeindrucken mich die Agaven, wenn sie nach 10 - 20 Jahren ihren zentralen Blütentrieb entwickeln, der sich wie ein Riesenspargel in die Höhe schiebt und auch in der Toscana mehrere Meter hoch werden kann. Oben verzweigt sich der Trieb und mit den zahllosen blassen Blüten sieht er aus wie ein Kronleuchter. Mit diesem gigantischen Aufwand hat die Agave den Gipfel ihrer Schönheit erreicht und stirbt. (Dieser ungewöhnliche Lebenszyklus wäre ein Thema zum Philosophieren.)

## Topfpflanzen

Vom Frühjahr bis zum Winteranfang ist die nach draußen erweiterte Wohnfläche unseres Hauses begrenzt von zahllosen Tontöpfen aller Größen und Formen. In ihnen blühen Hibiskussträucher *(ibisco)* in leuchtendem Gelborange oder Rottönen. Dazwischen Kamelie *(camelia)*, Hortensien *(ortensia)*, Gardenia, natürlich zahlreiche Geranien *(geranio)* und Fuchsien *(fucsia)*, die lustigen Mittagsröschen *(amanti di sole)*, Azaleen *(azalea)* und verschiedene Sorten Bougainville. Diese wachsen auch üppig an der Hauswand und blühen von Ende Mai bis in den Winter hinein. Unnötig zu sagen, daß diese Töpfe-Ansammlung ein heiterer Anblick ist.

Im Winter kommen die Topfpflanzen ins Treibhaus, besonders Hibiskus und Bougainville sind empfindlich gegen Frost. Wie sie diesmal überwintern werden, ist noch unklar, weil unser gesamtes 3 x 4 Meter großes Treibhaus vor einigen Monaten nachts von einem Sturm erfaßt wurde und Meter weiter krachend im Hühnergehege landete. Wenigstens saßen die Hühner um diese Zeit sicher im Stall. Das Fundament für ein geschützt liegendes Treibhaus habe ich schon vor Jahren gegossen, aber danach ist es auf der Dringlichkeitsliste nach hinten gerutscht. Die Bougainville, die an der Außenwand des Porticato in die Erde gepflanzt wurde, ist schon einige Male erfroren, hat aber jedesmal wieder neu aus dem Boden getrieben.

## Kräuter

Der toscanische Kräutergarten bietet reiche Auswahl: Salbei *(salvia)*, Origano, Thymian *(timo)*, Minze *(menta)*, Zitronenmelisse *(melissa)*, Basilikum *(basilico)*, Kapern *(capero)*, Petersilie *(prezzemolo)*, Dill *(aneto)*, Tamarinde *(tamarindo, limoncello)*, Majoran *(maggiorana)* und - der Vollständigkeit halber - nochmals Rosmarin und Lorbeer.

Die Toscaner verwenden Küchenkräuter sparsam aber konsequent. Sie beschränken sich meist auf ein Gewürz pro Gericht: Für Fleisch Rosmarin, für Geflügel Salbei und für Fisch Basilikum oder Petersilie. Fragt man die toscanische Köchin nach einem bestimmten Rezept, so gibt es einen geradezu klassischen Schluß zu den Erklärungen: *'Sale, pepe, un pò di prezzemolo - basta. Viene speciale.'* (Dazu noch Salz, Pfeffer, ein bißchen Petersilie - Ende. Es schmeckt vorzüglich.)

## Gemüsegarten

Von den Küchenkräutern zum Gemüsegarten *(orto)*, der wichtigsten Stätte für die Selbstversorgung. Allerdings versuchen wir nicht verbissen, alles, was auf den Tisch kommt, im eigenen Gemüsegarten zu produzieren. Manche Dinge lohnen nicht, weil der Boden nicht geeignet ist. Dazu gehört fast alles, was unter der Erde wächst, also Kartoffeln, Zwiebeln und Knoblauch. Keiner unserer Versuche brachte ein befriedigendes Ergebnis, und auf dem Markt finden wir diese Sachen besser.

Im Winter bauen wir als frisches Gemüse gerne Mangold *(bietola)* an. Im zeitigen Frühjahr können wir Radieschen ernten und verschiedene Salatsorten, darunter *Radicchio* und *Rucola*. Letzterer ist in den Restaurants sehr in Mode gekommen. Man ißt ihn sowohl als Salat mit ein wenig Olivenöl, Pfeffer und Salz angemacht, als auch zur Pasta (zum Beispiel *Penne ai gamberi e rucola*). Auch in Scheiben geschnittenes gegrilltes Fleisch wird gerne mit Rucola bedeckt serviert. Diese *tagliata con rucola* habe ich das erste Mal und besonders köstlich bei meinem Freund Massimo gegessen. (Ihm und seiner Frau gehört das Ristorante *Antico Uliveto*. Es liegt inmitten eines malerischen Olivengartens im Norden der Toscana bei Pietrasanta, siehe Anhang.)

In beiden Fällen wird Rucola in schmale Streifen geschnitten und erst unmittelbar vor dem Servieren zugegeben. Wahrscheinlich eignet sich der feste Biß der Blätter besonders gut zum Kombinieren mit warmen Speisen.

Sogar auf der Pizza ist Rucola jetzt in Mode gekommen.

Radieschen kann man bis in den Frühsommer immer wieder nachsäen. (Beim Säen auf abnehmenden Mond achten, sonst gehen die Radieschen gleich in die Blüte und machen keine Knollen.) Im Mai ernten wir Erdbeeren, und bald darauf geht es dann richtig los: Zunächst mit Erbsen *(piselli)*, dann folgen grüne Bohnen *(faggiolini)*, Zucchini, Gurken *(cetriolo)*, Stangensellerie *(sedano)*, Fenchel *(finochio)* und Porree *(porro)*. Mit dem Sommer beginnt die Zeit der vollreifen, süßen Tomaten *(pomodoro)*, Paprikaschoten *(peperone)* und Auberginen *(melanzane)*. Die scharfen Peperoni nennt man im Italienischen *peperoncino*. Aus Freude an der Frucht setzen wir jedes Jahr einige Melonenpflänzchen, um die köstlichen Netzmelonen *(popone, melone)* zu ziehen.

Ausschließliche Eigenproduktion sind Artischocken. Wir bauen sie auf einem eigenen Feld an, da sie viel Platz brauchen. Die Artischocke, ein Distelgewächs, ist pflegeleicht, muß nicht gewässert werden und hält viele Jahre. Die Pflanze vermehrt sich ab Ende Winter stark und muß immer wieder ausgedünnt werden. Zum Pflanzen besorgt man sich deshalb einfach von einem Bauern eine Anzahl Ableger *(cardi)* und setzt sie in regelmäßigen Abständen in die Erde. Nach der Fruchtperiode, wenn die verbliebenen Artischocken zu wunderschönen blauvioletten Blüten aufgehen, wird es Zeit, die Pflanzen umzuhacken. Im Herbst, nach den ersten Regenfällen, beginnen sie dann wieder zu treiben.

Unter Artischockenkennern gelten auch die etwas bitter schmeckenden Stiele als wohlschmeckend. Im zeitigen Frühjahr sieht man auf Artischockenfeldern häufig Pflanzen, über die eine Tüte gestülpt ist. Damit wird der bittere Geschmack gemildert.

Tomaten bauen wir viel mehr an als wir essen können, ein großer Teil wird eingekocht. Eine *conserva* aus Tomaten, ein selbstgemachtes Tomatenkonzentrat ist die Basis vieler toscanischer Gerichte, die in keiner Küche fehlen darf. Wenn ich mich ab und zu selbst versorgen muß, greife ich als erstes zu einem Glas eingekochter, passierter Tomaten, um mir mit wenig anderen Zutaten einen Sugo für Spaghetti zu bereiten. Das Geheimnis guter Conserva heißt: Kochen, Kochen und nochmal Kochen.

# Die Küche in der Toscana

Kochbücher über die toscanische Küche gibt es wahrlich genug. Ich möchte hier von ein paar persönlichen Vorlieben erzählen, die im Laufe unseres kulinarischen Landlebens gewachsen sind.

## Wilde Bodenschätze

Die Grüne Soße ist zwar kein typisch toscanisches Gericht (Frankfurter dürften das bestätigen), trotzdem läßt sich an ihr die Philosophie der toscanischen Küche zeigen. Gestern gab es Grüne Soße zum Abendessen. Rechtzeitig vor Einbruch der Dämmerung ging Vicky auf Kräutersuche. Als sie zwanzig Minuten später wiederkam, war ihr Korb voll wildwachsender Kräuter. Ich steckte meine Nase dazwischen, die mir zuerst wilden Fenchel signalisierte. Er riecht kräftig nach frischem Dill und wird in unserer Küche auch so verwendet. Ich entdecke noch verschiedene Sorten Löwenzahn, wilden Porree (eine Art Bärlauch), Pimpernelle und *terra crepola*. Für letztere weiß ich keine deutsche Übersetzung. Feingehackt und mit Joghurt angerührt, ergeben die Kräuter in ihrer Frische und den Aromen, die durch nichts geschönt werden, ein köstliches Gericht. Und das Mitte Februar. Damit ist bereits das Wesentliche der toscanischen Küche erklärt: die Einfachheit. Die Raffinesse kommt durch die Frische der Zutaten und das Klima. Eine Tomate bleibt solange am Stock, bis sie nach Tomate schmeckt.

Wer einige Zeit auf dem Land lebt, wird bald lernen, auch Wildgewächse zu nutzen. Neben den Kräutern gehört beispielsweise der wilde Spargel dazu. Er wächst bei uns ab Ende Februar etwa sechs Wochen lang. Wilder Spargel sieht aus wie 'richtiger' Spargel, nur ist er viel dünner. Der Durchmesser reicht von Stricknadeldicke bis maximal Bleistiftstärke. Es braucht etwas Übung, ihn zu sehen, weil er in der Macchia wächst und gleichsam Tarnfarbe trägt. Aber die Augen lassen sich gut darauf trainieren. Wenn ich im März in der Mittagszeit nach Spargel suche, schaffe ich in  Stunden einen Bund, den man gerade noch mit zwei Händen umfassen kann. Spargel-Profis finden noch mehr.

Der wilde Spargel wird geerntet, wenn er etwa 20 Zentimeter hoch ist. Er wird über dem Boden einfach mit dem Daumennagel oder einem Taschenmesser abgebrochen. Wer sich nicht gerne die Hände zerkratzt, sollte Gartenhandschuhe überziehen, denn am Boden wachsen reichlich stachlige Pflanzen. Wird der Spargel versehentlich ganz aus der Erde gezogen, sollte das untere weiße Stück abgeschnitten werden, weil er sonst rasch bitter schmecken wird. Wer das erste Mal auf Spargelsuche geht, orientiert sich natürlich am unverkennbaren Spargelkraut. Es gibt zwar Aufschluß über das Vorkommen von Spargel, nicht aber unbedingt über dessen Standort. Der Spargel kann sich auch einen guten Meter neben dem Kraut aus dem Boden schieben. Gelegentlich wird wilder Spargel auch auf dem Gemüsemarkt angeboten, allerdings ziemlich teuer.

Die einfachste und beliebteste Form der Zubereitung ist eine *frittata*. Dafür werden die Spargel in einhalb bis ein Zentimeter lange Stückchen geschnitten, beginnend vom Kopf weg. Schneidet man mit einem großen Küchenmesser bei gleichmäßigem Druck, so merkt man schnell, wo der Spargel holzig wird und überläßt diese Endstücke den Hühnern. Dann kommt etwas vom (eigenen) Olivenöl in eine Pfanne, dazu dann der geschnittene Spargel. Der Boden der Pfanne sollte ordentlich mit Spargel bedeckt sein. Während die Spargelstückchen bei kleiner Flamme kurz andünsten, verquirlt man Ei wie für Rühreier, salzt und gießt das Ganze über den Spargel. Das Herdfeuer löschen, bevor die Eimasse ganz fest ist. Mit einer Scheibe Brot, einigen Grissini und einem Glas weißen *Terra di Ciucchi* eine einfach-köstliche Vorspeise.

Sehr fein ist auch ein Risotto mit wilden Spargeln. Die Spargel werden wie bei der Frittata geschnitten, mit dem kleinen Unterschied, daß die Spitzen separat gesammelt werden. Das Schneiden geht jetzt schon viel schneller, nach fünf Jahren Toscana und der hundertsten Frittata flitzt das Messer an der Fingerkuppe entlang. In einem gußeisernen Topf wird der geschnittene Spargel mit zwei bis drei kleingehackten Knoblauchzehen angedünstet (der Knoblauch darf keine Farbe bekommen!), dann den Reis hinzufügen (für zwei Personen eine Tasse Reis). Der Reis wird mit Spargel und Knoblauch verrührt, leicht gesalzen, mit Wasser aufgegossen, zum Kochen gebracht (für eine Tasse Reis eine knappe Tasse Wasser) und das Gas abgeschaltet. Wenn der Reis gar ist, gibt man die rohen Spargelspitzen dazu sowie etwas Rahm, rührt beides leicht unter das Risotto und läßt das Ganze noch einen Moment bei kleinster Flamme ziehen. Ich kenne im Frühjahr kein besseres Risotto. Sicher trägt dazu auch das Gefühl bei, sich vom eigenen Land ernähren zu können. Das ist fast wie eine Lebensversicherung.

An feuchten Stellen in guter Erde wächst auch Mangold *(bietola)*. Wild finde ich ihn schmackhafter als Spinat. Allerdings sind die Wildschweine der gleichen Meinung, und man muß nehmen, was sie einem übriglassen. Eine typische Zubereitungsart ist das *Sformato*. Laut Wörterbuch eine 'Pastete', aber das ist recht ungenau, auch wenn Sformato fast so schmeckt wie Pastete. Ich kenne Sformato ausschließlich mit Gemüse, egal ob mit Spinat, Zucchini, Auberginen, Porree. Bei Mangold kocht man die Blätter wie bei Spinat in Wasser, läßt sie gut abtropfen und drückt den Blätterpacken danach zwischen den Handflächen kräftig aus. Dann wird das Gemüse in mundgerechte Streifen geschnitten. Nebenbei wird eine Bechamelsauce angerührt. Man nimmt eine feuerfeste flache Form, reibt sie mit einem Stück Butter aus, gibt das Mangoldgemüse (oder Spinat etc.) hinein, übergießt mit der Bechamelsauce, überstreut die Form mit Parmesan und schiebt das Ganze ins

Backrohr. Obwohl ich immer noch gerne Fleisch esse, bei einem Sformato fehlt mir zum Glücklichsein nur eine Flasche Wein.

## Arme Feinschmecker

Ganz einfach, aber äußerst beliebt bei uns ist die *Bruschetta* (abgeleitet vom Verbum *'bruscare'*, das aus dem Lateinischen stammt, wo es über 'brusicare' zu 'bruciare' = 'verbrennen' wurde). Die italienische Bedeutung ist 'rösten'. Man nimmt einige Scheiben *pane casalingo*, also das helle ungesalzene toscanische Brot (und nur mit ihm schmeckt die Bruschetta, wie sie schmecken muß), röstet es möglichst am offenen Feuer (notfalls geht es auch im Toaster) und schält inzwischen eine große Knoblauchzehe. Mit ihr wird die knusprige Oberfläche der Brotscheiben abgerieben, dann mit dem besten Olivenöl beträufeln. Nicht zu sparsam, damit es gut eindringen kann. Mit den Fingern wird das Öl gleichmäßig auf den Brotscheiben verrieben (pflegt auch die Hände). Ein wenig salzen und sofort essen.

Die älteren Leute in Campiglia erzählen noch, daß sie als Kinder mit einer Schüssel voll geröstetem Brot zum Olivenpresser geschickt wurden. Der tauchte die Scheiben kurz in einen glasierten Tontopf *(orcio)*, das kostete wenige Lire und war für eine arme Familie eine nahrhafte Mahlzeit. Überhaupt haben sich hier einige dieser 'Arme-Leute-Gerichte' erhalten, die auch von Gourmets geschätzt werden.

Dazu gehört *Acqua cotta* (gekochtes Wasser): In Olivenöl 'extra vergine' werden einige Zwiebelscheiben bei kleiner Flamme gedünstet, bis sie fast zerkocht sind. Dazu gibt man in Stücke geschnittene frische Tomaten sowie Basilikum. Das Ganze wird mit Wasser aufgegossen und 15 Minuten gekocht. Zum Anrichten eignen sich gut kleine Tonpfännchen, in die vorher eine Scheibe geröstetes Casalingo kommt. Zuletzt wird geriebener Schafskäse *(pecorino)* aufgestreut und pro Person ein rohes Ei darauf plaziert. Der Erfolg dieses berühmten Gerichtes liegt wiederum in der Einfachheit und der Frische seiner Zutaten.

Ein anderes einfaches, aber immer wieder gerühmtes Gericht ist die *Panzanella*. Sie wird im Sommer gerne kalt gegessen, Grundlage ist die Wiederaufbereitung von altem Brot: Hartes Brot wird in Wasser eingeweicht und dann mit den Händen ausgedrückt. In einer großen Schüssel wird es mit kleingeschnittenen Gurken, Tomaten, Zwiebeln und Basilikum gut vermengt und mit Olivenöl, Salz und Pfeffer abgeschmeckt. Unmittelbar vor dem Servieren wird ein Schuß Weinessig darübergegeben.

Ich finde Panzanella abscheulich. Einmal gab es Panzanella als wir bei italienischen Freunden eingeladen waren. Wir saßen an einem langen Tisch unter mächtigen Zedern, die den Sternenhimmel etwas verdeckten. Die Windlichter ließen nicht klar erkennen, was in der Schüssel angerichtet war. Erst auf dem Teller sah ich eine graue amorphe Masse. Wie die anderen Gäste griff ich zunächst beherzt zur Gabel und würgte die ersten Bissen hinunter. Zweiter Versuch mit viel Wein, es blieb beim Würgen und schließlich gab ich auf. Gottlob hatten alle Verständnis. Optisch erinnert mich dieses Gericht an das norddeutsche Porridge, das mir ebenfalls ein Greuel ist.

Dagegen schmeckt eine kalte Gemüsesuppe an heißen Sommerabenden köstlich. Reife Tomaten, Paprikaschoten und Gurken, Basilikum, Knoblauch etc. werden im Mixer sämig gerührt, kaltgestellt und beim Servieren mit gerösteten Brotwürfeln überstreut. Als könnte man den Sommer essen.

## Bistecca alla Fiorentina

Gleich während unserer ersten Besuche in der Toscana in den siebziger Jahren hatte ich Bekanntschaft gemacht mit dem Steak aller Steaks, dem *bistecca alla Fiorentina.* (Nur übertroffen durch das Fleisch biermassierter Kühe in Japan.) Ein richtiges Bistecca alla Fiorentina wiegt um die 700 Gramm und muß oberhalb der Lende geschnitten sein, möglichst von einem Rind der Chianina-Rasse. Das sind die schönen, großen, weißen Toscana-Rinder mit den weitausladenden Hörnern, die lange Zeit kaum mehr gezüchtet wurden, weil sie weniger Fleisch auf die Waage brachten als die übrigen Rassen.

Eine Bistecca alla Fiorentina wird weder gewaschen noch gewürzt, sondern lediglich auf Holzkohlenfeuer von jeder Seite drei Minuten gebraten. Ganz zum Schluß wird ein wenig gesalzen und gepfeffert. In Deutschland hatten wir einen Metzger, der uns zumindest das richtige Stück auslösen konnte. Da die Bezeichnung 'Bistecca alla Fiorentina' ein wenig langatmig ist, schliff sich der Name auf 'Fiorentina' ab. Wenn Vicky sagte, „für heute abend habe ich ein schönes Fiorentina besorgt", war alles klar.

## Weinbergschnecken und Tupperware

In unserem ersten toscanischen Herbst glaubten wir an potentielle Einbrecher. Es regnete andauernd und wir waren gerade beim Nachtspaziergang mit unserem blinden Spaniel auf dem Fahrweg entlang der Grundstücksgrenze. Er war besser befestigt als die grundlos gewordenen Wege auf unserem Land. Nachts verirrt sich kein Auto in die Gegend, außer vielleicht eines mit einem Liebespärchen. Diesmal trafen wir aber immer wieder auf langsam vorbeifahrende Autos, hörten gelegentlich zuklappende Wagentüren und sahen ein geheimnisvolles Aufflackern von Taschenlampen, als würden Signale ausgetauscht. Und das um Mitternacht in maklergarantierter Einsamkeit. Ein bißchen seltsam fanden wir das schon.

Eines Nachts kamen wir spät von einem Fest zurück. Es hatte wieder geregnet, und wieder sahen wir in einiger Entfernung Licht flackern. Genau in Höhe unserer Grundstücksgrenze erfaßten meine Scheinwerfer den vermeintlichen Einbrecher im Straßengraben. Ich war überzeugt, daß er sich nur schnell verstecken wollte und hielt an. Während ich das Fenster herunterkurbelte, tauchte das freundliche Gesicht eines älteren Mannes auf. In der rechten Hand hielt er eine Taschenlampe, in der linken ein Plastikeimerchen. Da hinein funzelte er mit der trüben Lampe und meinte strahlend *„ora ci sono"* (jetzt gibt es welche). Sein Eimerchen war fast randvoll mit Weinbergschnecken. Es war an der Zeit, meinerseits ein paar freundliche Bemerkungen zu machen, schon um den Morgenstern-Vers zu widerlegen „und den vermeintlich frechen Dieb, gewinnt der Mensch nie mehr ganz lieb".

Da wir sehr gerne Weinbergschnecken essen, suchten wir uns daraufhin bei nächster Gelegenheit welche. Es war nicht mühsam, wir brachten fast 40 Schnecken mit nach Hause. Vicky wußte, daß man sie erst einmal zur Selbstreinigung mit Mehl füttern mußte. Auf der Suche nach einem geeigneten Gefäß stießen wir auf eine große Tupperschüssel, zu der ein Gitterdeckel gehörte. Schnecke für Schnecke wurde hineingesetzt, Mehl dazu, Deckel drauf. Mit einem verständnisvollen *„poverini!"* (ihr Armen!) stellten wir die Schüssel in die Holzlege und überließen die Schnecken ihrem Schicksal. Am nächsten Morgen lag der Deckel nur noch locker auf, eine Schleimspur führte an der Schüssel hinab und verlor sich im Grün des nahen Rosmarinbusches. Nach dem Motto 'vereint sind wir stark', stemmten die Schnecken den Plastikdeckel aus der Halterille. Es ist bei diesem einen Versuch geblieben.

## Blüten zum Essen

Mit Mehl hat auch ein Nebenprodukt aus dem Gemüsegarten zu tun, die Zucchiniblüte. Sie sieht wunderschön aus und leuchtet kräftig gelborange auf der reifenden Frucht aus den großen gefingerten Blättern der Zucchinipflanze heraus. Man verwendet die Blüte möglichst noch am Tag der Ernte. Die Blüte wird leicht in Mehl gedreht, danach in einem verquirlten Ei in der Pfanne mit etwas Olivenöl ausgebacken. Auf gleiche Weise lassen sich frische Salbei- oder Basilikumblätter zubereiten.

## Artischocken, Artischocken

Über meine Lieblingsfrüchte Artischocken *(carciofo)* berichte ich etwas ausführlicher, weil sie so vielfältig sind (zum Anbau vgl. Kapitel 'Gemüsegarten'). Bevor wir selbst Artischocken anbauten, kannte ich nur die französische Sorte, groß und rundlich. Wir verwendeten sie in der Küche nur gekocht, lutschten nach bekannter Manier die fleischigen Blätter aus und aßen zuletzt die zarten Böden mit einer leichten Remoulade oder Sauce Vinaigrette. Das schmeckt immer noch, es ist aber nur eine von vielen Möglichkeiten, Artischocken zu essen.

Die toscanischen Artischocken sind im Gegensatz zu den französischen eher länglich und insgesamt etwas kleiner und nach oben hin violett geflammt. Da wir keine Lust haben, schon Ende Januar teure Artischocken aus einem südlichen Treibhaus zu essen, warten wir auf eigene Saison. Das bessere Aroma belohnt die Geduld.

Unsere Artischocken bekommen außer Pferdemist und etwas Holzasche keinen Dünger, deshalb müssen wir fast bis Ende März auf die ersten Früchte warten. Diese ersten Artischocken heißen auch *primi* oder *mamme*. Auf dem Markt sind Primi die teuersten. Tatsächlich sind sie besonders zart, und man braucht beinahe gar nichts daran zu putzen. Wer keine Erfahrung mit diesen Pflanzen hat, muß beim Ernten der Mamme besonders vorsichtig sein. Diese erste Frucht wächst weit unten im Schoß der Pflanze. Wenn beim Abschneiden der Fruchttrieb verletzt wird, kommt keine weitere Frucht mehr nach. Ansonsten produziert die Pflanze in den folgenden 6 Wochen eine Artischocke nach der anderen. Bei dieser Fülle wird zwangsläufig die Phantasie angeregt, und durch immer neue Gerichte kommt keine kulinarische Langeweile auf. Das klassische toscanische 'Basisgericht' *carciofi fritti* (gebratene Artischocken) wird ohnehin nicht langweilig.

Hier die Beschreibung für diesen toscanischen Klassiker: Mengenangabe mache ich keine, die muß jeder selbst heraus finden. Bei 20 Artischocken für Vicky und mich würde uns ohnehin jeder für verfressen oder maßlos halten. Was richtig ist. Also, man nehme eine beliebige Menge gerade geernteter Artischocken und putze sie. Putzen geht so: Den Daumen in Höhe des Bodens an die Frucht legen und die ersten Deckblätter abbrechen, indem man sie über den Daumennagel knickt. So wird geputzt, bis sich die Blätter zart anfühlen (bei den später reifenden Carciofi muß mehr weg). Mit einem Küchenmesser wird der Stiel abgetrennt und der Boden beigeschnitten. Die Blattspitzen werden mit einem einzigen Schnitt ein- bis zwei fingerbreit gekürzt (schmale, zarte Finger). Zuletzt schneidet man die Frucht senkrecht in der Mitte durch und die Hälften nochmals. Die geviertelten Artischocken kommen sofort in eine Schüssel mit Wasser und Zitronensaft, an der Luft werden sie schnell unansehnlich braun.

Nun braucht man eine möglichst große Pfanne, Olivenöl der Hausmarke 'extra vergine', zwei Teller, ein Schüsselchen, zwei Gabeln, Küchenkrepp sowie eine große Papiertüte. Und keine Hemmungen, den Herd so richtig einzuschweinen.

Auf einem Teller Mehl mit etwas Salz vermengen. In dem Schüsselchen verquirlt man ein paar Eier und verlängert mit einem winzigen Schuß Wasser. Das Olivenöl in der Pfanne so bemessen, daß ein nicht zu dünner Film den ganzen Pfannenboden überzieht. Nicht zu heiß, sonst qualmt es, aber doch ziemlich, sonst saugt der Teig zuviel Öl.

Bis das Olivenöl die richtige Temperatur hat, gießt man das Wasser von den Artischockenvierteln und wendet jedes Viertel in Mehl (nur sparsam - überschüssiges Mehl abklopfen). Die Menge vorbereiten, die auf einmal in die Pfanne paßt. Danach wird Stück für Stück flink ins Ei getaucht und in die Pfanne gesetzt. Alle drei Seiten der Artischockenviertel müssen gebraten werden. Ich lege sie im Uhrzeigersinn in die Pfanne und wende sie in der gleichen Reihenfolge. So hat jedes Stück die gleiche Bratzeit. Zum Wenden dienen die zwei Gabeln. Sehen die Artischocken knusprig und goldbraun aus, kommen sie auf einen Teller, der mit Küchenkrepp belegt ist, so wird das überschüssiges Öl aufgesogen. Während die nächste Portion brät, kommen die fertigen Artischocken in der Papiertüte in den leicht vorgeheizten Backofen. Wer diese salzigen Pralinés nicht köstlich findet, muß zurück nach Deutschland. Kohlrabi essen! Oder Porridge!

Gebratene Artischocken schmecken als Beilage zu fast allen Gerichten. Als Vorspeise empfehle ich Artischocken mit einer Sauce aus eingekochten Tomaten und Olivenöl, abgeschmeckt mit frischem Thymian und Origano. Hier noch ein paar Rezepte. Sie zeigen, wie vielfältig Artischocken verwendet werden können:

**Artischocken-Salat:** Die geputzten Früchte in kochendem Wasser mit etwas Salz und dem Saft einer halben Zitrone maximal 5 Minuten kochen lassen. Wasser abgießen, Artischocken auskühlen lassen. Dann der Länge nach halbieren und in schmale Streifen schneiden. In einer Schüssel werden die Carciofi mit etwas Mayonnaise, Joghurt, einer verdrückten Knoblauchzehe, Streifen gekochten Schinkens und kleingehackter Petersilie vermengt. Dazu reicht man Casalingo-Brot oder Bruschetta.

***Carciofi ripieni*** (gefüllte Artischocken): Möglichst große Artischocken wie beschrieben putzen, aber im Ganzen lassen. Zunächst am Bodenrand entlang auf den Tisch drücken, um die Blätter zu lockern, dann vorsichtig oben öffnen und füllen. Die Füllung kann aus den verschiedensten Zutaten bestehen, mit und ohne Hackfleisch, zur Bindung immer mit etwas Parmesan zugeben. In einem gußeisernen Topf mit Olivenöl anbraten. Zuerst senkrecht stehend, dann langsam ringsherum weitergaren, mit oder ohne Zusatz von eingekochten Tomaten.

**Artischocken mit Kartoffeln:** Die geputzten Früchte in längliche Scheiben schneiden und in eine geölte, feuerfeste Form schichten. Ganz zuunterst eine Schicht Knoblauch legen. Darauf eine Schicht dünner, roher Kartoffelscheiben. Darauf wieder eine Lage Artischokken usw. Dazwischen etwas Origano, mit Kartoffeln abschließen. Das Werk leicht mit Weinessig und großzügig mit Olivenöl beträufeln. Parmesan darüber und

Deckel drauf. Oder gut mit Alufolie abschließen und bei kleiner Flamme garen.

***Pasta al carciofo:*** Wie beschrieben die Artischocken putzen, halbieren, in Zitronenwasser zwischenlagern. Dann rasch in dünne Streifen schneiden, mit Zitronensaft beträufeln und in Olivenöl anbraten. Die Streifen sollen noch Biß haben. Dazu Knoblauch, Salz, Pfeffer und ein Stücken Butter. Eventuell ein wenig von dem Nudelwasser beifügen, damit sie in der Pfanne nicht anliegen. Die al dente gekochte Pasta (am besten eignen sich Penne) noch auf dem Feuer mit den Artischokken vermengen und sofort servieren.

***Risotto mit Artischocken:*** Gleiche Zubereitung wie bei der Pasta. Dann den trockenen Reis zugeben, mit der gleichen Menge Wasser aufgießen und das Risotto zum Kochen bringen. Gas abdrehen und fertigquellen lassen. Vor dem Servieren etwas Rahm unterrühren und mit gehackter Petersilie überstreuen.

***Sformato mit Artischocken*** (siehe auch 'Arme Feinschmekker'): Artischocken putzen, halbieren und in Scheiben schneiden. In Olivenöl gar dünsten, salzen, pfeffern und mit 2 - 3 Eiern, einer handvoll geriebenem Parmesan und kleingehackter Petersilie mit Béchamelsauce vermischen. Alles in eine ausgebutterte, gemehlte, feuerfeste Form füllen, mit Semmelbröseln überstreuen und im Rohr backen.

**Eingelegte Artischocken:** Die geputzten Carciofi in einem kochenden Sud (halb Weißwein, halb Essig) mit reichlich Salz fünf Minuten garen, abseihen und zum Trocknen auf Tüchern auf den Kopf stellen. Nach einigen Stunden trocken in Gläser schichten. Dazwischen einige Blätter Salbei, Knoblauchstükkchen und Rosmarinzweige stecken. Zuletzt schwarze Pfefferkörner darüberstreuen und mit bestem Olivenöl auffüllen. Die Früchte immer mit Öl bedeckt aufbewahren, sonst schimmeln sie. So konserviert passen Artischocken ausgezeichnet zu Schinken und Salami.

## Der eigene Backofen

Wer in seinem Toscanahaus einen alten gemauerten Backofen vorfindet, hat Glück gehabt. Der Ofen sollte auf jeden Fall erhalten werden. Der Umgang mit einem alten Backofen erfordert aber etwas Übung.

*Liebe Barbara,*

*Deiner Skizze nach zu schließen, ist Euer Backofen genauso gebaut wie unserer und müßte wunderbar ziehen. Habt Ihr mal überprüft, ob vielleicht ein altes Wespen- oder Hornissennest den Kamin verstopft? - Das Beheizen ist eigentlich nicht schwierig. Das einzige Geheimnis liegt darin, das Steingewölbe langsam aufzuheizen. Ich beging anfangs den Fehler, ein kräftiges Feuer zu entfachen, in dem Glauben, je heißer, desto besser und wunderte mich, daß die Hitze später viel zu schnell wieder abnahm.*

*Richtig ist es, ein kleines überschaubares Feuer über Stunden hinweg zu halten. Das Zentrum des Feuers sollte möglichst weit von der Öffnung des Backofens entfernt sein, damit die hochschlagenden Flammen beim Abziehen das ganze Steingewölbe bestreichen. Die richtige Hitze ist erreicht, wenn die Steine weiß werden. Vorsicht beim Nachschauen! Da der Kaminabzug vor dem Eingang des Ofens liegt, herrscht dort starke Hitze. Vicky hat sich beim letzten*

*Mal die Ansätze ihrer Locken abgesengt, als sie mit dem Kopf auf Ofenhöhe kam*

*Einen Backofen mit 1,40 Meter Durchmesser aufzuheizen, dauert 4 - 5 Stunden, ist also recht aufwendig und man braucht eine Menge Holz. Wir benutzen unseren Backofen deshalb nur bei Festen mit mehreren Personen, da die Arbeit und der Energieverbrauch für zwei Personen allein unwirtschaftlich wäre. Ein fast schon traditionelles Fest veranstalten wir jedes Jahr am Ostermontag. Wir laden italienische Freunde ein. Weil dieser Tag von den Italienern bevorzugt im Grünen verbracht wird, kommen unsere Gäste schon früh. Die meisten verschwinden bald im Gelände und suchen wilden Spargel. Keiner erwartet, daß es bereits etwas zu essen gibt, trotzdem ist die Zeit zum Anheizen des Backofens (forno) ein wenig knapp, weil ja auch noch andere Vorbereitungen getroffen werden müssen.*

*Seit einigen Jahren heizen wir den Backofen deshalb schon am Abend vorher an, über Nacht lege ich ein paar große Stücke auf und stelle die eiserne Ofentüre mit wenigen Zentimetern Abstand vor die Öffnung. Am nächsten Morgen brauche ich dann nur mit kleinem Holz nachzuheizen und am späten Vormittag haben die Steine ihre richtige Hitze. Die Backtemperatur hält sich bis zum Nachmittag und selbst am nächsten Tag kann man noch Gerichte aufwärmen. Vor dem Backen schiebt man mit einer Schaufel den Glutberg aus der Mitte des Ofens nach links oder rechts an den Rand. Wenn Du unsicher bist, ob die Temperatur richtig ist, kannst Du einen kleinen Test machen. Dazu wirft man einfach ein wenig Mehl in den Backofen. Wird das Mehl sofort braun, ist die Temperatur noch zu hoch.*

*Als Hauptsache backen wir Pizzen. Besser und knuspriger kann eine Pizza nicht schmecken als aus dem holzbeheizten Ofen. Hauchdünn ausgewalzt, werden die Pizzen wie am Fließband belegt, kleine Änderungswünsche werden berücksichtigt. Ich habe inzwischen die lange Tafel gedeckt, was bis zuletzt ein alljährliches Bangen ist, weil man ja nie weiß, ob es Ostern warm genug ist zum draußen sitzen. Für die ganz hungrigen Gäste läßt Vicky schon mal ein paar Platten mit Schiaccia vorbeischicken. Das ist Pizzateig in dünnen Fladen gebacken, mit ein paar Tropfen Olivenöl darauf, etwas Salz und frischem Rosmarin.*

*Wenn kurz danach die ersten Pizzen serviert werden, steigt die Stimmung sofort. Aber das ist natürlich erst der Anfang des Pasquetta-Essens. Als Hauptgericht folgt meist Lamm, das wir ein paar Tage vorher bei Bernardo, einem 85-jährigen noch putzmunteren Schäfer gekauft haben. Er weiß inzwischen auch, daß das Schaf geschlachtet sein sollte, bevor wir es abholen. Am besten schmeckt das Fleisch, wenn es von einem Jungschaf stammt. Die Zubereitung ist einfach. Die Fleischstücke werden in einer großen Reihe angerichtet mit Rosmarinzweigen und Knoblauch gespickt, mit Olivenöl übergossen, mit Scheiben roher Kartoffeln umlegt und dann im Backofen gegart. Dazu ein Sformato aus Artischocken, ebenfalls aus dem Pizzaofen. Luciana, die zum harten Kern der Pasquetta-Gäste zählt, bringt jedesmal ein selbstgemachtes Dessert mit. Letztes Mal war es Tiramisu mit Ananas. Durch die Früchte schmeckte es sehr leicht.*

*Nach Sekt, Espresso und Grappa kommt allmählich wieder Bewegung unter die müde gegessenen Gäste. Sie verteilen sich in Grüppchen auf der Wiese, belegen Liegestühle, organisieren eine Partie Karten, laufen ein Stück hügelaufwärts oder halten einfach nur das Gesicht in die späte Nachmittagssonne. Zurück bleibt die lange Tafel mit den drei aneinandergelegten weißen Tischtüchern.*

*Ich mag diesen friedlichen Eindruck eines 'abgegessenen' Tisches. Er erhebt keinen ästhetischen Anspruch. Die Krümel, Weinflecken, zerknüllte Servietten, Drahtkörbchen der Sektflaschen (die Korken habe ich Richtung Garagendach abgefeuert), eine leere Zigarettenschachtel, Korkenzieher, halbleere Gläser, ein paar Flecken, die Rückschlüsse auf die Speisekarte zulassen - alles erzählt von einer Lieblingsbeschäftigung der Italiener: 'essere in compagnia' (mit anderen zusammen sein). Dieser Zustand hält an bis zum frühen Abend. Erst wenn es draußen kühl wird, gehen die letzten Freunde zufrieden auf den Heimweg.*

*Liebe Barbara, dies alles hatte zwar nur indirekt mit dem Holzbackofen zu tun, aber für mich ist dieses Fest eben so untrennbar damit verbunden, daß ich ganz automatisch berichtet habe. Ach ja, die Anschaffung einer professionellen Pizzaschaufel ist sehr empfehlenswert. Was wir im Handel nach langem Suchen gefunden hatten, taugte nicht viel. Wir gehen aber häufig zum Pizzaessen und Vicky umgarnte den jungen Pizzabäcker so lange, bis er versprach, uns ein Profimodell zu besorgen.*

*Viel Vergnügen mit Eurem alten Backofen. Dein Hans*

Wer in seinem Toscanahaus keinen alten Backofen hat, braucht deshalb nicht auf das archaische Vergnügen des Selberbackens verzichten. In größeren Baustoffhandlungen oder auf Landwirtschaftsausstellungen gibt es ein reiches Angebot an fertigen Pizzaöfen, die nach persönlichen Vorstellungen ummauert werden können. Ich würde ein Modell mit etwa 100 Zentimetern Durchmesser wählen. So läßt sich der Ofen schnell aufheizen und bietet trotzdem genügend Platz.

## Der morgendliche Barbesuch

Eigentlich sollte der Cappuccino - ähnlich wie die Weißwurst - das 12-Uhr-Läuten nicht mehr 'hören', ansonsten unterliegt er keiner Regel. Wer freilich noch am Nachmittag oder gar nach dem Abendessen einen Cappuccino bestellt, gibt sich ziemlich eindeutig als Tourist zu erkennen. Aber warum auch nicht? Kürzlich stand nachmittags um sechs ein Italiener neben mir in der Bar und bestellte - leicht grinsend - einen Cappuccino. Der Barista servierte ihn, ebenfalls leicht grinsend.

Viele Italiener gehen morgens aus Gewohnheit ohne Frühstück zur Arbeit. Industrie und Werbung versuchen seit Jahren diese Marktlücke zu füllen, mit zahllosen Kleingebäcksorten, die einen sonnigen Frühstücksmorgen versprechen. Ein Stück echte Lebensqualität spricht dagegen aus dem Barbesuch am Morgen. Erste Tagesereignisse werden kommentiert, die Theke ist umlagert, die Espresso-Maschine gurgelt, die Milchschaumdüse faucht. Vom konzentrierten Espresso, dessen Menge kaum für einen Schluck reicht, bis zum Cappuccino im Glas, nur mit Milch aufgegossen bitte, wird Kaffee nach speziellen Sonderwünschen zubereitet. Bis der *barista* sein *„pronto il caffè"* ruft, hat sich der Gast längst mit einem Hörnchen versorgt und kaut in der typischen, leicht vorn übergebeugten Haltung, damit die Krümel dahin fallen, wo sie am wenigsten stören: auf den Boden.

Probleme bekommen deutsche Kaffeetanten mit ihrer geliebten Kaffee- und Kuchen-Tradition. In Italien ist diese Art einer gemütlichen Zwischenmahlzeit, bei der eine Tasse Kaffee, ein Stück Torte und ein bequemer Sitzplatz zusammengehören, gänzlich unbekannt. Vielleicht liegt das daran, daß Italiener eh' fast alles getrennt essen. Um unsere nachmittägliche Kaffeerunde zu erhalten, bleibt also nur der Cappuccino. Und noch einer, weil auch das Kännchen Cappuccino noch nicht erfunden wurde.

## Vom Restaurant ins *Ristorante*

Essen gehen in der Toskana ist ziemlich teuer. Die tyrrhenische Küste ist teurer als die adriatische und die Toscana gehört zu den teuersten Regionen der Halbinsel. Dennoch (oder deshalb) kommen die meisten Restaurants ganz gut über die Runden, auch außerhalb der Feriensaison. Es gibt hier die Redensart: *„Chi non ha soldi, resta a casa"* (Wer kein Geld hat, bleibt besser zu Hause.) Im übertragenen Sinn heißt das, wenn ich schon zum Essen gehe, dann richtig. Statt zweimal auszugehen und dabei jede Lira umzudrehen, geht man lieber nur einmal und beachtet die Preise auf der Speisekarte nicht.

Bis vor wenigen Jahren gab es hier ohnehin kaum Speisekarten. Man ließ sich die Gerichte vom Ober aufzählen. Das ist keine Angabe, es entspricht vielmehr einem Lebensgefühl und zeigt einen wesentlichen Unterschied zu uns Deutschen. Ich habe hier Deutsche und Schweizer kennengelernt, die verglichen mit meiner sozialen Stellung reich sind. Man unterhielt sich natürlich auch irgendwann über Restaurants. Zum Qualitätsurteil über ein Lokal gehörte immer der Hinweis auf die Preise. „Wir haben ausgezeichnet gegessen, die Preise sind ja noch relativ normal" oder „sehr gute Küche, aber Preise haben die..." usw. Genuß ohne Reue, also auch ohne Preisvergleich scheint den Deutschen schwer zu fallen, quer durch alle Schichten.

Kinder genießen im Restaurant (wo sie immer willkommen sind) die gleiche Wertschätzung wie Erwachsene. Eine italienische Familie mit zwei Kindern bestellt also einen Tisch für vier Personen. Deutsche bezeichnen sich im gleichen Fall als zwei Erwachsene mit zwei Kindern. Und nicht selten hört man am Nebentisch eine Mutter sagen "die Kleine ißt bei mir mit". Das mag praktisch gedacht sein, weil ein paar Lire fürs Gedeck gespart werden. Südländischer Einstellung und Großzügigkeit entspricht so ein Verhalten aber nicht.

Die zwei-, dreitausend Lire pro Person, die fürs *coperto,* die Tischeindeckung berechnet werden, finde ich eine der angenehmsten Traditionen im Restaurant. Frische Tischtücher, gestärkte Servietten und der beliebig nachfüllbare Brotkorb sind auch im einfachen Lokal den Betrag allemal wert. Ich finde, deutsche Restaurants sollten das übernehmen. Wer sich im Übrigen wundert, daß beim Wechsel der Tischwäsche alles zusammengeknüllt wird, einschließlich Krümeln und Servietten, sollte darin keine Nachlässigkeit sehen. Es handelt sich um Leihwäsche, die am nächsten Morgen abgeholt wird. Krümel-Ausschütten ist im Preis inbegriffen.

## Wer weniger essen will....

Seit einigen Jahren gibt es auch Lokale, die im Bistrostil geführt werden. Wie zum Beispiel das *Canovaccio* in Campiglia (siehe Anhang) oder die *Zanzibar* in San Vincenzo. Auf blanker Marmorplatte wird nur ein Papierset und eine Papierserviette aufgelegt, man bekommt nur wenige Gerichte angeboten. Davide im *Canovaccio* serviert nur Vorspeisen, Pastagerichte und meist noch seine köstlichen, selbstgebackenen Kuchen als Nachtisch. Die kleinen Gerichte sind ausgezeichnet, hübsch angerichtet, und wenn man keine Lust auf üppiges Essen verspürt, ist das Lokal im Centro Storico genau der richtige Platz.

Außerdem gibt es viele kleine Lokale, Trattorien, Osterien auch mit einfachem Service. Sie aufzusuchen, lohnt aber fast nie des Preises wegen. Die sind wie überall. Wir finden oft, daß eine warme Mittagsmahlzeit zuviel Zeit beansprucht und unnötig träge macht, deshalb essen wir mittags selten im Restaurant, auch wenn wir über Land fahren. Lieber suchen wir eine Bar, die eine Wursttheke hat, wählen Salami oder Schinken aus und lassen uns damit ein Brötchen belegen. Manche Bars, wie die in Bolgheri (gleich hinter dem Stadttor, wohin schnurgerade die traumhafte Zypressenallee von der Via Aurelia führt), bieten auch üppige 'Brotzeitteller'. Das ist eine komplette Mahlzeit: Schinken, aufgeschnittener Braten, Wildschweinsalami und eingelegte Artischocken, Oliven, Auberginen etc.

In größeren Städten wie Firenze, Pisa oder Lucca gibt es noch eine andere Form, preiswert zu essen. Dort bieten große und elegante Bars um die Mittagszeit ein paar Pastagerichte an, die man sich an der Bartheke selbst aussucht. Wegen der Selbstbedienung bleibt das Ganze ein preiswertes Essen, schmeckt gut, geht rasch und wer nach dem Essen unbedingt einen Espresso braucht, ist schon am richtigen Ort.

## Für einen Espresso geh' ich meilenweit

Die Angewohnheit, nach jedem Essen einen Espresso zu trinken, kann ihre Tücken haben. Wir waren in Alberese am Rand des Maremma-Naturparks (siehe Anhang) und hatten für zwei Uhr Pferde gemietet. Vorher wollten wir noch ein Schinkenbrot essen und fuhren deshalb ins Zentrum des winzigen Ortes, es hat den Charme einer sibirischen Arbeiter-Siedlung. Immerhin gab es drei Bars, nur waren die über Mittag geschlossen. In einem Lebensmittelgeschäft kauften wir die beiden letzten Brötchen, Schinken, Salami, und Käse, Mineralwasser und für den Nachtisch einen Riegel Pocket Coffee. Wir suchten in der milden Februar-Sonne eine Bank auf dem sibirischen Platz und kauten zufrieden. Blieb nur noch das Problem mit dem Espresso zu lösen. Vicky, die ewig aktive, wollte es aussitzen. "Wir bleiben lieber in der Sonne, eine der drei Bars wird schon rechtzeitig aufmachen." „Und wenn nicht?" "Dann haben wir ja noch Pocket Coffees." "Darauf verlasse ich mich nicht", maulte ich und spürte schon die ermüdende Wirkung der Sonne. Von rechts keine Antwort. Ich sah einen nach hinten gelehnten Kopf mit geschlossenen Augen und tippte auf entspanntes Sonnenbad. Vielleicht wollte Vicky auch nur den Anblick des häßlichen Platzes vermeiden. Oder beides. Fünf Minuten hielt ich die Mittagsruhe durch, dann sprang ich auf. Es wird doch, verdammt, irgendwo eine geöffnete Bar geben! Vicky kam mit, aber nur weil sie auf dem trostlosen Platz nicht alleine bleiben wollte.

Wir fuhren nach Süden: Nichts. Oder geschlossen. Der nächste Ort lag 18 Kilometer entfernt. Das schien mir doch zu weit, noch dazu ohne Garantie auf eine geöffnete Bar. Ich nahm die Auffahrt zur Superstrada Roma-Grosseto und fuhr zurück. An der übernächsten Ausfahrt war eine größere Tankstelle mit Bar. Über eine Nebenstraße kam ich an ihre Rückseite, die von einer Mauer begrenzt war. Wie ein süchtiger Dieb kletterte ich hinüber. Tankstelle geschlossen, Bar offen, zu holen gab es dort allerdings erst recht nichts. Nur verkohlte Wände und zerborstene Scheiben, was meinen Sinn für schwarzen Humor anregte. Ich bekam einen - immerhin noch nicht hysterischen - Lachanfall.

Es wurde höchste Zeit, nach Alberese zurückzufahren. Fünf vor zwei Uhr bogen wir auf dem sibirischen Platz ein. Vicky blickte geradeaus und schwieg. Ich sah ebenfalls geradeaus - die erste der Bars hatte geöffnet. Wir tranken rasch unseren Espresso und kamen kurz nach zwei zu den gesattelten Pferden. Fairerweise sollte ich noch anfügen, daß Vicky keinerlei anzügliche Bemerkungen machte. Nicht einmal "Siehst Du" hat sie gesagt.

## Und der Euro-Kaffee?

Euro-Kaffee ist meine persönliche Erfindung, eine Hommage an ein vereintes Europa. Entstanden ist mein Euro-Kaffee aus dem bereits erwähnten eklatanten Flüssigkeitsunterschied zwischen Espresso und deutschem Kaffee. Man braucht eine gute Espresso-Maschine (zum Beispiel *Baby Gaggia)*, ein Glas Nescafé *Gran Aroma* (der mit den hellen Kaffeekrümeln), teilentrahmte Milch (nicht markengebunden), eine Dose *Illy*-Caffè, eine Milchkaffeetasse (möglichst Arabia-dunkelbraun) sowie einen elektrischen Wasserkessel. Ich erwähne die Markenzutaten, weil es sich um ein Originalrezept handelt, das erstmalig niedergeschrieben wird. Und Tatsache ist eben, daß ich jahrelang mit den verschiedensten Kaffeemischungen und Marken experimentiert habe, gemahlen und ungemahlen und mich schließlich dem Illy-Caffè verschwor. Bocuse schreibt ja auch nicht „man nehme ein Huhn...", sondern „man nehme ein Bresse-Huhn".

Also: Man nehme einen gut gehäuften Kaffeelöffel Nescafé für eine große Tasse und stelle sie unter die Espressomaschine. Der Filterhalter wurde mit Illy-Kaffee für zwei Espresso gefüllt. Nun bereitet man den Espresso, der schön cremig auf den Nescafé tropfen soll. Danach kommt knapp die Menge heißes Wasser hinzu, die für einen Löffel Nescafé benötigt würde, zum Schluß mit nicht zu kalter Milch auffüllen. Wasser und Milch vorsichtig zugeben, damit die Crema nicht zerstört wird. Sofort trinken. Menschen mit Kreislaufproblemen sollten bei häufigem Genuß des Euro-Kaffees den Hausarzt konsultieren. Für mich ist dieses Getränk jedenfalls ein morgendlicher Push, um bis zum Mittagsespresso durchzuhalten. Natürlich ohne Zucker. Zucker verdirbt das Aroma auf der Zunge. Lieber ein zartes Praliné dazu...

## Wer bezahlt wie?

Paradoxerweise sagen die Schweizer zum Abendessen 'Nachtessen' und sind grundsätzlich in den italienischen Restaurants die ersten Gäste. Das hat in den letzten Jahren dazu geführt, daß bei Tischbestellungen gelegentlich gefragt wird, wann man ungefähr komme. In der Regel genügt aber immer noch die einfache Mitteilung, für wieviele Personen der Tisch bestellt wird. Ob man dann um 8.00 Uhr, um 9.00 Uhr oder um halb zehn kommt, ist unwichtig, weil der Restaurantbesitzer nicht versucht, den Tisch zweimal zu vergeben. Gäste, die nach dem Essen noch lange sitzen bleiben, wird kein Ober durch auffälliges Herumschwänzeln zum Gehen animieren.

Beim Bezahlen der Rechnung gibt es verschiedene Gewohnheiten. Eine angenehme und übliche Form ist, beim Hinausgehen zu bezahlen. Man geht zur Kasse, die irgendwo am Aus- bzw. Eingang steht und bittet um die Rechnung *(il conto)*. Das erspart unnötiges Warten, falls der Ober beschäftigt ist oder nicht beikommt. Ein

Trinkgeld für die Bedienung kann man am Tisch zurücklassen. Diese Form der Bezahlung hat auch noch einen anderen Vorteil. Ist man mit Freunden zusammen, die eingeladen wurden, läßt sich die Rechnung unauffällig begleichen.

Ich finde es unangenehm, um nicht zu sagen peinlich, wenn ein deutscher Ober erst einmal fragt „zusammen oder getrennt?“, dann murmelnd addiert und schließlich die Rechnung offen neben den Teller legt. Jeder der Tischrunde kann ausrechnen, was er mir wert ist oder was ich mir leisten kann.

In der Toscana wird immer zusammen abgerechnet, deshalb erkundigt sich der Ober auch nicht nach der Zahlungsweise. Auch wenn 12 Personen an einem Tisch sitzen, bringt er eine Gesamtrechnung. Es sei denn, man würde ausdrücklich darum bitten, getrennt zu bezahlen, was aber ungewöhnlich wäre. Nehmen wir an, ein Deutscher trifft sich mit einer Gruppe italienischer Bekannter zum Essen, irgendwann wird die Rechnung verlangt, er merkt, daß es eine Gesamtrechnung ist und weiß nicht, wie er sich verhalten soll, zudem möchte keiner in der Runde einladen. Das Problem löst sich ohne Peinlichkeit. Wer die Rechnung bekommt, nennt die Gesamtsumme, ein guter Kopfrechner teilt durch die Anzahl der Personen, die entsprechenden Geldscheine flattern zur Rechnung und der Ober nimmt bei seiner nächsten Runde den Gesamtbetrag mit.

Verläßt man das Lokal gemeinsam, und einer der Gruppe zahlt an der Kasse, so darf man umgekehrt daraus nicht schließen, daß eingeladen wurde. Das Aufteilen wird dann eben im Stehen erledigt. Wer allerdings ein penibel rechnender Mensch ist, wird an solcher Kostenteilung wenig Freude haben und laufend überschlagen, ob er genügend für seinen Anteil bekommen hat. Da gibt es drei Ratschläge: Entweder versucht er sich mit der südlichen Großzügigkeit anzufreunden oder er meidet grundsätzlich gemeinschaftliches Essen mit italienischen Bekannten. Als dritter Ratschlag bleibt nur die schon erwähnte 'Formel': *„chi non ha soldi, resta a casa“*.

## Das wache Auge der Finanza

Die Rechnung oder der Kassenbeleg muß laut Gesetz für etwaige Kontrollen der Finanzpolizei mitgenommen werden. Es handelt sich dabei um eines dieser kauzigen Gesetze, über die nachzudenken nicht lohnt. Es ist einfach so, Ende. Diesem Gesetz zufolge muß man einen Kassenbon *(scontrino)* oder die Rechnung *(fattura)* mindesten 100 Meter vom ausstellenden Geschäft, Restaurant oder Bar mit sich herumtragen. Wer ohne Kassenbeleg angetroffen wird, muß mit Sanktionen rechnen, sowohl der Kunde als auch der Geschäftsmann. Deshalb ist auch jeder daran interessiert, daß die ausgestellte Quittung mitgenommen wird. Wie sehr man sich an diese Maßnahme gewöhnt, merke ich in Deutschland, wo ich mir immer brav den Kassenzettel geben lasse oder im Restaurant die Rechnung einstecke.

Es ist wie Gurt anlegen im Auto, man tut es ganz automatisch. Anders allerdings als bei der Gurtpflicht, die hier schon kaum mehr kontrolliert wird, tauchen Zivilstreifen der *Finanza* sehr wohl vor Geschäften auf und machen Stichproben.

Gelegentlich kann man dennoch beobachten, wie etwa ein Barbesucher sein Scontrino übersieht und auf der Theke zurückläßt. Nimmt der Barista dann die leere Espresso-Tasse von der Theke, schnippt er - kaum sichtbar - den Kassenbeleg über den Rand. Nicht etwa zu sich, sondern nach vorne auf den Boden, wo eben der Kunde stand. Im 'Ernstfall' genügt das als Nachweis, daß er seiner Belegpflicht nachgekommen ist. Für den nachlässigen Kunden, der sein Scontrino einfach hat fallen lassen, ist er nicht verantwortlich.

Wir waren einmal in einem Fischrestaurant am Hafen zum Essen. Beim Bezahlen erschien mir der Betrag ein wenig überhöht. Grund: Statt zwei waren drei Hauptgerichte berechnet. Immerhin bedeutete das 20.000 Lire mehr, ich reklamierte, der Ober nahm die Rechnung zurück, nannte den korrigierten Betrag, ich zahlte und wir gingen. Ohne Rechnung. Vor der Weiterfahrt wollten wir noch ein paar Schritte am Fischerhafen entlang machen. Plötzlich verstellten uns zwei junge Männer den Weg. Der mit der kurzen, schwarzen Nappa-Lederjacke und der dunklen Sonnenbrille griff in die Innentasche seiner Jacke und klappte den plastifizierten Dienstausweis der Finanzpolizei auf. Er hätte uns eben aus dem Restaurant kommen sehen, und ob er mal die Rechnung sehen dürfe. Ich erzählte ihm den Grund für die fehlende Rechnung und noch während des Gesprächs spurtete der Kollege Richtung Restaurant, gefolgt vom Beamten in der Lederjacke.

Mit solchen Maßnahmen sollen die Geschäftsleute zu ordnungsgemäßer Steuerabgabe gezwungen werden, was sicher teilweise gelingt. An der Steuermoral dürfte sich bisher aber wenig geändert haben. Nach wie vor ist das Volk der Meinung, der Staat sei korrupt und wirtschafte in die eigene Tasche, und man müsse es ihm mit gleicher Münze heimzahlen. Und wenn ich, wie heute morgen, den Salon meines Frisörs verlasse, stehen auf der Quittung nicht die 25.000 Lire, die ich für den Haarschnitt bezahle, sondern 12.000 unter der Rubrik 'Haare waschen'.

## Nach Hause einladen

Eine Einladung nach Hause läßt sich nicht mit einer Flasche Wein und Salzgebäck erledigen. Außer beim eher unverbindlichen, „kommt doch mal vorbei", ist eine Einladung in Italien gleichbedeutend mit einem umfangreichen Essen. Soweit ist das eine klare Angelegenheit. Was für Deutsche zur Überraschung werden kann, ist die Zahl der Personen, die der Einladung folgen. Ich konstruiere ein Beispiel. Man lernt das Ehepaar Rossi kennen, findet sich sympathisch und nach einiger Zeit lädt man Rossis zum rheinischen Sauerbraten ein. Rossis sagen zu. Am Abend deckt man den Tisch für vier Personen und wartet auf die Gäste. Als das Auto vorfährt, entsteigen dem Wagen nicht nur Rossis, sondern auch der 8-jährige Sohn und die 14-jährige Tochter, die gerade der Großmutter Rossi beim Aussteigen hilft. Frau Rossi entschuldigt ihre zweite Tochter, die in Pisa studiert und erst zum Wochenende heimkommt. Schluck! - Man sollte jetzt nicht unbedingt sagen „Ja wieviele kommen denn da noch ?", sondern unauffällig den Tisch umdecken und hoffen, daß der Sauerbraten statt für vier auch für sieben Personen reicht. Rossis wollen die Gastfreundschaft nämlich keineswegs ausnutzen, sondern handeln ganz normal, wie man es hier gewohnt ist - *stare in compagnia*.

Wir haben Freunde, deren Kinder mittlerweile erwachsen sind und andere Interessen haben. Laden wir jedoch die Eltern zum Essen ein, bringen sie immer noch eine Erklärung oder Entschuldigung für das Fernbleiben der Kinder. Oder man bekommt umgekehrt freudig berichtet, „Giulia ist aus Rom da, wir bringen sie auch mit". In Deutschland würde man in diesem Fall sicherlich sagen „Julia ist aus Hamburg gekommen, dürfen wir sie auch mitbringen ?" Alles kein Problem, man muß es nur wissen. Um sicher zu gehen, wer bei einer Einladung alles erscheint, fragt man am besten nach. „Ist Giulia gerade da ?" oder „wie geht's der Großmutter, sie kommt doch mit?"

Rheinischer Sauerbraten wäre wahrscheinlich keine glückliche Wahl. Obwohl die Frauen unbekannten, also nicht-toscanischen Gerichten gegenüber aufgeschlossen sind. Die Männer, scheint mir, fühlen sich erst zu Hause, wenn eine vertraute Pasta vor ihnen steht. Es kann aber auch reizvoll sein, seinen Gästen die heimische Küche näherzubringen. So erntet man bei Semmelknödeln mit frischen Pfifferlingen in Rahmsauce als Pastagericht garantiert viel Lob. Für die Weiterverwertung alten Brotes hat jede toscanische Hausfrau großes Interesse. Wie experimentierfreudig Gäste sind, bekommt man schnell heraus, auf jeden Fall sind die Toscaner natürlich stolz, wenn man ihre Küche kopiert. Wir hatten aber auch schon viel Erfolg mit exotischen Gerichten wie zum Beispiel einer (etwas eingedeutschten) indonesischen Reistafel, ohne Eßstäbchen allerdings. Der Erfolg lag an den vielen Einzelgerichten, die sich der italienische Gast wunderbar in Antipasto, Primo und Secondo aufteilen kann, außerdem werden Reisgerichte sogleich als Risotto eingeordnet. In Firenze gibt es sogar ein Geschäft, das Reispapier für Frühlingsrollen verkauft.

# Wie kommt die Kultur aufs Land?

Sieht man von Büchern und anspruchsvollen Zeitschriften ab, dann kommt 'Kultur' genauso wenig ins Haus wie in Deutschland. Das toscanische Landleben isoliert einen aber auch nicht von kulturellen Ereignissen. Man muß nur wollen. Die Probleme sind auch nicht größer, als wenn jemand in Garmisch lebt und nach München in die Oper will. Wo immer das Haus in der Toscana steht, die Entfernung zu einer der Provinzhauptstädte wird kaum mehr als 60 - 70 Kilometer überschreiten. Wer also um 8 Uhr abends losfährt, kann auf jeden Fall eine der Bühnen zwischen Massa und Grosseto, Pisa oder Firenze erreichen. Die Aufführungen beginnen nicht vor 21 Uhr und sind häufig von hohem Niveau, da in zahlreichen Gastspielen erstklassige Ensembles auftreten.

Oft ist die Kultur auch näher. Zahlreiche Gemeinden unterhalten eigene Theater, die manchmal wahre Kleinode sind. In Campiglia wurde beispielsweise das ehemalige Theater, zwischenzeitlich zum Dorfkino verkommen und schließlich wegen unzureichender Sicherheitsanlagen geschlossen, völlig restauriert. Vor etwa sieben Jahren öffnete es als *Teatro dei Concordi*: Eine sorgfältig ausgestattete Miniaturkopie eines Barocktheaters, angereichert mit allen technischen Möglichkeiten, die heute ein modernes Theater aufweist.

Die Theatersaison beginnt im November und geht bis ins Frühjahr. Von der ersten Saison an haben wir jeweils das gesamte Programm im Abonnement erworben. Auch wenn wir das eine oder andere Stück sonst nicht angesehen hätten, ein Abonnement ist einfach ein Mittel, um die eigene Trägheit zu überwinden. Wegen der wechselnden Ensembles sind unter den Schauspielern immer wieder publikumswirksame *personaggi*, die auch die oberen Ränge füllen. So kommt es vor, daß auf der Bühne unseres 2.000 Einwohner-Städtchens eines Abends Vittorio Gassmann (auch andere Stars) höchst persönlich auftreten. Wer möchte sich das entgehen lassen? Leider ist es in Italien wie überall: Wenn der Staat sparen muß, kürzt er zuallererst den Kulturetat. Experimentelles Theater, wie es vor Jahren mit dem Euripides-Projekt so unvergeßlich demonstriert wurde, habe ich lange nicht mehr gesehen, weil die Gelder fehlen. Das Euripides-Projekt war ein Work-shop, in dem junge Schauspieler und Regisseure gemeinsam die Inszenierung erarbeiteten, die in den Szenen auf die beteiligten Theater zugeschnitten war. Die Stücke waren von mitreißender Frische und Kraft. Um Elektra, Orest und Iphigenie auf Tauris zu sehen, fuhren wir damals begeistert zwischen den Theatern von Campiglia, Rosignano Marittimo, Guardistallo und Collesalvetti hin und her. Weitere kleine Theater findet man auch in Montalcino und Buti. Daneben gibt es Häuser wie das Teatro Metropolitan in Piombino, die nicht nur als Bühne, sondern auch als Kino Verwendung finden. Manche Gruppen wählen gerne eine kleine Bühne, um vor der großen Premiere in Rom, Mailand oder Neapel eine letzte Generalprobe zu veranstalten. Auf diese Weise kommt man gelegentlich in den Genuß des Anteprima-Fiebers.

## Kunst-trekking

Von einer sommerlichen Veranstaltungsreihe wünsche ich mir, daß sie zur Tradition wird. Sie hat den Namen *viaggio sentimentale* ('sentimentale Reise').

Eine Gruppe von höchstens 60 Leuten wandert auf vorgegebener Strecke in toscanischer Landschaft. Plötzlich wird man von einer Theaterszene überrascht, die von den Schauspielern in natürlicher Kulisse gespielt wird. Zum Szenenwechsel werden die Darsteller in Geländewagen rasch an den nächsten Ort gebracht, während die Zuschauer wandernd diskutieren. Ich erinnere mich noch gut an die gelungene Aufführung des Stückes *'una traversata con Don Chisciotte'* (eine Bearbeitung des Spaniers Carlos Ansò). Im letzten Akt überredete Cervantes Don Quichotte und Sancho Pansa, mit verbundenen Augen auf ein Pferd zu steigen. Sie glaubten, Richtung Himmel zu reiten. Die Szene spielte auf einer Waldlichtung kurz vor Populonia. Auf der Lichtung lag eine unbenutzte, etwas verwahrloste Kapelle mit einem winzigen Vorhof. Dort stand das aufgezäumte Pappmaché-Pferd. Die lose baumelnden Gelenke der Pferdefüße schienen unter den schaukelnden Bewegungen der Reiter zu galoppieren. Beleuchtet war die Szene durch den warmen Schein der tiefstehenden Sonne - eine perfekte Kulisse.

Als Abschluß erwartete die Zuschauer oben in Populonia hoch über dem malerischen Golf von Baratti ein üppiges kaltes Buffet auf grüner Wiese. Die Schauspieler wurden zu Zuschauern, die Zuschauer zu ausgehungerten Wölfen und alles vermengte sich zu einem Untereinander.

Ein anderer Höhepunkt war eine Ballettaufführung oberhalb der Ruinen der mittelalterlichen Stadt *Rocca di San Silvestro* in der Nähe von Campiglia: Die Bühne war lediglich ein großes schwarz verkleidetes Podest, die Kulisse entstand durch das mächtige hohe Rund eines Steinbruchs in Form einer Arena. Ganz oben, wo der Rand des Steinbruchs noch von Grün bewachsen war, strahlte die Sonne einen schmalen, immer schmaler werdenen Streifen des Gesteins an. Bis schließlich alle Farben von den weichen dämmrigen Schatten geschluckt waren. Die Tänzerinnen trugen lange körpernahe Seidengewänder. Alle im gleichen Schnitt, aber jedes in einer anderen Farbnuance. Sämtliche Tonabstufungen kamen aus dem Grau/Violett-Bereich. Primaballerina war die berühmte Luciana Savignano, die Choreographie von Micha van Hoecke. Der Tanz folgte Gustav Mahlers Sinfonie *'A la memoire'*. Auch dieses Erlebnis war alles andere als provinziell. Zur Rocca di San Silvestro gibt es übrigens regelmäßig Führungen. Der Ausflug lohnt schon wegen der Weitsicht.

## Toscanischer Sommer

Der toscanische Sommer birgt kulturelle Veranstaltungen aller Art. Abseits der Strände wird der Sommer zum Kulturzirkus und Folklorefest. Auch die kleinsten Orte präsentieren auf Plakaten ihre Sommerprogramme. Das reicht von ernsthaftem Theater, Konzert oder Musik-

festival bis zum einfachen Tanzboden mit Akkordeon und Blaskapelle.

Die Plätze in den historischen Zentren werden zu Bühnen. Essen, Tanzen, Musizieren - alles spielt sich im Freien ab, vom frühen Abend bis weit in die Nacht. Selbst Dauer-Toscaner können immer wieder Neues erleben. Im vergangenen Jahr waren wir zu einer Theateraufführung nach Radicondoli gefahren. Zu dem hochgelegenen Ort mit dem wunderlichen Namen fährt man von Massa Marittima kommend über die Landstraße 441. Bei Montieri biegt man ab, folgt der Beschilderung und erreicht das kleine Städtchen nach landschaftlich schöner und einsamer Fahrt. Zuletzt überraschen noch einige Kilometer Staubstraße. An der engen Hauptstraße, um die sich einfache Häuser drängen, fanden wir ein nettes Lokal zum Abendessen und draußen sitzen. Dacia Maraini, die Autorin des Stückes, schlenderte in Begleitung vorbei. Die Karten hatten wir telefonisch im örtlichen Tabakladen vorbestellt. Sie sollten an der Abendkasse bereitliegen. Es wurde Zeit, uns auf den Weg zu machen. Er führte uns aus dem Ort hinaus und dann in Serpentinen hinunter zu einem Kloster. Die Strecke war stimmungsvoll illuminiert durch Kerzen, die den Asphalt säumten. Wie man allerdings im August in wenigen Zentimetern Abstand von den vertrockneten Grashalmen am Straßenrand offenes Feuer entzünden kann, wollte mir nach unseren Feuererfahrungen nicht in den Kopf. Zum Glück war es windstill, und ein Geländewagen der Forestale stand immerhin in Bereitschaft. Das 'Theater' konnte einfacher und wirkungsvoller nicht sein. Der Zuschauerraum, etwa 20 Sitzreihen, war eingerahmt von Zypressen, die zu einem Seitenflügel des Klosters führten. Ein von innen beleuchteter Porticus mit 3 Bögen war die Kulisse. Große, weiße Stoffbahnen liefen daraus hervor und verwandelten den ebenerdigen Vorplatz zur Bühne. Schauspieler, die auf ihren nächsten Auftritt warteten, saßen wie Statuen an der Rückwand des Porticus. Leider hatte man versäumt, die Zuschauerreihen leicht ansteigen zu lassen; denn schon in der sechsten Reihe waren wüste Verrenkungen nötig, um das Geschehen zu verfolgen. Nach einem mitternächtlichen Espresso machten wir uns auf den Heimweg. Es war ein schöner Abend.

Über das ganze Jahr verteilt sind volkstümliche Veranstaltungen, die als *sagra, palio, corteo* oder auch *fiera* angekündigt werden. Die Sagra hat als Anlaß meist etwas Eßbares: *sagra del cinghiale* (Wildschwein), *sagra del fungo* (Pilze), *del formaggio pecorino* (Schafskäse), *della polenta* (Brei aus Maismehl), *del'agnello* (Lamm), *dell'uva* (Weintraube), oder *del tordo* (Singdrossel). Letzteres Fest (in Montalcino) würde ich schon aus Prinzip nicht besuchen, weil ich mich sonst wieder über die Vogeljagd aufregen müßte. Immer wieder kommt eine neue Sagra hinzu, weil gerade die kleinen toscanischen Städtchen besser am Tourismus partizipieren möchten. Diese Feste ohne längere Tradition wirken dann oft ein wenig verkrampft.

Suvereto beispielsweise, unser Nachbarort, veranstaltet schon seit vielen Jahren seine *sagra del cinghiale,* die jeweils Anfang Dezember an einigen aufeinanderfolgenden Wochenenden stattfindet. Als wir 1980 das Fest erste Mal besuchten, fanden wir es ausgesprochen langweilig. Unseren Städtersinnen, die nur noch auf starke Reize reagierten, wurde zu wenig geboten. In den folgenden Jahren lernten wir, auch einen einfachen Eindruck als sinnliches Erlebnis wahrzunehmen. Wir zogen durch das historische Städtchen, besuchten die vielen kleinen Ausstellungen, die in ausgeräumten Garagen und Cantinen untergebracht waren. Da gab es den alten Korbflechter, dem man bei der Arbeit zusehen konnte. Alte Ackergeräte zeugten von der Mühsal bäuerlichen Lebens. Maler stellten bodenständige Landschaftsbilder aus und verteilten ihre Visitenkarten. In einer Fotoaustellung sah man, wie ein Meiler zur Holzkohleherstellung entsteht. Nebenan wurden selbstgemachte Spitzendeckchen verkauft. Noch ein Haus weiter probierte man die Weine aus der Gegend. Ein paar Jahre lang hatte das Fest so etwas wie eine Blütezeit, als etwa Milaneser Künstler ein Happening veranstalteten oder eine Opernsängerin (die hier eine Ferienwohnung besaß) Liederabende gab.

Die Straßen waren gesäumt von Ständen, an denen es von Wildschweinsalami, Wildschweinschinken oder Wildschweinwürsten über Schafskäse bis zum Gebäck alles gab. Zu festgelegten Zeiten am Nachmittag fand dann der historische Umzug statt, in aufwendigen historischen Kostümen, begleitet von Fahnenträgern, die zwischendurch Kunststücke vollführten, bei denen sie die eingerollten Fahnen durch die Luft wirbelten. Das Fest und die Umzüge sind traditionell die gleichen geblieben, aber inzwischen langweilt uns das alles wieder ein wenig. Vielleicht liegt es nur daran, daß durch die vielen Veranstaltungen die Übersättigung von früher wieder da ist. Jetzt sogar auf dem Land.

Die historischen Umzüge bilden fast immer den Mittelpunkt der folkloristischen Darbietungen, gelegentlich (wie in Campiglia) verbunden mit Reiterspielen oder Armbrustschießen (wie in Massa Marittima und San Sepolcro). In San Vincenzo wird seit einigen Jahren ein *Palio* ausgetragen, dessen Rennstrecke der Strand ist. Außer der ungewohnten Kombination aus Meer und Pferden erfreut sich die Veranstaltung wachsender Beliebtheit, weil Jockeys daran teilnehmen (Ostermontag), die auf dem weltbekannten Palio in Siena zu Berühmtheiten wurden.

Zu einem anderen Palio sind wir schon häufiger gefahren, dem *palio degli asini* in Roccathederighi. Dieses Eselrennen, das wie eine Parodie des großen Sieneser Palio wirkt, hat aber eine ganz eigene Tradition und heitere Atmosphäre. Trotzdem wird nach langatmigen Umzügen in historischen Kostümen beim eigentlichen Rennen hart gekämpft. Wie in Siena stellt jede *Contrade* (Stadtviertel) einen Esel. *Fantino* (Jockey) und Esel sind längst nicht nur aus dem Ort, sondern werden von außerhalb geholt, wenn ihnen Gewinnchancen zugetraut werden. Die Contraden sind am Fahnenschmuck zu erkennen, wenn im dritten Lauf die letzten Esel um den Sieg kämpfen, hängt schon vielstimmiges Geschrei und Gejohle über der Bahn, am Ziel löst sich die Anspannung in Tränen von Freude oder Enttäuschung auf. Manchmal sieht man auch eine drohende Faust, wenn sich ein Fantino zu Unrecht als Verlierer sieht. Wir mögen den Eselpalio gerne. Einmal natürlich wegen der Esel, zum anderen, weil man trotz der dichtgedrängten Menschenmenge viel direkten Kontakt zu dem Geschehen hat. Auf dem vorherigen obligatorischen Gang der geschmückten Esel zur Kirche oder nach dem Rennen, wenn die Esel müde durch die Straßen geführt werden, gibt es reichlich Gelegenheit, eine weiche Eselschnauze zu streicheln.

Ein Tip noch für Filmfreunde, die ihre Fähre nach Elba verpaßt haben oder nicht weit von Piombino entfernt wohnen: Das *Teatro Metropolitan* veranstaltet im Juli und August Filmabende gegenüber dem Theater im Hof des alten Festungsturmes *Rivellino*. Zum einen herrschen unter freiem Himmel am späten Abend angenehme Temperaturen, zum anderen läuft oft ein interessantes Klassikerprogramm. Manchmal stimmt sogar die Kulisse zum Film. Etwa als wir Fitzcaraldo sahen mit Klaus Kinsky. Als der Dampfer langsam flußaufwärts glitt und links und rechts die Urwaldgeräusche herüberdrangen, kam als dritte Dimension das echte Grillenkonzert hinzu.

## Freßfeste

Beliebt sind immer noch die traditionellen Feste der Parteien. Allen voran das ehemals kommunistische, heute sozial-demokratische (pds) *Festa dell'Unitá*. Da die ehemaligen Craxi-Sozialisten in alle politischen Winde verweht sind und die früher allmächtige DC nur noch aus zwei kleinen Nachfolgeparteien besteht, bringen diese Gruppierungen keine Feste im großen Stil auf die Beine.

Mittelpunkt der Parteifeste ist das Essen. Unter Pinien, Zeltplanen oder unter freiem Himmel bekommt der Gast an langen Tischen gute, ehrliche toscanische Gerichte serviert. Die Idee ist, auf diese volksnahe Weise etwas Geld für die Parteikassen zu verdienen. Alle Beteiligten arbeiten ehrenamtlich und bekommen als Lohn lediglich kostenloses Essen. In der Feldküche stehen Hausfrauen aus dem Ort, die Kinder von Parteimitgliedern übernehmen das Servieren und jonglieren mit großen Servierbrettern durch die Sitzreihen. Aber auch die lokalen 'Parteispitzen' beteiligen sich am Service, einschließlich Bürgermeister. Ich mag die familiäre Atmosphäre. Leider stiegen mit dem Erfolg der Postkommunisten auch die Preise. Trotzdem sind jedes Jahr wenigsten zwei Besuche des Festa dell'Unitá für uns obligatorisch.

Ein Besuch gilt dem Fest in Cafaggio, winziger Ortsteil von Campiglia, zu dem wir gehören, mit besonders guter Küche. Der andere führt uns nach Campiglia selbst, wo in einem kleinen Pinienwäldchen am Ortsausgang gefeiert wird. Im großen Bogen um die Tische geht es volksfestartig zu, Schießstand, Losbude, ein Bücherzelt, Tanzfläche mit Kapelle, eine Bar. Nur die Stände mit russischem Nippes und Krim-Sekt sind aus Imagegründen verschwunden.

## Mein Lieblingsmarkt

Die Wochenmärkte in den toscanischen Städten muß ich nicht näher beschreiben. Ihre Beliebtheit bei den Touristen beweist, daß sie bestens bekannt sind. Allerdings eignen sich solche Märkte mittlerweile besser zum Schlendern als zum Einkaufen. Niedrigpreise und 'Schnäppchen' sind rar geworden. Allenfalls auf den ganz großen Märkten finden Spürnasen noch etwas Besonderes. Unterhaltsam sind sie aber allemal, und gelegentlich kommt Vicky strahlend mit einem hübschen Fummel vom Wühltisch nach Hause.

Einen Markt möchte ich aber doch noch erwähnen, weil er auch nach vielen Jahren noch meine ganze Aufmerksamkeit mobilisiert: der Antiquitäten-Markt in Arezzo, zunächst gegründet von den Antiquitätenhändlern, die um die Piazza Grande liegen. Das Ereignis zieht an jedem ersten Sonntag im Monat Hunderte von Händlern an, die längst den größten Teil des Centro Storico bevölkern. Die Idee der Antiquare und Händler war, ihre Ware außerhalb der Geschäfte zu präsentieren, um so mit dem großen Publikum in Kontakt zu kommen.

Daß dies gelungen ist, beweist das Gedränge zwischen den Standreihen. Angeboten werden vor allem Möbel, aber auch Bilder, Silber, Gläser, altes Spielzeug, Trödel, Plunder, Schmuck für viele Millionen, Liebhaberstücke, darunter auch versteckt, verdreckt, heruntergekommen und renovierungsbedürftig mancher stilreine Schatz, der leicht übersehen wird. Das ist das Schöne an diesem Markt, es geht nicht nur darum, die Preise blankpolierter Antiquitäten mit den Möglichkeiten des eigenen Scheckheftes zu vergleichen. In Arezzo kann man seinen Jagdinstinkt nach alten Dingen ausleben, seine Nase in alles und jedes stecken, den Kitzel des Handelns ausprobieren.

Unsere Fahrten nach Arezzo fallen immer in die Winterzeit. Ich finde, sie paßt am besten zu Antiquitäten. Weil zu Antiquitäten in die Manteltaschen gegrabene Fäuste gehören, lange weiche Schals, bis in die Stirn gezogene Kopfbedeckung und hochgeschlagene Kragen. Die Sitzqualitäten eines verschlissenen Chaiselongue in Shorts und T-shirt zu erproben, paßt für mich einfach nicht ins Bild. Auch heute erlebt man an kalten Tagen manchmal, wie ein Grüppchen von Händlern, die eher Abruzzen-Räubern ähneln als Trödlern oder gar Antiquitätenhändlern, ein Feuerchen auf offener Straße entzündet. Als Brennstoff verwenden sie kurzerhand ein paar alte Stühle aus ihrem Angebot, die sie zu Kleinholz verarbeitet haben.

## Die Truhe von Arezzo

Diesmal sind wir gekommen, um eine Truhe zu suchen. Am unteren Rand der Piazza Grande finden wir das Stück, das unteren Vorstellungen entspricht. Es ist zwar renovierungsbedürftig, das wäre an den langen Winterabenden in Heimarbeit aber selbst zu schaffen. Ich frage absichtlich gleichgültig nach dem Preis. Viele Leute fragen gleichgültig nach dem Preis. Viele fragen nur aus Neugier. 1,4 Millionen, sagt der Händler, ebenso desinteressiert. Ich will aber nur 500.000 Lire ausgeben und versuche damit einen ersten Anlauf. Der Händler lacht höhnisch und zuckt blasiert die Achseln. Der Tag ist ja noch länger, so bleibt die Hoffnung, daß er später mit dem Preis runtergeht. Der Tag ist ja noch länger, denkt sicher auch der Händler und hofft, daß ein anderer anbeißt. Jetzt kommt es auf das Durchhaltevermögen an. Natürlich kann man auch verlieren, und die Truhe ist plötzlich verkauft.

Auf unseren Rundgängen finden wir eine zweite Truhe, etwas kleiner, anders im Stil, aber auch schön. Sie ist etwas preiswerter. Diesmal beginnt Vicky mit dem Spielchen, so haben wir zwei Eisen im Feuer. Mittags sind wir mit der großen Truhe bei einer Million angekommen. "Aber nur, weil Sie wirklich interessiert sind." Die Logik kann ich zwar nicht verstehen, aber jeder will sein Gesicht wahren. Gegen 14.00 Uhr gehen wir nochmals vorbei. Der Händler weiß jetzt, daß er möglicherweise ein Geschäft machen kann und geht auf 800.000, letztes Angebot, sonst würde er die Truhe lieber verheizen. Wir ziehen mit bekümmerten Gesichtern wieder ab und handeln bei Truhe Nummer zwei. Auch dort haben wir Fortschritte gemacht. Das letzte Angebot liegt bei 600.000. Es ist 16.00 Uhr, dezemberkalt, und bald wird es anfangen zu dämmern. Es wird Zeit, an die Rückfahrt zu denken.

Für den Händler sinkt nun die Chance auf neue Kunden, und für die große Truhe werden wir bei 600.000 Lire einig. Dafür, daß er die Truhe irgendwo vom Dachboden geholt hat, ist es sicher noch ein ordentliches Geschäft. Aus Übermut handeln wir noch ein letztes Mal um die kleine Truhe und schlagen beim 'Mitnahmepreis' von 400.000 zu. Eigentlich brauchen wir sie gar nicht.

Wer vom Markt in Arezzo ein sperriges Möbel abtransportieren will, stößt auf erhebliche Schwierigkeiten. Die kleinen Straßen um den Markt sind gesperrt und die Händler haben bestenfalls eine Stechkarre. Für die ganze Piazza Grande steht ein einziger Handwagen als Transportmittel zur Verfügung. Zumindest behaupten das die Händler. Auf dem Weg zum Parkplatz suche ich eine Zufahrtsmöglichkeit Nähe Piazza Grande. Es gibt eine, allerdings muß ich das letzte Stück, eine Einbahnstraße, in falscher Richtung durchfahren - geschafft. Vor einer Schreinerei stehen einige Mülltonnen, um dort das Parken zu verhindern. Als der Schreiner meinen hilflosen Blick sieht, räumt er die Tonnen zur Seite und bedeutet mir, das geliehene Lieferauto rückwärts einzuparken. Ich verspreche, in 10 Minuten wieder weg zu sein. Mit dem jeweiligen Händler trage ich die Truhen durch die noch immer dichte Menschenmenge zum Auto. Zweihundert Meter können ganz schön lang sein, mit massivem Holz an den Armen.

Vicky zurrt die Möbel fest, ich starte. Das nächste Einbahnsträßchen hinauf, diesmal richtig. An der nächsten Ecke verfluche ich das große Fahrzeug. Die Quergasse liegt genau im rechten Winkel zu unserer Fahrtrichtung. Begrenzt von alten Palazzi ohne Bürgersteig. Ich komme nicht um die Ecke. Vicky steigt aus und zeigt mit den Händen die Millimeter an, die zum Manövrieren bleiben. Es hilft nichts, wenn ich mit der Nasenspitze auf die gegenüberliegende Hauswand stoße, bin ich mit dem Heck noch in der Gasse. Hinter mir eine Autoschlange, deren Länge ich durch eine Kurve am Ende der Gasse Gott sei dank nicht sehen kann. Die Gasse, in die ich rechts einbiegen muß, ist ebenfalls nur in einer Richtung befahrbar. Mir scheint, als wäre sie nach links in paar Millimeter breiter, und bitte Vicky, den Verkehr zu stoppen. Nach gut 10 - 12 Rangiermanövern habe ich mich zentimeterweise in falscher Richtung in die Quergasse geschoben.

Die Fahrt kann weitergehen. Diesmal im Rückwärtsgang, Sicht nur über die Außenspiegel, den Blick durch den Innenspiegel versperren die Truhen. Die Fahrt endet nach etwa 150 Meter vor einer Kirche, die wenige Meter zurückgesetzt steht und so das Wenden ermöglicht. Beim Zurückstoßen rennt Vicky ans Fenster: "Hast Du den Lancia hinter Dir nicht gesehen? Du hast ihm die Türe eingefahren." Den falsch geparkten Lancia habe ich schon gesehen, wähnte mich aber auf Abstand. Wäre Vicky nicht gewesen, dann wäre ich seelenruhig davongefahren; denn ich bemerkte einfach keinerlei Widerstand, und an unserem Auto war nicht einmal ein Kratzer zu sehen. Vicky klemmte dem Lancia eine Visitenkarte plus Entschuldigung unter den Scheibenwischer, und wir fahren ohne weitere Zwischenfälle nach Hause. Am nächsten Tag rief ein freundlicher Herr aus Arezzo an, der Besitzer des Lancia. Er bedankte sich überschwenglich für meine Notiz und hinterließ mir ebenfalls Namen und Firmenanschrift. Er arbeitete bei einer Bank, sein Name war *Soldi,* das heißt 'Geld'.

Ich mag es, wenn Möbel eine Geschichte haben.

*Liebe Barbara,*

*der graue Novembertag, an dem unser Briefwechsel in Sachen Toscana begann, liegt eineinhalb Jahre zurück. Längst sammelst Du Deine eigenen Erfahrungen und das ist gut so. Wir haben derzeit viel draußen zu tun. Das Azorenhoch ist noch nicht ganz an der richtigen Stelle. Das ist wohl auch der Grund, weshalb wir jetzt Anfang Juni besorgt auf die Felder sehen. Das ausgebreitete Heu dünstet nach Wolkenbrüchen so vor sich hin. Noch ein Regen, und es ist endgültig verdorben. Vorgestern habe ich mit Libero gesprochen. Er ist Bauer und verkauft sein Obst und Gemüse im eigenen Laden, um mehr Rendite zu machen. Auf meine Sorgen wegen des Heus meint er: „Warum mußt Du auch unbedingt eine Landwirtschaft betreiben? Mal' Du Deine Bilder und überlasse die Landwirtschaft uns!" Wenn das so einfach wäre...*

*Liebe Barbara, ich wünsche Dir und Nik einen schönen toscanischen Sommer. Un abbraccio, Dein Hans*

*P.S.: Treffen wir uns im September auf dem Käsemarkt in Pienza? Er ist am 7.9., das ist ein Sonntag.*

## Restaurants

Ristorante **Antico Uliveto**. Der 'alte Olivenhain' liegt nicht gerade in unserer Nähe, aber gerade richtig, wenn man von Norden kommend in die Toskana einfällt und die versilische Küste erreicht. Das Antico Uliveto ist nicht leicht zu finden. Am einfachsten gelingt die Zufahrt über die SS1 Aurelia von Pietrasanta nach Massa-Carrara. Auf der Höhe von Querceta geht rechts die kleine via Martiri di S. Anna ab. Wer einigermaßen langsam fährt, erkennt auch noch rechtzeitig das Hinweisschild. Sehr gute verfeinerte toscanische Küche, gepflegte Atmosphäre und ein großer kühler Garten mit alten Olivenbäumen. Dazwischen einige interessante Skulpturen, die der Besitzer Massimo Arrata sammelt; er betätigt sich in Carrara auch als Galerist. Ein Besuch im Antico Uliveto lohnt sich auch als Ausgangspunkt oder als abendlicher Abschluß eines Ausflugs in die Marmorbrüche der Apuanischen Alpen.

*Antico Uliveto,* Pozzi di Seravezza (Lu), via Martiri di S. Anna 12. Tel. 0584/768882. Siehe Seite 161.

Ristorante **Barcaccina**. Der Reiz der Barcaccina ist die unmittelbare Lage am Meer. Der Sand reicht bis an die Eingangstüre des Lokals, das auf der Meerseite auf Stelzen gebaut ist. Die frischen Fische sind tatsächlich frisch und die Pastagerichte sind - im positiven Sinne - so einfach, daß die Meeresfrüchte ihr Aroma entfalten können. Cecilias Vater backt im holzbefeuerten Ofen köstliche Pizza. In der Hauptsaison vorbestellen.

*Barcaccina,* San Vincenzo (Li), via Tridentina 1, Tel. 0565/701911, RT Mittwoch. Siehe Seite 154.

Ristorante **Canessa**. Das Canessa liegt am Ende des Golfs von Baratti, der schönen postkarten-idyllischen Bucht mit den Etrusker-Ausgrabungen im Rücken. Kleine, immer gleiche Speisekarte. Geboten werden hauptsächlich Meeresfrüchte, die sich durch ihre Frische auszeichnen. (Tiefgefrorene Produkte müssen seit einigen Jahren durch ein Sternchen auf der Speisekarte gekennzeichnet sein). Hauptvorteil: man sitzt am Meer.

*Canessa,* Baratti (Piombino), RT Montag. Siehe Seite 42.

Ristorante **Canovaccio.** Im Centro Storico von Campiglia die zentrale Piazza della Repubblica durch den Torbogen verlassen, links dahinter liegt die winzige Piazza del Mercato. Sie ist gesäumt von zwei langen Treppen, die oben auch das Ristorante Canovaccio begrenzen. Ein Plätzchen für Urlaubsträume. Die kleinen leichten Gerichte passen zu Davido, dem Inhaber: Zierlich und appetitlich angerichtet. (Keine Hauptgerichte)

*Canovaccio,* 57021 Campiglia Marittima, Tel. 0565/838449, RT Dienstag. Siehe Seite 170.

Ristorante **Da Paolino.** Wenig romantisch im Schatten des 'Wolkenkratzers' von Follonica gelegen, aber nur zwei Schritte vom Meer kocht mein Freund Leonardo Cappelli, und wie! Auf jeden Fall fühlt sich der Gast bei ihm wie Zuhause. Einmalig in unserer Gegend ist sein Meeresfrüchte-Buffet, von dem man sich grundsätzlich zuviel auf den Teller häuft. Ein Apfel-Sorbet mit Calvados hilft aber über beginnendes Magendrücken hinweg. Während der Saison besser vorbestellen.

*Da Paolino,* 58022 Follonica (Gr), Piazza XXV Aprile 33, Tel. 0566/57360, RT Sonntagabend und Montag. Siehe Seite 129.

Ristorante **Il Capellaio Pazzo.** Auf der Strecke von Campiglia Richtung San Vincenzo erscheint etwa 1 Kilometer nach dem Abzweig zum Parco Archeo-Minerario das Hinweisschild zum Capellaio Pazzo. Dort kocht unser alter Freund Denny Bruci, seine Rezepte haben schon ein Kochbuch gefüllt. Denny ist Tullios Sohn, von dem ich mehrfach erzählt habe. Denny stimmt seine Gäste mit einem kleinen Ritual auf einen gemütlichen Abend ein: er setzt sich zur Bestellung mit an den Tisch und erläutert seine Gerichte ausführlich. Tullio liefert Zutaten frisch aus dem Gemüsegarten, während Mutter Michaela in der Küche wirkt. Ich habe den Verdacht, daß ohne Michaela nichts liefe im Restaurant. Über alte Hüte für seine Sammlung freut sich Denny immer noch.

*Il Capellaio Pazzo,* Campiglia Marittima, via di San Vincenzo, Tel. 0565/838358. RT Dienstag.

Osteria **Le Logge.** Das Restaurant ist leicht zu finden: von der Piazza del Campo, den Palazzo Pubblico vor Augen, geht links eine Straße ab, sie führt nach ca. 100 Metern auf der linken Seite zu Giannis veredelter toskanischer Küche. Am Morgen lassen sich noch die Körbe und Kisten mit frischem Gemüse, Salaten und Kräuter vor dem Eingang beschnuppern. Mittags trifft man dann auch mal auf ein bekanntes Gesicht der 'Toskana-Fraktion'. Lohnt unbedingt wegen Küche und Atmosphäre. Am besten vorbestellen.

*Osteria Le Logge,* via del Porrione 33, Siena, Tel. 0577/48013, RT Sonntag. Siehe Seite 39.

Ristorante **Lucumone**. Hoch über der Bucht von Baratti liegt Populonia. Etwa 100 Meter nach dem Tor rechts ist das Lucumone nicht zu verfehlen. Drei kleine intime Räume, gepflegt ausgestattet, versprechen entspanntes Verweilen. Die phantasievollen Gerichte sind meist auf der Basis frischer Gemüse zusammengestellt und angenehm leicht. Unbedingt vorbestellen.

*Lucumone*, Castello di Populonia, Tel. 0565/29471, RT Montag. Siehe Seite 149.

Ristorante **Otello**. Otello ist unser Restaurant für alle Gelegenheiten. Trotz Modernisierung und Generationswechsel ist sich das Haus treu geblieben: Klassische toscanische Küche, ausgezeichneter Service und vernünftige Preise. Schade, daß Sergios Vater nicht mehr lebt. Immer hatte er einen Vers parat, wenn er an den Tisch kam. Und immer reimte sich der Spruch auf Otello.

*Otello*, via Indipendenzia 1-5 (am Ortsausgang von Venturina Richtung Rom), 57029 Venturina (Li), Tel. 0565/8512112, Ruhetag Montag. Siehe Seite 90.

# Oasen

**Parco naturale della Maremma.** Die via Aurelia hinter Grosseto bei Rispescia verlassen und weiter bis Alberese. Das Informationsbüro des Naturparks liegt am unteren Ende des beschriebenen Platzes (vgl. auch Seite 170). Sehr lohnend ist ein Spaziergang zur Ombrone-Mündung. Vielleicht nicht gerade im Juli/August in den Mittagsstunden. Gelegenheit zum Reiten und Kanu fahren.

**Refugio Faunistico WWF.** Noch ein Stücken weiter südlich auf der via Aurelia kurz hinter Albinia führen Hinweisschilder zu einer lohnenden WWF-Oase. Hier kann man mit Fernglas und langer Brennweite von versteckten Unterständen aus nach Sumpf- und Wasservögeln jagen. Wenige Kilometer weiter, nach Marina di Capalbio, eine weitere WWF-Oase.

**Parco Archeo-Minerario Rocca di San Silvestro** (Campiglia). Im neu angelegten Park werden Führungen zu den mittelalterlichen Resten der Ortschaft Rocca di San Silvestro angeboten. Bis ins 14. Jahrhundert wurde hier Silber, Blei und Kupfer verarbeitet. Im Temperino genannten Teil des Parks kann ein 360 Meter langer Stollen begangen werden, daneben liegt das neue Museum. Der Eingang zum Park ist ausgeschildert: etwa 2 Kilometer nach dem Ortsausgang von Campiglia Richtung 'San Vincenzo.

**Terme di Caldana.** An der via Aurelia von San Vincenzo kommend links, kurz vor dem Ortseingang von Venturina sind die Thermen, die sich auch für eine richtige Kur eigenen. Gelegentlich lasse ich dort meine verspannten Schultern massieren oder heißen Schlamm auf den geplagten Bauernrücken packen. Das 36° warme Thermalwasser wußten bereits die Römern (wer sonst?) zu schätzen. Es eignet sich auch zur Inhalation und Trinkkur. Nebenan wird aus eigenen heißen Quellen ein Thermalsee und ein Schwimmbad gespeist.

# Gute Adressen

## Autowerkstatt

Wenn es um Hilfsbereitschaft bei Autopannen geht, ist Renzo Masotti der richtige Mann. Heute firmiert der kleine Betrieb zwar als VW/Audi-Werkstatt, aber Renzo hat noch lange nicht verlernt, in allen möglichen Motoren zu wühlen. Hauptsache, unter dem Motor sind 4 Räder. Wer weiß, wie wichtig solches Improvisationstalent auf Langstreckenfahrten ist, wird die Adresse schätzen. Ich kenne Ausländer, die Wartungsarbeiten während ihres Urlaubs hier durchführen lassen. Autoreparaturen scheinen zu den wenigen Dingen zu gehören, die in Italien billiger sind als in Deutschland oder der Schweiz. Der Betrieb liegt im Gewerbegebiet von Venturina, wenige Minuten von der Aurelia.

*Masotti Renzo,* via della Monaca, Venturina, Tel. 0565/850719

## Fahrrad

Wer eine Fahrradpanne hat, findet prompte und fachkundige Hilfe in Piombino: Vor dem Ortseingang fährt man nicht links Richtung Hafen, sondern geradeaus ins Zentrum. An der zweiten Ampel geht es rechts in die via Petrarca. Nach ca. 150 Metern kommt auf der rechten Seite Laden und Werkstatt von Vater und Sohn Lancioni.

*Lancioni,* via Petrarca, Piombino

## Olivenöl & Wein

Gutes und reines Olivenöl und D.O.C.-Weine gibt es bei unserem Olivenpresser Jacopo Banti. Das Olivenöl hat die gleiche Qualität, die wir selbst produzieren. Den Wein kann ich nicht beurteilen, weil wir unseren eigenen trinken, aber in Restaurants bekommt man ihn oft angeboten.

*Azienda agricola Banti,* Campiglia. Bantis Ölpresserei und die Weincantina findet man am leichtesten von der via Aurelia aus Richtung 'San Vincenzo kommend. Vor Venturina weist ein großes Schild den Weg nach links.

## Käse

Für den Durchreisenden ist die Käserei *Caseificio Ranieri* in Follonica bequem zu erreichen. Hier finden Sie alle heimischen Käsessorten aus eigener Produktion in bester Qualität!

*Caseificio Ranieri,* Follonica. Am Ende des Industriegebiets, direkt an der via Aurelia Richtung Rom gelegen.

## Lebensmittel

Die Bar in Cafaggio hat eine kleine aber manchmal nützliche Besonderheit: eine Lizenz zum Verkauf von Lebensmitteln. Die Möglichkeit, spät abends oder am Sonntag noch Spaghetti, Salz oder Zucker kaufen zu können, hat uns schon manchmal aus der Klemme geholfen.

## Gemüse etc.

Kurz vor Cafaggio (von Venturina kommend) ist linkerhand eine Tankstelle. Dahinter verkauft *Libero Socci* seine eigenen Gemüse, Salate und Obst. Außerdem selbst eingelegte Sachen.

## Tierarzt

Über sein Handy ist unser Tierarzt rund um die Uhr zu erreichen und tatsächlich ist 'zio Giuliano', wie wir Dr. Ceccanti vor unseren Tieren immer nennen, ein unermüdlicher hilfsbereiter Mann und guter Tierarzt. Er kam schon morgens um 6.00 Uhr und nachts um 1.00 Uhr zu uns. Deshalb nenne ich seine Adresse, man kann ja nie wissen, ob Waldi oder Rex nicht gerade in der Nähe von Venturina schlapp machen. Sollte es Sprachschwierigkeiten geben, ruft der Tierarzt meist bei Vicky oder mir an. Wir übersetzen dann abwechselnd zwischen Tierbesitzer und Arzt. Die heikelste Vermittlerrolle hatte ich einmal, als es um die Entscheidung ging, ob ein Hund eingeschläfert werden sollte. Dr. Ceccanti hilft auch unbürokratisch, wenn offizielle Reisepapiere für ein im Urlaub aufgelesenes Schlappohr benötigt werden.

*Dr. Ceccanti,* via Cerrini 75, Venturina, Tel. 0565/852170

# Stichwortverzeichnis

Abbeermaschine 103
acqua cotta 164
Agaven 161
Akazien 159
Ameisen 85
Amiata-Esel 67
Ape 59
Apfelbäume 160
Aprikosenbäume 160
Artesischer Brunnen 126
Artischocken 162, 165, 166
Aufenthaltsgenehmigung u. Wohnsitz 27
Außenfassade 18

Backofen 168
Barriques 103
Bauamnestie 16
Baubestimmungen 10
Baugenehmigung 16
Baugesuch 16
Bauleitung 18
Bauzeichnungen 18
Beerdigung 150
Bienen 78
Bindematerial 95
Birnen 160
Bodenbearbeitung 93
Bodenfeuchtigkeit 23
Bora 47
Braccio 57
Bruschetta 164

Citrusfrüchte 160
coltivatori diretti 26
compromesso 14
Cotto-Boden 23, 24

Dachstuhl 20
Dachziegel 20
Damigiana 98, 104
disco 52
Drei-Königs-Tag (Befana) 154

Eiche 159
Einladung (nach Hause) 173
ENEL (staatl. Stromerzeuger) 10
Enten 75
Enzos Methode 116
Erdbeerbaum 159
Erdbohrer 58
Eschen 159
Esel 67
Eselhalfter 68
Eselrennen 177
Eukalyptusbäume 159
Euro-Kaffee 171

Fachoberschulen 31
Familienfeiern 148
Fässer 103
Feigenbaum 159
Ferragosto 40
Feuchtigkeitsprobleme 23
Fliegengitter 45
Fondo chiuso 146
Foschia 47
Fräse 58
Frassine 148
Freunde 87
Frühlingsanfang 8, 39
Führerschein 29

Gebühren 15
Gecko 79
Gemeindewasser 10
Gemüsegarten 161
Geometrá 16
Gesundheit 25
Gesundheitsbehörde (USL) 19, 25, 64, 118
Gewitter 46
Gift 96
Granatapfel 160
Grapefruit 160
Grecale 47
Grüne Soße 162

Häcksler 56
Handmäher 54
Handwerker 17
Heizungspumpe 62
Heupresse 56
Heuwender 55
Holzbalkendecke 22
Holzwurm 22
Hornissen 86
Hühner 73

Isolierung 21

Jagd 141
Jagdbestimmungen 144, 145
Jagdfieber 141
Jäger 141
Judasbaum 159

Kaktusfeigen 161
Kamin 42
Kastanienwälder 159
Kastration 82

Kastrieren 80
Katasteramt 15
KFZ-Zulassung 30
Kirschen 160
Klima 38
Kommunion 152
Kontoeröffnung 29
Korkeiche 159
Krankenversicherung 25
Küche, toskanische 162
Kulturelle Veranstaltungen 176

Lavendel 161
Lettow-Vorbeck 124
Libeccio 47
Limone 160
Lorbeer 160

Macchia 11, 12
Maestrale 47
Mähbalken 54
Makler 9
Maklergebühren 15
Mandarinenbaum 160
Mandelbaum 158
Mangold 163
Maremma-Pferde 68
Massa Marittima 12, 38
Mäuse 84
Mikimoto 156
Mimose 158
Mispel 160
Misteln 159
Motorfräse 58
Mugginese-Huhn 73, 75

Natursteinmauern 19
Notarieller Vertrag 14

Oleander 160
Olivenbäume 12, 107 ff.
Olivenöl 107
Olivenöl-Qualitätsbezeichnungen 118
Olivenölherstellung 114
Orangenbaum 160
Osteria le Logge, Siena 39
Ostern 155

Palio 177
Panettone 153
Pappeln 160
Pferde 68
Pfirsiche 160
Pflaumen 160
Pflug 51
Pinien 158
Polizei 32
Populonia 149
Porticato 19
Presse 56
Primavera del mare 8
primavera del mare 39
Prozessionsraupen 86
Pumpe 104

Quitten 160

Ratten 84
Reblage 90
Rebschnitt 95
Reisepaß verlängern lassen 29
Rentenversicherung 26
Reparaturen 61
Rist. Antico Uliveto, Pietrasanta 161
Rist. Barcaccina, San Vincenzo 154
Rist. Canessa, Bucht von Baratti 42
Rist. Canovaccio, Campiglia 170
Rist. da Paolino, Follonica 129
Rist. Il Lucumone, Cast. di Populonia 149
Rist./Osteria le Logge, Siena 39
Rist. Otello, Venturina 90
Roccathederighi 177
Römische Brunnen 126
Rosmarin 160
Rucola 161

Sämaschine 53
San Vincenzo 177
Scheibenegge 52
Schlangen 83
Schlangenbiß 84
Schmutzwasser 23
Schulsystem 31
Schwalben 79
Scirocco 8, 41, 47
Sequoia 160
Sichtmauerwerk 19
Siena 39
Sieneser Panforte 153
Skorpione 85
Spargel, wilder 163
Spritzgerät 58
Stachelschwein 83
Ställe 22
Steckdosensysteme 63
Steineichen 159
Sterbehilfe 77
Strom 9
Stromanschluß 10
Suvereto 177

Taufe 151
tegole ed embrici 20
Tiefenlüfter 57
Tierheim 65, 66
Tierschutzverein (ENPA) 65
Tips für die Kaufentscheidung 9
Tomaten 162
Toscana-Typologie 138
Traktor 49
Tramontana 47, 90
Trinkgewohnheiten 105
Tuia 160
TÜV, italienischer 31

Ulmen 159
Umwelt 136

Veranstaltungen 176
Vorkaufsrecht 14
Vorvertrag 13

Waldbrand 118, 123
Walnußbaum 159
Wärmeschutz-Sicherung (salva vita) 46
Wasser 8, 9
Wassereinzugsgebiet 14
Wasserleitung 10, 61
Wassersuche 124
Weiden 160
Weihnachten 153
Wein abfüllen 104
Wein machen 100
Weinbergschnecken 165
Weinpresse 103
Weinkeller-Grundausstattung 103
Wilderer 146
Wildschwein 83
Wildschweinjagd 145
Windarten 47
Wohnsitz 27
Wünschelrute 124

Yucca Palmen 161

Zecken 87
Zeder 159
Zentralheizung 43
Zisterne 10
Zitronenbaum 160
Zufahrtsregelung 13
Zypresse 158

# Glossar

agenzia immobiliare 9
anagrafe (Einwohnermeldeamt) 25, 28
asilo nido (städt. Verwaltung) 31
atto notorio (eidesst. Erklärung) 28
carta bollata (Amtsbriefpapier) 28
carta d'identitá (Personalausweis) 29
cavalli fiscali (Steuer-PS) 30
certificato di buona condotta (poliz. Führungszeugnis) 29
certificato di residenza (Einwohnermeldeausweis) 29
certificato di residenza in carta bollata 30
codice fiscale (Steuernummer) 29
coldir (Bauerngewerkschaft) 26
collaudo (techn. Kontrolle) 31
coltivatori diretti (eingetr. Bauern) 14, 25
compra vendita (not. Kaufvertrag) 13
compromesso di vendita (Kaufvertrag) 13, 14
compromesso di vendita (Vorvertrag) 13
condono edilizio (Bauamnestie) 16
conto corrente (norm. Bankkonto) 29
conto estero (Auslandskonto) 29
documento per l'assistenza sanitaria (Gesundheits 25
finanza (Finanzpolizei) 32
firma autenticata (Unterschriftsbeglaubigung) 28
foglio complementare (KFZ-Brief) 30
forestale (staatl. Forstbehörde) 122
guardia venatoria (Jagdaufsicht) 147
interprovinciale (Provinzbehörde) 17
libretto di circolazione (KFZ-Schein) 30
manutenzione straordinaria 14
marca da bollo (Gebührenmarke) 28
motorizzazione civile (KFZ-Zulassungsstelle) 30
partita IVA (Mehrwertsteuer-Nummer) 29
permesso di soggiorno (Aufenthaltsgenehmigung) 27
prefettura (Präfektur) 29
pretura (Amtsgericht) 30
preventivo (Kostenvoranschlag) 10, 126
pubblico registro automobili (PRA) 30
residenza (Wohnsitz) 25, 28, 29
ricetta (Rezept) 26
richiesta (Überweisung) 26
ufficio IVA (Mehrwertsteueramt) 29
ufficio catastale (Katasteramt) 15
ufficio imposte dirette (Bezirkssteueramt) 29
ufficio tecnico (Bauamt) 16
vigile sanitario (Gesundheitsbehörde) 23
vigile urbano (Stadtpolizei) 16
vigili del fuoco (Feuerwehr) 123
vigili urbani (Gemeindepolizei) 32
zone vincolate (Landstücke mit Auflagen) 14

Die Deutsche Bibliothek - CIP-Einheitsaufnahme

**Kretzschmar, Wolfgang H.:**
Leben in der Toskana : Erfahrungen aus dem Alltag für Realisten und Träumer / Wolfgang H. Kretzschmar
- 1. Aufl. - Badenweiler : Oase Verl., 1997.
ISBN 3-88922-067-3

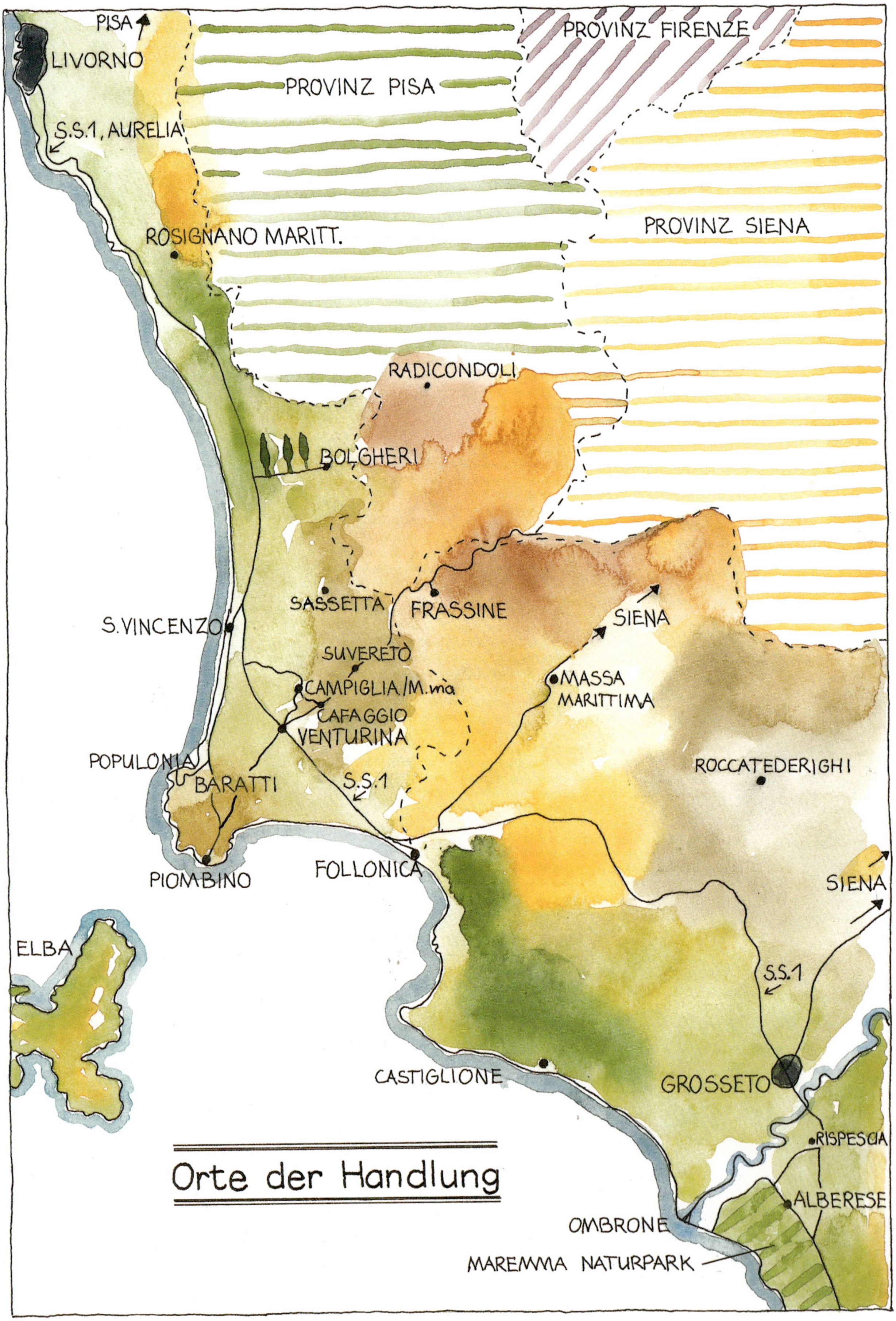


Orte der Handlung